Zwei Zuhause

Studies on Language and Culture in Central and Eastern Europe

Edited by
Christian Voß

Volume 38

PETER LANG

Jasna Čapo

Zwei Zuhause

Kroatische Arbeitsmigration nach Deutschland als transnationales Phänomen

PETER LANG

Bibliografische Information der Deutschen Nationalbibliothek
Die Deutsche Nationalbibliothek verzeichnet diese Publikation in der Deutschen Nationalbibliografie; detaillierte bibliografische Daten sind im Internet über http://dnb.d-nb.de abrufbar.

Gefördert durch
Ministry of Culture and Media of the Republic of Croatia
Institute of Ethnology and Folklore Research, Zagreb
Schroubek-Fonds Östliches Europa, München

Schroubek Fonds Östliches Europa

Nach dem Original:
Jasna Čapo: Dva doma. Hrvatska radna migracija u Njemačku kao transnacionalni fenomen. Durieux, Zagreb, 2019.

Aus dem Kroatischen von Snježana Rodek, Zagreb

Lektorat und Satz: Cordula Hubert, Olching

ISSN 1868-2936
ISBN 978-3-631-87462-2 (Print) · E-ISBN 978-3-631-87804-0 (E-PDF)
E-ISBN 978-3-631-87805-7 (EPUB)
DOI 10.3726/b19746

Peter Lang – Berlin · Bern · Bruxelles · New York · Oxford · Warszawa · Wien

Diese Publikation wurde begutachtet.

www.peterlang.com

Für Mara, Vigo, Mihaela, Dorotea und Neven,
irgendwo in der Welt

Inhalt

Einleitung

> *Hätte man 1961 einen Jugoslawen in der siebten jugoslawischen Teilrepublik getroffen – oder, weniger metaphorisch, am Hauptbahnhof in München oder Wien –, wäre er oder sie höchstwahrscheinlich ein Kroate oder eine Kroatin aus Kroatien.*
>
> *William Zimmerman (1987: 86)*

Ende der 1970er-Jahre lebten etwa zwanzig Millionen Menschen in den sechs Republiken des damaligen Jugoslawien – und etwa 1,3 Millionen außer Landes. Diese Zahl war weit höher als die Einwohnerzahl einiger jugoslawischer Republiken zu dieser Zeit. So wundert nicht, dass William Zimmerman (1987) von der „siebten Republik“ spricht. Der Großteil dieses extraterritorialen „jugoslawischen Archipels“ befand sich in Europa (etwa 80 Prozent), und hier stand das damalige Westdeutschland an der Spitze. Anfang der 1970er-Jahre waren 55 Prozent aller jugoslawischer Migranten in Deutschland und etwa 11 Prozent in Österreich beschäftigt (Baučić 1973: 35f). Von den 1960ern bis zum Zerfall Jugoslawiens in den 1990er-Jahren war die Emigration aus diesem Land für West- und Nordeuropa eine der wichtigsten Quellen für Arbeitskräfte (Kupiszewski 2009).

Die ethnische und nationale Struktur der „siebten Republik“ war in den 1960er-Jahren größtenteils kroatisch. Den Großteil des Migrationskontingents machten Kroaten aus den Ländern Kroatien und Bosnien und Herzegowina aus (Mesić 1991: 23); dieser Anteil spiegelte nicht die Verteilung der Nationalitätenanteile auf dem jugoslawischen Territorium wider. Laut Einwohnerzählung von 1971 waren 39 Prozent jugoslawischer Migranten im Ausland Kroaten; der Anteil der Kroaten in der gesamten Einwohnerzahl Jugoslawiens betrug aber nur 22 Prozent (Baučić 1973: 82f). Die Gastarbeiter aus Kroatien und Bosnien und Herzegowina wanderten meistens nach Deutschland aus: In der Gesamtzahl der Migranten aus Jugoslawien dort waren sie mit 62 Prozent vertreten (ebd.: 36f, 86).

Bis in die 1960er-Jahre stammten die meisten nach Deutschland ausgewanderten Migranten aus Kroatien, im Laufe der 1960er-Jahre änderte sich die Situation, sodass Ende der 1960er-Jahre die Mehrheit aus Bosnien und Herzegowina stammte, von denen die meisten allerdings ebenfalls Kroaten waren (ebd.). Mit einer immer stärkeren Migration aus Serbien verminderte sich der

Anteil der kroatischen Migranten im Gesamtkontingent der jugoslawischen Arbeitskräfte im Ausland und pendelte sich zwischen 20 und 30 Prozent ein.

Kroatische und andere Arbeitsmigranten der 1960er- und 1970er-Jahre wurden auch auf Kroatisch umgangssprachlich nach dem deutschen Wort Gastarbeiter *gastarbajteri* genannt. Semantisch spiegelte diese Bezeichnung die Absicht der damaligen Bundesrepublik Deutschland wider, die in diesem Moment unentbehrlichen ausländischen Arbeitskräfte nur auf eine befristete Zeit während der Hochkonjunktur als Gäste zu empfangen. Die ausländischen Arbeiter kamen aus verschiedenen europäischen Ländern, so auch aus Jugoslawien, auf der Suche nach besserem Verdienst und wirtschaftlichem Wohlstand, und deshalb können sie als Wirtschaftsmigranten bezeichnet werden. Ein großer Teil von ihnen ist nie in ihr Heimatland zurückgekehrt, viele haben in Deutschland eine Familie gegründet oder haben ihre Familie nachkommen lassen. Im Zentrum des vorliegenden Buches steht nicht die ganze „siebte jugoslawische Republik“, sondern nur das extraterritoriale Kroatien, besiedelt von Kroaten aus Kroatien und aus Bosnien und Herzegowina.

Der Anteil der Kroaten an der ausländischen Bevölkerung in Deutschland ist relativ hoch; umso mehr überraschen die bisher geringe Anzahl an wissenschaftlichen Studien und Fachtexten über diese Bevölkerungsgruppe sowie das Fehlen einer umfassenden Monografie über sie in der kroatischen Fachliteratur. Die vorhandenen Studien stammen aus der Zeit der Wirtschaftsmigration in den 1960er- und 1970er-Jahren. Das Phänomen der kroatischen Migration nach Deutschland wurde als Teil der jugoslawischen Migrationsbewegungen untersucht. Dazu wurden quantitative Daten und statistische Quellen herangezogen. Das damalige Zagreber Zentrum für Migrationsforschung war der Mittelpunkt aller wissenschaftlichen Untersuchungen über kroatische Migrationen und die damals entstandenen Studien stellen eine bis heute aktuelle Referenzliteratur dar (s. Baučić 1970, 1973; Katunarić 1978; Nejašmić 1981; Mežnarić 1985). Auch in den 80er-Jahren des vorigen Jahrhunderts wurde über die kroatische/jugoslawische Bevölkerung in Deutschland geforscht und geschrieben, analysiert wurden das Phänomen der Rückkehrer sowie ihre Reintegration (Baučić und Groß 1987; Mesić 1991), Frauen als Migrantinnen und Migrantenkinder (Morokvašić 1987; Sklevicky 1988; Švob und Brčić 1985; Oklobdžija 1990).

In den 1990er-Jahren flaut das Interesse an kroatischen Wirtschaftsmigranten in Deutschland ab. Diese Entwicklung ist vor dem Hintergrund der damaligen politischen Verhältnisse, des Krieges für die Unabhängigkeit Kroatiens und der Entstehung neuer Migrantentypen – internationaler Flüchtlinge und intern umgesiedelter Personen – sowie anderer gesellschaftlich schwieriger Umstände in der Gründungsphase des kroatischen Staates auch verständlich. Von der Interessenverschiebung zeugt deutlich die zentrale kroatische Migrationszeitschrift *Migracijske i etničke teme* (*Migrationsthemen und ethnische Themen*), die sich den damals aktuellen Migrationsthemen zuwendete. Das Thema wurde zeitweilig auch in den Studien über die kroatische Diaspora aufgegriffen, die sich allerdings überwiegend mit der kroatischen Emigration in den außereuropäischen Ländern befasst (Šakić et al. 2003; Čizmić et al. 2005). In den letzten fünfzehn Jahren wurde das Interesse an dem Thema vom ethnologisch-kulturellen sowie anthropologischen, seltener aber vom historiografischen und soziologischen Standpunkt wiederbelebt (u. a. Čapo Žmegač 2003, 2004, 2005a, 2005b, 2006, 2008, 2009; Čapo 2012a, 2012b, 2013, 2019; Čapo et al. 2014; Peračković 2006; Božić 2012; Jurčević 2016). Obwohl ein eindrucksvolles Essay von Nenad Popović über die gesellschaftlich und sprachlich unsichtbare Gastarbeiterpopulation in Kroatien veröffentlicht wurde (Popović 2008), gibt es in der kroatischen Geschichtsschreibung, Ethnologie oder Kulturanthropologie keine synthetisierenden historiografischen oder ethnologischen Studien in der Art, wie sie in Serbien entstanden sind (Ivanović 2012; Antonijević 2013). Das Interesse an der besagten Population schwindet auch angesichts des Interesses an der neuen Auswanderungswelle aus Kroatien und Bosnien und Herzegowina, ebenfalls nach Deutschland, die nach dem Beitritt Kroatiens in die Europäische Union eingesetzt hat (Jurić 2018).

Das Interesse am Thema Arbeitsmigration ist in Deutschland und Österreich von höherem Interesse als in Kroatien. Dieses Interesse folgt den Veränderungen in der Migrationspolitik des jeweiligen Landes und problematisiert die in diesem Zusammenhang ausgelösten gesellschaftlichen Fragen (Zeitweiligkeit und Rückkehr, Integration, Multikulturalität, Aufarbeitung der nationalen Geschichte). Neuere Arbeiten auf diesem Gebiet umfassen unter anderem die Wirtschaftsmigration von Frauen (Mattes 2005), Aufarbeitung der Geschichtsschreibung und Neubewertung bisheriger Untersuchungen (Oltmer et al. 2012), Interpretationen vor dem Hintergrund der Verflechtung von Politik, Medienbilder und Neugestaltung der deutschen Gesellschaft sowie die Schaffung einer neuen deutschen Identität in der Nachkriegszeit (Chin 2007).

In den letzten fünfzehn Jahren kam es außerdem zu einer gewissen Neubelebung dieses Themas im Rahmen der Aktivität von Nichtregierungsorganisationen und ihrer Aktivisten, unter denen sich eine beträchtliche Zahl von Migrantennachkommen befindet. So wurde zum Beispiel 2004 im Wiener Stadtmuseum in der Zusammenarbeit mit dem Verein Initiative Minderheiten die Ausstellung „Gastarbeiter: 40 Jahre Arbeitsmigration“ (Gürses et al. 2004) organisiert. Als eine der ersten Ausstellungen zum Thema Wirtschaftsmigration fand sie großen Anklang und zehn Jahre später versammelten sich die Aktivisten erneut und veröffentlichten eine ausstellungsbegleitende Publikation (Bakondy et al. 2010).

In der Migrantenforschung nehmen die türkischen Wirtschaftsmigranten in Deutschland eine herausragende Position ein (s. u. a. Kolinsky 1996; Mandel 1989; Mandel und Wilpert 1994; Schiffauer 1991; Wolbert 1995), während kroatische Wirtschaftsmigranten, egal ob gesondert oder als Teil des jugoslawischen Kontingents, bis vor Kurzem unerforscht blieben. Etwas mehr Beachtung fanden italienische, spanische und portugiesische Migranten (s. u. a. Klimt 1989, 2000; Dunkel und Stramaglia-Faggion 2000; *Fremde Heimat* 2002; Martini 2001; *Tü amo* 2009) – im öffentlichen Diskurs blieben sie allerdings auch unberücksichtigt, während die ganze Aufmerksamkeit in der Öffentlichkeit den türkische Migranten galt. Wichtige Anhaltspunkte für das Verständnis der Leerstellen in der Erforschung von Wirtschaftsmigranten aus einzelnen nationalen Gruppen liefern die Überlegungen von Rita Chin (2007). Mitte der 1970er-Jahre wurden einige Herkunftsländer der Arbeitsmigranten Teil der Europäischen Wirtschaftsgemeinschaft (EWG), sodass Migranten aus diesen Ländern nicht mehr als Arbeitsmigranten erfasst wurden. Außerhalb der EWG blieben nur Jugoslawien und die Türkei. Parallel dazu wurde der Akzent im öffentlichen Diskurs und in der Politik immer mehr auf die Migrantenintegration gelegt, sodass mit der Gründung der Europäischen Wirtschaftsgemeinschaft eine gewisse Form der falschen Erinnerung (*misremembering*) an die frühe Geschichte der Arbeitsmigrationen (Chin 2007: 11) einsetzte. Dabei wurde der anfängliche multinationale Charakter der Wirtschaftsmigrationen vergessen; in den Mittelpunkt der politischen Debatte und der öffentlichen Diskussionen über Migranten in Deutschland rückten nun die muslimischen Türken (ebd.).

Dass Migranten aus Kroatien und generell aus Jugoslawien nicht im Zentrum des öffentlichen und wissenschaftlichen Interesses standen, kann in der öffentlichen Wahrnehmung begründet sein, dass es sich bei den Kroaten um sehr gute Arbeiter mit verhältnismäßig höherer Qualifikation im Vergleich zu anderen Migranten handelte und dass es eine Bevölkerungsgruppe war, die sich leicht und gut in die deutsche Gesellschaft eingliedern konnte (s. Novinšćak 2009; Molnar 2014b; Jurčević 2016; Jurić 2018). Bereits seit den 1960er-Jahren trifft man gelegentlich auf solche Einschätzungen, wenn von jugoslawischen, überwiegend aber kroatischen Migranten und ihre Familien die Rede ist. Zu der Zeit, als diese Wahrnehmung entstand, machten kroatische Migranten den Großteil der jugoslawischen Gastarbeiter in Deutschland aus. Außerdem ist es möglich, dass die damalige Öffnung der westdeutschen Politik dem Ostblock gegenüber (Schonick 2009; Molnar 2014a) zur „Unsichtbarkeit“ der kroatischen und generell der jugoslawischen Gastarbeiter in der deutschen Gesellschaft und in der Wissenschaft beitrug. Die Tatsache, dass in den deutschen Statistiken bis vor etwa fünfzehn Jahren jugoslawische Migranten nicht nach Nationalität aufgegliedert wurden, trug im technischen Sinne dazu bei, dass die kroatische Gastarbeiterpopulation innerhalb der jugoslawischen Migration nicht gesondert erforscht wurde, wodurch auch fehlende Studien über kroatische Migranten zu erklären sind.

Dies hat sich allerdings in den letzten zehn Jahren sowohl in Deutschland als auch darüber hinaus entscheidend verändert. Es wurden etliche Dissertationen geschrieben und wissenschaftliche Arbeiten zum Thema wirtschaftliche Migration aus Jugoslawien und kroatische Auswandererpopulation in Deutschland veröffentlicht (u. a. Goeke 2006a, 2006b, 2007; Jurčević 2016; Shonick 2009; Tokić 2009, 2012; Molnar 2014a, 2014b, Novinšćak 2009, 2011, 2012; Novinšćak Kölker 2018; Thaden 2016; Ragazzi 2009; Daniel 2007; Le Normand 2017). Eine Reihe von Studien über religiöse Migrantenorganisationen wurde durchgeführt, hier insbesondere die Kroatische Katholische Mission, in deren Rahmen die Ausländerseelsorge für jugoslawische Migranten mit römisch-katholischem Glaubensbekenntnis organisiert wurde (Winterhagen 2013; Thränhardt und Winterhagen 2012; Thaden 2014). An dieser Stelle seien auch geschichtswissenschaftliche Studien über einige Aspekte der Migration aus der „jugoslawischen Region“ im Laufe des 20. Jahrhunderts genannt (Brunnbauer 2009; Novinšćak 2009) sowie die Analyse der jugoslawischen Zeitungstexte über die Migrantenpopulation in den 1960er- und 1970er-Jahren (Goodlett 2007). Die oben angeführten kroatischen ethnologischen und anthropologischen Studien fügen sich in diesen Trend ein.

Die Ursachen für dieses wachsende Forschungsinteresse, insbesondere auf dem Gebiet der Erforschung der kroatischen Wirtschaftsmigranten in Deutschland in der zweiten Hälfte des vorigen Jahrhunderts, sind in der „Herauslösung“ der kroatischen Themen aus dem jugoslawischen Kontext zu suchen, und zwar im politischen, statistischen und wissenschaftlichen Sinne. Die kroatische Forschung verschob ihr Interesse eindeutig von jugoslawischen auf kroatische Themen (Heršak 1993; Nejašmić 1994, 1996). Darüber hinaus sorgten die Infragestellung der theoretischen Paradigmen, insbesondere der klassischen Spannung zwischen dem Integrationsansatz und den transnationalen Ansätzen, sowie die Diversifizierung der Migrationsuntersuchungen – thematisch, methodisch und disziplinbezogen (Nieswand 2016) – für neues Interesse an den Schicksalen kroatischer und anderer Arbeitsmigranten und ihrer Nachkommen in Deutschland. Ihren Beitrag dazu leisteten schließlich auch die neuen „Gast-Arbeiter" (Castles 2006; Lončar 2013; Jurić 2018), das bereits genannte Interesse der Aktivisten sowie die Aufarbeitung der deutschen nationalen Vergangenheit vor dem Hintergrund der Migrationsbewegungen (Beier-de Haan 2006).

Die vorliegende Studie ist ein Beitrag zum erneuerten Interesse für kroatische Arbeitsmigrationen nach Deutschland. Erörtert werden Umstände sowie Folgen der Migration zu einem spezifischen geschichtlichen Zeitpunkt, in der zweiten Hälfte des 20. Jahrhunderts. Der Blick richtet sich auf zwei Seiten, nämlich die Bundesrepublik Deutschland vor und nach der Wiedervereinigung einerseits und Jugoslawien sowie zwei seiner Nachfolgestaaten, Kroatien und Bosnien und Herzegowina, andererseits. Erörtert werden politische, gesellschaftliche und wirtschaftliche Umstände mit besonderer Berücksichtigung der Wirtschaftskonjunktur und staatlicher Beschäftigungsprogramme in Deutschland sowie Schwierigkeiten in der jugoslawischen staatlich gelenkten Wirtschaft. Die Studie lehnt sich an anthropologische Migrationstheorien sowie ethnografische Methoden an und legt Diskussionen über kroatische Migranten und ihre Nachkommen, die sogenannte zweite oder transnationale Generation, dar. In der Studie wird die kroatische Wirtschaftsmigration mit ihren Folgen im integrierten Migrationskontext (national, transnational, global) und innerhalb des komplexen Migrationsdispositivs (Nieswand und Drotbohm 2014) analysiert, das aus Staatspolitik und dem Diskurs über Migranten besteht. In Betracht gezogen werden des Weiteren Institutionen und nationale Diskurse, die Identitätspolitik des Gast- und des Herkunftslandes sowie die Formen der Kenntnisse über die Migration, die innerhalb des national begrenzten gesellschaftlichen Rahmens entstanden sind (Kapitel 1 und 2). Kapitel 3 stellt das Forschungsvorhaben und die Gruppen der interviewten Migranten vor. In den Gesprächen wurden Themen behandelt wie Rückkehrplanung und Pendeln zwischen Deutschland und dem Herkunftsland (Kapitel 4), Investitionen in der Heimat (Kapitel 5), transnationale (grenzübergreifende) Familien und ihre ständig wechselnden Konstellationen (Kapitel 6), Diskurse über die Kultur der Migrantennachkommen (Kapitel 7), Integration der Migrantengenerationen und der transnationalen Generationen in die deutschen Städte, in denen sie leben, sowie in die deutsche Gesellschaft allgemein (Kapitel 6, 7 und 8) sowie Identitätskonstruktion bei den Migrantennachkommen (Kapitel 8).

Unter Berücksichtigung der kroatischen Wirtschaftsmigration nach Deutschland in den 1960er- und 1970er-Jahren und unter Heranziehung autobiografischer Zeugnisse von Migranten und ihren Nachkommen wird in diesem Buch der Versuch unternommen, die Migration selbst neu zu konzeptualisieren und ihre Auswirkungen auf das Leben der Migranten sowie ihrer Nachkommen in einem transnationalen sozialen, jenseits des Herkunfts- und Gastlandes geschaffenen Raumes darzustellen. Es wird die Anstrengung gemacht, die herkömmlichen Thesen über diese Migration und die Art ihrer Darstellung zu hinterfragen. Kritisch beleuchtet wird die deutsche These über die mangelnde emotionale Identifikation der kroatischen Migranten mit der Kultur des Aufnahmelandes. Außerdem wird die jugoslawische These unter die Lupe genommen, nach der die Migranten ausgebeutete und rechtlose Arbeiter in einem kapitalistischen Wirtschaftssystem waren, die eines Tages in die Heimat zurückkehren würden. Der erste Standpunkt hängt mit der ausschließlichen deutschen (ethnonationalen) Idee über die Zugehörigkeit und den nationalen methodologischen Standpunkt zusammen, von dem aus Migrationen betrachtet werden; der zweite Standpunkt ist mit der sozialistischen Ideologie über die Arbeiterklasse verbunden. Außerdem kamen in Jugoslawien eine ganze Reihe anderer Stereotype über das Gastarbeiterleben auf. Sie wurden im kroatischen Kontext in den naturalistischen Zeichnungen von Dragutin Trumbetaš illustriert (Maroević 2001) und hinterfragt:

- alleinstehende, arbeitende Männer
- nicht funktionale Familien, deren Mitglieder in zwei Staaten leben
- irrationale, megalomanische Investitionen in der Heimat
- Sehnsucht nach der „ständig sich entziehenden Rückkehr“ (Popović 2008)
- ein Leben in einem Zwischenstadium, in dem man ständig eine bessere Zukunft erwartet, die aber nie eintritt
- Ausbeutung, soziale Entfremdung und Diskriminierung in Deutschland
- langfristig das Gefühl, zwischen zwei Orten und zwei Staaten hin- und hergerissen zu sein und zu keinem der beiden wirklich zugehörig zu sein

Anstelle solcher Stereotype und einseitiger Darstellungen der Kroaten in Deutschland werden in der vorliegenden Studie auf der Grundlage der qualitativen Interviews mit Migranten und ihren Nachkommen komplexe und nuancierte Analysen verschiedener Aspekte des Migrantenlebens über mehrere Jahrzehnte hinweg dargestellt.

1. Umstände und Kontext der Arbeitsmigration nach Deutschland in der zweiten Hälfte des 20. Jahrhunderts

In den letzten zwanzig Jahren kann von einer Dezentrierung der Migrationsforschung gesprochen werden (Nieswand 2016): Im Fokus des Interesses stehen nicht mehr so sehr die Migranten selbst, sondern die dominanten gesellschaftlichen Akteure und Institutionen – Nationalstaaten, Städte, transnationaler sozialer Raum, Diaspora. Dezentrierung bedeutet auch, dass Wissenschaftler sich zunehmend breiten gesellschaftlichen und kulturellen Fragen öffnen, der Frage nach dem Konzept der Nation und der Gestaltung der Kulturpolitiken im Kontext mehr oder weniger kontinuierlicher, aber unterschiedlicher Migrationsbewegungen und daraus resultierender Prozesse.

Das Schlüsselelement des Interpretationsrahmens für die vorliegende Studie findet sich im transnationalen Forschungsparadigma mit seinem Postulat, dass sich Leben und Erfahrungen der Migranten in einem transnationalen sozialen Raum abspielen, der von Migranten und ihren Familien durch ihre kontinuierliche Bewegung, Aktivitäten und Transaktionen zwischen zwei oder mehreren staatlich eingerahmten sozialen Räumen geschaffen wird (Glick Schiller et al. 1992, 2004; s. Kapitel 2). Obwohl der transnationale Blickpunkt den interpretativen Mittelpunkt der Studie bildet, wird der nationale Kontext nicht vernachlässigt: Sowohl der Herkunftsstaat, das ehemalige Jugoslawien, als auch der Empfängerstaat, die ehemalige Bundesrepublik Deutschland, werden in die Studie mit einbezogen. Der nationale Kontext, sowohl der des Auswanderungs- als auch des Einwanderungslandes, hat spezifische Eigenschaften, die relevant für das Verständnis der untersuchten Migration sind, für ihre Regulierung in der Anfangsphase, ihre Verwandlung in dauerhafte Ansiedlung und Integration der Einwanderer im Einwanderungsort oder generell im Empfängerland. In diesem Kapitel ist weiter die Rede von sich wandelnden politischen, wirtschaftlichen und gesellschaftlichen Aspekten in den beiden Staaten. Die Besonderheit des Empfängerstaates, die Folgen für das Leben der kroatischen Migranten hatte, ist neben der politischen Vereinigung zweier deutscher Staaten 1990 auch die komplexe deutsche Migrationsgeschichte. In dieser Geschichte sind kroatische Wirtschaftsmigranten nur Teil einer breiten nationalen Immigrationsgeschichte. Ein besonderer Aspekt des Herkunftsstaates ist dessen Zerfall 1991 und die Entstehung der selbstständigen Staaten Kroatien und Bosnien und Herzegowina.

Die Arbeitsmigration nach Deutschland in den 1960er- und 1970er-Jahren ist Teil der globalen Migrationsbewegungen. Sie war zunächst nur zeitlich begrenzte Migration gedacht und wurde deshalb populär als Gastarbeitermigration bezeichnet. Sie ist Teil eines sowohl diachron als auch räumlich breiten Phänomens. Dieses Phänomen umfasste staatlich finanzierten und organisierten Import von ausländischen Arbeitern mit zeitweiliger Arbeitserlaubnis und bot eingeschränktes oder gar kein Recht auf Statusveränderung (Surak 2013: 84f). Der Fall Deutschland ist diesbezüglich beispielhaft, aber historisch gesehen keinesfalls singulär. Kristin Surak identifiziert seit dem 19. Jahrhundert fünf Phasen von Gastarbeitermigrationen (engl. *guestworker*), die sich nach den wirtschaftlichen und gesellschaftlichen Systeme, in denen sie auftreten, unterscheiden: 1) Kontinuierliche Anwerbung von ausländischen Arbeitern aus Mosambik, Malawi, Botswana und Lesotho nach Südafrika seit der zweiten Hälfte des 19. Jh.; 2) das Bracero-Programm aus dem Jahre 1942, das die Anwerbung mexikanischer Gastarbeiter nach Kalifornien und Texas ermöglichte; 3) europäische Programme, mit denen Länder ohne nennenswerte Kolonialgeschichte und ohne Arbeitskraftreserven – Deutschland, die Schweiz, Österreich – in den 1960er-Jahren den Import von temporären Arbeitskräften regelten; 4) nach der Ölkrise die Anwerbung von Arbeitskräften aus Süd- und Südostasien in den Golfstaaten – Saudi-Arabien, Kuwait, Katar, Bahrain, Vereinigte Arabische Emirate und Oman – in so hohen Zahlen, dass Gastarbeiter bald die primäre Arbeitskraft in der dortigen Wirtschaft ausmachten; 5) eigene, streng kontrollierte und beschränkte Anwerbeprogramme in Japan, Südkorea und Taiwan aus den gleichen Ländern wie die Golfstaaten.

Ähnliche Migrationsregime werden heutzutage in etwa fünfzig Ländern der Welt durchgeführt. Nach Einschätzungen der Vereinten Nationen umfassen sie ca. zwanzig Millionen Personen: 2,3 Mio. zeitweilige Gastarbeiter in den OECD-Ländern; 1,6 Mio. in Singapur, Hongkong und Taiwan; eine Million in Thailand und Indonesien und etwa 13 Mio. in den Golfstaaten (ebd.). Allen diesen Ländern ist die Anwerbung von gehorsamer Arbeitskraft gemeinsam, die die niedrigsten, unter der einheimischen Bevölkerung verpönten Arbeiten erledigt. Da verhindert werden soll, dass importierte Arbeitskräfte ständige Einwohner werden, enthalten Anwerbeprogramme entsprechende Bestimmungen zur Verhinderung der festen Niederlassung ausländischer Arbeitskräfte. Der Staat ermöglicht ihre Ankunft und sorgt dafür, dass sie sich nur begrenzt im Gastland aufhalten dürfen, während der von Migranten erwirtschaftete Nutzen maximiert, die sozialen Kosten ihres Lebens aber minimiert werden. Der Staat hat dabei zwei schwere Aufgaben: einerseits die Migrationsflüsse zu regeln und andererseits die Grenze zwischen den Staatsbürgern und den Ausländern zu wahren. Darin bestehe nach Surak der zentrale Widerspruch aller Anwerbeprogramme für zeitweilige Arbeitskräfte.

Dieses Ziel, die angeworbenen Arbeitskräfte nach einiger Zeit in ihre Heimat zurückzuschicken, um fest ansässige Migrantengemeinschaften (Surak 2013: 101) zu vermeiden, ist in Deutschland verfehlt worden – sonst wäre heute eine Diskussion über das Leben der kroatischen Wirtschaftsmigranten und ihrer Familien in der Bundesrepublik Deutschland gar nicht möglich. Nachfolgend Ausführungen werden spezifische Elemente zweier nationaler bzw. staatlicher Kontexte erörtert, die diese Migration maßgeblich beeinflussten.

1.1 Das deutsche Wirtschaftswunder und die Tücken der Gastarbeiter-Anwerbepolitik: Gäste werden Zuwanderer

Infolge des starken Wirtschaftswachstums nach dem Zweiten Weltkrieg öffnete Westdeutschland (von nun an: Deutschland) in den 1950er-Jahren die Türen für Arbeitskräfte aus Süd- und Südosteuropa. Die Beschäftigung billiger Arbeitskräfte – am Anfang Italiener, Spanier, Griechen und Portugiesen, später dann meistens Türken und Jugoslawen (die Deutschen unterschieden hier nicht weiter nach der Nationalität) – war als Rotation[1] oder vertraglich befristete Beschäftigung fremder Arbeiter vorgesehen, die die Zeitweiligkeit ihres Aufenthalts garantieren sollte. Im amtlichen Diskurs wurden diese fluktuierenden, größtenteils unqualifizierten, vorwiegend männlichen Arbeitskräfte „ausländische Arbeitnehmer“ oder einfach „Ausländer“ genannt. In der Regel waren sie unter 40 Jahre alt. Sie wurden in Kollektivunterkünften untergebracht und bekamen eine vertraglich auf ein Jahr befristete Beschäftigung in der Industrie ohne Anrecht auf soziale Absicherung. Umgangssprachlich wurden diese Arbeiter Gastarbeiter genannt (Castles 1986; Kolinsky 1996; Lapeyronnie 1992; Bougarel 1992; Bade und Oltmer 2008).

Die Zahlen der ausländischen Arbeiter in Deutschland stiegen schnell: von 95 000 im Jahre 1956 auf 1,3 Mio. im Jahre 1966. Nach einer kurzen Stagnation wegen der Rezession im Jahre 1966/67 beschleunigte sich das Einstellungstempo: 1970 waren 2 Mio. und Mitte des Jahres 1973 bereits 2,6 Mio. ausländi-

1 In neuester Zeit wurde die These über die Rotation infrage gestellt (Schönwälder 2006a: 85).

sche Arbeiter in Deutschland. Von dem Ausmaß der Anwerbung von ausländischen Arbeitern und der zumindest in der ersten Anwerbungsphase auch mehr oder weniger eingehaltenen Befristung zeugen die Zahlen: Seit dem Ende der 1950er-Jahre bis 1973 kamen etwa 14 Mio. ausländische Arbeiter nach Deutschland, von denen 11 Mio. in ihre Heimat zurückkehrten (Bade und Oltmer 2008: 159). Mit einem Zuwachs von einer halben Million Arbeitsmigranten jährlich war das die größte Wirtschaftsmigration im Nachkriegseuropa. Deutschland entwickelte dafür den am besten organisierten staatlichen Anwerbeapparat in ganz Europa (Castles 1986: 768). Das war der Höhepunkt des Gastarbeitersystems, in dem Deutschland die Vorreiterrolle für andere europäische Länder spielte (Surak 2013: 94).

Um den begrenzten Aufenthalt und die Rotation von ausländischen Arbeitern durchzusetzen, wurde ein komplexer juristischer und administrativer Rahmen zu deren Kontrolle aufgestellt. Es wurden bilaterale Verträge zwischen Deutschland und den Anwerbeländern unterzeichnet: mit Italien 1955, mit Spanien und Griechenland 1960, mit der Türkei 1961, mit Portugal 1964, mit Tunesien und Marokko 1965 – allerdings wirkungslos – und mit Jugoslawien 1968. Christian Joppke (1999: 65) bezeichnet den gesamten Komplex als Klientelpolitik, weil sie nicht aus einer parlamentarischen und öffentlichen Debatte hervorging, sondern sich ausschließlich auf Arbeitgeber, staatliche Behörden für die Arbeitskraftanwerbung und Gewerkschaften stützte. Die Rolle der Letzteren war für die Arbeiter selbst äußerst nützlich, weil sie für gleiche Löhne und soziale Absicherung der angeworbenen ausländischen Arbeiter sorgten. Es kann geschlussfolgert werden, dass die damalige Migrationsindustrie gut organisiert war: Deutsche Anwerbebüros in den Anwerbeländern suchten aktiv nach Arbeitskräften, Arbeiter wurden auf der Grundlage eines ärztlichen Attests weiter ausgewählt, bestimmte vorausgehende Integrationsmaßnahmen, wie etwa Ausstellung einer befristeten Arbeitserlaubnis gekoppelt an bestimmte Berufe und bestimmte Bundesländer, wurden getroffen.

Der Migrationsakt selbst wurde auch erleichtert, indem Sonderzüge für die Reise direkt zum Arbeitgeber in Deutschland organisiert wurden. Der Familiennachzug konnte trotz zahlreicher Hindernisse jedoch letztendlich nicht verhindert werden. Die Ehefrauen reisten anfänglich selbst als Arbeitsmigrantinnen mit Arbeitserlaubnis ihren Männern nach, später geschah das im Zuge des Prozesses der Familienzusammenführung. Parallel zu der staatlich gesteuerten Anwerbung wurde die Anwerbung direkt durch Arbeitgeber selbst organisiert. Einigen Schätzungen zufolge belief sich diese direkte Anwerbung auf bis zu 50 Prozent aller ausländischen Arbeiter (Castles 2006: 742). Die vorausgesetzte

Rückkehr wurde in das staatlich gesteuerte deutsche Migrationsregime eingeschrieben und ausländische Arbeiter wurden als konjunkturell verfügbare Ware betrachtet, die sich gesellschaftlich nicht reproduzieren und keine Bildungskosten verursachen würden (Joppke 1999: 65).

Die Anwerbung von Arbeitern, die aus Ländern außerhalb der Europäischen Wirtschaftsgemeinschaft[2] stammten, wurde 1973 eingestellt (Joppke 1999; Schönwälder 2006a, 2006b). Die Gründe lagen in der binnenwirtschaftlichen Situation, aber auch im politischen Druck sowie der Sicherheitsgefahr wegen mangelnder gesellschaftlicher Integration der bereits im Land befindlichen Arbeitsmigranten. Die Immigration wurde durch den Anwerbestopp zwar für eine gewisse Zeit verlangsamt, aber nicht aufgehalten. Obwohl eine gewisse Anzahl von ausländischen Arbeitern zurückgekehrt war, sodass 1976 die Zahl der ausländischen Arbeiter um 700 000 niedriger war als 1973, sank die Gesamtzahl aller Immigranten im gleichen Zeitraum nur um 200 000. Diese Zahlen deuten darauf hin, dass die Gesamtzahl der Immigranten gestiegen ist, obwohl ein Teil der Arbeitsmigranten in ihre Ursprungsländer zurückgekehrt war. Dieser Anstieg wird auf die gesetzlich geregelte Familienzusammenführung zurückgeführt. Trotz der Bemühungen, diesen Trend aufzuhalten, stieg der Anteil der Ausländer an der Gesamtbevölkerung in Westdeutschland kontinuierlich an: 1,2 Prozent im Jahre 1960, 4,9 Prozent im Jahre 1970, 7,2 Prozent im Jahre 1980 und 8,9 Prozent im Jahre 2005. Parallel dazu nahm der Anteil der arbeitenden Familienmitglieder ab, während sich die Geschlechts- und Altersstruktur der Immigranten derjenigen der einheimischen Bevölkerung annäherte (Bade 1992a; Bade und Oltmer 2008).

Als Folge des Anwerbestopps im Jahre 1973 konnte eine Tendenz zur längerfristigen Niederlassung der Immigranten sowie zur verstärkten Familienzusammenführung beobachtet werden. Dies hatte allerdings die unerwünschte Folge, dass die mobile und flexible Arbeitskraft mit befristetem Arbeitsvertrag aus den 1960er-Jahren durch dauerhaft angesiedelte Zuwanderer ersetzt wurde (Castles 1986; Bade 1992a; Kolinsky 1996; Bade und Oltmer 2008). Der grundlegende Widerspruch der Arbeiteranwerbung aus dem Ausland konnte auch in Deutschland nicht vermieden werden: Trotz Kontrollmechanismen konnte der Staat eine dauerhafte Ansiedlung der ausländischen Arbeiter und die Schaffung von ethnischen Minderheiten nicht verhindern (Surak 2013; Castles 2006).

---

2 Zu dieser Zeit war nur Italien Mitglied der EWG. Griechenland trat der EWG 1981 bei, Spanien und Portugal folgten 1986.

Neben dem politischen Willen zum befristeten Aufenthalt wirkten nämlich vonseiten der Arbeitgeber, Gewerkschaften, religiösen Gemeinschaften und Wohlfahrtsorganisationen gleichzeitig Kräfte in die entgegengesetzte Richtung. Dies ergab sich aus dem Wunsch, die Arbeiterschaft zu stabilisieren, die sozialen Rechte der Arbeiter zu erweitern und die Beschränkungen bei der Familienzusammenführung zu beseitigen (Schönwälder 2006b). Dies geschah durchaus im Sinne des sozialen und humanitären Zeitgeistes der 70er-Jahre des vorigen Jahrhunderts (ebd.: 111) sowie der liberaldemokratischen Staatsordnung (Joppke 1999), die besagt, dass Personen mit einem gültigen Aufenthaltstitel, die in das Sozialsystem (Renten-, Bildungs-, Gesundheitssystem) integriert sind, nicht ohne Weiteres des Landes verwiesen werden können (Castles 2006: 743). Das bedeutete allerdings auch, dass die staatlichen Investitionen in Wohnungen, Bildung, Gesundheitsschutz und soziale Absicherung der Immigranten gestiegen waren, was den Nutzen ihrer Einstellung gleichzeitig minderte (ebd.: 769, 773).

1.1.1 Die Anwerbung von Gastarbeitern aus Jugoslawien

Die ersten Gastarbeiter aus Jugoslawien kamen gleichzeitig mit den Gastarbeitern aus anderen Ländern nach Deutschland, jedoch nicht mit der gleichen Intensität. Das Verlassen des Landes wurde nämlich in Jugoslawien bis 1962 als „feindlicher Akt" eingestuft (Ivanović 2009: 26). Der Fall Jugoslawien ist außerdem insofern spezifisch, weil es sich um ein sozialistisches Land handelte, das sich zu dieser Zeit der politischen und ideologischen Teilungen während des Kalten Krieges in dem für Westdeutschland feindlichen östlichen Lager befand. Zwischen den zwei Staaten herrschten nach dem Zweiten Weltkrieg Spannungen, bis schließlich 1957 als Folge der Anerkennung der Deutschen Demokratischen Republik durch Jugoslawien die diplomatischen Beziehungen abgebrochen wurden.

Diese Faktoren wirkten sich negativ auf die Anwerbung der Arbeitskräfte aus Jugoslawien aus, obwohl deutsche Arbeitgeber auf eine Intensivierung der Anwerbung drängten (Ivanović 2009). Wegen der politischen Umstände und der herrschenden Ideologie in Jugoslawien wurde die Beschäftigung jugoslawischer Bürger in westlichen, kapitalistischen Ländern missbilligend betrachtet. Aus der Sicht der jugoslawischen Kommunisten und im Sinne des sozialistischen Aufbaus war Auswanderung ausgesprochen negativ konnotiert. Den ideologischen Hintergrund für solche Einstellungen bildete die Behauptung, dass „in einem Arbeiterstaat alle Arbeiter ein Anrecht auf Arbeit und daher kein Bedürfnis nach

Auswanderung haben" (Mesić 1991: 11). Auswanderung wurde als „schädlich" und „beschämend" für „das Land und die Nation [aufgefasst] und kann nur von einem nicht im Volk begründeten Regime gefördert und toleriert werden" (ebd.).

Doch auch in der Zeit, als die Beziehungen zwischen den beiden Ländern gestört waren, kam es zu Einwanderung aus Jugoslawien nach Westdeutschland. Von 1953 bis 1960 schwankte die Zahl der Migranten jährlich von 13 000 bis 57 000 (Mesić 1991: 12). So befanden sich 1962 in Deutschland 24 000 jugoslawische Gastarbeiter; 1963 waren es 44 000, 1966 stieg die Zahl auf 97 000, 1968 auf 119 000 und im Januar 1969 befanden sich in Deutschland bereits 148 000 Gastarbeiter aus Jugoslawien (Ivanović 2009: 26). Die hohen Zahlen spiegeln die Liberalisierung des Grenzregimes wider. Außerdem wurden in Jugoslawien für Personen, die vor 1962 illegal das Land verlassen hatten, eine Amnestie erlassen und Gesetzesvorschriften verabschiedet, die in erster Linie – wie Vladimir Ivanović meint – das Ziel hatten, die Zahl der Auswanderungswilligen zu erhöhen (Ivanović 2009: 26). Bilaterale Anwerbeverträge wurden mit einer Reihe von Ländern unterzeichnet (Österreich, Schweden, Frankreich). Mit der Bundesrepublik Deutschland wurden dagegen über mehrere Jahre erfolgslos Verhandlungen geführt. Nach der Wiederaufnahme diplomatischer Beziehungen zwischen den beiden Ländern im Januar 1968 wurde das Anwerbeabkommen über die Beschäftigung und den Schutz der Gastarbeiter dann schließlich im Oktober unterzeichnet. Folglich stieg auch die Zahl der Migranten an.

Die folgenden von Ivo Nejašmić ermittelten Zahlen über kroatische Bürger in der Bundesrepublik Deutschland sind mit Vorbehalt zu genießen, weil keine Vergleichsbasis vorhanden ist oder nicht alle Migranten bei jeder Volkszählung in Jugoslawien erfasst wurden (Nejašmić 1994: 144): 1971 wurden 157.601 kroatische Gastarbeiter ohne Familienangehörige in der Bundesrepublik verzeichnet[3]; 1981 waren es 106.616 und 1991 93.884 (Nejašmić 1994: 144). Aus diesen Zahlen ist ersichtlich, dass die Rückkehrerzahlen gestiegen sind, die Zahl der neuen Migranten gleichzeitig zurückging und dass sich aus diesem Grund das kroatische Arbeiterkontingent zwischen 1971 und 1981 erheblich verringerte (ebd.: 149). Auch zehn Jahre später betrug die Gesamtzahl der Migranten, d. h.

---

3 Bei der Volkszählung in Jugoslawien wurde zwischen den Kategorien „Arbeiter" und „Familienangehöriger" im Ausland unterschieden. Die zweitgenannte Kategorie wurde 1981 eingeführt. Der Zensus von 1971 führt nur die Zahl der „Arbeiter" an, nicht aber die der Familienangehörigen.

Arbeiter mit Familienangehörigen, 145.199[4], diese Zahl war also niedriger als die Zahl der Arbeiter ohne Familienangehörige im Jahr 1971. Anteilig waren das 64,7 Prozent offiziell vermeldete Arbeiter und 35,3 Prozent ihre Familienangehörigen (ebd.: 145). Dieses Beispiel illustriert das vorhin Erwähnte: Die deutsche Politik der Anwerbe-Einschränkung Anfang der 1970er-Jahre hatte wie gewünscht dazu geführt, dass die Zahl der ausländischen Arbeiter sank. Neu war aber die Tatsache, dass ausländische Arbeitsmigranten anfingen, sich dauerhaft in der Bundesrepublik anzusiedeln, und zwar mit ihrer Familien.

Eine Reihe von Historikern nimmt bei der Analyse konkreter Gründe für das Zustandekommen des Abkommens zwischen der Bundesrepublik Deutschland und Jugoslawien nicht nur wirtschaftliche, sondern auch andere Faktoren unter die Lupe. Kaja Shonick (2009) meint, nicht nur wirtschaftliche, sondern auch politische Motive hätten die Anwerbung aus der Bundesrepublik Deutschland gefördert: Ihre Analyse von Archivschriften ergab, dass für das Abkommen zwischen den zwei Staaten die Erneuerung der diplomatischen Beziehungen mit Jugoslawien, die Ostpolitik Willy Brandts und die gewünschte Überwindung der Blockteilung im Kalten Krieg entscheidend waren.

Die Verhandlungen über die Beschäftigung jugoslawischer Arbeitskräfte in der Bundesrepublik Deutschland wurden 1963 aufgenommen. Ein Entwurf für ein Abkommen aus 1965 wurde nicht unterzeichnet, weil sich die Vertragspartner über bestimmte Aspekte uneinig waren. Obwohl Jugoslawien danach wegen der steigenden Arbeitslosigkeit im Lande und des Drucks der deutschen Gewerkschaften zum besseren Schutz der Arbeiter auf den Abschluss des Abkommens drängte, wurden die Verhandlungen von deutscher Seite vorübergehend abgebrochen. Die angeführten Statistiken zeigen eindeutig, dass Arbeiter ohnehin ins Land strömten, und zwar über private Wege (Ivanović 2009). Auch nach der Unterzeichnung des Abkommens gelangte die Hälfte aller Arbeiter aus Jugoslawien über private Kontakte nach Deutschland: über Verwandte und Freunde, mit einem vorher gesicherten Arbeitsplatz, aber auch ohne (Novinšćak 2009: 140). Diese Praxis galt auch für andere Länder.

Als Willy Brandt das Amt des Außenministers übernahm und die Spannungen des Kalten Krieges nachließen, gelangten die Verhandlungen im Zuge der von Brandt in die Wege geleiteten neuen Ostpolitik in eine neue Phase. Die neue Ostpolitik setzte sich für die Förderung der Beziehungen und die Zusammenar-

---

4 Das sind 51 Prozent aller kroatischen Migranten im Ausland zu dieser Zeit (Nejašmić 1996: 208).

beit mit den osteuropäischen Ländern ein, einschließlich Jugoslawien. Im Rahmen dieser Politik betrachtete Willy Brandt die Fortsetzung der Verhandlungen um das Anwerbeabkommen mit Jugoslawien als besonders wichtig (Ivanović 2009). Die Verhandlungen und Divergenzen zwischen den zwei Staaten, hauptsächlich in puncto Anwerbeprozess, soziale Abgaben und berufliche Qualifikationen, sowie die Dissonanzen in Deutschland selbst angesichts der Tatsache, dass die Verhandlungen in Zeiten des Konjunkturabschwungs geführt wurden, wurden bereits von Vladimir Ivanović (2009) und Karolina Novinšćak (2009) erörtert.

In seiner äußerst interessanten Studie analysiert Christopher Molnar (2014a) die Folgen von Brandts Ostpolitik nicht nur auf die Wiederherstellung diplomatischer Beziehungen und die Unterzeichnung des Abkommens zwischen der Bundesrepublik Deutschland und Jugoslawien, sondern auch auf die veränderte Wahrnehmung der jugoslawischen Bevölkerung in Deutschland generell (vgl. Novinšćak 2012). Das ursprüngliche Bild vom jugoslawischen Arbeiter als Träger der kommunistischen Bedrohung wurde durch das Sinnbild der Versöhnung zwischen den europäischen Staaten mit ihren unterschiedlichen Politiken und gesellschaftlichen Systemen ersetzt. In der Zeit des Kalten Krieges sei den jugoslawischen Migranten dank Anstrengungen der westdeutschen Politiker die Rolle der Vermittler zwischen West und Ost zugewiesen worden, meint Molnar. Eine ähnliche Politik förderte Jugoslawien gleichzeitig durch Titos Politik der blockfreien Staaten. Nikola Bakalović (2014: 688) zeigt, wie Jugoslawien mit seinem Propagandakrieg gegen die politische Emigration sorgfältig das Bild vom friedlichen und integrationsorientierten Wirtschaftsmigranten aufbaute, um den Unterschied zu dem verhassten politischen Migranten zu verdeutlichen.

Molnar (2014a) zufolge beruhte das neue Bild des jugoslawischen Arbeitnehmers auf zwei Aspekten der Realität: Einerseits zeigten sich die immer zahlreicheren jugoslawischen Arbeitsmigranten mit im Vergleich hohen Berufsqualifikationen in den 1960er-Jahren in der Bundesrepublik Deutschland als gute Arbeitnehmer und wurden von deutschen Arbeitgebern gern angestellt. In der ersten Hälfte dieses Jahrzehnts verlangten deutsche Arbeitgeber sogar, dass mehr jugoslawische Gastarbeiter in die Bundesrepublik geholt werden sollten, obwohl die deutsche Politik dem gegenüber eher abgeneigt war (s. Novinšćak 2009; Ivanović 2009). Der zweite Aspekt der Realität vollzog sich dank des touristischen Booms an der Adria in den 1970er-Jahren. Mitte dieses Jahrzehnts wurde die Zahl der deutschen Touristen an der Adria auf 1,7 Mio. geschätzt (Molnar 2014a: 167).

In den 1970er-Jahren war die Interaktion zwischen der jugoslawischen und der bundesdeutschen Bevölkerung die intensivste und gleichzeitig auch die am innigsten gepflegte Beziehung zwischen Ost- und Westeuropäern auf dem ganzen europäischen Kontinent (Molnar 2014a). Molnar ist der Meinung, dass die Ostpolitik als direkte, persönliche Interaktion zwischen den Bewohnern zweier Staaten anzusehen ist, und nennt sie „interpersonelle Ostpolitik" (vgl. Novinšćak 2009).

Diese Interpretation der Ostpolitik beruht hauptsächlich auf der Kontakthypothese (Allport 1954). Als Folge der intensiven Beziehungen zwischen der westdeutschen und jugoslawischen Bevölkerung verbesserte sich das gegenseitige Bild, vor allem aber wurde die Vorstellung über die jugoslawischen Gastarbeiter in der Bundesrepublik aufgewertet – sie besetzten die Position der begehrten und mustergültigen Arbeitsmigranten. Molnar weist aber auch darauf hin, dass die neue Wahrnehmung keine weitreichenden Folgen hatte – sie konnte die angestrebte Entspannung im Kalten Krieg nicht herbeiführen. Außerdem blieben jugoslawische Migranten trotzdem von der strukturellen und juristischen Diskriminierung, der sie samt anderen Arbeitsmigranten in der Bundesrepublik ausgesetzt waren, nicht verschont (Molnar 2014a: 168).[5] Trotzdem dürfen bestimmte Auswirkungen dieser Umstände nicht übersehen werden: Das Bild vom jugoslawischen Arbeiter als Sicherheitsbedrohung und Träger der kommunistischen Ideologie wurde radikal geändert;[6] der Schwerpunkt der Wahrnehmung des jugoslawischen Gastarbeiters rückte aus dem politischen und ideologischen in den wirtschaftlichen und Arbeitsbereich. Außerdem kam man zum Schluss, dass sich jugoslawische Gastarbeiter relativ leicht dem deutschen Lebensstil anpassen konnten (ebd.: 154). Sie wurden zu einem Zeitpunkt in einem positiven Licht wahrgenommen, in dem – wie bereits erwähnt – die multinationale Zusammensetzung der ersten Arbeitsmigranten vergessen wurde und türkische Migranten immer mehr als die unerwünschte Migrantengruppe wahrgenommen wurden (Chin 2007). Die erfolgreiche Integration jugoslawischer Migranten in die deutsche Gesellschaft sei diesen Umständen zu verdanken, erklärt Molnar (Molnar 2014a: 168f).

---

5 Wie auch andere Arbeitsmigranten in dieser Zeit litten sie unter schlechten Wohnverhältnissen, befristeten Arbeitsverträgen und restriktiver Politik in der Familienzusammenführung sowie bei der Erwerbung der deutschen Staatsbürgerschaft (Molnar 2014a: 168).

6 Im Gegenteil stellte sich sogar heraus, dass jugoslawische Gastarbeiter apolitisch waren und kommunistische Aktivitäten bei italienischen, spanischen, griechischen und türkischen Gastarbeitern wesentlich ausgeprägter waren (Molnar 2014a).

Während im Kontext der deutschen Migrationspolitik der 1960er-Jahre die Rolle der Ostpolitik nicht zu übersehen ist, spielten sich auch auf der jugoslawischen Seite wichtige Veränderungen ab, die die anfangs individuelle (private) Auswanderung, später dann die staatlich gesponserte und kontrollierte Arbeitsmigration in die Bundesrepublik Deutschland ermöglichten und förderten:[7] Dezentralisierung wirtschaftlicher Entscheidungsmacht und Wirtschaftsreform, Eingliederung in die internationalen Märkte, Öffnung der Grenzen und Liberalisierung der Politik der Arbeitsmigration (Zimmerman 1987; Mesić 1991). Gleichzeitig wurden ideologische, politische und institutionelle Schranken zum staatlich organisierten Transfer von Arbeitskräften (Novinšćak 2009: 124) aus einem sozialistischen Ostblockland, das inzwischen den Weg der blockfreien Politik einschlug, in eine marktwirtschaftliche westliche Demokratie überwunden. Unter dem Druck der immer höheren Arbeitslosigkeit und der Auswanderung der Arbeitskräfte sahen sich die jugoslawischen Ideologen und Politiker gezwungen, einen wahren Kraftakt zu vollbringen: die Neudefinition von Arbeit und Arbeiterschaft, den zwei Säulen des jugoslawischen Selbstverwaltungssozialismus.

1.1.2 „Zeitweiligkeit“ und Rückkehr

Die Ideologie des jugoslawischen Staates basierte auf dem Sozialismus und seine Legitimation war in der Arbeiterklasse begründet. Wohl aus diesem Grunde weigerte sich der Staat bis in die Mitte der 1960er-Jahre, sich mit zwei Folgen der erfolglosen Wirtschaftsreformen auseinanderzusetzen: erstens mit der ansteigenden Arbeitslosigkeit und zweitens mit der anfangs illegalen, ab 1962 jedoch legalen Auswanderung aus wirtschaftlichen Gründen in westeuropäische Länder. Die Arbeitslosigkeit widerlegte den Leitgedanken der sozialistischen Ideologie, wonach die Arbeit und die Arbeitsethik das höchste Gut sind, während der Staat verpflichtet ist, allen Bürgern Arbeit und Beschäftigung zu sichern (Novinšćak 2009: 125). Die Wirtschaftsmigration barg in sich außerdem eine politische Gefahr: Jugoslawien hatte Angst vor einer politischen Mobilisierung der Gastarbeiter durch die oppositionelle Emigration, die in der Bundesrepublik besonders zahlreich war (etwa 13 000 Personen, Molnar 2014a: 145). Novinšćak (2009: 138) legt den Gedanken nahe, dass an erster Stelle die Angst vor „Emigrantenterror“ bzw. vor dem Einfluss der politischen Emigration auf

7 Milan Mesić meint, erst seit den 1960er-Jahren könne von einer Migrationspolitik in Jugoslawien die Rede sein. Bis dann sei eine Laissez-faire-Politik betrieben worden (1991: 17).

die Wirtschaftsmigranten[8] Jugoslawien seinerzeit zu den Verhandlungen mit der Bundesrepublik Deutschland bewogen.[9] Erst an zweiter Stelle stand der Wunsch, jugoslawische Gastarbeiter vor Ausbeutung im Kapitalismus zu beschützen.

Angesichts der immer größeren Zahl der Wirtschaftsmigranten schrieb Jugoslawien die Hauptursache für die Auswanderung der Situation auf dem internationalen Arbeitsmarkt zu, während das Verlassen des Landes als notwendige Maßnahme zur „Entwicklung der Wirtschaft der Selbstverwaltung“ neu definiert wurde (Novinšćak 2009: 127). Die Arbeitsmigration erlebte eine Resemantisierung im Sinne einer vorübergehenden Maßnahme in der Entwicklung der sozialistischen Gesellschaft (Mesić 1991: 20; Novinšćak 2009: 127), während die Rückkehr zu ihrem konstitutiven Bestandteil ausgerufen wurde. Sowohl der Gang in die Emigration als auch die Rückkehr wurden in die neue Ideologie der Arbeiterklasse integriert (Novinšćak 2009: 127). Die Rückkehr war in der früheren großen Migrationswelle Ende des 19. Jahrhunderts eine persönliche Entscheidung gewesen, angelehnt an die Kulturtradition der saisonalen Migrationen[10] (Brunnbauer 2009), also Teil der „Migrationskultur“ (ebd.; vgl. Brettell 2003). In der zweiten großen Migrationswelle in der zweiten Hälfte des 20. Jahrhunderts entwickelte sie sich jedoch zur ideologischen Notwendigkeit und zur

8 Siehe die Studie von N. Baković (2014) über die Ideologiearbeit Jugoslawiens in der Bundesrepublik Deutschland. Diese Arbeit hatte zum Ziel, die jugoslawische Ideologie von „Brüderlichkeit und Einheit“ auch unter den Wirtschaftsmigranten zu propagieren und somit antijugoslawische Aktivitäten politischer Emigranten sowie religiöser Organisationen zu kontrollieren, um ihren Einfluss auf die Wirtschaftsmigranten zu vermindern. Baković schlussfolgert jedoch, dass der Einfluss politischer Emigranten auf die Gastarbeiter tatsächlich relativ gering war. Weder die politische Propaganda in der Bundesrepublik noch die Politisierung der Wirtschaftsmigranten zeigten die gewünschte Wirkung (ebd.: 687).

9 Die Meinungen darüber, ob die wachsende Arbeitslosigkeit die Migration steuerte, sind geteilt. Ivanović (2009) vertritt die Meinung, dass dies der Fall war, was allgemeiner Konsens war. Eine Studie aus dem Jahr 1971 zeigt allerdings, dass nicht unbedingt Arbeitslosigkeit die Motivation für die Auswanderung war, sondern der Wunsch nach Verbesserung der materiellen Situation. 77 Prozent der Befragten hatten vor der Auswanderung eine Anstellung, was zum Schluss führte, dass der Grund für die Auswanderung der Wunsch zum sozialen Aufstieg war (Mesić 1991: 18, vgl. auch 25). Diese Schlussfolgerung ist insofern interessant, weil sie Parallelen zur aktuellen Auswanderung aus Kroatien aufweist (Jurić 2018).

10 In der einschlägigen Fachliteratur wird vor allem auf die saisonale Arbeitsmigration im heutigen Länderdreieck Bulgarien, Serbien, Mazedonien (Hristov 2012) mit den Begriffen *pečalba* und *gurbet* hingewiesen.

Verpflichtung im Rahmen der staatlich geförderten und regulierten Arbeitsmigrationen (Brunnbauer 2009).

Da der sozialistische Arbeiterstaat nicht zugeben konnte, dass er das Problem der Arbeitslosigkeit langfristig nicht lösen konnte, wurde die Arbeitsmigration als „zeitweilig“ bezeichnet und die Migranten wurden in „Arbeiter mit *zeitweiliger* Arbeit im Ausland“ umbenannt.[11] Dieses Syntagma wurde zum Leitmotiv der jugoslawischen wirtschaftlichen Migrationspolitik. Es drückte einerseits aus, dass der Staat seine Bürger nicht im Stich ließ, auch wenn er keine sicheren Arbeitsverhältnisse anbieten konnte, und andererseits, dass sie sich nur vorübergehend im Ausland aufhielten und zurückkehren würden. Auf diesem ideologischen Interpretationshintergrund wurde in den 1960er- und 1970er-Jahren die Arbeitsmigration zum normalen Beschäftigungsmodus, der sogar gefördert wurde. So schrieb der Staat in die Arbeitsmigration die Teleologie der Rückkehr ein, die sonst für Diasporapopulationen typisch ist, wobei unter dem Begriff Diaspora im engeren und ursprünglichen Sinne eine erzwungene Auswanderung verstanden wird (Cohen 2008; Clifford 1994).

Diese ideologische Interpretation der Arbeitsmigration hatte erheblichen Einfluss auf die Migranten. Die Gastarbeiter verinnerlichten die staatlich geförderte Idee über den vorübergehenden Charakter ihrer Beschäftigung im Ausland und die damit unvermeidlich verbundene Rückkehr. Diese Idee steuerte ihre Pläne und ihren Lebenslauf in Deutschland sowie das Verhältnis der jugoslawischen Öffentlichkeit gegenüber den Gastarbeitern (Čapo Žmegač 2005a; Čapo 2012b). Arbeit und Dauerverbleib im Ausland wurden als Verrat gebrandmarkt. Die Migration selbst stieß bei der in der Heimat verbliebenen Bevölkerung auf Ablehnung von „Jugo-Schwaben“ und „entfremdeten Ausländern“ (Mesić 1991: 17). Die Interessen Jugoslawiens stimmten in einem Punkt mit den Interessen des Aufnahmelandes überein: Die Bundesrepublik Deutschland definierte die Arbeitsmigration ebenfalls als vorübergehend, sodass in konjunkturell schlechten Zeiten und/oder in Zeiten der verstärkten Xenophobie und negativer Einstellungen gegenüber Ausländern die Rückkehr der ausländischen Arbeiter gefördert wurde. Obwohl diese Bemühungen teilweise fruchteten (Wolbert 1995), ließen sich zahlreiche Migranten, unter ihnen auch Kroaten, dauerhaft in Deutschland nieder (genaue Daten s. Kapitel 4).

Und während in Jugoslawien für Arbeitsmigranten das Syntagma „unsere Arbeiter mit zeitweiliger Arbeit im Ausland“ geprägt wurde, bevorzugten sie selbst

11 Das Syntagma wurde zum ersten Mal in der Schrift „Instruktion über die Beschäftigung im Ausland“ benutzt, herausgegeben vom jugoslawischen Bundessekretariat für Arbeit (Mesić 1991: 17).

das deutsche Syntagma „Gastarbeiter“. Noch Jahre nachdem die Bezeichnung obsolet geworden war, sogar politisch unkorrekt und unangemessen, weil sich die einst vorübergehend Zugezogenen fest angesiedelt hatten, bezeichneten sie sich selbst mit dem deutschen Wort Gastarbeiter. Durch diese Bezeichnung grenzten sie sich deutlich von anderen inzwischen nach Deutschland zugezogenen Migranten ab (s. u.). Besonders wichtig war diese Selbstbezeichnung aber als Abgrenzung gegenüber politischen Emigranten aus dem ehemaligen Jugoslawien einerseits und den während des Krieges in Kroatien und Bosnien und Herzegowina angekommenen Flüchtlingen andererseits.

Die der jugoslawischen Arbeitsmigration immanente Befristung und Rückkehr waren außerdem Bestandteil einer Reihe von Maßnahmen der jugoslawischen Regierung, die langfristig das Leben der Migranten in Deutschland beeinflussten. Da die Arbeitsmigranten auch weiterhin als organischer Teil der eigenen Arbeiterklasse angesehen wurden (vgl. Mesić 1991: 20; Novinšćak 2009: 127), verzichtete Jugoslawien nicht auf das Recht, seine Macht über sie auch außerhalb des eigenen Territoriums auszuüben. Die Lage der Arbeiter im Ausland und ihre Rückkehr wurden als fürsorgliches Anliegen der gesamten sozialistischen Gemeinschaft interpretiert und nicht als bloße Privatangelegenheit der Migranten, was als sozialistisches Spezifikum der jugoslawischen Außenmigrationen immer wieder hervorgehoben wurde (Mesić 1991: 20). Indem sie in einen politischen Körper integriert waren, die sogenannte siebte Republik (Zimmerman 1987: 83), wurde über die Migranten transterritoriale/extraterritoriale Macht ausgeübt (vgl. Basch et al. 1994); einerseits sicherte diese Macht für die Migranten die vollständige Nutzung des sozialen und gewerkschaftlichen bundesdeutschen Systems, andererseits wurden sie fortlaufend daran erinnert, dass ihr Status nur vorläufig sein sollte: Sie sollten nicht nur zurückkehren, sondern gemäß der jugoslawischen Propaganda auch ihr Leben im Einklang mit den Grundsätzen des sozialistischen Staats gestalten (Baković 2014: 686). Deshalb war die jugoslawische Regierung bestrebt, den Prozess der Arbeitsmigration, aber auch das Leben der Migranten im Ausland nach Möglichkeit zu kontrollieren. Durch bilaterale Abkommen mit den Zielländern wurden umfangreiche Sozialleistungen sowie Renten- und Gesundheitsversicherung gewährleistet; für jugoslawische Kinder wurde das Erlernen der Muttersprache in jugoslawischen Schulen ermöglicht, für die Gastarbeiter wurden Schulungen im Heimatland angeboten; außerdem wurden kulturelle und soziale Angebote aktiv mitgestaltet[12].

12 In den 1968 abgeschlossenen Abkommen mit Jugoslawien verpflichtete sich Deutschland, angemessene Bedingungen für ein soziales und kulturelles Leben der Jugoslawen in der Bundesrepublik Deutschland zu schaffen (Novinšćak 2009).

Viele von diesen Maßnahmen sowie die Tätigkeit der jugoslawischen Konsulate dienten in erster Linie der politischen Kontrolle der Gastarbeiter und ihrer Familien in Deutschland sowie zur Aufrechterhaltung ihrer symbolischen und ideologischen Loyalität (Mesić 1991; Baković 2014; Ragazzi 2009). Die unitaristische Ausrichtung und die überwiegend serbische Personalausstattung dieser Ämter führten sowohl zu offenen als auch zu versteckten Konflikten insbesondere mit vielen kroatischen Migranten in ganz Europa (Mesić 1991: 21).

1.1.3 Abkommen: Transnationale soziale Sicherheit

Die Verhandlungen zwischen Jugoslawien und der Bundesrepublik Deutschland wurden am 12. Oktober 1968 mit der Unterzeichnung dreier Abkommen abgeschlossen (Novinšćak 2009; Ivanović 2009): die „Vereinbarung über die Regelung der Vermittlung jugoslawischer Arbeitnehmer nach und ihrer Beschäftigung in der Bundesrepublik Deutschland", das „Abkommen über soziale Sicherheit" und das „Abkommen über Arbeitslosenversicherung".

Mit der Vereinbarung über die Regelung der Vermittlung jugoslawischer Arbeitnehmer nach und ihrer Beschäftigung in der Bundesrepublik Deutschland wurden für jugoslawische Arbeitnehmer gleiche Arbeitsrechte, Arbeitsschutzrechte sowie die gleiche juristische Behandlung wie für vergleichbare deutsche Arbeitnehmer festgelegt (Ivanović 2009: 38). Jugoslawische Arbeitnehmer, die auf der Grundlage dieses Abkommens angeworben wurden, bekamen einen sicheren Arbeitsplatz und wurden über die zu erwartenden Arbeitsbedingungen, Lohn, Unterkunft und Verpflegungsbedingungen informiert. Vor der Abreise nach Deutschland schlossen sie mit dem Arbeitgeber einen Arbeitsvertrag und bekamen einen Arbeits- und Aufenthaltstitel. Von der deutschen Seite wurden auch Reisekosten bis zum Beschäftigungsort übernommen. Im Abkommen wurde auch das Anwerbeverfahren festgelegt: Deutsche Arbeitgeber unterbreiteten ihre Angebote dem Bundesbüro für die Einstellung und Beschäftigung von Arbeitern (Savezni biro za zapošljavanje) in Jugoslawien; sie konnten den gewünschten Arbeitnehmer sogar namentlich nennen. Eine gemeinsame Ständige Kommission traf nach einer ärztlichen Untersuchung die Entscheidung über die zu vermittelnden Arbeitnehmer.[13] Mit dem Abkommen wurden auch die Ar-

---

13 Einer meiner Gesprächspartner schilderte die ärztliche Untersuchung im Jahr 1969 mit folgenden Worten: „Blut und Urin wurden abgenommen. Das heißt, ich habe die Untersuchungsergebnisse schon vorab vorbereitet, vor Röntgen der Lunge, und das hatte ich schon alles vorher vorbereitet. Die haben dann nur geguckt, dass du keine

beitsbedingungen in jugoslawischen Unternehmen in Deutschland reguliert sowie der Transfer des Arbeitsentgelts nach Jugoslawien. Im Unterschied zu den vergleichbaren Abkommen zwischen der Bundesrepublik Deutschland und anderen Staaten wurde zum ersten Mal die Vereinbarung getroffen, dass der Arbeiter im Falle der nicht selbst verschuldeten Arbeitslosigkeit und der Rückkehr nach Jugoslawien abgesichert war. Das Abkommen hatte auch Nachteile. So wurde im Bereich der Familienzusammenführung keine Absprache getroffen, wie das beispielsweise im Abkommen mit der Türkei der Fall war. Auf der Grundlage dieser Bestimmungen schlussfolgert Ivanović, dass Jugoslawien nicht mit der dauerhaften Ansiedlung seiner Staatsbürger im Ausland rechnete (ebd.: 39).

Das Abkommen über soziale Sicherheit umfasste Krankenversicherung, Unfallversicherung, Rentenversicherung und Kindergeld. In allen diesen Bereichen hatten die jugoslawischen Staatsbürger den gleichen Schutz wie die Deutschen. Im Abkommen wurde die Anrechnung der Versicherungszeiten für die Rentenansprüche in beiden Staaten vereinbart sowie die Möglichkeit des Rententransfers, und zwar rückwirkend, sodass auch Personen, die vor dem Abschluss des Abkommens Deutschland verließen, ihre Rentenansprüche geltend machen konnten. In Deutschland lebende Familienmitglieder einer Migrantenfamilie hatten Anspruch auf die gleichen Leistungen wie eine deutsche Familie. Für die in Jugoslawien lebenden Familienmitglieder wurde das Recht auf die Krankenversicherung sowie auf die sozialen Zulagen der deutschen Sozialversicherung einschließlich Kindergeld vereinbart. Im Todesfall des versicherten Arbeitnehmers wurden an die Hinterbliebenen Leistungen ausgezahlt. Außerdem wurden in dem Abkommen soziale Leistungen (Zulagen, Krankenversicherung, Kindergeld) auch für den Fall der Arbeitslosigkeit in Deutschland festgelegt sowie für eine gewisse Zeit im Falle der Rückkehr nach Jugoslawien (Ivanović 2009: 37–39).

Wenn man den Umfang und die Breite der Abkommen berücksichtigt, nämlich die Gewährleistung sozialer Rechte und Sicherheiten in verschiedenen Lebensumständen sowie die Tatsache, dass jugoslawische Arbeitnehmer und ihre Familien mit Deutschen gleichgestellt wurden, kann Ivanovićs Schlussfolge-

---

Knochenbrüche hast, dass du nicht kaputt bist, gebrochen, dass du keine Operation hattest oder dass du keine ... (...). Wer gesund war, kam durch. Es gab welche, die nicht durchgekommen sind, die abgewiesen wurden. Die haben sogar die Zähne geguckt. Wenn du viele schlechte Zähne hattest, oder ausgerissen, dann sagten die ‚Komm, lass dir die Zähne machen, dann kommst du durch'."

rung bestätigt werden, dass mit den Abkommen die Grundlagen der arbeitsrechtlichen und sozialen Sicherheit jugoslawischer Arbeitnehmer und ihrer Familien in der Bundesrepublik Deutschland geschaffen wurden (ebd.: 36). In transnationaler Perspektive lässt sich feststellen, dass der Aspekt der Sicherheiten und Rechte, insbesondere in den Bereichen Kindergeld, Arbeitslosigkeit und Rentenversicherung, transnational geregelt wurde. Insofern können diese Dokumente als Mittel der transnationalen sozialen Sicherheit (Levitt et al. 2016) für Migranten und ihre Familien angesehen werden. In diesem Zusammenhang kann auch angemerkt werden, dass durch die Einführung der Kindergeldleistungen für die außerhalb Deutschlands lebenden Kinder die Entstehung der transnationalen Familie in die Wege geleitet, wenn nicht sogar institutionalisiert wurde. Die Bestimmungen über die Kindergeldleistungen als Bemühung der beiden Staaten, die Arbeitsmigration nicht in einen Dauerzustand zu verwandeln, hatte direkte Folgen auf das Leben der Mitglieder der transnationalen Familie (s. Kapitel 6).[14]

Trotz all dieser Vorteile, die durch deutsche sozialstaatliche Institutionen gewährleistet wurden, und der sozialrechtlichen Gleichstellung mit der einheimischen Bevölkerung, war die Integration in die deutsche Gesellschaft keinesfalls einfach oder gar selbstverständlich. Einer der Gründe ist darin zu sehen, dass Integration in den ersten Jahrzehnten nicht das Ziel der deutschen Politik gegenüber den Migranten war.

1.2 Migranten in einem „Nicht-Migrationsland“: Migrationspolitik

Zahlreiche Studien in Deutschland und in anderen Ländern beschäftigen sich mit der Anwerbung der Arbeitsmigranten und der Migrationspolitik in Deutschland von der Unterzeichnung des ersten Abkommens mit Italien (1955) bis zur Verabschiedung des ersten Migrations- und Integrationsgesetzes (2005). Diese

---

14 Wenn diese Bestimmungen über die (trans-)nationale soziale Sicherheit der Arbeitsmigranten in den 1960er-Jahren mit der heutigen Situation verglichen werden, so waren diese frühen Bestimmungen für die Arbeitnehmer eindeutig vorteilhafter. Peggy Levitt und ihre Mitarbeiter (Levitt et al. 2016) kritisieren die aktuellen negativen Tendenzen bei der sozialen Absicherung der Arbeitnehmer, die ihre Arbeit außerhalb des Heimatlandes verrichten, und setzen sich für die Einführung einer transnationalen sozialen Absicherung der ausländischen Arbeiter ein. Dabei sollten der Anspruch auf die Gesundheitsversicherung im Gastland sowie die Rentenzahlungen nach der Rückkehr in die Heimat besonders berücksichtigt werden.

Studien sind zum Teil widersprüchlich bei der Einschätzung der Integrationsbestrebungen und der Migrationspolitik der Bundesrepublik Deutschland. Einige Autoren vertreten die Meinung, der Staat habe es unterlassen, die Integration der Migranten zu fördern. Der Staat habe sich im Spannungsfeld zwischen der Maxime, Deutschland sei kein Einwanderungsland, und dem Umstand, dass Migranten trotzdem eine unübersehbare Tatsache waren, verloren und ein entsprechendes Gesetz um mindestens ein Vierteljahrhundert zu spät verabschiedet (Bade und Oltmer 2008; Joppke 1999). Andere Autoren urteilen milder und meinen, der Staat habe relativ früh im Sinne der Integration nachgedacht und gehandelt und es stimme nicht, dass die Bundesrepublik eine konsequente Antiintegrationspolitik betrieb, obwohl ein klares Ziel in der Migrationspolitik nicht zu erkennen war (Schönwälder 2006a: 84). Karen Schönwälder meint, die staatliche Politik habe unter „gegensätzlichen Zielen und Interessen" gelitten und sei deshalb ambivalent gewesen (ebd.). Man kann durchaus annehmen, dass sich die Bundesrepublik strategisch für die Ambivalenz entschieden hatte: Während sich das Land jahrzehntelang weigerte zuzugeben, dass es ein Einwanderungsland geworden war, und in diesem Sinne auch keine offizielle Integrationspolitik entwickelte, wurde zeitgleich eine pragmatische Integrationspolitik durchgeführt, die eine stille Integration der Migranten möglich machte.

Um Migrations- und Integrationsprozesse, Erfahrungen und Praxen der kroatischen Migranten im gesellschaftlichen Umfeld, in dem sie seit den 1960er-Jahren lebten, zu kontextualisieren, werden im Folgenden kurz die Meinungen verschiedener Autoren über die bundesdeutsche Einwanderungspolitik sowie die Politik gegenüber den Einwanderern bis zum Anfang des 21. Jahrhunderts dargestellt. Dieser Kontext, gekoppelt mit den individuellen Merkmalen der Migranten (Ausbildung, Fähigkeiten und Fertigkeiten, also das Humankapital) und ihren Plänen für ihre Arbeit und ihre Aufenthaltsdauer in Deutschland, ermöglicht das Herausarbeiten bestimmter Integrationsmodi in der deutschen Gesellschaft.

Über die deutsche Migrationspolitik gibt es zahlreiche, zum Teil auch widersprüchliche Studien, die kein einheitliches Bild ergeben. Im Folgenden werden sie zusammengefasst dargestellt, um einen Einblick in die komplexe Beziehung zwischen dem offiziellen staatlichen Diskurs und der öffentlichen Meinung innerhalb mehrerer Jahrzehnte zu gewähren. Dabei wird nicht versucht, diese Widersprüche zu entwirren. Der Überblick soll den Umstand beleuchten, dass die Einwanderung über etwa 40 Jahre hinweg mal mehr, mal weniger konfliktbehaftet war. Diese Phase war in den 1960er- und 1970er-Jahren durch eine intensive Arbeitsimmigration gekennzeichnet. Für die 1980er- und 1990er-Jahre ist dagegen die Einwanderung zahlreicher ethnischer Deutscher aus Osteuropa kennzeichnend gewesen. Zuweilen konnte in dieser Zeit auch eine ruhigere, entspanntere und offene Haltung gegenüber den Migranten der verschiedenen Kategorien beobachtet werden.

Schönwälder unterscheidet zwei Phasen in den früheren Jahrzehnten der Arbeiteranwerbung. Die 1950er- und 1960er-Jahre bezeichnet sie als Phase des „unterschwelligen Konflikts“ in Bezug auf die Migranten, während sie die darauffolgende Phase bis zum Anwerbestopp 1973 als eine Zeitspanne ansieht, in der es zu gewissen Verbesserungen kam und in der von Rassismus und Diskriminierung abgerückt wurde. Am Anfang, in den fünfziger und sechziger Jahren, überwog die ziemlich autoritäre, bevormundende und repressive Einstellung gegenüber den ausländischen Arbeitern: Der Staat beanspruchte das Recht auf die Kontrolle ihrer Bewegungs- und Niederlassungsfreiheit sowie anderer sozialer Aspekte wie Familiengröße, Streikrecht usw. (Schönwälder 2006a: 84f). Bis zu den 1970er-Jahren wurden Maßnahmen getroffen und Investitionen getätigt, die hauptsächlich der Kontrolle der Einwanderungspopulation und nur in einem gewissen Maße der Verbesserung ihrer Lebensumstände (z. B. Wohnverhältnisse) dienten. Der Staat war aber trotzdem an einer gewissen Form der Integration interessiert und unterschied ausdrücklich Integration von Assimilation, denn es wurde die Aufrechterhaltung der Migrantenkultur gefördert (ebd.). Schon Anfang der 1960er-Jahre herrschte in den bundesdeutschen Ministerien Klarheit darüber, dass ein Teil der ausländischen Arbeiter für längere Zeit im Land bleiben würde. In der Öffentlichkeit wurde indessen die Frage immer lauter, ob die ausländischen Arbeiter nun wirklich lediglich Gastarbeiter oder doch Einwanderer waren. Die Frage nach ihrer Integration basierte damals auf dem Konzept der einseitigen Anpassung an die Aufnahmegesellschaft: Erwartet wurde, dass die Einwanderer den Willen zur Anpassung durch das Erlernen der deutschen Sprache und unauffälliges Benehmen in der Öffentlichkeit demonstrierten (Schönwälder 2006b). Viele von diesen Ideen sind auch heute noch in der öffentlichen Debatte über Ausländer in Deutschland präsent.

Noch vor dem Anwerbestopp 1973 setzte Ende der 1960er und Anfang der 1970er die zweite Phase der staatlichen Einmischung in die Migrationsfragen ein: Der gesellschaftliche Kontext für die Entwicklung einer humaneren und demokratisch entwickelten, also gerechteren Gesellschaft sowie die Stärkung des Sozialstaates schufen integrationsfördernde Umstände (vgl. Schönwälder 2006a: 87). Um Isolierung und Gettoisierung der Ausländer zu verhindern sowie die Vorurteile der einheimischen Bevölkerung gegenüber den Einwanderern einzudämmen, wurde von der Regierung eine Politik geführt, die den ausländischen Arbeitern die Einwanderung und strukturelle Integration erleichterte. So ist man schon 1971 zum Schluss gekommen, dass die Integration im Allgemeinen gut gelungen sei, obwohl gewisse Schwierigkeiten im Bereich des Wohnens und des Bildungswesens bestehen bleiben (ebd.).

In den 1970er-Jahren wurden die Stimmen lauter, dass die Bundesrepublik ein Einwanderungsland geworden sei und deshalb auch eine Einwanderungspolitik betreiben sollte (Schönwälder 2006b). Solche Ansichten legen den Schluss nahe, dass die Staatspolitik schon in den 1970er-Jahren die Einwanderung weder ignorierte noch übersah, aber auch keine wirksame Anti-Einwanderungspolitik betrieb. Gleichzeitig wurde die Einwanderung weder formal anerkannt noch juristisch reguliert. Schönwälder vertritt die Meinung, dass die Weigerung der Bundesrepublik, eine Integrationspolitik zu verabschieden, durch inneren politischen und populistischen Druck sowie durch die Angst vor dem Anstieg der Ausländerfeindlichkeit verursacht wurde. Hinzu kamen noch die Angst vor einer dauerhaften Ansiedlung der Migranten sowie die Angst vor dem Verlust der Wählerschaft. Außerdem spielten auch gewisse außenpolitische Faktoren eine Rolle bei der Unterlassung konkreter Maßnahmen. Ein Faktor fiel dabei besonders ins Gewicht, was dem damaligen Bundeskanzler Willy Brandt vollkommen bewusst war: Sollte die Bundesrepublik eine offensive Einwanderungspolitik betreiben und sollte die Einbürgerung der Migranten ermöglicht werden, bestand die Gefahr, dass Jugoslawien als eines der Länder, aus dem sehr viele Migranten kamen, den Auswanderungsstrom stoppen könnte. Für Schönwälder lässt sich die Beziehung der Bundesrepublik gegenüber den ausländischen Arbeitern bis 1973 mit dem Satz zusammenfassen, dass die Bundesrepublik, auch wenn sie eine dauerhafte Ansiedlung der Migranten nicht unbedingt offen akzeptierte, diese auch nicht verhinderte (Schönwälder 2006a: 86).

Die Wirtschaftskrise 1972–1973 eröffnete eine neue Phase in der Beziehung gegenüber den Arbeitsmigranten: Es kommt zu einem generellen Anwerbestopp und die Integration wird erschwert, indem Beschränkungen bei der Beschäftigung der Familienangehörigen auferlegt wurden, die Rückkehr gefördert und die Erlangung der Staatsangehörigkeit erschwert wurde (ebd.: 88). Gleichzeitig wurde die Multikulturalität im Alltag immer sichtbarer, die gegenseitige Akzeptanz wurde größer und in die Beziehungen zwischen der deutschen und der ausländischen Bevölkerung war, insbesondere bei den jüngeren Generationen, eine neue Normalität eingekehrt (Bade 1992a: 398).

Wissenschaftler sind sich in der Einschätzung einig, dass der angefangene Integrationsprozess weiterläuft und sogar erstaunlich gut vorangeschritten ist (ebd.). Obwohl in der politischen Arena und im öffentlichen Diskurs von einer

Erkenntnisverweigerung und Nichtakzeptanz von gesellschaftlichen Realitäten gesprochen werden kann, wurde andererseits pragmatische Integrationspolitik betrieben (Schönwälder 2006a: 89). Das Rechtssystem spielte dabei die Schlüsselrolle, indem den Einwanderern extensive Bürger- und Sozialrechte sowie soziale Sicherheit gewährleistet wurden (Joppke 1999: 64). Nach Christian Joppke stand das im Einklang mit dem verfassungsrechtlich verbürgten universellen Menschenrechten (Freiheit, Familienrecht) und der moralischen Pflicht des Staates gegenüber den Menschen, die er zu sich geladen hatte. In der Verfassung verankerter Rechtsschutz der universellen Menschenrechte ohne Berücksichtigung der Nationalität und ihr Vorrang vor den Interessen des Staates sowie die moralische Verpflichtung der politischen Elite trugen dazu bei, dass der prekäre Status der Gastarbeiter zu einem festen Aufenthaltsstatus wurde, der sie mit Ausnahme des Wahlrechts den deutschen Bürgern gleichstellte. Joppke behauptete sogar, dass der konsequente Diskurs über die Bundesrepublik als Nicht-Einwanderungsland gerade aus diesen Gründen möglich war und dies die Anwendung drastischer Maßnahmen, z. B. Ausweisung aus dem Lande, verhinderte. Stattdessen wurden Rückkehrempfehlungen gegeben und Rückkehrprämien ausgezahlt, man versuchte den Familiennachzug zu beschränken und Ähnliches. Nach Joppke seien das nur Beispiele für eine symbolische Politik und Machtdemonstration, die im Grunde durch Gesetzesvorschriften, moralische Verpflichtungen und liberale Öffentlichkeit, ausländische Lobbys, Religionsgemeinschaften, Gewerkschaften und migrantenfördernde Wohlfahrtsverbände beschränkt sind (ebd.: 76f).

Die angestoßenen Integrationsprozesse, die auf demokratischen Grundsätzen basierten, unterstützt durch die im Grundgesetz verankerte Gleichheit aller Bürger sowie die Stärkung des Sozialstaates, setzten sich in den 1980er-Jahren fort. Die Gelegenheit aber, systematische Integrationsmaßnahmen zu treffen, wurde noch immer nicht ausgenutzt (Bade 1992a). Dazu kam es noch zur Verzerrung des Bildes der Arbeitsmigranten in der Öffentlichkeit sowie zur wachsenden Ausländerfeindlichkeit, sodass die Bundesrepublik zu dieser Zeit ihre erste ausländerfeindliche Phase durchmachte (Bade 1992a: 399; Joppke 1999: 78). Die Umfragen zeigten deutlich: Im Jahre 1978 befürworteten 39 Prozent der Deutschen die Rückkehr der ausländischen Arbeiter, 1981 stieg dieser Anteil auf 66 Prozent an (Joppke 1999: 78). Dafür gab es zahlreiche Gründe.

Zur Verzerrung in der Wahrnehmung der Wirtschaftsmigranten kam es im Kontext der Ölkrise 1981 und der steigenden Arbeitslosigkeit. Hinzu kamen außerdem damals immer häufiger auftretende andere Typen von Einwanderungsprozessen. Die Ausländerfrage wurde immer stärker politisiert und in den Mittelpunkt der Debatte rückten immer mehr türkische Migranten. Außerdem geriet die nationale Politik verstärkt in den Fokus und 1990 kam es zur Wiedervereinigung beider deutschen Staaten (Schönwälder 2006b; Joppke 1999). All das verursachte die Verlangsamung der Integrationsprozesse.

Die öffentliche Aufmerksamkeit wurde auf türkische Migranten gelenkt, die Anfang der 1980er-Jahre mit 1,5 Mio. die größte Ausländergruppe in der Bundesrepublik ausmachten. Gleichzeitig waren sie die einzige Ausländergruppe, die trotz des Anwerbestopps die einzige ständig wachsende Gruppe war, sodass die Wahrnehmung sich breit machte, dass das Ausländerproblem eigentlich ein Türkenproblem, ein Problem der Orientalisierung von Europa sei und potenziell eine Bedrohung des gesellschaftlichen Friedens (Joppke 1999:78f). Diskriminierungsunterschiede machten sich bemerkbar und eine Hierarchisierung der Ausländer schlich sich in die öffentliche Meinung ein: Es wurden „gute Ausländer" von „schlechten" unterschieden. Die Ersteren sprachen Deutsch, stammten generell aus Europa und stellten kein Integrationsproblem dar, während die Letzteren, hauptsächlich Türken, Asiaten und Afrikaner „schlecht" waren. Sie wurden als nicht assimilierungsfähig angesehen oder ihre Assimilierung sollte gar nicht mehr zugelassen werden (ebd.: 80f). Unter diesen Umständen wurde die öffentliche Debatte über die Maßnahmen zur Förderung der Familienzusammenführung immer lauter, die schließlich mit einer bundeseinheitlichen Verordnung abgeschlossen wurde.

Obwohl die Bestimmung, dass nur Kinder bis zum Alter von 16 Jahren nachzugsberechtigt seien, nicht bundesweit verpflichtend war, wurde sie häufig angewandt und war den kroatischen Migranten wohl bekannt.[15]

Die Frage nach der Definition und Unterscheidung von Ausländern verschärfte sich in den 1980er-Jahren, weil andere Typen von Einwanderungsprozessen eingesetzt hatten. Diese sind auch für das Verständnis von Status und Wahrnehmung der Arbeitsmigranten von Bedeutung. Außerdem sind sie als unumgänglicher Bestandteil der Einwanderungsumstände im innerdeutschen Raum maßgeblich für die Erfassung und Deutung von Erfahrungen kroatischer und anderer Arbeitsmigranten.

15 In der Verordnung wurden verschiedene Aspekte des Familiennachzugs geregelt: So wurde der Nachzug an bestimmte Wohnungsgröße gekoppelt oder der Ehegattennachzug galt für transnationale Generationen nur unter bestimmten Bedingungen (zum Begriff ‚transnationale Generation' s. Kapitel 3). In Bayern, wo die Familiennachzugspolitik ohnehin streng gehandhabt wurde, wurde eine später vom Bundesverfassungsgericht gekippte dreijährige Wartezeit beim Ehegattennachzug eingeführt (Joppke 1999: 81).

1.3 Andere Typen von Einwanderern in die Bundesrepublik Deutschland

Diversifizierung und Intensivierung der Migrationsprozesse führte in den 1980er-Jahren zur Erhöhung der Einwandererzahlen, in erster Linie der Einwanderer deutscher Abstammung, sogenannter Aussiedler aus Osteuropa, Asylsuchender aus verschiedenen Ländern und anderer spezifischer Immigrantenkategorien. Hier folgt ein Überblick.

Die Einwanderung ethnischer Deutscher aus Osteuropa nach Deutschland ist eine Form der Repatriierung, Rückkehr der Nachfahren der deutschen Auswanderer, die zum Teil vor Jahrhunderten nach Mittel- und Osteuropa ausgewandert waren. Dank ihrer deutschen Abstammung hatten sie in der Bundesrepublik Deutschland das Anrecht auf die bundesdeutsche Staatsangehörigkeit. Der Staat sorgte großzügig für ihre Aufnahme und Integration.[16] Zwischen 1950 und 2004 kamen mehr als 4 Mio. solcher Einwanderer in die Bundesrepublik, mit steigender Tendenz, als sich der Zusammenbruch der europäischen kommunistischen Regime ankündigte. So kamen beispielsweise allein 1990 fast 400 000 Personen hauptsächlich aus Polen, der UdSSR sowie aus Rumänien nach Deutschland. Die Zahlen blieben bis 1995 relativ hoch, danach nahmen sie ab (Bade und Oltmer 2006).

In der zweiten großen Einwanderungswelle in den 1980er-Jahren kamen Asylsuchende aus der ganzen Welt, die meisten aber aus Osteuropa, Asien und Afrika. Als Reaktion auf die Irrungen des Nationalsozialismus wurde im Grundgesetz von 1949 die nach Joppke vergleichsweise liberalste Asylpolitik verankert, die nicht nur den außerhalb der Bundesrepublik lebenden Deutschen das Asylrecht versprach, sondern auch vielen anderen (Joppke 1999), die aus politischen oder anderen Gründen in ihren Heimatländern verfolgt und diskriminiert werden. Deshalb ist die Bundesrepublik Deutschland zum beliebten Ziel von Flüchtlingsmigrationen geworden. Nach dem Anwerbestopp von 1973 sind auf

---

16 Die Einwanderung ethnischer Deutscher nach Deutschland unmittelbar nach dem Zweiten Weltkrieg ist ein wichtiges Einwanderungsereignis innerhalb der deutschen Einwanderungsgeschichte. In Deutschland wurden unmittelbar nach dem Krieg ca. 12,5 Mio. Deutsche aufgenommen, die aus ehemals deutschen Gebieten in Mittel- und Osteuropa vertrieben wurden (Beer 2014). In der deutschen Einwanderungsgeschichte werden sie als ‚Vetriebene' bezeichnet, im Unterschied zu den ethnischen Deutschen, die in den 1980er- und 1990er-Jahren hauptsächlich aus den Gebieten der ehemaligen UdSSR zugewandert sind und die mit dem Begriff ‚Aussiedler' und ‚Spätaussiedler' bezeichnet werden.

diesem Wege kontinuierlich Migranten in das Land geströmt. Der Flüchtlingsstrom intensivierte sich in den 1980er- und 1990er-Jahren bis zur Harmonisierung mit dem EU-Recht und der Beschließung der Änderungen des Asylrechts 1993 (Joppke 1999: 85; Bade und Oltmer 2006).[17] Im Jahre 1988 überstieg die Zahl der Asylanträge die Marke von 100 000. Aufgrund der Kriege in Kroatien und Bosnien und Herzegowina stieg die Zahl der Asylanträge in den 1990er-Jahren weiterhin an, sodass 1992 440 000 Asylanträge verzeichnet wurden. Der dritte Einwanderungskanal ist ebenfalls historisch vorgegeben: Etwa eine Million Personen sind als jüdische Kontingentflüchtlinge in die Bundesrepublik zugewandert (Beer 2014).

Die Zuwanderung zahlreicher neuer Migranten hatte vielfältige wichtige Folgen für die Arbeitsmigranten aus den 1960er- und 1970er-Jahren, wovon die Kroaten unter ihnen nicht unberührt blieben. Die neu Zugewanderten stellten die Selbstwahrnehmung und die Selbstdefinition der deutschen Nation infrage. Die Angst vor Ausländern stieg an. Der öffentliche Diskurs und die Politik gegenüber den Einwanderern generell wie auch die Politik gegenüber den ethnischen Deutschen änderten sich. Außerdem richtete sich das Hauptaugenmerk der Integrationspolitik auf die neu zugewanderten ethnischen Deutschen, während die schon seit Jahrzehnten in Deutschland lebenden Arbeitsmigranten von dieser Politik unberücksichtigt blieben. All das verlangsamte den Integrationsprozess der Wirtschaftsmigranten und ihrer Familien. Diese Umstände können auch eine Erklärung für die Rückkehrpläne der kroatischen Migranten liefern.

Die Erfahrungen aus der Begegnung der deutschen Bevölkerung mit deutschen Einwanderern aus Osteuropa erwiesen sich in soziokultureller und mentaler Hinsicht als problematisch und der Integrationsprozess der neu Zugewanderten bekam die Dimension eines regelrechten und komplexen Einwanderungsprozesses (Bade 1992b). Diese sogenannten „ko-ethnischen Immigranten“ (Čapo Žmegač 2005c, 2010b; Čapo 2015), die in Deutschland allerdings nicht als Einwanderer wahrgenommen wurden (Joppke 1999: 95), stellten die bisherige klare Einteilung der Gesellschaft in die einheimische (deutsche) und fremde (nicht-deutsche) Bevölkerung, die sich aus Arbeitsmigranten und ihren Familien zusammensetzte, infrage (Nieswand und Drotbohm 2014). Mit der Ankunft der ethnischen Deutschen wurde der einheimischen Bevölkerung klar, dass Einwanderer nicht unbedingt eine andere Staatsbürgerschaft haben oder einer anderen Nation zugehören müssen. Gleichzeitig entwickelte sich mit

17 Beim Vergleich zwischen der Wirtschafts- und der Asylpolitik kommt Joppke (1999) zum Schluss, dass die Wirtschaftspolitik immer weiter liberalisiert wurde, während die Asylpolitik immer mehr Einschränkungen erfuhr.

der wachsenden Zahl der Asylanten der gesamte Problemkomplex der „Ausländer" im Lande – egal mit welchem Pass – zunehmend zu einer hochpolitischen Frage. Die Neudefinition des Begriffes „Ausländerfeindlichkeit" umschloss alle, die als Ausländer wahrgenommen wurden, die neu zugezogene deutsche Bevölkerung mit eingeschlossen (Bade 1992a, 1992b).

Als mit der Zeit klar wurde, dass die „Gastarbeiter" sich fest angesiedelt hatten, während andere Migrantenkategorien in großer Zahl zuströmten und die Aufmerksamkeit der deutschen Öffentlichkeit auf sich zogen, änderte sich auch der öffentliche Diskurs gegenüber den Arbeitsmigranten. Im Laufe der Diskussionen, die in den 1980ern und 1990ern in Deutschland rund um das Thema Einwanderung, Multikulturalismus und deutsche Identität geführt wurden, wurden für diese Bevölkerungsgruppe zahlreiche spezifische, zum Teil auch paradoxe Bezeichnungen verwendet. In dem Augenblick, als sprachliche und kulturelle Unterschiede in Bezug auf die Zuwanderer aus Osteuropa entdeckt wurden, wurde die bis dahin einfache Einteilung in Deutsche und Ausländer immer vielschichtiger. Gleichzeitig begann man, verschiedene Gruppen von Immigranten hierarchisch zu differenzieren. Arbeitsmigranten wurden nicht mehr exemplarisch als Fremde, sondern als „Einheimische mit fremdem Pass" oder als „inländische Ausländer", „ausländische Inländer" oder „ausländische Bindestrich-Deutsche" wahrgenommen. Eine meiner Gesprächspartnerinnen, die in Berlin geboren wurde und dort zur Schule gegangen ist, bezeichnete sich selbst als „Bildungsinbürgerin".

Die oben genannten komplizierten, zum Teil auch widersprüchlichen Bezeichnungen sind ein Produkt der paradoxen Situation, in der sich ein Einwanderungsland mit unterschiedlichen Einwandererprofilen weigerte, diese Tatsache anzuerkennen (Bade 1992a: 398). Gleichzeitig wurden außerdem die Zuwanderer mit deutscher Abstammung kontinuierlich als Immigranten und Fremde qualifiziert, obwohl sie anfänglich nicht als Immigranten, Fremde oder Zuwanderer nicht-deutscher Abstammung wahrgenommen wurden. Die Einsicht, dass die Deutschen aus Osteuropa als bevorzugte Zuwanderer ähnlichen Integrationsproblemen begegneten wie die nicht-deutschen Immigranten, veränderte das Verhältnis zu allen Fremden.[18]

18 Diese Beobachtung entspringt dem zu spät erschienenen Plädoyer von Mathias Beer (2014), der sich für eine integrierte Migrationsgeschichtsschreibung in Deutschland einsetzt. Beer verlangt in seinem Text, die bisherige Praxis in der Erforschung der Migrationsgeschichte aufzugeben, die nach spezifischen Immigrantengruppen unterscheidet. Offizielle deutsche statistische Angaben unterscheiden Migranten nach

Der zeitweise stärker ausgeprägte Fremdenhass in der deutschen Gesellschaft in der zweiten Hälfte des 20. Jahrhunderts hatte zuweilen verschiedene Zielscheiben: Anfang der 1980er waren das türkische Immigranten wegen ihrer „völlig anderen Kultur" und ihrer „Integrationsunfähigkeit" (Schönwälder 1996, 2006b: 113); Ende der 1980er drehte sich die Stimmung gegen die Asylsuchenden aus Afrika und Asien (Leggewie 1992: 425).[19] In den 1990ern wurden dann auch die Stimmen gegen die neu angekommenen ethnischen Deutschen lauter. Claus Leggewie kommt zum Schluss, dass sich in den 1980ern innerhalb kurzer Zeit die Einstellung gegenüber Einwanderern, ethnische Deutsche mit eingeschlossen, änderte. Als Grund dafür nennt er immer höhere Zahlen der Zugewanderten sowie immer entferntere Herkunftsländer, aus denen sie kamen. Leggewie berichtet außerdem, Ausländerfeindlichkeit sei auf allen Ebenen der sozialen Pyramide aufgetreten und fester Bestandteil des Zeitgeistes geworden. Schuld an der Situation waren teilweise auch zögerliche Politiker, die es versäumten, klare und eindeutige Position gegenüber der Einwanderung zu beziehen (Leggewie 1992: 428).

All diese Prozesse wirkten sich auch auf Migranten und ihre Familien aus. Die Normalisierung und Integration aus den 1970ern und Anfang der 1980er wurden zum Stillstand gebracht, während Arbeitsmigranten erneut zur Rück-

---

bestimmten Kategorien, hauptsächlich nach dem Migrationsmotiv und der ethnischen Zugehörigkeit. Diese statistischen Kategorien wurden von der wissenschaftlichen und Fachliteratur übernommen und behandelten einzelne Migrantengruppen isoliert in der Annahme, dass jede spezifische Migrantengruppe auch ihre besonderen Probleme sowie Wege der Integration hat. Außerdem wurden deutsche Zuwanderer in unterschiedlichen Perioden und mit unterschiedlichen Migrationsmotiven immer gesondert von anderen Immigrantenkategorien untersucht, vor allem aber im Rahmen der deutschen Geschichte. Demgegenüber wurden andere, nicht-deutsche Immigranten im Rahmen der soziologischen und ethnologischen Forschung untersucht. Beer setzt sich dafür ein, dass diese Praxis aufgegeben wird, weil unterschiedliche Migrantenbewegungen ähnliche gesellschaftliche Folgen haben und zu vergleichbaren Migrantenerfahrungen führen können.

19 Mehrere hunderttausend Personen aus Kroatien und Bosnien und Herzegowina suchten in den 1990ern während des Krieges Schutz in Deutschland, viele suchten aber auch eine längerfristige Lösung, indem sie Asyl beantragten. Flüchtlingen aus Bosnien und Herzegowina wurde bis 1997/98 zeitweiliger Schutz gewährt, dann wurden sie gezwungen, in ihre Heimat zurückzukehren (Dimova 2006). Angesichts dieser Flüchtlingswelle verspürten die bereits ansässigen Arbeitsmigranten in den 1990ern das Bedürfnis, sich von ihren geflüchteten Landsleuten abzugrenzen und ihre Identität als „Gastarbeiter" aufrechtzuerhalten.

kehr angeregt wurden. Diese Bemühungen hatten Mitte der 1980er etwa 250 000 Rückkehrer zur Folge. Dieser Trend hielt auch in den 1990ern an.

1.4 Der Weg zur Integrationspolitik

Im Kontext der Wiedervereinigung der beiden deutschen Staaten seien die Ausländerfrage sowie die Wahrnehmung der Ausländer im öffentlichen Leben politisch in den Medien durch rechtspopulistische Politiker instrumentalisiert worden, so Schönwälder (1996). Es ist davon auszugehen, dass die Politisierung der Ausländerfrage in Deutschland als integrativer Mechanismus innerhalb der deutschen Nation diente, die sich mit den sozialen, wirtschaftlichen und politischen Folgen der Wiedervereinigung auseinandersetzen musste. Außerdem sorgten der Zerfall des ostdeutschen gesellschaftlichen Systems, die wirtschaftliche Katastrophe und die Massenarbeitslosigkeit in den neuen Ländern dafür, dass sich ein Nährboden für Ausländerfeindlichkeit entwickeln konnte (Bade 1992a, 1992b). Im binnennationalen, vereinten deutschen Kontext machten die Ostdeutschen die Erfahrung der Entfremdung von ihren westlichen Landsleuten – in materieller und kultureller Hinsicht, im Lebensstil und in der Mentalität (ebd.). Gleich den deutschen Zuwanderern aus Osteuropa wurden sie „Fremde“ im eigenen Land. Auch deshalb sank ihre Bereitschaft, nicht-deutsche Zuwanderer zu akzeptieren, was letztendlich Anfang der 1990er auch zu brutalen Ausschreitungen gegen Ausländer führte.

Wenn man über die 1990er- und 2000er-Jahre spricht, erkennt Schönwälder neben den ausschließenden auch gewisse integrative Aspekte der deutschen Politik gegenüber den Ausländern: Sie stellt fest, dass die sich über mehrere Jahrzehnte erstreckende kontinuierliche Einwanderung von unterschiedlichen Typen von Migranten inzwischen als Realität akzeptiert wurde und dass die Rot-Grüne Koalition fest entschlossen war, „die Personen, die dauernd mit uns leben und die Werte unseres Grundgesetzes akzeptieren“ (Schönwälder 2006a: 91), zu integrieren. Im neuen Jahrtausend entwickelt der Staat auch ein neues umfangreiches Integrationskonzept, das kulturelle Aspekte sowie Identifikationsaspekte besonders stark berücksichtigt. Außerdem wurde über die Integration im Kontext aller Immigrantenkategorien debattiert, ethnische Deutsche aus Osteuropa mit eingeschlossen (ebd. und 2009). Der Staat verlangt von Immigranten, die einen Daueraufenthalt anstreben, bestimmte Bedingungen zu erfüllen. Vor allem wird das Erlernen der deutschen Sprache als Bedingung gestellt. Im Gegenzug wird eine breite Palette von Möglichkeiten für die Teilnahme am gesellschaftlichen Leben geboten (ebd. 2009: 154). In dem neuen staatlichen Integrationskonzept gibt es keine Gruppenrechte, außerdem wird kein Recht auf Andersartigkeit akzeptiert, vielmehr wird darauf bestanden, dass die Gesellschaft keinen „inneren, auf Kulturunterschieden basierten Separatismus“ (ebd.) tolerieren könne. Der multikulturelle Diskurs wird kritisiert, weil er den Rückzug in die Kulturen der Minderheiten legitimiert, außerdem wird er als Politik gebrandmarkt, die den Mangel an Integration gewähren lässt und zur sozialen und kulturellen Segregation führt. Die für die damalige Zeit typischen offiziellen Äußerungen zur Integration sprechen von Austausch, Zusammenleben, Kommunikation und dem Beherrschen der deutschen Sprache, Akzeptanz deutscher Werte und der deutschen Kultur, vor allem der Frauenrechte, der Meinungsfreiheit und der Gewaltlosigkeit. Um den Grundsatz der offiziellen Integrationspolitik zu beschreiben, wird das Motto „fordern und fördern“ benutzt: Im Mittelpunkt dieser Politik steht der Migrant als Individuum, dem Hilfe angeboten wird, im Gegenzug wird aber von ihm erwartet, seine Bereitschaft zur Zusammenarbeit zu beweisen sowie wichtige Voraussetzungen für die Beschäftigung zu erfüllen. So wird die ganze Last der Integration auf die Schultern der Migranten abgewälzt. Diese langfristige Tendenz eröffnet die Möglichkeit, Migranten für schlechte Sprachkenntnisse, schlechten Schulerfolg, fehlenden Kontakt zu den Einheimischen und generell fehlenden Integrationswillen verantwortlich zu machen. Schönwälder kommt zum Schluss, dass die Integration durchweg als Migrantenpflicht und Anpassung an die Leitkultur und ihre Werte dargestellt wird. Dieser Diskurs werde bis zum heutigen Tag gepflegt.

Im 21. Jahrhundert wurden Rechtsvorschriften revidiert und 2004 wurde das erste Zuwanderungsgesetz verabschiedet. Frühere Gesetze wurden damit außer Kraft gesetzt. In der ersten Phase des Rotationssystems von ausländischen Arbeitnehmern wurde das Ausländergesetz von 1965 verabschiedet. In diesem Gesetz wurde das Recht der staatlichen Behörden eingeräumt, dem Migranten nach eigenem Ermessen das Aufenthaltsrecht zu gewähren oder zu verwehren, wenn festgestellt werde, dass dies im Interesse des Staates geschehe. Außerdem war in diesem Gesetz ausschließlich befristeter Aufenthalt für ausländische Arbeiter vorgesehen, während ihre Arbeitsrechte nicht einmal angesprochen wurden[20]. Nach Joppke wurden die Migranten auf diese Weise in eine Position der rechtlichen Unsicherheit gebracht, während die Bundesländer das Recht bekamen, ihre eigene Politik zu machen. Andererseits bedeutete dies für die Migranten

20 Wie bereits gezeigt, wurden diese Arbeitsrechte aber in bilateralen Verträgen mit den Herkunftsländern der ausländischen Arbeiter geregelt.

ungleiche Chancen bei der Erteilung der Aufenthaltserlaubnis und der Familienzusammenführung (Joppke 1999: 66f).[21] Durch eine administrative Empfehlung von 1978 wurde eine Neuheit eingeführt, die den langfristigen Aufenthalt der Ausländer im rechtlichen Sinne stärkte und ihn nicht gefährdete: Nach den ersten acht Jahren wurde durch die „unbefristete Aufenthaltserlaubnis" uneingeschränkter Aufenthalt ermöglicht. Ein noch stärker geschützter Status war die „Aufenthaltsberechtigung". Die Regeln für die Familienzusammenführung blieben auch weiterhin ein Thema in der öffentlichen Diskussion und waren, wie schon früher erwähnt, nur durch eine unverbindliche Empfehlung aus den 1980ern geregelt.

Das 1990 verabschiedete neue Ausländergesetz wird von Joppke (1999: 84) als fortschrittlich bezeichnet, denn mit diesem Gesetz wurden Migranten als irreversible Tatsache akzeptiert, obwohl das Gesetz keine grundsätzliche neue Politik ihnen gegenüber einführt. Das Migrationsgeschehen aus den 1960ern und 1970ern wird in diesem Gesetz als einmaliges Ereignis behandelt, dem in Zukunft zuvorgekommen werden soll. Mit diesem Gesetz wurde den Behörden das Recht erteilt, nach eigenem Ermessen Ausländern und ihren Familien das Aufenthaltsrecht zu genehmigen oder zu verwehren. Außerdem wurden Migranten Aufenthalts- und Familienrechte zuteil (unter bestimmten Bedingungen), Ehepartner und Kinder unter sechzehn Jahren bekamen ihr eigenes Aufenthaltsrecht, während Personen der dritten Migrantengeneration, die vorübergehend ins Herkunftsland zurückgekehrt waren, die Rückkehr nach Deutschland erlaubt wurde. Mit diesem Gesetz wurde die rechtliche Sicherheit der Einwanderer gestärkt und die Erlangung der deutschen Staatsbürgerschaft vereinfacht (ebd.). Nach Schönwälder (2009: 153) markiert dieses Gesetz den Bruch mit der bisherigen Politik, die den Einwanderungsprozess rückgängig machen und die Immigration einschränken wollte.

---

21 So wurde in Bayern und Baden-Württemberg eine restriktive Politik betrieben, indem befristeter Aufenthalt und Rückkehr gefördert sowie Einschränkungen bei der Familienzusammenführung eingeführt wurden, die in den bundesweiten Regeln nicht vorgesehen waren (Lapeyronnie 1992; Bougarel 1992; Joppke 1999). Durch Unterstützung von zweisprachigen Klassen und Entwicklung des Unterrichts in der Sprache der Einwanderer sorgte Bayern auf den ersten Blick für die Aufrechterhaltung der kulturellen Identität der Migranten, jedoch wurde damit eigentlich ihre Rückkehr gefördert. Im Gegensatz dazu wurde in Berlin und Stuttgart eine schnelle Integration an Schulen gefördert. Die beiden Städte galten bereits seit den 1980er-Jahren mit ihren kohärenten multikulturellen Bildungsmodellen als vorbildlich (Lapeyronnie 1992; Bougarel 1992).

Anfang des Jahrtausends brachte das neue Staatsangehörigkeitsgesetz (2000) eine Wende in der Erlangung der deutschen Staatsbürgerschaft: Zum ersten Mal wurde hier neben dem bisher allein geltenden Abstammungsprinzip (ius sanguinis) das Geburtsortprinzip (ius soli) eingeführt (Bade und Oltmer 2008).

Da diese Gesetze in den vierzig Jahren die einzigen verbindlichen staatlichen Akte waren, die sich auf Migranten und ihre Nachkommen beziehen, gibt es Einschätzungen, dass auf bundesdeutscher Ebene seit dem Anfang der Massenanwerbung ausländischer Arbeiter betrieben wurde keine kohärente Immigrations- und Integrationspolitik (Hollifield nach Joppke 1999: 68f). Schönwälder (2009) widerspricht dieser Ansicht und meint, dass nicht nur theoretisch, sondern auch praktisch konkrete Integrationsmaßnahmen getroffen wurden, obwohl der offizielle Diskurs generell die Einwanderungstatsache missachtete. Auch zu den Zeiten, als der öffentliche Diskurs von Ausländerfeindlichkeit geprägt war und der Staat die Einwanderungstatsache einfach missachtete, können, wie bereits erwähnt, positive und immer breiter aufgestellte Aspekte der Integrationspolitik beobachtet werden. So sind das neue Staatsangehörigkeitsgesetz (2000) und das Zuwanderungsgesetz (2004) Teil eines immer größer werdenden, langsamen Maßnahmenwandels, der sich durch drei Legislaturperioden vollzog (Schönwälder 2009). Der Kern des Wandels bestand darin, dass der durch Arbeitsmigration entstandene Immigrationsprozess nun nicht mehr rückgängig gemacht und die Zuwanderung als Bestandteil der deutschen Geschichte und der gesellschaftlichen Entwicklung akzeptiert werden sollte.

Nach Bade und Oltmer (2008) markiert das 2004 verabschiedete (1.1.2005 in Kraft getretene) Zuwanderungsgesetz den Übergang Deutschlands von einem „nicht formalen" in ein „formales Einwanderungsland". Als nicht formales Einwanderungsland wird ein Land bezeichnet, das sozial und kulturell, nicht aber im rechtlich-politischen Sinne ein Einwanderungsland ist. Erst wenn ein Land über ein entsprechendes rechtliches und administratives Instrumentarium zur Lenkung von Migration verfügt, wird aus einem De-facto- ein De-iure-Einwanderungsland, ein „formales Einwanderungsland".

Der Widerspruch zwischen der tatsächlichen Einwanderung und ihrer politischen Leugnung sei eines der langanhaltendsten Rätsel in der deutschen Immigrationsdebatte, meint Joppke (1999: 62). Die über mehrere Jahrzehnte andauernde Weigerung Deutschlands, die Einwanderung als Tatsache zu akzeptieren und entsprechende politisch-rechtliche Akte zu Migration und Integration zu verabschieden, auch dann, als deutlich wurde, dass die zeitweilige Arbeitsmigration aus den 1960ern und 1970ern zum dauerhaften Aufenthalt der Zugewanderten wurde und Multiethnizität und Multikulturalität deutsche Realität wurden, wird von Joppke im Lichte der nationalen Selbstdefinition ausgelegt (vgl. Chin 2007). Als solche sei sie durch Geschichte und Kultur hyperdeterminiert (Joppke 1999: 62).

Im Kontext der Koexistenz zweier deutscher Staaten nach dem Zweiten Weltkrieg und der großen Anzahl der Deutschen, die in anderen Ländern lebten, bildet die ethnokulturelle Definition der nationalen Identität die Grundlage, auf der die Leugnung der Einwanderungstatsache beruht. Außerdem wird dadurch die Neukonzeptualisierung der nationalen Identität sowie der Staatsbürgerschaft in Richtung einer multiethnischen Nation gehindert (s. Kapitel 2).[22] Rita Chin (2007) meint, gerade aus diesem Grund seien Arbeitsmigranten aus den 1960ern und 1970ern über mehrere Jahrzehnte hinweg ein Grund für Spannungen und ein Diskussionsthema in der deutschen Gesellschaft gewesen. Auch nach einem Aufenthalt von mehreren Jahrzehnten auf dem deutschen Boden konnten Arbeitsmigranten und ihre Nachkommen, obwohl in Deutschland geboren, im politischen Sinne nicht Teil der Nation werden – oder diese Möglichkeit blieb ihnen verwehrt, obwohl sie strukturell und kulturell ein Teil der Gesellschaft waren.[23]

---

22 Obwohl die ethnokulturelle Definition der deutschen Nation durch rassistische Ideen zur Zeit des nationalsozialistischen Regimes delegitimiert wurde, wurde sie nach dem Zweiten Weltkrieg durch die Teilung Deutschlands wieder gestärkt. Die deutsche Diaspora in anderen osteuropäischen Ländern, insbesondere die in der UdSSR, trug zu diesem Umstand bei. Westdeutschland definierte sich selbst als einen „nicht vollständigen Nationalstaat, Heimat aller Deutschen in der kommunistischen Diaspora" (Joppke 1999: 63). „Deutschtum" wurde als transnationales Prinzip definiert, dem sich Menschen verbunden fühlen können, die außerhalb des Gebietes des Nationalstaates leben, überall von Russland bis nach Rumänien, vom Baltikum bis nach Ungarn (Brumlik und Leggewie 1992). Westdeutschland schrieb nach dem Zweiten Weltkrieg im Grundgesetz das Mandat fest, die deutsche Einheit anzustreben und allen Deutschen in anderen Staaten das Recht auf die Staatsbürgerschaft zu garantieren. Basierend auf dieser Formel des Selbstverständnisses der Nation, die die moderne Idee des Nationalstaates ersetzte (ebd.), strebte Westdeutschland die Wiedervereinigung mit der DDR an. Eine Öffnung der nationalen Gemeinschaft gegenüber anderen, nicht deutschen Einwanderern hätte diese Definition der nationalen Identität gefährdet und den „geschichtlichen Auftrag" Westdeutschlands gegenüber der eigenen Diaspora in anderen Ländern abgeschwächt (Joppke 1999).

23 Die Eingliederung der Arbeitsmigranten in die deutsche Nation stand im Widerspruch zum Konzept der Wiederherstellung der territorialen nationalen Einheit, die der „nicht vollständige" deutsche Staat im Grundgesetz begründet hatte. Deshalb ist verständlich, dass erst nach der Wiedervereinigung und dem Ende des Kommunismus eine „weniger angespannte Einstellung gegenüber dem Nicht-Einwanderer-

1.5 Neue Terminologie: „Menschen mit Migrationshintergrund"

Die Auseinandersetzung mit der eigenen komplexen Immigrationsgeschichte sowie die Einbeziehung der deutschstämmigen Einwanderer in die Debatte führte zu einer weiteren Folge für kroatische und andere Arbeitsmigranten. 2005 wurde eine neue offizielle Bezeichnung für verschiedene Einwandererkategorien eingeführt: Menschen mit Migrationshintergrund. Obwohl dieser Begriff das Ende der bisherigen Praxis im Umgang mit verschiedenen Migrantengruppen markiert, ist diese Bezeichnung aus mehreren Gründen problematisch: Einerseits ist sie zu eng, andererseits zu breit gefasst. Die Bezeichnung umfasst nämlich sowohl Menschen deutscher Abstammung als auch Menschen nichtdeutscher Abstammung mit Migrationserfahrung; er bezieht sich auf die nach 1949 nach Deutschland zugewanderten Personen. Mit dieser Bezeichnung werden aber auch Personen ohne *eigene* Migrationserfahrung umfasst, d. h. in Deutschland geborene Personen. Das sind beispielsweise Nachkommen deutschstämmiger Deutscher sowie Nachkommen ausländischer Einwanderer, aber auch Deutsche mit einem ausländischen Elternteil (Beer 2014: 12f).

Die Einführung dieses Terminus änderte beträchtlich die Migrationsstatistik, indem die bisherige Unterscheidung von Deutschen, oder besser gesagt Personen mit deutscher Staatsbürgerschaft, und Ausländern bzw. Personen ohne deutsche Staatsbürgerschaft, abgeschafft wurde. Während im Jahr 2000 etwa 9 Prozent der Gesamtbevölkerung Personen ohne deutsche Staatsbürgerschaft, also Ausländer, verzeichnet waren, wurden 2005 15,3 Mio. Personen bzw. 18,6 Prozent der Bevölkerung als Personen mit Migrationshintergrund verzeichnet. Davon waren 10,4 Mio. Personen mit eigener Migrationserfahrung (darunter 4,8 Mio. mit deutscher Staatsbürgerschaft und 5,5 Mio. ohne deutsche Staatsbürgerschaft; Beer 2014: 13). Nur wenige Jahre später, bei der Volkszählung 2011, wurden wegen der niedrigeren Bevölkerungszahlen noch höhere Prozentsätze ausgewiesen: 15,9 Mio. Menschen, ein Bevölkerungsanteil von 19,5 Prozent, hatten einen Migrationshintergrund. Es ist dabei anzumerken, dass diese Zahlen

---

Grundsatz" möglich wurde. Allmählich wurde auch die Einwanderungstatsache akzeptiert und eine aktive Migrationspolitik formuliert, aus der die Präferenz für deutsche Einwanderer gestrichen wurde (Joppke 1999: 63, 95). Chin vertritt die Meinung, gerade die deutsche Migrationsgeschichte habe die heterogene demografische und kulturelle Landschaft, die heute als Neues Europa bezeichnet wird, geprägt (Chin 2007: 8). Die Akzeptanz der neuen europäischen multikulturellen Landschaft finde sich im Einklang mit der Rolle Deutschlands in der Europäischen Union.

noch höher wären, hätte man bei der Zählung das Anfangsjahr, ab dem die Personen mit Migrationshintergrund in die Zählung einbezogen wurden, nicht von 1949 auf 1955 verschoben[24] (Beer 2014). Trotz alledem wurde 2011 fast jeder fünfte Einwohner in Deutschland als Person mit persönlicher Migrationserfahrung oder mit familiärer Migrationserfahrung in der vorherigen Generation verzeichnet, egal ob die Person eine deutsche oder nicht-deutsche Staatsbürgerschaft hatte.

Obwohl Beer (2014: 13) diese terminologische Neuheit als Fortschritt in dem Sinne versteht, dass der neue Begriff viel umfassender ist und einen Vergleich von Erfahrungen unterschiedlicher Migrantengruppen sowie das Verständnis der gesamten deutschen Migrationsvergangenheit und deren Folgen ermöglicht, sieht er den heute in der Statistik und wissenschaftlichen Studien fest verankerten Begriff kritisch. Einer der Einwände betrifft den semantischen Inhalt des Begriffes. Er sage einfach zu wenig über die Migranten aus. Zugespitzt gesagt, drücke diese Bezeichnung lediglich aus, dass es Personen gibt, die in einem „willkürlich festgelegten Zeitpunkt" nach Deutschland eingewandert (ebd.: 15) oder Nachkommen solcher Personen sind. Die Bezeichnung sage aber nichts über ihre Geschichte, ihre Kultur oder ihre gesellschaftliche Rolle aus. Deshalbe bleibe diese Bezeichnung aus soziologischer und kulturwissenschaftlicher Perspektive auch weiterhin „blind" (ebd.).

Es bleibt ein Rätsel, warum bei der Schaffung dieses neuen Konzepts nicht die Chance genutzt wurde, alle Einwanderer in der neueren deutschen Nachkriegsgeschichte unter einen gemeinsamen Nenner zu bringen. Das könnte zum Schluss führen, dass die Urheber des neuen Konzeptes auch weiterhin die Unterscheidung zwischen den deutschen und den nicht-deutschen Einwanderern im Sinne hatten. Da die neue Bezeichnung aber auch deutschstämmige Einwanderer nach 1955 erfasst, muss dahinter ein anderer Grund stecken. Eine mögliche Erklärung könnte in der Interpretation gesucht werden, dass die Integration der Deutschen unmittelbar nach dem Zweiten Weltkrieg ein abgeschlossener Prozess war und deshalb für die moderne deutsche Identität ein unproblematischer Faktor. Anders steht es mit den noch immer spürbaren Schwierigkeiten bei der Integration später zugewanderter Deutschstämmiger aus der ehemaligen Sowjetunion, die kulturell ihren Umgebungskulturen stark angepasst waren und oft auch kein Deutsch mehr sprachen.

---

24 Das erste Jahr bezieht sich wahrscheinlich auf das Gründungsjahr der Bundesrepublik Deutschland, das zweite bezieht sich höchstwahrscheinlich auf die Schließung des ersten Anwerbevertrags mit Italien (ebd.).

Ein weiterer Aspekt des neuen Terminus weist auf die Integration und damit verbundene Probleme hin. Indem mit dem Begriff auch Nachkommen der Einwanderer mit einbezogen werden, auch jene mit nur einem zugewanderten Elternteil, wird suggeriert, dass Integration nicht nur ein langwieriger Prozess ist, sondern einer, der nicht einmal in der zweiten Generation vollzogen ist. Dies verleiht ihm einen normativen und diskriminierenden Charakter. Anders gesagt, der Begriff lässt verstehen, dass in der zweiten Generation von vollintegrierten, gleichberechtigten Mitgliedern der Gesellschaft noch immer nicht die Rede sein kann. Im Gegenteil, sie werden auch weiterhin diskriminiert, weil sich der Terminus auf den theoretischen Grundsatz stützt, dass Integration ein Prozess ist, der sich über mehrere Generationen erstreckt (s. Kapitel 2). Eine solche Auffassung beruht aber auf methodologischem Nationalismus: Es wird die Integration in eine nationale, mit staatlichen Grenzen abgesteckte Gesellschaft vorausgesetzt, während postmoderne Wege der transnationalen Integration oder der parallelen Eingliederung in zwei nationale Gesellschaften außer Acht gelassen werden. Dabei zeugen gerade kroatische Arbeitsmigranten von diesem zweiten Weg

1.6 Arbeitskraftanwerbung und Ambivalenz der deutschen Immigrationspolitik

In diesem Kapitel werden verschiedene Aspekte des Migrationskontextes dargestellt, die für das Verständnis der kroatischen Arbeitsmigration nach Deutschland in den 1960ern und 1970ern sowie für das Leben der kroatischen Migranten und ihrer Nachkommen in diesem Land wichtig sind. Der Vergleich zum globalen Geschehen in der Vergangenheit und in der Gegenwart lässt darauf schließen, dass es sich hier nicht um einen geschichtlichen Präzedenzfall handelt. Vergleichbare Migrationsregime sind auch aus anderen Epochen und anderen Breitengraden bekannt. Ihnen allen ist aber gemeinsam, dass sich die anfängliche zeitweilige Migration zur dauerhaften Ansiedlung ganzer Familien entwickelte.

Auch andere wichtige Aspekte des deutschen Immigrationsgeschehens, die die Integration kroatischer Migranten erschwerten und sie zur Pflege der Beziehung mit dem Heimatland motivierten, werden hier zur Sprache gebracht. So wird hier die über mehrere Jahrzehnte andauernde ambivalente Politik des Staates gegenüber den Migranten als strategische Entscheidung der Bundesrepublik Deutschland dargestellt, deren Ziel es war, dem nationalen Selbstverständnis sowie dem Auftrag treu zu bleiben, für die außerhalb Deutschlands lebenden Deutschstämmigen offen zu bleiben und sie in einem Staat zu vereinen.

Über vierzig Jahre lang wurde die deutsche Ambivalenz gegenüber der Einwanderung und den Einwanderern im Zuge einer Politik gepflegt, die es einerseits ablehnte, Deutschland als Einwanderungsland zu definieren, und andererseits innerhalb des demokratischen Imperativs arbeitete, dass Einwanderer ein Recht auf Einwanderung, auf Chancengleichheit und Teilnahme an der Gesellschaft haben. Deshalb dauerte das gesellschaftliche Paradox über mehrere Jahrzehnte an: Im Land lebten mehrere Millionen Immigranten, die mit der einheimischen Bevölkerung rechtlich beinahe gleichgestellt waren, während Immigration als solche tabuisiert wurde (Bade und Oltmer 2008). Die staatliche Politik weigerte sich über mehrere Jahrzehnte hinweg, die Immigration als Tatsache anzuerkennen, während Immigranten eine Art Bevölkerung auf Bewährung waren oder umgangssprachlich „Gast-Arbeiter". Aber mit der Entwicklung des Sozialstaates und unter Einfluss verschiedener gesellschaftlicher Faktoren – Gewerkschaften, Religionsgemeinschaften und humanitäre Organisationen, die sich für die Gleichstellung aller ohne Rücksicht auf Migrationshintergrund und ethnische Zugehörigkeit einsetzten und den Diskurs über gleiche Menschenrechte für alle pflegten – änderten sich pragmatisch die behördliche Praxis und die gesellschaftlichen Institutionen, sodass es zu einer „stillen Integration" der Einwanderer kam. Außer im politischen Sinne waren sie mit der einheimischen Bevölkerung gleichberechtigt. In dieser ersten Phase schloss das politische Integrationskonzept die Erwartung ein, dass sich die Zugewanderten anpassen sollten, während gleichzeitig die Gleichberechtigung aller ermöglicht wurde.

In den 1980ern kam es zu gewaltigen Veränderungen. Als Antwort auf den multikulturellen Diskurs wurde auch die Integrationsrhetorik kulturell gefärbt. Gleichzeitig wuchs im Zuge der politischen Nationalisierung Westdeutschlands und der Vorbereitungen für die Wiedervereinigung, welche mit zunehmender Einwanderung ethnischer Deutscher sowie afrikanischer und asiatischer Asylsuchender zusammenfielen, die Ausländerfeindlichkeit gegenüber Migranten nicht-deutscher Abstammung. Die Politik ging von der Annahme aus, dass gesellschaftliche Spannungen von den ausländischen Einwanderern, vor allem jenen türkischer Abstammung, verursacht wurden. Diese Spannungen sollten aber mit ihrer Integration, für die sie selbst zu sorgen hatten, oder mit ihrer Rückkehr in ihr Herkunftsland verschwinden. Diese Situation blieb auch in den 1990er-Jahren bestehen. Weder in der 1980ern noch in den 1990ern wurde eine umfassende Immigrations- und Integrationspolitik beschlossen. Die Schaffung rechtlicher Rahmenbedingungen wurde wegen der politisch und populistisch geschürten Angst, dass ein entsprechendes Gesetz die Einwanderung nur ankurbeln würde, ständig aufgeschoben (Bade und Oltmer 2008: 169) und wurde erst Anfang des 21. Jahrhunderts verabschiedet. Obwohl dieses Gesetz auf dem kulturalistischen Ansatz basiert, markiert es eine Wende im Selbstverständnis Deutschlands, und so wurde, mindestens für eine kurze Zeit, die ausländerfeindliche Rhetorik etwas leiser. Bis zu dieser Zeit lebten die in diesem Buch besprochenen kroatischen Migranten bereits mindestens seit dreißig Jahren in Deutschland und waren trotz der beschriebenen Umstände gut integriert in die deutsche Gesellschaft (s. Kapitel 4–6). Inzwischen sind auch neue Generationen groß geworden, die je nach dem Zeitabschnitt, in dem sie aufgewachsen sind, den oben erwähnten gesellschaftlichen Prozessen ausgesetzt waren (s. Kapitel 7 und 8).

2. Wissenschaftlicher Kontext: Wechselnde Forschungsparadigmen

Zwei Ansätze haben bisher die Forschungsarbeit über Migranten in Deutschland beeinflusst: einerseits die Integrationstheorie und andererseits das ihr verwandte Paradigma der kulturellen Differenz. Diese zwei Ansätze waren zusammen mit der bereits dargestellten Immigrations- und Migrationspolitik Westdeutschlands und Jugoslawiens Teil des Migrationsdispositivs, in dessen Rahmen die Migrationen stattfanden und die das Leben der Arbeitsmigranten in Deutschland in der zweiten Hälfte des 20. Jahrhunderts maßgeblich bestimmten (Nieswand und Drotbohm 2014). Gleich dem politischen und dem Tagesdiskurs wurden im wissenschaftlichen Diskurs Migrationsprozesse problematisch konzeptualisiert, indem die Forschungsschwerpunkte auf Integration der Migranten in die gesellschaftlichen Strukturen, auf deren Akzeptanz der „deutschen Kultur" sowie ihre Assimilation in die Leitkultur gesetzt wurden. In der dominanten deutschen Integrationstheorie des Soziologen Hartmut Esser war der Integrationsweg der Migranten genormt. Dieser Weg begann mit dem Erlernen der deutschen Sprache und setzte sich in der institutionellen und sozialen Integration bis hin zur emotionalen Identifikation mit der Nation des Einwanderungsstaates fort. Das Paradigma der kulturellen Differenz förderte eine solche Auffassung der Integration, indem der Akzent auf kulturelle Unterschiede zwischen den Migranten und der einheimischen Bevölkerung gesetzt wurde. Mit ihrer wissenschaftlichen Legitimation unterstützten diese Paradigmen den politischen und öffentlichen Diskurs, während sie selbst, genauso wie der politische und mediale Diskurs, gleichzeitig von national gefärbter Ideologie durchdrungen waren.

In diesem Kapitel werden die wichtigsten Konzepte und Schlussfolgerungen der allgemeinen integrativen Migrationsansätze summarisch dargestellt. Eingehender werden dabei die Ansätze innerhalb der deutschen Soziologie berücksichtigt, denn in ihrem Rahmen wurden Diskussionen über die Integration kroatischer Migranten in Deutschland geführt. Anschließend sollen Integrationskonzepte und das Paradigma der kulturellen Differenz kritisch unter die Lupe genommen werden, und zwar aus der Perspektive der transnationalen Auffassung des Lebens der Migranten, die zwischen zwei Ländern leben – dem Herkunfts- und dem Aufnahmeland. Schließlich soll der theoretische Rahmen zur Beschreibung der kroatischen Wirtschaftsmigration nach Deutschland dargestellt werden, auf dem das vorliegende Buch basiert.

2.1 Integrations- und Assimilationsparadigmen

Zu den zentralen Forschungsfragen in den Migrationsstudien sowohl in Europa wie in den Vereinigten Staaten gehörten Integration und/oder Assimilation der Migranten. Die Assimilationstheorie wurde in der amerikanischen Soziologie der 1920er-Jahre ausgearbeitet, auf Grundlage der Erforschung der europäischen Migranten und ihrer Nachkommen in den Vereinigten Staaten im Laufe des 19. und am Anfang des 20. Jahrhunderts. In dieser Theorie wurde eine geradlinige Assimilation in die zentrale Matrix der amerikanischen Gesellschaft postuliert (*mainstream society*): ein langwieriger Mehrgenerationenprozess, bei dem im Gestaltungsprozess der amerikanischen Gesellschaft soziale und kulturelle Unterschiede zwischen den zugewanderten ethno-kulturellen Gruppen verschwinden sollen. In unterschiedlichen Versionen der Integrations- und Assimilationstheorie (s. dazu Faist 2000: 252f) wurde die Assimilation als linearer Prozess konzipiert, bei dem Migranten zuerst in die Arbeitsprozesse und die gesellschaftlichen Strukturen des Aufnahmelandes integriert werden, danach die zentralen Werte dieser Gesellschaft akzeptieren und kulturell assimiliert werden. Der Erwartung nach sollte dieser Prozess in der dritten Generation vollzogen sein. Der Assimilationstheorie liegt die Idee zugrunde, dass Migration eine Einbahnstraße ist, an deren Ende die Migranten unvermeidlich die Orientierung ändern, immer mehr auf den neuen Lebensort angewiesen sind, den Schwerpunkt und den Fokus der gesellschaftlichen Aktivitäten auf den neuen Lebensort übertragen, ihre ethnokulturellen Merkmale verwischen, um letztendlich mit der Aufnahmegesellschaft zu verschmelzen (Rouse 1992; Faist 2000). Die Grundlage für die These über den allmählichen Schwund der Kulturmerkmale bildet die Erwartung, dass mit der Zeit die Verbindungen zum Herkunftsland immer schwächer werden und wegen der räumlichen Entfernung schließlich auch verschwinden – „Die Entwurzelten" (*uprooted*) haben sich im gleichnamigen Buch Oscar Handlins (2002 [1951]) zu einer Metapher im Narrativ über große Migrationen entwickelt, aus denen das amerikanische Volk hervorging. Als Folge dieses bipolaren Ansatzes, also der Analyse der Kontakte der Migranten mit dem Herkunftsland im Kontrast zu ihrem Leben im Aufnahmeland, hat sich als die zentrale Forschungsfrage herausgebildet, ob die Migranten fähig sind, sich dem Leben im Aufnahmeland anzupassen und sich zu integrieren.

Nachdem sich herausgestellt hatte, dass ethnokulturelle Unterschiede aufrechterhalten blieben und die Vereinigten Staaten kein Schmelztiegel geworden sind, wurde diese Theorie infolge der allgemeinen sozialen Veränderungen und der Diversifizierung der Migrantenpopulation in den USA in der zweiten Hälfte des 20. Jahrhunderts mehrere Male revidiert. Ende des Jahrhunderts wurde im Rahmen der Erforschung von Migranten aus den 1960er-Jahren und ihrer Nachkommen die Theorie der segmentierten Assimilation vorgeschlagen (Portes und Zhou 1993; Portes et al. 2005; Stepick und Stepick 2010). Aus der klassischen Theorie der Assimilation wurde die Idee übernommen, dass die Assimilation ein langwieriger Mehrgenerationenprozess sei. Die Idee der gradlinigen Assimilation in die gesellschaftliche Matrix wurde revidiert, und es wurden Wege der Assimilation in verschiedene gesellschaftliche Segmente beschrieben – in die Mittelklasse, in die unterste gesellschaftliche Klasse (*underclass*) und in die ethnische Immigrantengruppe. Der erste, dem älteren Assimilationsmodell nähere Typus, setzt voraus, dass es im Akkulturations- und Assimilationsprozess in der zweiten Generation, also in der Nachkommengeneration, zu einer aufstrebenden sozialen Mobilität kommt: Die in der Regel mit einem niedrigen Humankapital ausgestatteten Immigrantenkinder (niedrige Bildung und fehlende Qualifikation, Herkunft aus niedrigen sozialen Schichten) verbessern ihr Bildungsniveau und ihren sozioökonomischen Status und werden in die Mittelklasse assimiliert. Der zweite Typus setzt eine soziale Abwärtsbewegung voraus: Die Immigrantenkinder mit niedrigem Humankapital aus dem benachteiligten städtischen Umfeld nehmen die in solcher Umgebung dominante afroamerikanische Subkultur an, identifizieren sich mit dieser Gruppe und assimilieren sich in niedrigere Gesellschaftsschichten. Der dritte Typus schließlich, die pluralistische Assimilation, setzt voraus, dass die Assimilation in die ethnische Immigrantengemeinschaft im Aufnahmeland zum wirtschaftlichen Aufstieg und zur Integration in die breitere Gesellschaft führt. Die Kohäsion und die Solidarität der ethnischen Gemeinschaft bieten den Immigrantennachkommen bessere Chancen für Mobilität in Bildung und wirtschaftlicher Leistungsfähigkeit. Während das zweite Modell die meisten Reaktionen und Diskussionen hervorrief (es wurde die Frage nach der Definition der „niedrigsten gesellschaftlichen Klasse" gestellt sowie nach der Möglichkeit, aus dieser Klasse auszubrechen, und auch nach der Dauer dieses Typus der Integration), wurde der dritte Typus zum idealen oder vorgezogenen Ziel der Immigration, denn er fördert das pluralistische Integrationsmodell der Migranten und ihrer Nachkommen in die Migrantengemeinschaft und in die Aufnahmegesellschaft (Stepick und Stepick 2010; Vermeulen 2010). Diskutiert wurde auch darüber, ob diese Assimilationsmodelle vollkommen neue Eingliederungswege waren oder ob sie auch bei früheren Migrantengruppen und ihren Nachkommen in den USA vorhanden waren. So hat beispielsweise Hans Vermeulen (2010) beim Vergleich griechischer Einwanderer in die USA am Anfang des 20. Jahrhunderts und nach Deutschland in den 1960er-Jahren festgestellt, dass sie sich in beiden Fällen pluralistisch integriert hatten.

Jens Schneider und Maurice Crul (2010: 1143) sind der Ansicht, dass es im 21. Jahrhundert schwer ist, den Wissensstand über die Integration und Assimilation der Immigranten in ihre Aufnahmeländer zu beschreiben, weil es sehr viele Forschungsprojekte gibt, aber es fehlt Einigkeit über theoretische Konzepte und methodologische Verfahren. Die Versuche, einen transatlantischen Dialog zwischen Europa und Amerika aufzubauen, stoßen in der Regel auf Hindernisse, weil die Konzepte Integration und Assimilation unterschiedlich gedeutet werden. Auch innerhalb der europäischen Wissenschaft gibt es Differenzen, die unterschiedliche Paradigmen, Diskurse und institutionelle Vorgaben in den Aufnahmeländern widerspiegeln (ebd.: 1145). Die in der europäischen Wissenschaft vorherrschenden Integrationsdiskurse sind kulturwissenschaftlich geprägt. Sie beruhen auf der ideologischen Annahme von der kulturellen Homogenität des Aufnahmelandes und postulieren die Annahme der Aufnahmelandkultur als Voraussetzung für eine erfolgreiche Assimilation. Integration wird also mit Assimilation gleichgesetzt. Die wichtigsten Integrationsmaßstäbe sind dabei Bildungserfolg und Teilnahme am Arbeitsmarkt. Sie sind gleichzeitig auch die Voraussetzung für die endgültige Assimilation und Mittel zur Verhinderung des ethnischen Separatismus sowie der Entstehung von „Parallelgesellschaften", die im europäischen soziologischen und öffentlichen, politischen Diskurs negativ bewertet werden. Dementgegen bewertet der amerikanische Ansatz ethnische Migrantenenklaven als etwas Positives, weil sie als Wege für die Inkorporierung angesehen werden, die das ethnische Unternehmertum und den wirtschaftlichen Erfolg fördern (Schneider und Crul 2010).

Im Nachfolgenden soll die in Deutschland geführte Integrationsdebatte erörtert werden. Hartmut Essers Theorie der sozialen Integration der Mitglieder der Gesellschaft generell und der Migranten insbesondere, die übrigens eine Variante des Assimilationsmodells des amerikanischen Soziologen Milton Gordon (Diehl und Schnell 2006) ist, befindet sich im Zentrum der Migrationsstudien in Deutschland in den 1980ern (Esser 2000; s. a. Treibel 1999). Die besagte Theorie ist für die vorliegende Studie wichtig, weil sie den Rahmen für die wissenschaftliche Aufarbeitung der Migrantenproblematik bietet, in dem sich deutsche Wissenschaftler mit Migranten aus Jugoslawien und anderen Ursprungsstaaten beschäftigten. Beim Thema „Soziale Integration von Migranten und ethnischen Minderheiten" sieht Esser drei mögliche Integrationsrahmen: die Gesellschaft des Herkunftslandes, die Aufnahmegesellschaft und die ethnische oder Migrantengemeinde im Aufnahmeland. Diese drei Rahmen generieren vier Typen von Migrantenintegration:

1. Mehrfachintegration: Integration in die Migrantengemeinschaft und in die Aufnahmegesellschaft;
2. Ethnische Segmentation: Integration ausschließlich in die ethnische oder Migrantengemeinschaft;
3. Assimilation: Integration in die Aufnahmegesellschaft beim gleichzeitigen Verzicht auf die Integration in die ethnische Gemeinschaft;
4. Marginalität: Ausschluss aus den vorhin genannten sozialen Umfeldern.

Die pluralistische Integration (Mehrfachintegration) hält Esser für wenig wahrscheinlich (Esser 2000: 288), weil sie vor allem für das akademische oder diplomatische Milieu charakteristisch sei, nicht aber für Arbeitsmigranten und ihre Nachkommen. Da das pluralistische Integrationsmodell nur eine eingeschränkte Reichweite hat, sei die Integration im Aufnahmeland nach Esser nur in Form der Assimilation möglich (ebd.: 288). Die Assimilation umfasst vier Dimensionen: Akkulturation oder kulturelle Assimilation (Erlangung der Kulturkenntnisse und der Kulturkompetenz, insbesondere der Sprache), strukturelle Assimilation (Verankerung in die Strukturen, vor allem in das Bildungssystem und den Arbeitsmarkt), soziale Assimilation (Gleichberechtigung in der sozialen Akzeptanz, Aufnahme interethnischer Kontakte – interethnische Freundschaften, Partnerschaften, Mitgliedschaft in Vereinen) und emotionale Assimilation (emotionale Unterstützung und Identifikation mit dem Aufnahmeland, Wechsel der Staatsangehörigkeit, wechselnde Identitäten) (ebd.: 289; Treibel 1999: 139ff; Treibel 2015: 39f).[25] Diese vier Dimensionen sind als vier Stufen im Assimilationsprozess zu verstehen: die Akkulturation, insbesondere das Erlernen der Sprache des Aufnahmelandes, ist die Voraussetzung des gesamten Assimilationsprozesses. Sie fördert die strukturelle Assimilation, der die soziale Assimilation folgt. Mit der Identifikation wird der Assimilationsprozess abgerundet und abgeschlossen (Treibel 1999).

25 Diese Dimensionen korrespondieren mit den Dimensionen der sozialen Integration der Gesellschaftsmitglieder generell: Kulturation (Wissen, Kompetenzen, Humankapital), soziale und wirtschaftliche Platzierung, Interaktivität (gesellschaftliche Verhältnisse und Transaktionen), Identifikation (emotionale Anbindung) (Esser 2000: 271–274).

Das Ausbleiben der Assimilation von Migranten und ethnischen Minderheiten in das Aufnahmeland bei gleichzeitiger Integration in die ethnische Migrantengemeinschaft (ethnische Segmentierung) schafft plurale, multiethnische oder multikulturelle Gesellschaften, im deutschen öffentlichen Diskurs Parallelgesellschaften genannt, die nach Esser die Frage nach der systemischen Integration und dem Funktionieren der Gesellschaft insgesamt eröffnen. Esser vertritt die Meinung, dass die ethnische Segmentierung mit unvermeidlicher ethnischer Differenzierung unweigerlich zur ethnischen Schichtung führt. Da die ethnische Segmentierung zur Desintegration des Gesellschaftssystems führen kann, wird sie als nicht erwünschter Typus der Migrantenintegration angesehen (Esser 2000: 293ff).

Esser ist der Meinung, dass die Marginalisierung oder der Ausschluss aus allen sozialen Feldern typischerweise in der ersten Generation stattfindet, also unter den Migranten selbst: Sie seien in keinem sozialen Rahmen vollständig integriert, die alte Heimat wurde verlassen, neue Wurzeln gibt es (noch) nicht (ebd.: 287). In einer solchen Situation befinde sich der Ausländer (Simmel 1984), eine zutiefst desorientierte Person (Schuetz 1944), zwischen zwei Welten (Hettlage-Varjas und Hettlage 1984; s. Kapitel 5 und 7).

Essers Modell ist stark kulturalistisch geprägt, was für die amerikanischen Assimilationsparadigmen charakteristisch ist. Jedoch gibt es auch einen entscheidenden Unterschied. Der Assimilationsprozess ist bei Esser größtenteils als einseitiger Anpassungsprozess konzipiert, der beim Migranten selbst beginnt und endet. In den amerikanischen Modellen werden dagegen gegenseitige Anpassung und Aufbau der zentralen gesellschaftlichen und kulturellen Matrix vorausgesetzt (Crul und Schneider 2010). Im deutschen Modell wird von Immigranten erwartet, dass sie sich von ihren ursprünglichen kulturellen Merkmalen lösen und sich in der Kultur des Aufnahmelandes assimilieren. Esser postuliert zwar, dass sich Teile der einheimischen Gesellschaft auch ändern können, erwartet aber, dass diese Änderungen nur an den Rändern des Systems zustande kommen (Esser 2000: 289).

Die dieser Theorie zugrunde liegende Prämisse besagt, dass die Funktionsfähigkeit der Gesellschaft bzw. ihre Integration eine relative Homogenität der Bevölkerung voraussetzt (vgl. Nieswand 2008). Diese Prämisse führt zur Schlussfolgerung, dass die Einführung jeder Andersartigkeit, insbesondere aber die Beibehaltung der ethnokulturellen Merkmale der Migranten, potenziell problematisch ist, weil dies zur ethnischen Schichtung, somit aber auch zur Desintegration der Gesellschaft führen kann. Deshalb ist der klassischen deutschen

Integrations- und Assimilationstheorie die Forderung nach der kulturellen Assimilation und Identifikation der Migranten mit dem Aufnahmeland inhärent. Dadurch unterscheidet sie sich wesentlich vom politischen und öffentlichen Diskurs. Annette Treibel (1999: 137) meint, die deutsche Migrationssoziologie habe den politisch-normativen Gebrauch der Integrationskonzepte im Sinne der Teilnahme an der Gesellschaft und der Akzeptanz der Kultur des Aufnahmelandes (z. B. der Sprache und der gesellschaftlichen Werte) übernommen, indem sie den politischen Diskurs widerspiegelte. Treibel fordert aber, dass das soziologische Konzept der Integration von seiner Interpretation in der politischen, medialen und öffentlichen Sphäre unterschieden wird, damit bisherige Überlappungen und Überschneidungen in diesen zwei Diskurssphären – der soziologischen (wissenschaftlichen) und der öffentlich-politischen – aufgehoben werden.

Im Unterschied zur soziologischen Literatur wurde die These über die Migrantenintegration in die ethnische Migrantengemeinschaft in der anthropologischen Literatur in Deutschland positiv bewertet. Die These wurde vom deutschen Sozialanthropologen Georg Elwert (1982) formuliert. Elwert unterscheidet die soziale Partizipation von der kulturellen Assimilation. Die Binnenintegration oder der ethnische Modus der Migrantenintegration hat nach Elwert einen positiven Effekt auch auf die Migrantenintegration im Aufnahmeland. Die Binnenintegration in die Migrantengemeinschaft und die Integration im Aufnahmeland sind für Elwert nur anscheinend widersprüchlich. Elwert setzt voraus, dass die Integration in die Migrantengemeinschaft bei den Migranten das Selbstbewusstsein und die kulturelle Identität stärkt und somit das Stigma des Autostereotyps verhindert, was bei der gesellschaftlichen Stigmatisierung der Migranten äußerst wichtig ist. Außerdem werden dank eines dichten sozialen Netzes und der Solidarität der Mitglieder der Migrantengemeinschaft grundlegende Informationen über den Alltag vermittelt, die es ermöglichen, sich besser zurechtzufinden und zu verhalten. Eine stark integrierte Migrantengemeinschaft kann darüber hinaus auch Einfluss in der Gesellschaft ausüben und so die Interessen der Migranten in der Gesellschaft fördern (Elwert 1982). Die drei Folgen der Binnenintegration sind für Elwert der Schlüssel zur erfolgreichen Integration der Migranten im Aufnahmeland.

Indem Elwert den Begriff der Integration vom Begriff der Kultur und der Anpassung an die zentrale gesellschaftliche Kulturmatrix löst – die seiner Ansicht nach in der modernen, differenzierten und heterogenen Gesellschaft nicht existiere –, definiert er Integration als Teilnahme an gesellschaftlichen Gütern, als Partizipation an der Gesellschaft und als Zugang zu den Statusschichten in der Gesellschaft. Darüber hinaus, inspiriert von Elias' und Scotsons Unterscheidung von Etablierten (Einheimischen) und Außenseitern (Migranten, Zugewanderten) in einem englischen Industriestädtchen (Elias und Scotson 1994; vgl. Čapo Žmegač 2005c, 2007), weist er darauf hin, dass die Übernahme eines Kulturmusters aus der Aufnahmegesellschaft den Migranten nicht unbedingt den Weg zu gesellschaftlichen Positionen frei macht. In der Studie wird gezeigt, dass die soziale Position der Migranten nicht unbedingt besser wird, obwohl sie akkulturiert sind, weil der Zugang zu den sozialen Positionen begrenzt ist und von der einheimischen Bevölkerung kontrolliert wird. Deshalb setzt sich Elwert dafür ein, dass die Integration der Migranten auf der Grundlage des gleichberechtigten Zugangs zu den gesellschaftlichen Institutionen und der Teilnahme an diesen Institutionen sowie an der Besetzung von sozialen Positionen bewertet wird. In Elwerts Theorie ist die Kulturassimilation keine Voraussetzung für die soziale Partizipation (Integration).

Indem Elwert die Theorie der segmentierten Assimilation antizipierte, die soziale Partizipation/Integration von der kulturellen Assimilation trennte, Integration als Partizipation in sozialen Bereichen definierte und Integration in die ethnischen Migrantengemeinschaft positiv bewertete, zeichnete er noch in den 1980ern den Weg, den jüngere Theoretiker der Integration im Rahmen des transnationalen wissenschaftlichen Paradigmas beschritten haben, nun aber unter dem Namen Inkorporierung (*incorporation*). Bevor aber die neueren Ansätze zusammenfassend dargestellt werden, soll ein Überblick darüber gegeben werden, wie die Integration von Kroaten in Deutschland im Rahmen des Integrations- und Assimilationsparadigmas beschrieben wurde.

2.2 Studien über die Integration von kroatischen Migranten in Deutschland

Es gibt zahlreiche Studien zur Integration von Wirtschaftsmigranten in Deutschland und generell in Europa. Die Untersuchungen wurden an Einzelfällen oder vergleichend durchgeführt, nach der Methode des konvergenten oder divergenten Vergleichs oder in der Kombination beider Methoden (Lucassen nach Čapo Žmegač 2010a). Beim konvergenten Vergleich werden gleiche Migrantengruppen in verschiedenen Aufnahmeländern miteinander verglichen. Der divergente Vergleich nimmt verschiedene Migrantengruppen in einem Land unter die Lupe. Die Studien unterscheiden sich außerdem nach der Art der untersuchten Daten sowie nach den Untersuchungsmethoden (die quantitative Methode überwiegt gegenüber der qualitativen), was weiterhin eng mit den untersuchten Integrationsdimensionen oder -sphären zusammenhängt: Bei den quantitativen

Studien werden hauptsächlich die Integration in den Arbeitsmarkt oder die Einbeziehung der Migrantennachkommen in das Bildungssystem untersucht; in den qualitativen Studien sind es die Identifikationsprozesse und die emotionale Anbindung an die Aufnahmegesellschaft.

Das meiste Forschungsinteresse in Deutschland haben die türkischen Migranten auf sich gezogen. Dieses Interesse wurde gemeinsam durch den öffentlichen, politischen und medialen Diskurs sowie den wissenschaftlichen Diskurs gefördert, die einhellig die These von türkischen Migranten als exemplarisch problematische Migranten in Deutschland vertraten (Chin 2007; Thränhardt 1989). Die in den 1980ern und den 1990ern durchgeführten Untersuchungen kamen zum Schluss, türkische Migranten hätten sich nicht erfolgreich in die deutsche Gesellschaft integriert (u. a. Kolinsky 1996: 94f; White 1997). Im Gegensatz dazu wird über eine gute Integration von jugoslawischen Migranten berichtet. So kamen die Wissenschaftler zu dem Schluss, dass es eine innere Hierarchie unter den Ausländern gebe, mit Jugoslawen an der Spitze und Türken ganz unten, und zwar in fast allen Bereichen des gesellschaftlichen Lebens: Arbeit, Bildung, Qualifikation, Arbeitslosigkeit, Wohnen, Sozialprestige usw. (Esser und Korte nach Molnar 2014b: 198f; vgl. Baučić und Groß 1987). Diese Schlussfolgerung über die Integration verschiedener Migrantengruppen in Deutschland stellt die nach konvergentem und divergentem Vergleich durchgeführten Studien infrage. So haben beispielsweise Studien über die Integration türkischer Migranten und Migranten aus dem ehemaligen Jugoslawien in Deutschland und Österreich gezeigt, dass die Migrantennachkommen in Deutschland beruflich besser integriert sind als in Österreich (Fassmann et al. 1999).[26]

In den 1990ern wurden bei wachsender Ausländerfeindlichkeit (s. Kapitel 1) wissenschaftliche Debatten darüber geführt, ob der Integrationsprozess aufgehalten und das Gefühl der ethnischen Zusammengehörigkeit unter türkischen Migranten und ihren Nachkommen gestärkt wurde. Claudia Diehl und Rainer Schnell (2006) haben einschlägige Arbeiten zu diesem Thema kritisch durchgesehen und sind zu dem Schluss gekommen, dass für eine derartige Schlussfolgerung keine glaubhaften empirischen Daten vorhanden sind. Beim Vergleich der sozialen und identifikativen Assimilation unter türkischen, jugoslawischen

26 Obwohl in Deutschland die ethnische Segregation der Migrantennachkommen im beruflichen Bereich schwindet, behaupten die Autoren der Studie, dass ethnische Minderheiten in Deutschland, die aus der Arbeitsmigration hervorgegangen sind, nach anderen Parametern nicht als erfolgreich integriert anzusehen seien (Fassmann et al. 1999: 370).

und Migranten aus der Europäischen Union in Deutschland in der ersten und zweiten Generation konnten die Autoren weder einen Rückgang noch eine Verlangsamung bei der Integration von Türken feststellen. Ihre soziale und identifikative Assimilation blieb im Vergleich zu der Integration europäischer und jugoslawischer Immigranten zurück, die weniger diskriminiert und deshalb strukturell auch besser assimiliert waren, aber Diehl und Schnell konnten unter Immigranten türkischer Abstammung in den 1990ern keine reaktive Ethnizität[27] nachweisen.

Zur gleichen Zeit konnten aber Veränderungen in Einstellungen bei jugoslawischen Migranten und ihren Nachkommen festgestellt werden: Berichtet wurde von der Abnahme von interethnischen Kontakten, von einer niedrigeren Identifikationsstufe mit Deutschen sowie einer höheren Identifikation mit dem Herkunftsland. Diehl und Schnell gehen mit diesen Daten vorsichtig um, denn einerseits könnten sie auf einer zu niedrigen Zahl von Befragten beruhen, andererseits sind sie der Meinung, dass diese Daten nicht dem schlechten Integrationsklima in Deutschland zuzuschreiben seien, sondern der nationalen Segmentierung im ehemaligen Jugoslawien. Für endgültige Schlussfolgerungen sei es geboten, die Entwicklung weiter zu verfolgen.

Die Auswirkung der Migrantenvereine auf die Migrantenintegration wurde mithilfe der qualitativen Methode untersucht. Das Neue in den einschlägigen Studien war das Interesse an den Auswirkungen der nationalen Institutionalisierung der römisch-katholischen Religionsausübung auf Arbeitsmigranten in Deutschland. Die Deutsche Bischofskonferenz ermöglichte nämlich gleich nach der Ankunft der Migranten in Deutschland die Gründung von Migrantengemeinden, sogenannter Missionen. Bis heute bestehen über 400 Missionen. Die nationalen katholischen Missionen boten den Migranten die Möglichkeit, den Gottesdienst in ihrer Muttersprache zu feiern, indem Priester aus der Heimat geholt wurden (für Kroaten s. *Katolička crkva...* 1980; Tomašević 1998). Außerdem wurde die sozial-karitative Arbeit organisiert, größtenteils von der Caritas geleitet. Priester in der Mission bieten neben Gottesdienst und Seelsorge auch zahlreiche andere Aktivitäten an, etwa Sport- und Musikveranstaltungen (Kirchenchöre und Folkloregruppen) und Jugendtreffen. Kontakte zu deutschen Katholiken und zur deutschen Kirche waren weder regelmäßig noch planvoll, obwohl die Missionen unter dem Dach der deutschen katholischen Kirche agierten.

---

27 Reaktive Ethnizität ist ein Prozess, der die Stärkung der ethnischen Zusammengehörigkeit und die intraethnische Sozialisierung unter Migranten beschreibt (Portes und Rumbaut nach Diehl und Schnell 2006).

Ganz im Gegenteil, Jenni Winterhagen und Dietrich Thränhardt (2013: 15) kamen in ihrer vergleichenden Studie über italienische, spanische und kroatische katholische Migrantengemeinden zu dem Schluss, dass diese Kontakte aus administrativen Gründen eher beschränkt waren. Die jeweils zuständige Diözese mischte sich nicht in die Arbeit der auf ihrem Gebiet ansässigen Missionen, sodass kein katholischer Schmelztiegel entstanden ist. Migrantenmissionen haben sich so zu einer Art Nebenkirche in Deutschland entwickelt. Ihre Wirkung wurde erst im neuen Jahrhundert beschränkt, als es zum Wandel im politischen Diskurs über Immigration und Integration gekommen ist. So wurde beispielsweise die Sozialarbeit der Caritas in Gemeinden abgeschafft und Gespräche über eine stärkere und konsequentere Einbeziehung der Missionen in deutsche katholische Einrichtungen wurden eingeleitet (ebd.).

Winterhagen und Thränhardt (2013) schlussfolgern außerdem, dass aus bestimmten Gründen der Einfluss der italienischen Missionen auf das Leben der italienischen Migranten im Vergleich am niedrigsten war und dass sich in ihrer Wirkung kein klares Muster auf die Integration der italienischen Migranten feststellen lässt. Demgegenüber haben spanische Missionen bei der Organisation des Lebens spanischer Migranten eine Schlüsselrolle gespielt, haben Seelsorge für ihre Mitglieder geleistet und gleichzeitig die Integration spanischstämmiger Kinder durch die Förderung der Bildung an deutschen Schulen unterstützt. Deshalb sei ihnen direkt die aufstrebende soziale Mobilität der spanischstämmigen Migranten in zweiter Generation zu verdanken. Kroatische Missionen spielten eine wichtige Rolle bei der inneren Integration kroatischer Migranten, indem sie sowohl in Deutschland als auch im ehemaligen Jugoslawien die Migrantenintegration in die kroatische nationale Gemeinschaft förderten. Aufgrund von diesen Unterschieden stellen Winterhagen und Thränhardt fest, dass es einen zentralen, im Sinne der lokalen Assimilation aber nicht den erwünschten Einfluss der ethnisch und national gefärbten katholischen konfessionellen Angebote sowie der Angebote der katholischen Organisationen auf die soziale und konfessionelle Integration der Migranten gibt. Gerade wegen ihrer ambivalenten Auswirkung auf die Integration von Migranten mit katholischem Glaubensbekenntnis seien die Migrantenkirchen nicht wesentlich anders als islamische Organisationen in Deutschland zu bewerten (ebd.: 16).

Winterhagen (2013) hat eine ausführliche Analyse der Tätigkeit von kroatischen Missionen in Berlin und Rottenburg-Stuttgart durchgeführt. Diese zwei Missionen waren Dreh- und Angelpunkte (ebd.: 202) für kroatische Migranten in Deutschland. Sie boten den kroatischen Migranten ausschließlich nationale und katholische Inhalte an. Dabei wurde das Bewusstsein für die kroatische nationale Zugehörigkeit gestärkt und die Rückkehr als Lösung für das Migrantendasein dargestellt. Außerdem beteiligten sie sich in den 1990er-Jahren stark an der Organisation und Vermittlung der politischen und humanitären Hilfe für die Heimat (ebd.: 190). Die Missionen wandten sich ausschließlich an die kroatische katholische Gemeinde und arbeiteten nicht an der Förderung sozialer und konfessioneller Integrationsprozesse durch gemeinsame Gottesdienste und Zusammenkünfte mit Deutschen (ebd. 2003). Winterhagen ist der Ansicht, dass die kroatischen Seelsorger mit ihrem Handeln bei den Migranten die emotionale Identifikation mit Deutschland verhinderten: Indem die kroatische Identifikation gefördert wurde, blieb „die zunehmende Identifikation als (auch) deutsch" aus. So blieben die Konzepte der doppelten und/oder hybriden Identität außerhalb des kirchlichen Diskurses und der kirchlichen Praxis. Winterhagen deutet diesen Prozess im Lichte der Definition der Zugehörigkeit zur deutschen Nation, die auf ethnischer Ausschließlichkeit basiert (ebd.).

Winterhagen findet aber auch, die Missionen hätten insbesondere in der ersten Phase ihrer Tätigkeit funktionale Integrationsprozesse gefördert. Durch die Vernetzung der Migranten und Vermittlung von Kenntnissen über das Alltagsleben, soziale Arbeit und Hilfe unterstützten sie nicht nur die innere, sondern auch die Integration in die breitere Gesellschaft. Bei einer Analyse nach unterschiedlichen Dimensionen im Sinne von Essers Integrationsmodell sei die Wirkung der kroatischen Missionen zweifach gewesen: Einerseits wurde die Sozialisierung innerhalb der Migrantengruppe gefördert und die Sozialarbeit sowie die Arbeit mit Jugendlichen wirkten sich positiv auf die strukturelle Integration aus (Integration in den Arbeitsmarkt und das Bildungssystem). Andererseits wurden interethnische Kontakte und Identifikationsdimensionen der Integration durch die Förderung der Bindung an die kroatische Kultur und Nation sowie durch die Förderung der innerethnischen Kontakte behindert. Das Resultat war die emotionale Desintegration kroatischer Migranten in Deutschland (ebd.: 203f). Deshalb sei hier die Rede von einer spezifischen Integration (der Nachkommen) der kroatischen Migranten in Deutschland (vgl. Thränhardt und Winterhagen 2012).

Hier ist die Rede von der pluralistischen Integration, einer Parallelintegration in die ethnische Migrantengemeinschaft und in das Aufnahmeland, eine Variante der Integration der Eliten, die Esser in seinem Modell auf hochgebildete Migranten und Diplomaten und ihre Kinder begrenzt hat. Im kroatischen Falle wurde die Integration strukturell durchgeführt, d. h., kroatische Kinder besuchten häufiger als Kinder anderer Migrantengruppen Schulen, die zum mittleren Schulabschluss oder zur Erlangung der Hochschulreife hinführten. Im Jahre

2002 besuchten 58,7 Prozent kroatischer Schüler in Deutschland Realschule oder Gymnasium.[28] Das sind etwa 20 Prozent mehr als bei anderen Ausländerkindern, d. h., fast doppelt so viel wie bei den italienischstämmigen und etwa 4 Prozent mehr als bei den spanischstämmigen Schülern (ebd.: 14). 17,4 Prozent kroatischstämmiger Schüler besuchten das Gymnasium. Zur gleichen Zeit besuchten 9,6 Prozent aller Migrantenschüler und 25 Prozent aller deutschen Schüler das Gymnasium. Auf die Realschule gingen zur gleichen Zeit 15,5 Prozent kroatischstämmiger Schüler, also ein etwas höherer Anteil als bei den deutschen Schülern (14 Prozent), aber ein deutlich höherer als der Durchschnitt aller Migrantenkinder (9,5 Prozent) (Winterhagen 2013: 81ff). Der positive Trend macht sich auch in den erlernten Berufen bemerkbar, unabhängig vom Geschlecht, sowie in der Armutsquote, die für Kroaten nur leicht höher ist als für Deutsche, aber weit unter dem Migrantendurchschnitt (ebd.; Thränhardt und Winterhagen 2012). Verglichen mit der deutschen Bevölkerung ist der Bildungstrend unter den Kroaten ausgesprochen positiv. An dieser Stelle ist aber anzumerken, dass der Vergleich mit dem nationalen deutschen Durchschnitt beim Besuch bestimmter Schulen nicht ausreicht; viel angemessener wäre der Vergleich mit dem Segment der nationalen Bevölkerung, das mit der kroatischen Bevölkerung in den Bereichen Bildung und Einkommen vergleichbarer wäre (vgl. Wimmer und Glick Schiller 2003: 584f). Ein solcher Vergleich würde wahrscheinlich eine noch bessere Bildungsleistung der Nachkommen kroatischer Migranten in Deutschland zeigen.

Bei diesen Werten stechen die Nachkommen kroatischer Migranten im Vergleich mit anderen Ausländern in Deutschland positiv heraus. Sie werden strukturell als eine der bestintegrierten Migrantengruppen in Deutschland identifiziert (Molnar 2014b; Winterhagen 2013; Thaden 2014). Junge Leute kroatischer Abstammung haben es in die deutsche Mittelschicht geschafft, nicht nur bildungsmäßig, sondern auch beruflich. Im Vergleich zu ihren Eltern konnten sie auf der sozialen Leiter aufsteigen. Meine Gesprächspartner haben diesen Trend mehrfach bestätigt.

Zusammenfassend lässt sich sagen, dass die vorliegende Interpretation die Schlussfolgerung erlaubt, dass kroatische Missionen in Deutschland als institu-

28 2002 wurden zum letzten Mal die Statistiken über den Schulbesuch in einzelnen Schultypen mit der Angabe der Nationalität der Schüler veröffentlicht. Nach Änderungen im Staatsangehörigkeitsgesetz 2000 erhalten die in Deutschland geborenen Kinder automatisch die deutsche Staatsangehörigkeit, sodass die Statistik nach der Nationalität abgeschafft wurde (Winterhagen und Thränhardt 2013: 13).

tioneller Rahmen für eine feste innere Integration (Binnenintegration) kroatischer Migranten diente: Nicht nur wurden ein dichtes soziales Netz unter den Migranten, Vertrauen, Solidarität und nationales Selbstbewusstsein aufgebaut, sondern sie hatten im Sinne der strukturellen Integration in die deutsche Gesellschaft einen ausgesprochen positiven Effekt – genau in dem Sinne, wie das bei Elwert für die Kohäsion der Migrantengemeinschaft vorausgesetzt wird. Kroatische Migranten in Deutschland und ihre Nachkommen weisen in diesem Sinne eine aufsteigende soziale Mobilität auf. Da aber diese Prozesse nicht mit einer emotionalen Identifikation mit dem deutschen Staat und der deutschen Nation einhergehen, die von der deutschen Integrationstheorie als das endgültige Ziel der Integration angesehen wird, ist die Reichweite der Integration der Kroaten für deutsche Forscher ambivalent. Alternativen Interpretationen wird in Kapitel 6 und 8 mehr Aufmerksamkeit geschenkt.

Einige Forscher sind eher geneigt, die gute strukturelle Integration der Kroaten in Deutschland der Bildungsstruktur kroatischer Migranten zuzuschreiben (Winterhagen 2013; Winterhagen und Thränhardt 2013; Molnar 2014b). In der Anwerbezeit von 1955 bis 1973 waren jugoslawische Arbeiter verhältnismäßig gut qualifiziert: 29 Prozent von ihnen hatten eine berufliche Qualifikation. Zum Vergleich: Bei den spanischen Arbeitern waren es nur 7,7 Prozent und bei den italienischen 23,3 Prozent (Winterhagen und Thränhardt 2013). Der Bildungsdurchschnitt der jugoslawischen Migranten – bis Anfang der 1970er-Jahre waren die meisten sowie die am besten qualifizierten von ihnen Kroaten – war höher als der jugoslawische Durchschnitt (Baučić 1970). Molnar erklärt die hohe Berufsqualifikation der jugoslawischen Arbeiter mit der Tatsache, dass die Deutschen bis zur Unterzeichnung des Vertrags mit Jugoslawien 1968 auf hohen Berufsqualifikationen bestanden, sodass diese vier Mal höhere Qualifikationen gehabt hätten als andere Migrantengruppen (2014b: 200). Zudem seien ihre Sprachkenntnisse besser gewesen. Diese Argumente sind aus mehreren Gründen fragwürdig. Tatsächlich hatten jedoch türkische Migranten einen höheren Anteil von beruflich qualifizierten Arbeitern vorzuweisen als jugoslawische (30,9 Prozent; Winterhagen und Thränhardt 2013), doch ihre strukturelle Integration wird in zahlreichen Studien immer als schlechter eingestuft. Und es ist unklar, was Molnar zu dem Schluss führte, dass kroatische Migranten bessere Sprachkenntnisse hatten. Meine Gesprächspartner berichteten, dass sie bei der Ankunft nach Deutschland die Landessprache nicht beherrschten oder nur einzelne Brocken Deutsch sprachen.

Eine weitere umfangreiche Studie zur Integration von Kroaten in Deutschland ist die Doktorarbeit der Geschichtswissenschaftlerin Katica Jurčević

(2016).[29] Jurčević legt die Gründe für ein „hohes Maß“ an Integration der kroatischen Migranten und ihrer Nachkommen in Deutschland aus einer anderen Perspektive dar. Ihre Untersuchung wurde Anfang des 21. Jahrhunderts unter Migranten und ihren Nachkommen in einigen deutschen Städten durchgeführt und basiert auf einer Kombination von quantitativer (Umfrage unter 135 Befragten) und qualitativer Methode (Interviews mit zehn Personen). Die Untersuchung ging der Frage nach, ob sich kroatische Migranten und ihre Nachkommen erfolgreich in der deutschen Gesellschaft etabliert hatten (ebd.: 15f). Jurčevićs Darlegung ist in der Perspektive des Aufnahmelandes verankert und basiert auf dem von deutschen Wissenschaftlern entwickelten klassischen Begriff der Akkulturation, Integration und Assimilation. Jurčević kommt zum Schluss, dass kroatische Migranten mit der einheimischen deutschen Bevölkerung kleinbürgerliche und bürgerliche Werte teilen und dass dieser Umstand es ihnen ermöglicht habe, sich nicht nur gut in die neue Umgebung zu integrieren, sondern auch ihre Vorstellung vom „guten“ Leben zu verwirklichen sowie aufsteigende soziale Mobilität für ihre Nachkommen zu sichern. In den Interviews betonen die Befragten, dass sie sich aus „Gastarbeitern“ zu integrierten Bürgern entwickelt haben, die ihre Position in der Gesellschaft „selbst erkämpft haben“ (ebd.: 301–392). Jurčević ist der Meinung, dass die Werte wie Fleiß, Ausdauer, Initiative, Sparsamkeit, Verantwortungsbewusstsein, die Rolle der Familie und Bildung sowie der Wunsch nach gutem Verdienst und Bildung – Werte, die für die Gesellschaft in Kroatien und Bosnien und Herzegowina charakteristisch sind – in Deutschland auf fruchtbaren Boden fielen. So konnten sich die Migranten in der deutschen Umgebung mit gleicher Weltanschauung gut integrieren. Die einzigen Unterschiede lassen sich bei den kroatischen Migranten beispielsweise in ein stärkeren konservativen familiären Werten beobachten (ebd.: 205ff).

Ähnlich wie auch andere Forscher kommt Jurčević zum Schluss, dass die Kroaten in Deutschland strukturell gut integriert, aber nicht akkulturiert sind, d. h., sie haben die „deutsche Kultur“ nicht angenommen und sind nicht assimiliert. Sie „hören nie auf, Kroaten zu sein“, und auf unterschiedliche Weisen bringen sie eine „diffuse Liebe zu ihrem Heimatland“ zum Ausdruck (ebd.: 209ff). Ihre nationale Zugehörigkeit würden sie als ethnische Herkunft, Identifikation mit der Kultur (Familientraditionen und Werte) sowie durch die Religionsausübung zum Ausdruck bringen, weniger aber durch politischen Patriotismus (ebd.: 253f).

---

29 Katica Jurčević gehört zu der zweiten Generation kroatischer Migranten in Deutschland. Ihre Doktorarbeit wurde 2007 an der Universität Bremen verteidigt und in deutscher Sprache in Kroatien veröffentlicht (Jurčević 2016).

Somit wurden hier die neuesten Studien über kroatische Migranten in Deutschland vorgestellt, die sich mit den Integrationsfragen in das Aufnahmeland beschäftigen. Diese Studien stellen wertvolles und bisher eher unbekanntes oder unsystematisches Material über kroatische Migranten in Deutschland dar, in denen sie getrennt von anderen Migranten aus dem ehemaligen Jugoslawien untersucht werden. Dieses Material wird allerdings im theoretischen Rahmen des Integrationsparadigmas dargelegt, was zu gewissen methodologischen Beschränkungen geführt hat. Diese Beschränkungen werden im Nachfolgenden erörtert.

2.3 Methodologischer Nationalismus und das Paradigma der kulturellen Differenz

Die Frage der Migrantenintegration wird in den Sozialwissenschaften sowie im öffentlichen Diskurs der Medien und der Politik unter dem Einfluss einer nationalen Ideologie oder von Nationalstaaten diskutiert. Die nationale Ideologie setzt einen zweifachen Prozess voraus: Einerseits wird durch den Nationalisierungsprozess die Wir-Gruppe als eine territoriale, kulturelle, gesellschaftliche und politische Gemeinschaft definiert, andererseits werden alle, die der Gruppe nicht angehören, ausgeschlossen (weil sie nicht die gleiche ethnische Herkunft und die gleiche Kultur haben, weil sie nicht die gleiche Sprache sprechen usw.). Das Resultat der Verbreitung der nationalen Ideologie ist die globale Institutionalisierung der Nationalstaaten, was sich auch im Ansatz der Sozialwissenschaften widerspiegelt. Der Nationalstaat wird als etwas Selbstverständliches verstanden, als die vorgegebene und einzig mögliche Form der Organisation des gesellschaftlichen Daseins. Somit würden die Sozialwissenschaften nationale Interessen mit ihrer Forschung verbinden (Wimmer und Glick Schiller 2003: 576), statt die Form der Gesellschaftsorganisation zu hinterfragen und sie in einen historischen Kontext zu setzen. Die nationale Ideologie und die Sozialwissenschaften geben sich gegenseitig Form und Legitimation.

In einem einflussreichen Artikel gaben Andreas Wimmer und Nina Glick Schiller (2003) der Tendenz eines großen Teils der Sozialwissenschaften, die Welt der Nationalstaaten zu naturalisieren, den Namen „methodologischer Nationalismus“. Der Begriff bezieht sich auf die politischen, intellektuellen und wissenschaftlichen Diskurse, die unter der Voraussetzung, dass Nationalstaaten „natürliche“ Einheiten seien, die Gesellschaft mit dem Nationalstaat gleichsetzen. Dabei werden die Voraussetzungen, auf denen nationale Ideologien beruhen, in den öffentlichen Diskurs und wissenschaftliche Interpretationen übertragen. Wimmer und Glick Schiller stellen fest, dass der wechselseitige Prozess des nationalen Aufbaus und die Entwicklung der sozialwissenschaftlichen Konzepte, somit auch der mit den Migrationsprozessen verbundenen Konzepte, zwischen den zwei Weltkriegen gefestigt wurde und bis in die 1990er-Jahre bestehen bleiben konnte. Der Schlüssel zur nationalen Ideologie befindet sich darin, dass sie mehrere Bedeutungen des Begriffes „Volk" in sich vereint: das Volk als souveräne Entität; das Volk als Staatsbürger mit gleichen Rechten; das Volk als Gruppe, die auf verbindliche Solidarität und gegenseitiges Helfen angewiesen ist; schließlich das Volk als Nation bzw. ethnische Gemeinschaft, die durch gemeinsame Geschichte, gemeinsames Schicksal und gemeinsame Kultur verbunden ist.

Auch der deutsche Soziologe Ludger Pries (2001) warnte vor der unkritischen Aufnahme der nationalen Ideologie in soziologische Untersuchungen über den staatlichen Raum. In Anlehnung an nationale Ideologien und die Bedeutung des Begriffes „Volk" postulierten die Sozialwissenschaften die Gleichsetzung des politischen Organs (des Staates) mit der Bevölkerung und ihrer spezifischen Kultur innerhalb eines souveränen Territoriums. Der staatliche Raum wurde dabei als Container für relevante gesellschaftliche Verhältnisse untersucht (Pries 2001; Wimmer und Glick Schiller 2003: 582f; Čapo Žmegač 2005b). Indem Territorium, Gesellschaft, Kultur und Nation gleichgesetzt werden, setzt das Containermodell der Gesellschaft eine funktionale Integration aller gesellschaftlichen Dimensionen voraus. Es wird vorausgesetzt, dass die Integration möglich und weniger problematisch ist, wenn alle Mitglieder Teil der Nation sind. Immigration wird im Gegensatz dazu als disruptiver Faktor und Migranten werden als potenzielle Träger der gesellschaftlichen Konflikte und der Auflösung der Gesellschaft angesehen, weil sie die postulierte Gleichheit und das harmonische Funktionieren sowie die Überlappung der politischen Entität, der Gesellschaft, der Kultur und der Nation behindern. Da sie für die nationale Idee eine Herausforderung sind, werden Migranten in einer auf dem Begriff der Nation basierenden Gesellschaft als eine besondere Kategorie von Einwohnern behandelt, die als gesellschaftliches Problem verstanden werden und bei denen sich die Frage stellt, ob sie tatsächlich auf gleiche Rechte wie die nationale Bevölkerung Anspruch haben können (Wimmer und Glick Schiller 2003: 583f; Sökefeld 2007). Die deutsche Sozial- und Humanwissenschaften legen das deutlich an den Tag, indem einerseits getrennt deutsche und nichtdeutsche Immigranten erforscht werden, andererseits (bis vor Kurzem) indem nur die letzte Gruppe als Ausländer und als potenzielles gesellschaftliches

Problem behandelt wurden. Dies war nicht ausschließlich eine Schwäche des deutschen öffentlichen Diskurses. Viele wissenschaftliche Forschungsarbeiten über Migrationen, insbesondere in Pädagogik, sozialer Psychologie und Soziologie, tendierten dazu, unter diesem Blickwinkel nicht-deutsche Immigranten zu problematisieren (Sökefeld 2007: 43f). In den Sozialwissenschaften war deshalb die Frage nach unterschiedlichen Dimensionen der Integration dominant.

Der methodologische Nationalismus impliziert kulturelle Homogenität nationaler Gemeinschaften und betont die Unterschiede unter nationalen Kulturen. Gerade deshalb, weil Migranten als kulturell unterschiedlich aufgefasst werden, werden sie als gesellschaftliches Problem gesehen, als Quelle für gesellschaftliche Konflikte, somit aber auch als mögliche Verursacher der Auflösung der nationalen Gemeinschaft. Diese Auffassung über Migranten und ihre Kultur nennt Martin Sökefeld (2007) das Paradigma kultureller Differenz. Es wird von ihm als die vorherrschende wissenschaftliche und öffentliche Auffassung über Migrationen und Migranten in der deutschen Gesellschaft dekonstruiert.

Den Hintergrund für das Paradigma kultureller Differenz bildet die philosophische Theorie Johann Gottfried Herders von der Kultur als Grundlage für die Unterscheidung von Nationen. Jede Nation werde durch die eigene Kultur, die sich von den Kulturen anderer Nationen unterscheidet, definiert (und determiniert) (Sökefeld 2007: 45; Welsch 1999). Nach Herder verkörpern spezifische Merkmale der Kultur den genetischen Geist und Charakter eines Volkes (Breidenbach und Zukrigl 1998: 22). Aus diesem Gedanken geht die Idee hervor, dass Menschen in eine Nation hineingeboren werden und sie nicht verlassen können: Man wird nicht zum Deutschen, sondern man wird als Deutscher geboren. Deshalb beruhte das bis in dieses Jahrhundert ausschlaggebende juristische Prinzip der Erlangung der deutschen Staatsangehörigkeit auf dem Prinzip der ethnischen Herkunft (*ius sanguinis*).

Die Vorstellung von getrennten, unterschiedlichen Nationalkulturen, die sich innerhalb klar definierter und fester Grenzen eines Nationalstaates befinden (vgl. Stolcke 1995), steht im Mittelpunkt des deutschen öffentlichen, politischen und wissenschaftlichen Diskurses über Migranten, die kulturell unterschiedlichen Gemeinschaften angehören. Das vorherrschende soziologische Paradigma priorisiert das Erlernen der Sprache und der Kultur der deutschen Gesellschaft im Laufe des Integrationsprozesses. Geleitet von der Idee über die Nation als Träger einer spezifischen Kultur postuliert der deutsche wissenschaftliche Integrationsdiskurs, dass eine allumfassende Assimilation, die mit dem Erlernen von Kulturcodes des Aufnahmelandes beginnt und mit der emotionalen Identifikation mit dem Aufnahmeland endet, der einzig akzeptable Weg der Migrantenintegration sei, weil er nicht zu einem Kulturkonflikt oder zur Auflösung der Gesellschaft führt. Nach Sökefeld lässt sich dadurch erklären, warum sich wissenschaftliche Analysen der Integrationsprozesse in der deutschen Gesellschaft so oft mit Datenerhebungen über die Migrantenintegration und Beurteilungen und Bewertungen der Migrantenintegration beschäftigen und warum ständig das Thema der „Integrationsdefizite" angesprochen wird. Dadurch soll verhindert werden, dass die Kategorien Migrant und Nicht-Migrant überwunden werden und sich neu konstituieren, unabhängig von der nationalen Kulturprämisse und außerhalb der Unterscheidung „Wir Deutschen" und „Ihr Einwanderer".

Wie bereits erwähnt, ist auch in Studien über „erfolgreich" integrierte kroatische Migranten und ihre Nachkommen von ihrer nicht ausreichenden Assimilation die Rede, denn obwohl sie in gesellschaftliche und wirtschaftliche Strukturen sowie in Kulturcodes (Sprachkenntnisse) sehr gut integriert sind, sind Kroaten aus den in Deutschland geborenen Generationen emotional nicht assimiliert, identifizieren sich also nicht als Deutsche. Dem deutschen nationalen Diskurs, aber auch der wissenschaftlichen Theorie, wohnt die Idee inne, dass eine Integration nur dann vollständig ist, wenn auch die emotionale Identifikation vollzogen ist, die beispielsweise durch die Annahme der deutschen Staatsangehörigkeit ausgedrückt wird. Aber auch wenn so etwas vorkommt, wird in Deutschland wegen des im Begriff der Nation enthaltenen Determinismus über die Nation als Kultur die volle Loyalität der Migranten angezweifelt. Auch in solchen Fällen wird bezweifelt, ob ein Migrant deutscher Bürger werden kann oder ob auch weiterhin der Spruch gilt „einmal Migrant, immer Migrant" (Sökefelt 2007: 45).[30]

Ein weiterer Aspekt des Verständnisses, dass Nation und Kultur deckungsgleich seien, ist die Annahme, nationale Gemeinschaften seien kulturell homogen. Diese Annahme ist auch bei den Nationen anzutreffen, die die Kulturdimension weniger in den Vordergrund stellen, wenn die Zugehörigkeit zur Nation thematisiert wird. Alle Nationalgesellschaften verstehen sich selbst als kulturell homogen und sehen die Unterschiede innerhalb der Nation nicht oder

30 Meine Gesprächspartner, Migrantennachkommen, haben mir bestätigt, dass sie den Migrantenstatus auch nach der Annahme der deutschen Staatsangehörigkeit schwer loswerden (s. Kapitel 3 und 8). Die Vorstellung, dass ein Migrant für immer ein Migrant bleibt, und die Unmöglichkeit, dass ein Migrant mit deutscher Staatsangehörigkeit als Deutscher akzeptiert wird, spiegelt sich auch in der neuen offiziellen Statistikkategorie „Person mit Migrantenhintergrund" (vgl. Sökefeld 2007; s. Kapitel 1) wider. Diese Vorstellung kann auch erheblich die Entscheidung über die Annahme der deutschen Staatsangehörigkeit beeinflussen.

wollen sie nicht sehen, egal ob es sich um kulturelle, regionale, geschlechtsspezifische oder andere Unterschiede handelt. Die Nichtberücksichtigung der kulturellen Heterogenität in den eigenen Reihen ist typisch für Gesellschaften, die es für notwendig halten, den Kontrast zwischen den Angehörigen der eigenen Nation und den Zugewanderten hervorzuheben. Pauschale Behauptungen über die Unterschiede zwischen Migrantenkulturen (die übrigens ebenso als homogen verstanden werden) und der Nationalkultur haben ausschließlich die Funktion der Vervielfältigung und der Selbstbestätigung der nationalen Identität unter gleichzeitigem Ausschluss der kulturell andersartigen Personen.

Unabhängig von dieser ideologischen Vorstellung hat sich im Laufe einer längeren Zeit in der Realität dank institutioneller Anstrengungen und unter Einfluss der Medien tatsächlich eine nationale Integration als Homogenisierung innerer Kulturunterschiede vollzogen (Anderson 1990). Auch wenn der Prozess abgeschlossen scheint, bleibe es schwer, die zentrale Kulturmatrix oder eine Leitkultur zu definieren (Bauböck 2012; Schiffauer 2008).

Wegen der Annahme einer homogenen Nationalkultur wird ganzen Migrantengruppen kollektiv und kategorisch ein Kulturunterschied zugeschrieben und ihr Anderssein wird im Verhältnis zur einheimischen Bevölkerung als entscheidendes Merkmal dargestellt (Sökefeld 2007; Stolcke 1995). Das ist ein homogenisierendes Konstrukt, das weder die Unterschiede innerhalb der Migrantengruppe (auf die gleiche Art und Weise, wie das auch in Bezug auf die eigene Gruppe geschieht) noch die Dynamik der Kultur und der Identität berücksichtigt. Es wird davon ausgegangen, dass beispielsweise alle Personen mit kroatischer Abstammung ungeachtet ihrer regionalen, wirtschaftlichen und sozialen Abstammung, ungeachtet ihres Alters, ihrer Bildung, ihres Berufs oder der Zugehörigkeit zu einer bestimmten Generation, unabhängig von ihrem Status und der Länge ihres Aufenthalts in Deutschland Teilnehmer an der gleichen „kroatischen Migrantenerfahrung“ und der gleichen kollektiven Identität seien.[31] Genauso wie die Deutschen das Deutschsein nicht pluralistisch auffassen, nehmen sie auch andere Ethnien und Nationen nicht als heterogen und pluralistisch wahr (Sökefeld 2007: 52). Dies ist ein universelles Denkprinzip nach dem nationalen Schlüssel. Dieses Prinzip machte sich auch neulich im Versuch bemerkbar, die deutsche Leitkultur zu definieren.

Aus diesem Denkprinzip entsprang im April 2017 der Versuch des deutschen Innenministers Thomas de Maizière, die deutsche Leitkultur zu definieren. Sein

31 Rogers Brubaker (2002) machte auf die Gefahren solchen methodologischen „Gruppismus“ aufmerksam.

Vorstoß führte zu massiver Kritik und ließ erkennen, dass sie nur als ein Katalog von negativ konnotierten Kultursymbolen zu definieren ist (vgl. Schiffauer 2008).[32] Die Kritik deutete nicht nur darauf hin, dass der Prozess der Homogenisierung der Nation noch nicht abgeschlossen ist und dass die deutsche Gesellschaft während der fünfzig Jahre mehr oder weniger kontinuierlicher Immigration, stiller Integration der Migranten durch die nicht formalisierte Politik des Multikulturalismus und die institutionelle Tolerierung der Unterschiede sowie dank der Anpassung an die neue gesellschaftliche Realität einen Wandel erfahren hat (s. Kapitel 1). Obwohl innerhalb der Soziologie über Veränderungen diskutiert wurde, die in unterschiedlichen Bereichen der deutschen Gesellschaft durch die Immigration ausgelöst wurden[33], wurde im politischen Diskurs auch

---

32 Thomas de Maizière hat versucht, in zehn Punkten das zu beschreiben, was „ungeschriebene Regeln“, die „Richtschnur“ für das Zusammenleben der Menschen in Deutschland sind, was die Deutschen „im Innersten zusammenhält“ und was sie außer der Sprache, der Verfassung und der Achtung der Menschenrechte „von anderen unterscheidet“. In diesen zehn Punkten nannte er bestimmte Gewohnheiten in Alltagskommunikation, Bildung und Erziehung. Außerdem sprach er Grundwerte der deutschen Kultur an: Leistung, soziale Sicherungssysteme und Hilfe für Hilfsbedürftige, die gemeinsame Geschichte mit ihren Höhen und Tiefen, den besonderen Stellenwert der Kultur (Musik und Literatur), Trennung von Kirche und Staat, Konsens- und Kompromissorientierung, Ablehnung von Gewalt zur Konfliktlösung, Toleranz, aufgeklärten Patriotismus und Verwirklichung nationaler Interessen im Rahmen der EU. Außerdem wird auf die Wichtigkeit bestimmter Ereignisse in der kollektiven Erinnerung (geschichtliche Daten, Gewinn der Fußballweltmeisterschaften), regionale Traditionen und heimatliche Verwurzelung sowie erkennbare sprachliche dialektale Unterschiede eingegangen (https://www.zeit.de/politik/deutschland/2017-04/thomas-demaiziere-innenminister-leitkultur; eingesehen am 9. November 2018). Der Text ist auf zahlreiche Kommentare und Kritiken in der deutschen Öffentlichkeit gestoßen. Für das meiste Aufsehen sorgte der erste Punkt, der sich ausdrücklich auf die damals aktuelle Debatte über das Tragen von Burkas in der Öffentlichkeit bezieht.

33 Die Strukutur der deutschen Gesellschaft wandelte sich infolge der Aufnahme der Migranten und ihrer Eingliederung in das Gesellschaftssystem (Faist 2009; Faist et al. 2013). Gesellschaftliche Routinen und Praktiken wurden organisatorisch angepasst, um den Bedürfnissen der Migranten entgegenzukommen – so haben sich öffentliche Dienstleistungen durch die Anwendung interkultureller Kompetenzen angepasst. Obwohl öffentlich nicht formal zugegeben wurde, dass Deutschland ein Einwanderungsland ist, hat sich vieles geändert. Indem sich das Land den Migranten anpasste, kam es zu einer Art gegenseitiger Anpassung. Gesellschaftliche Institutionen wurden in gewisser Weise akkulturiert und haben sich kulturell pluralisiert. Es

weiterhin von der Idee einer homogenen „deutschen Kultur und Identität" gesprochen, in die die Migranten assimiliert werden sollten.

Annette Treibel, eine angesehene deutsche Soziologin auf dem Gebiet der Migrantenforschung, schrieb in ihrem 2015 veröffentlichten, für ein breites Publikum gedachten Buch über die Transformationen, die die deutsche Gesellschaft durchlaufen hat: Sie sei fragmentiert, beherberge unterschiedliche Lebensstile, die nicht nur bei den Immigranten, sondern auch bei der deutschstämmigen Bevölkerung den Kulturunterschieden und persönlichen Vorlieben entspringen, ihrem sozialen und ökonomischen Hintergrund sowie der nicht überwundenen Teilung Deutschlands in Ost und West. Treibel ändert den Adressaten und wendet sich mit der Forderung nach Integration nicht wie sonst üblich an die Immigranten, sondern an die deutsche Bevölkerung ohne Migrationshintergrund. Sie verlangt von ihr, die postmoderne Gesellschaft und die Folgen der fünfzigjährigen Immigrantengeschichte sowie die Folgen der gesellschaftlichen Entwicklung, aber auch die immer größere innere Differenzierung zu akzeptieren. Dieser Appell war eine Provokation in einem Augenblick, in dem der öffentliche und politische Diskurs in Deutschland weiterhin von der Forderung beherrscht wurde, die Immigranten mögen sich doch selbst integrieren. Gleichzeitig lässt sich beobachten, dass sich die soziologisch-anthropologischen Untersuchungen in Deutschland im letzten Jahrzehnt immer mehr auf das transnationale Paradigma berufen.

2.4 Das transnationale wissenschaftliche Paradigma

Der methodologische Nationalismus spiegelt sich in den Studien über das Phänomen der Migrationen auf unterschiedliche Weise wider. Einerseits beeinflusst der nationale methodologische Standpunkt die Wahl des Untersuchungsthemas – Integration oder Assimilation der Migranten im Aufnahmestaat. Andererseits wird innerhalb des nationalen Denkrahmens und der Analyse der gesellschaftlichen Phänomene vorausgesetzt, dass die Grenzen der Nationalstaaten die Einheiten der gesellschaftlichen Analyse bzw. die Reichweite des sozialen Felds beschränken und bestimmen – und deshalb wird die Integration innerhalb einer territorial begrenzten Aufnahmegesellschaft untersucht. Die territoriale Begrenzung des relevanten Untersuchungskontextes zwängt die Erforschung der sozialen Prozesse in die geografischen Grenzen der Nationalstaaten. Dabei werden

hat sich eine Transnationalisierung vollzogen, indem die Migranten als Tatsache akzeptiert wurden (Faist 2009).

transnationale soziale Prozesse, also Prozesse, die jenseits der territorial begrenzten nationalen Gesellschaft stattfinden, vernachlässigt und übersehen oder sie bleiben außerhalb des wissenschaftlichen Interesses (Wimmer und Glick Schiller 2003). Anders gesagt, der methodologische Nationalismus führte zur Herausbildung dominanter Ansätze in den Sozialwissenschaften, die die transnationalen, grenzübergreifenden Verbindungen nicht berücksichtigten. Innerhalb der Migrationsstudien bedeutete dies, dass die Verbindungen, die die Migranten mit ihren Heimatländern aufrechterhielten, vernachlässigt oder negativ bewertet wurden, weil sie sich vermeintlich negativ auf die Integrationsprozesse im Aufnahmeland auswirkten. Dank der transnationalen Perspektive in den Migrationsstudien wurde dieser Mangel behoben.

Es sind dreißig Jahre vergangen, seit die amerikanischen Sozialanthropologinnen Nina Glick Schiller, Linda Basch und Cristina Blanc-Szanton (Glick Schiller et al. 1992) die transnationale Perspektive in die Migrationsforschung eingeführt haben. Trotz zahlreicher kritischer Stimmen wegen des zersplitterten wissenschaftlichen Gebiets, des fehlenden kohärenten theoretischen Rahmens und der fehlenden methodologischen Stringenz ist sie heutzutage der vorherrschende Ansatz in den Migrationsstudien.

Janine Dahinden stellt fest, dass die „transnationale Wende" in den 1990ern zu einem Paradigmenwechsel in den Migrationsstudien führte und einen alternativen Blick auf die Migrationsfragen gewährte (Dahinden 2017: 1475). Die transnationale Migrationsperspektive löste die klassischen Migrationsuntersuchungen ab, die durch die nationale Logik eingeengt waren. Die neue Perspektive lenkte die Aufmerksamkeit der Wissenschaftler von dem bipolaren Paradigma auf die Erforschung von grenzübergreifenden sozialen Netzwerken, die die Migranten mit dem Heimatland aufbauen. Im Laufe der Begriffspräzisierung und der Entwicklung des wissenschaftlichen Feldes führte die transnationale Perspektive zur Forderung nach der Einführung einer transnationalen (denationalisierten) Epistemologie in der Sozialtheorie generell (Levitt und Glick Schiller 2004; Dahinden 2017).

Somit haben die wissenschaftlichen Ambitionen und die Resultate der transnationalen Perspektive das Gebiet der Migrationsforschung gesprengt. Die neue Epistemologie der transnationalen Studien geht von der Annahme aus, dass die Realität grenz- und organisationsübergreifend ist. Dabei sind Vorgänge und Prozesse, die die Grenzen der Nationalstaaten überschreiten, in der Entwicklung von Gesellschaften eher Regel als Ausnahme. Sie bilden den tatsächlichen Hintergrund in diesen Prozessen, obwohl territorial abgegrenzte Staaten und Nationen von anhaltender Wichtigkeit sind.

Das Schlüsselelement des „Transnationalismus" (engl. *transnationalism*), wie die Perspektive in der Urfassung genannt wurde (Glick und Schiller et al. 1992, 1995; Basch et al. 1994), ist die Vielfalt der Teilnahme der Migranten an der Herkunfts- und an der Aufnahmegesellschaft. Der Begriff „transnational" bezieht sich auf grenzübergreifende Phänomene, Verbindungen und Praktiken der Individuen, Gruppen und Organisationen sowie auf ihre Einbindung in mindestens zwei Gesellschaften (Basch et al. 1994: 7).

Es gibt zahlreiche spätere Versuche, das transnationale Forschungsgebiet in den Migrationsstudien stringenter zu definieren und es theoretisch und methodologisch genauer zu bestimmen. Alejandro Portes, Luis E. Guarnizo und Patricia Landolt wollten das Konzept des Transnationalismus zu einem klar definierten und messbaren Forschungsgegenstand machen (Portes et al. 1999: 218). Sie wichen von der ursprünglichen qualitativen Methode ab und widmeten sich immer mehr der quantitativen Methode sowie der Diskussion über die Festlegung von Kriterien für die Identifizierung von transnationalen Prozessen innerhalb der Migrantengemeinschaft. Ihre Bemühungen mündeten in das Postulat, dass Transnationalismus durch die Intensität grenzübergreifender Transaktionen sowie ihre Verbreitung in der Migrantenpopulation zu definieren sei. Gemeint sind Handlungen und Aktivitäten, die für ihre Durchführung regelmäßige und ständige grenzübergreifende gesellschaftliche Kontakte über eine gewisse Zeit hinweg voraussetzen (ebd.: 219).

Die Autoren betonen, Transnationalismus setze eine hohe Intensität an Austausch, Regelmäßigkeit und Häufigkeit sowie Kontinuität voraus. Im Vordergrund stünden dabei wirtschaftliche grenzübergreifende Transaktionen zwischen Migranten und Nicht-Migranten. Einmalige und unregelmäßige Transaktionen zwischen einer kleinen Anzahl von Personen würden nicht als transnationale Aktivitäten angesehen (s. Kapitel 5).

Steven Vertovec (1999) stellte sechs Merkmale von Transnationalismus fest:

- Soziale Morphologie: transnationale und soziale Netzwerke und Strukturen
- Bewusstseinstyp: parallel verlaufende mehrschichtige Identifizierungen und Transformationen von Identität
- Art der Kulturreproduktion: Synkretismus und Kreolisierung (Hybridisierung, Mischung) der Kulturen, Institutionen und Praktiken
- Kapitalbereich: transnationale Geschäfte
- Politisches Engagement: Tätigkeit von internationalen Nichtregierungsorganisationen, sozialen Bewegungen und der deterritorialisierten transnationalen Politik

– (Re-)Konstruktion des Ortes: der Umstand, dass transnationale Praktiken physische Lokalitäten als translokale soziale Felder in mehreren Ländern neu definieren

Die der qualitativen Methode zugeneigten Forscher deuten auch weiterhin gelegentliche und unregelmäßige grenzübergreifende Aktivitäten als transnational (Levitt 2002); von einigen wurde der Terminus „Transnationalität" für den Grad oder die Qualität der grenzübergreifenden Verbindung von Migranten mit Nicht-Migranten vorgeschlagen (Faist et al. 2013), während Peggy Levitt und Nina Glick Schiller (2004) die methodologische Unterscheidung zwischen dem „Sein" (*being*) und der „Zugehörigkeit" (*belonging*) im transnationalen Raum eingeführt haben (s. Kapitel 5).

Auf den Terminus „Transnationalismus" wurde inzwischen verzichtet, weil die Endung „-ismus" auf eine Ideologie hindeutet. Außerdem fanden die Forscher es angebrachter, die Erforschung der grenzübergreifenden Migrationsphänomene unter dem Begriff „Perspektive" oder Betrachtungspunkt zu vereinen. Einige Forscher übten Kritik an der Verschmelzung zweier Ideen im Begriff „transnational": der Idee der Nation als ethnokulturelle Gemeinschaft und Identität und des Nationalstaates als Territorium (Božić 2004; Faist et al. 2013). Von Thomas Faist wurde der Begriff „transstaatlich" als angemessener für die Beschreibung von grenzübergreifenden Phänomenen in den Migrationsstudien vorgeschlagen. Bei meiner ersten Arbeit über transnationale Aktivitäten kroatischer Migranten in Deutschland bezog ich eine ähnliche Position. Ich fand es angemessener, sie als Akteure zu betrachten, die durch ihre Mobilität, ihre Aktivitäten und Praktiken konkrete Orte in zwei Staaten verbinden (Kroatien und Deutschland), dabei aber in beiden verankert sind. Den Prozess der Schaffung sozialer Räume, die mehrere geografische Orte betreffen, wollte ich nicht als „transnational" bezeichnen, sondern schlug den Terminus „Translokalität" vor. Da die neu entstandenen plurilokalen sozialen Räume staatliche Grenzen überschreiten, habe ich den Begriff auf „zwischenstaatliche Translokalität" erweitert (Čapo Žmegač 2004; vgl. Čapo und Halilovich 2013). Dieses Syntagma soll die „Erdung" der transnationalen Aktivitäten an konkreten Orten unterstreichen, die die Migranten durch ihre Aktivitäten in ein gemeinsames soziales Netz einbinden. Gleichzeitig wird dadurch die bereits erwähnte Ambivalenz des Adjektivs „national" vermieden.

Trotz der Kritik ist das Adjektiv „transnational" für die Bezeichnung von grenzübergreifenden Beziehungen von Migranten üblich geworden. In diesem Buch wird er in dem Sinne verwendet, wie er von Vertovec (1999) definiert wurde. Dabei werden jedoch einige Bedeutungen unterschieden: Mobilität und grenzübergreifende Transaktionen, soziale Strukturen im gesellschaftlichen Raum, der zwei oder mehrere Orte in zwei oder mehreren Staaten umfasst, sowie Kulturtransformation und nationale Identifikationen, die in die Entstehung neuer sozialer Identitäten münden. Unter dem Begriff „transnational" werden hier grenzübergreifende Bewegungen der Migranten sowie ihr Handeln im und außerhalb des Wohnortes beschrieben, also ihr Leben an zwei Orten in zwei Staaten. Mobilität und vielfältige, reichhaltige und kontinuierliche grenzübergreifende Aktivitäten schaffen transnationale soziale Felder (Levitt und Glick Schiller 2004) oder transnationale soziale Räume (Faist 2000).[34] Die Transaktionen innerhalb dieses Raumes sind etwa Zahlungsanweisungen zugunsten der Familienmitglieder im Heimatland, Hausbau und grenzüberschreitendes Kleinunternehmertum, Familienreziprozität und -solidarität sowie politische Partizipation. Sie können auch den Transfer von Kulturpraktiken, Ideen und Informationen zwischen den Migranten und Nicht-Migranten einschließen, was Peggy Levitt (2001) unter dem Begriff „soziale Überweisungen" zusammenfasst.

Mit dem Begriff „transnational" wird in diesem Buch auch die Form der gesellschaftlichen Formation bezeichnet, die im transnationalen sozialen Raum entsteht – Familien oder Familienverbände, die an zwei oder mehreren Orten in zwei oder in mehreren Staaten leben.[35] Der Begriff „transnational" wird in diesem Buch außerdem in der Bedeutung von „Veränderung der Natur von etwas"

---

34 Transnationale soziale Räume sind „relativ stabile, dauerhafte und dichte Beziehungsbündel, die jenseits der Grenzen von souveränen Staaten oder grenzübergreifend entstehen. Sie bestehen aus einer Kombination von Verbindungen sowie ihren Inhalten, aus Positionen innerhalb der Netzwerke und der Organisationen sowie aus Netzwerken oder Organisationen, die die Grenzen von mindestens zwei Nationalstaaten überqueren oder überschreiten. Transnationale Räume unterscheiden sich von den klar abgesteckten staatlichen Territorien" (Faist 2000: 197). Felder werden ähnlich wie Räume definiert, in denen Migranten und Nicht-Migranten im Ursprungsstaat in gegenseitigem Austausch stehen. Sie sind eine „Menge von mehrfach verflochtenen Netzwerken von gesellschaftlichen Beziehungen, in denen sich Ideen, Praktiken und Ressourcen austauschen, organisieren und transformieren. Obwohl unausgeglichen, fließen durch dieses Netz von gesellschaftlichen Beziehungen Ideen, Kulturprodukte und Werte. Soziale Felder sind multidimensionale, umfassende Interaktionen mit verschiedener Form, Tiefe und Breite, z. B. Organisationen, Institutionen und Bewegungen" (Levitt 2005: 52).

35 Andere Typen von transnationalen gesellschaftlichen Formationen, etwa „Schaltkreise" (eng. *circuits*; das sind z. B. Netzwerke, die sich für die Menschenrechte oder den Umweltschutz einsetzen, Geschäftsnetzwerke, wissenschaftliche Netzwerke) sowie transnationale Gemeinschaften (z. B. Religionsgemeinschaften und Kirchen) (Faist et al. 2013: 14–15) werden hier nicht berücksichtigt.

(Ong 1999: 4) verwendet. Im epistemologischen Sinne ist diese letzte Bedeutung interessant, weil sie die Veränderung der Kulturen und der Identitäten einschließt, die beim Übertreten der Staatsgrenzen und bei der Teilnahme an transnationalen sozialen Räumen entstehen. An dieser Stelle verweist das Präfix „trans-" nicht nur auf das Übertreten der Grenzen, sondern auch auf kulturelle Verflechtungen, auf Überwindung von nationalen Identitäten und auf neue transnationale soziale Identitäten (Hannerz 1996, s. Kapitel 7 und 8). Die Migranten schaffen nicht nur geografische, kulturelle und politische überbrückende soziale Räume, sondern sie agieren, entscheiden, fühlen sich berufen und entwickeln Identitäten innerhalb sozialer Netzwerke, die sie zu gleicher Zeit mit zwei oder mehreren Gesellschaften verbinden (Glick Schiller et al. 1992: 1). Das Handeln des Migranten im transnationalen sozialen Raum schafft neue Räume für Aktivitäten, neue wirtschaftliche, politische und kulturelle Umstände und Identifikationen, die von bereits bestehenden politischen und gesellschaftlichen Strukturen geformt werden, aber auch die Möglichkeit bieten, binäre Gegensätze zwischen der Herkunftskultur und -gesellschaft sowie der Aufnahmegesellschaft zu überwinden und folglich neue Kulturformen und neue Identitäten zu gestalten (Glick Schiller und Fouron 1999; Glick Schiller et al. 2004).

2.5 Migrantenintegration aus dem transnationalen Blickwinkel

Im Integrations- bzw. Assimilationsparadigma richtete sich der Blick auf die Aktivitäten und das Leben der Migranten im Aufnahmeland, wobei die grenzübergreifende Perspektive vernachlässigt wurde.[36] Auch später, als die Integrationstheorie einer Revision unterzogen wurde und unterschiedliche Integrationswege aufgezeigt wurden, wurden die neuen Konzeptionen weiterhin durch die nationale Optik und Folgen der Wirkung des Aufnahmestaates auf Migranten eingeschränkt. Die transnationale Perspektive überwindet den bipolaren Forschungsrahmen, in dem die Praktiken im Aufnahmeland von denen im Herkunftsland klar getrennt werden, und nimmt grenzübergreifende Prozesse und Aktivitäten in den Blick. Mit dem wissenschaftlichen Perspektivwechsel wurde die Frage nach dem Verhältnis zwischen der Integration in das Aufnahmeland

36 Im Unterschied zu den Studien aus der Perspektive des Aufnahmelandes beschäftigten sich die Studien über Migranten aus der Perspektive des Herkunftslandes mit transnationalen Aktivitäten der Migranten. Diese Studien wurden in den 1970er-Jahren durchgeführt, allerdings wurde dabei nicht die heutige Terminologie benutzt. In den Kapiteln 4, 5 und 6 wird auf einige dieser Studien Bezug genommen.

und dem Transnationalisierungsprozess gestellt, also nach der Herstellung von transnationalen Verbindungen, sozialen Räumen und der Entstehung neuer Kulturformen und Identifikationen. Im Grunde handelt es sich dabei um die Möglichkeit der Koexistenz der Integration im Aufnahmeland einerseits und des Prozesses der gesellschaftlich-kulturellen Differenzierung andererseits (Glick Schiller et al. 2004; Faist 2010: 13; vgl. Giordano 1984). Die Meinungen darüber schwanken zwischen der These vom gegenseitigen Ausschluss bis hin zur Abhängigkeit des Integrationsprozesses und der Transnationalisierung oder der These, die Transnationalisierung im Sinne einer doppelten Inklusion sei eine neue Art der Migrantenintegration ist (Bommes 2005; Faist et al. 2013: 90).

Ewa Morawska ist der Ansicht, dass alle Migrationsprozesse bereits eine doppelte Inklusion in unterschiedliche dynamische Beziehungen beinhalten (Morawska nach Bommes 2005), während Bommes (2005) behauptet, der Gegensatz Integration-Transnationalisierung sei falsch. Für ihn handelt es sich um zwei unterschiedliche Hypothesen über strukturelle Folgen internationaler Migrationen, die einer empirische Untersuchung unterzogen werden sollten. Obwohl eine endgültige Schlussfolgerung ausgeblieben ist (Faist et al. 2013), besagt die gängige Hypothese, dass zwischen der Integration im Aufnahmeland und der Transnationalisierung, also der Aufrechterhaltung der Beziehungen mit dem Herkunftsland, kein Widerspruch besteht: Migranteninklusion im neuen Land und grenzübergreifende Beziehungen mit dem Heimatland oder mit verstreuten Netzen, die Familie, Landsleute oder Personen mit gemeinsamer Religionsidentität oder gemeinsamer ethnischer Identität einschließen, können gleichzeitig verlaufen und sich gegenseitig unterstützen (Levitt und Glick Schiller 2004: 1003).[37] Wissenschaftler haben dieses Phänomen „Bifokalität" (Rouse 1992), „simultane Inklusion" (Faist 2000; Levitt und Glick Schiller 2004), „zweifaches Engagement" (Grillo und Mazzucato 2008) und „zweifache Integration"/„Parallelinklusion" (Bommes 2005) genannt. Im Kroatischen verwende ich den Begriff *dvodomnost*, der sich etwa als „Zweiheimatlichkeit" übersetzen lässt (Čapo Žmegač 2004; Čapo 2012a). Zwei Prozesse schließen sich nicht aus. Ganz im Gegenteil, sie können sich gegenseitig nützen: Transnationale Verbindungen können die Inklusion im Aufnahmeland unterstützen, ebenso wie die Integration im Aufnahmeland eine Voraussetzung für transnationale Praktiken sein kann.

---

37 Ein neuer Trend innerhalb der transnationalen Perspektive besteht darin, die Integration als einen Prozess zu betrachten, der in drei Richtungen verläuft: Migranten – einheimische Bevölkerung – Herkunftsgesellschaft. Dabei wird die Lokalisierung dieses Prozesses betont (vgl. Garcés-Mascareñas und Penninx 2016).

Der neue Ansatz zog auch eine neue Formulierung von bisher gängigen Ideen und Konzepten nach sich: Wenn „Assimilation" die Bedeutung von „ähnlich/gleich Werden" hat, muss geklärt werden, wer oder was der Referenzpunkt ist, auf den hin sich der Prozess des Ähnlichwerdens vollzieht (Bommes 2005: 4). Anders gesagt wird die Frage gestellt, *wohin* die Migranten integriert werden (Faist et al. 2013: 108). Wie bereits dargestellt, gingen die amerikanischen Assimilationstheorien davon aus, dass die Integration in die zentrale Kulturmatrix vollzogen werde und dort die Unterschiede verschmelzen würden. Die neueren Versionen nehmen an, dass diese Verschmelzung in unterschiedlichen Segmenten der Gesellschaft stattfindet. In der deutschen Wissenschaft geht man davon aus, dass die Migranten in die „deutsche Leitkultur" assimiliert werden sollten.

Bei dem neuesten Ansatz wird der Referenzpunkt der Integration – von nun an Inkorporierung bzw. Inklusion[38] genannt – in der modernen pluralen und differenzierten Gesellschaft nicht in der gesamten kollektiven Struktur, „Gruppe", „nationalen Gesellschaft" oder einer „Leitkultur" gesucht. Inklusion setzt nicht die Assimilation in eine imaginäre statistische Mitte der Gesellschaft und der Nationalkultur voraus, sondern in funktionale soziale Bereiche (Institutionen), von denen sich manche auch transnational erstrecken. Inklusion wird als Bildung und Pflege von sozialen Netzwerkbeziehungen verstanden, durch die ein Individuum oder eine organisierte Gruppe von Individuen mit einer bestimmten, von einem oder mehreren Staaten anerkannten Institution verbunden wird (Glick Schiller et al. 2006: 614).

In der neuen Konzeption ist die Inklusion ein Prozess der Einbeziehung der Migranten in verschiedene Institutionen – wirtschaftliche, juristische, bildende, gesundheitliche oder politische. Jede dieser Institutionen setzt bestimmte Kulturkompetenzen voraus. Die Inklusion wird getrennt von dem national definierten homogenen Kulturinhalt und wird auf das Erlangen von Kulturkompetenzen im Alltag in den sozialen Bereichen begrenzt, in die die Person inkorporiert wird (Nieswand 2008). Nach Bommes (2005) werden die Migranten immer dann assimiliert, wenn sie in bestimmten sozialen Bereichen bestimmte Rollen einnehmen und die mit diesen Rollen verbundenen Erwartungen erfüllen. So gesehen bezeichnet Bommes Assimilation als „beinahe trivial": Sie gehöre zu den grundlegenden Voraussetzungen für die Teilnahme an der Gesellschaft für *alle* Individuen in der modernen Gesellschaft und nicht nur für Migranten. Mit Bommes'

38 In der transnationalen Forschungsperspektive werden dem Terminus „Integration" die Termini „incorporation" (englisch) bzw. „Inklusion" (deutsch) vorgezogen. Diese zwei Termini sind neutraler und bilden eine nicht-normierende Alternative zu den früheren Konzepten Integration/Assimilation (Nieswand 2008).

Worten: Alle Gesellschaftsteilnehmer, so auch die transnationale Beziehungen pflegenden Migranten, werden in die gesellschaftlichen Institutionen assimiliert, an denen sie teilnehmen wollen.

Noch ein Unterschied zu den klassischen Integrations- und Assimilationsperspektiven soll hier herausgestellt werden: Während diese hierarchisch verstanden wurden und zu einer endgültigen emotionalen Identifizierung mit dem Aufnahmeland führten, wird bei der Inklusion die simultane Einbeziehung der Migranten in einzelne Bereiche des Aufnahmelandes oder transnational in die des Herkunftslandes angenommen. Dazu zählen die Folgen des dynamischen Verhältnisses der Inklusion sowohl lokal als auch transnational. Dabei wird nicht davon ausgegangen, dass die Institutionen des Aufnahmelandes die Kulturunterschiede der sozialen Akteure homogenisieren sollten.

Bei ihrer Erforschung von Migranten in Deutschland, die aus unterschiedlichen Herkunftsländern stammen, stellten Nina Glick Schiller und ihre Mitarbeiter fest, dass sie verschiedene Inklusionswege (*paths of incorporation*) wählen. Einige davon sind ethnisch geprägt, andere aber überschreiten den ethnischen (Migranten-)Rahmen: Einige Migranten werden inkorporiert, indem sie sich an die Religion anlehnen (z. B. an die globale katholische Kirche), andere verlassen sich auf Familiennetze, wieder andere auf das Institut des „öffentlichen Ausländers“ (öffentliche Demonstration des Andersseins/der Identität im Rahmen der multikulturellen Politik). Es gibt auch Migranten, die sich eher auf den Kommunikationssektor (Medienkonsum und Kommunikation in der Sprache des Herkunftslandes) verlassen, während bei anderen die Inklusion nicht auf lokalen und transnationalen sozialen Netzen basiert, sondern im Bereich der Neuinterpretation der sozialen Schichtung im Herkunftsland bleibt, nun aber im Lichte der Verhältnisse im Aufnahmeland (Glick Schiller et al. 2004).

Im gleichen Aufsatz wird auf die Tatsache hingewiesen, dass die Inklusionswege, die auf den ersten Blick ethnisch rein und geschlossen in die ethnische Migrantengemeinschaft zu sein scheinen, Aktivitäten, Identitäten und Beziehungen zur Verfügung stellen, durch die die Teilnehmer in die deutsche Gesellschaft inkorporiert werden. Die Inklusion in die deutsche Gesellschaft findet auf unterschiedlichen Wegen statt, die mitunter auch jenseits der Staatsgrenzen verlaufen können. Die Migranten werden lokal, national, transnational und global in gesellschaftliche Bereiche inkorporiert, wobei sich die verschiedenen Inklusionswege gegenseitig nicht ausschließen. Im Gegenteil ist die lokale Inklusion oft die Voraussetzung und der Ausgangspunkt für die transnationale und globale Inkorporierung. Die auf unterschiedlichen Inklusionswegen sich befindenden Migranten werden ein Teil von Deutschland, aber auch von anderen Staaten und

Orten. Im Rahmen dieser sozialen Netze formen sie ihre Identitäten und Zugehörigkeiten (s. Kapitel 8). Nach Glick Schiller et al. seien das ganz neue Formen von Zugehörigkeit und Mitgliedschaft in Deutschland, Europa und anderswo, die das eigentliche Konzept der Gesellschaft herausfordern (ebd.: 14f).

Der revidierte Blick auf die Migrantenintegration jenseits des methodologischen Nationalismus, jenseits des Integrationsparadigmas, der Voraussetzung der Kulturassimilation und der normativen Forderung nach emotionaler Identifikation der Migranten eröffnet neue Möglichkeiten auch für den Blick auf kroatische Wirtschaftsmigranten in Deutschland. Aus dem neuen Blickwinkel werden die transnationalen Verbindungen nicht negativ, sondern positiv bewertet. Sie werden als Modi der Migranteninklusion in Deutschland angesehen.

So schloss sich der deutsche Geograf Pascal Goeke (2006a, 2006b, 2007) Bommes an und hob die falsche Opposition zwischen der Assimilation und Transnationalisierung auf, indem er auf die transnationale Assimilation in der zweiten Generation der kroatischen Migranten hinwies. Goeke meint, unter den Kroaten sei die pluralistische Integration in zwei nationalen Gesellschaften verbreitet und die transnationale Praxis (z. B. Ausbildung in Kroatien) könne eine Grundlage für die Integration in die deutsche Gesellschaft bilden. Daher kann geschlossen werden, dass gerade die Transnationalität oder die Teilnahme an grenzübergreifenden Praktiken einer der Inklusionswege von Kroaten in Deutschland ist.

In Anlehnung an die transnationale Perspektive und das revidierte Integrationskonzept im Sinne der Inkorporierung (Inklusion, Einbeziehung) in verschiedene gesellschaftliche Bereiche wird die Möglichkeit eröffnet, über eine parallel verlaufende Einbeziehung der Migranten im Wohnort in Deutschland und dem Heimatort in Kroatien bzw. Bosnien und Herzegowina zu sprechen. Aus der transnationalen Perspektive gesehen kann die feste innere Integration von Kroaten in Deutschland unter Einfluss der kroatischen katholischen Missionen als lokaler Weg der Inklusion in die multikulturelle deutsche Realität angesehen werden. Dabei wird die emotionale Identifizierung mit dem Heimatland nicht negativ bewertet, sondern als Folgeerscheinung von transnationalen Verbindungen, die typisch für kroatische (aber auch andere jugoslawische) Wirtschaftsmigranten in Deutschland ist. Durch die Annahme von verschiedenen Wegen der Inklusion wird die Migrantenintegration in ihrem Herkunftsland höher bewertet. Gleichzeitig wird die vorzügliche Bildungsqualifikation der Nachkommen von kroatischen Migranten stärker anerkannt, ohne dass ihre Integration als schlechter bewertet wird, weil sie die kroatische nationale Identifikation beibehalten haben. Wenn nämlich die normative Forderung nach der „kompletten“

Assimilation der Migranten und ihrer Nachkommen erhoben wird und wenn ihre volle Integration in Bildungsstrukturen und andere Institutionen im Aufnahmeland festzustellen ist, kann gefolgert werden, dass sie in allen Aspekten der einheimischen deutschen Bevölkerung gleichen. Was für die Migranten und ihre Nachkommen die kroatische Identität bedeutet, ist eine empirische Frage, der erst nachgegangen werden muss. Dabei soll darauf geachtet werden, dass keine Resultate vorweggenommen werden und die Bedeutungen nicht aus der Perspektive des methodologischen Nationalismus bewertet werden. Subjektive Äußerungen über die Zugehörigkeit sind in der Nachkommengeneration besonders interessant. Sie werden in Kapitel 8 behandelt.

2.6 Ein neuer Blick auf kroatische Wirtschaftsmigranten in Deutschland

Die deutsche Migrations- und Migrantenforschung wurde maßgeblich vom Nationalismus und allen mit ihm einhergehenden Aspekten geprägt: Eingrenzung der gesellschaftlichen Prozesse innerhalb der staatlichen Grenzen, Annahmen über gemeinsame homogene Wertvorstellungen und Normen innerhalb einer Nation sowie über die zersetzende Wirkung von Migranten aus verschiedenen Ethnien und Kulturen auf die Kultur des Aufnahmelandes. Als impliziter methodologischer Ausgangspunkt spielte der Nationalismus in der Forschung die Rolle des ideologischen Hindernisses. Er war richtungsweisend und führte die Forscher zu der – meistens als problematisch verstandenen – Frage nach der Migrantenintegration im Aufnahmeland. Er hinderte die Forscher daran, relevante grenzüberschreitende Migrationsphänomene zu erkennen, und verleitete sie dazu, diese Phänomene als für die Migrantenintegration abträglich zu erklären, wenn sie einmal erkannt waren. Dies war bis vor Kurzem der Forschungsrahmen, innerhalb dessen deutsche Autoren über kroatische Wirtschaftsmigranten geforscht und geschrieben haben.

Die transnationale Perspektive eröffnete die Möglichkeit, den Blick von der Frage nach der Integration im Aufnahmeland abzuwenden und das Leben der Migranten und ihrer Nachkommen im Kontext beider Staaten im transnationalen sozialen Raum ins Auge zu fassen, den Migranten und ihre Nachkommen jenseits der physischen Territorien des Herkunfts- und des Aufnahmelandes geschaffen haben.

Im vorliegenden Band soll gezeigt werden, dass gerade die transnationale Perspektive einen theoretisch aufschlussreichen Rahmen liefern kann, der das Leben von Kroaten zwischen Kroatien oder Bosnien und Herzegowina und ihrer neuen Heimat Deutschland beleuchten kann. Die neue Perspektive macht es erst möglich, das Gleichgewicht zwischen zwei Tendenzen herzustellen: entweder die Integration in Deutschland ins Zentrum des Interesses zu rücken (was aus der deutschen Perspektive interessant ist) oder ausschließlich die Verbindung der Migranten mit dem Herkunftsland zu thematisieren (in diesem Fall aus der Perspektive Jugoslawiens, respektive der Nachfolgestaaten Kroatien und Bosnien und Herzegowina). Beide Ansätze finden ihren Ursprung im methodologischen Nationalismus, sowohl im Aufnahme- als auch im, Herkunftsland (vgl. Čapo Žmegač 2010a).

Die kroatische Wirtschaftsmigration entwickelte sich zu einem paradigmatischen transnationalen Phänomen, das in dem zeitgenössisch gegebenen Migrationsregime und der späteren Migrationspolitik der Bundesrepublik Deutschland und Jugoslawiens begründet war. Beide Staaten förderten den vorübergehenden Charakter der Auswanderung und die Rückkehr. So wurden kroatische Migranten transnationale Akteure par excellence, noch bevor die Theorie den Begriff prägte (Čapo Žmegač 2004). Und auch danach blieben die „einfachen Arbeitsmigranten" von der transnationalen Migrationsforschung (Hannerz 1992: 248) weitgehend unberücksichtigt, weil die Möglichkeit einer simultanen Inklusion in zwei Staaten nicht in Betracht gezogen wurde (Esser 2000).

Dabei ist das ständige Pendeln zwischen zwei Orten in zwei Ländern das zentrale Thema im Leben der kroatischen Migranten. Es ist das ausschlaggebende Merkmal ihres Lebensstils (Čapo Žmegač 2003). Ihr Leben in Deutschland kann nur verstanden werden, wenn man ihre transnationalen Aktivitäten, Transaktionen und Pendelbewegungen zwischen zwei Ländern berücksichtigt. Studien, die sich nur aus einem Blickwinkel mit dieser Problematik auseinandersetzen, können die Komplexität des Lebens und der Zugehörigkeit der Migranten und ihrer Nachkommen zu zwei staatlichen Räumen und dem transnationalen sozialen Raum nur schwer berücksichtigen. Denn nur in diesem Kontext können die ständig aufgeschobene Rückkehr, Investitionen im Heimatland, doppelte Haushaltsführung, ständiges Pendeln zwischen zwei Ländern, sich ständig verändernde Form der transnationalen Familie sowie die Aussagen der Migranten und ihrer Nachkommen über Zugehörigkeit und Identität verstanden werden. Nur in diesem Kontext bekommen sie die richtige Bedeutung. Diese Themen machen den Kern der vorliegenden Studie aus. Ihre Auswahl wurde weder vom Integrationsparadigma noch vom transnationalen Paradigma angeregt, sondern basiert auf ethnografischer Feldforschung unter den Kroaten in Deutschland. Im folgenden Kapitel wird auf die Feldforschung selbst näher eingegangen.

3. Über die Interviewten und das Forschungsprojekt

Die Anthropologie ist eine intime Praxis. Sie ist das Ergebnis einer aufmerksamen Übersetzung. Wir haben wohl alle unsere Vorurteile, aber wir versuchen, jeden Einzelnen, der mit uns zusammenarbeitet, als Geschenk anzusehen. Sie können alle in ihrer Lebensweise völlig unterschiedlich sein, genauso wie wir im Vergleich zu ihrer Welt völlig anders sind, aber wenn wir uns genügend anstrengen, können wir fast immer lernen, einander zu verstehen. Die Anthropologie ist eine Berufung, die nicht unbedingt auf Liebe basiert, sondern eher auf tiefer Neugier, die für viele Überraschungen offen ist. Das bedeutet aber nicht, dass wir alles rechtfertigen müssen, was andere tun. Das bedeutet auch nicht, dass wir es allen recht machen müssen. Unsere Aufgabe ist, zu verstehen, wie die Menschen denken und leben.

Nancy Scheper-Hughes[39]

3.1 Die Geschichte des Forschungsvorhabens

Meine Beschäftigung mit den Kroaten in Deutschland reicht bis 2002 zurück, als ich ein Forschungsjahr in München verbracht habe, um Material über das Leben von kroatischen Auswanderern in dieser Stadt zu sammeln.[40] In den darauffolgenden Jahren kehrte ich mehr oder weniger regelmäßig nach München zurück, um meine Einblicke in das Leben und die Denkweise der dort lebenden

39 Interview mit der amerikanischen Anthropologin Nancy Scheper-Hughes, 28. April 2017: https://news.berkeley.edu/2017/04/28/celebrating-barefoot-anthropology-nancy-scheper-hughes/.

40 Das Forschungsprojekt wurde ab 2002 durchgeführt und gefördert durch mehrere Stipendien der Alexander-von-Humboldt-Stiftung (2002–2003, 2008 und 2017), das bilaterale kroatisch-deutsche Projekt, das vom DAAD und dem kroatischen Ministerium für Wissenschaft und Schulwesen finanziert wurde (2010–2011), und teilweise innerhalb des Projektes „Zeitgenössische Kulturströme und Gestaltung von Gemeinschaften und Identitäten“ ausgeführt, das ich am Institut für Ethnologie und Folkloristik in Zagreb geleitet habe (2007–2013).

Kroaten zu ergänzen. Einigen meiner Interviewpartner begegnete ich während ihrer Besuche im Heimatland in Zagreb und in Bosnien. Einige Gespräche wurden 2008 in Berlin geführt, 2010 und 2011 in Regensburg und 2016 und 2017 in Tübingen und Umgebung.

Das ursprüngliche Projekt hatte zum Ziel, den Kulturwandel innerhalb der kroatischen Wirtschaftsmigration zu dokumentieren. Wie das so in anthropologischen Untersuchungen nicht selten vorkommt, gab die Begegnung mit den Menschen dem Forschungsvorhaben eine ganz andere Richtung: Ins Zentrum des Interesses rückten die Lebensgeschichten der Migranten, ihre sozialen und familiären Beziehungen sowie der Identifizierungsprozess im Aufnahme- und grenzübergreifend im Heimatland. In den anfänglichen informellen und unstrukturierten Gesprächen bei verschiedenen Anlässen wandte ich die Methode des teilnehmenden Zuhörens an (Forsey 2010). Ich hörte überwiegend zu, ohne gezielte Fragen zu stellen. Es eröffnete sich die Möglichkeit für ein längerfristig angelegtes Forschungsvorhaben, das mit einem Aufenthalt in München verbunden war, sodass Forschungsmaterial über Leben, Gedanken und Identifizierungsprozesse der Kroaten in Deutschland innerhalb eines längeren Zeitraums gesammelt werden konnte. Auch spätere kürzere Aufenthalte in München und anderen deutschen Städten trugen zur vorliegenden Studie bei. Die Studie hat einen zweifachen diachronen Zugang: zum einen durch die retrospektiven Erzählungen der Migranten über ihre Migration sowie über ihre Lebensentscheidungen im Hinblick auf Migration und Rückkehr, zum anderen, indem rund zehn Familien und Einzelpersonen über einen Zeitraum von fünfzehn Jahren begleitet wurden. So konnten Familienzyklen über mehrere Generationen hinweg beobachtet werden sowie das Leben einzelner Migranten und ihrer Nachkommen.

Am Anfang der Feldforschung bin ich auf unterschiedliche Schwierigkeiten gestoßen: Mehrere Monate vergingen, bevor ich die nötigen Kontakte herstellen konnte und die Vermittler kennenlernte, die mir die Türen zu den kroatischen Migrantenkreisen öffneten. Das waren vor allem leitende Mitglieder des kroatischen Kulturvereins Hrvatsko obiteljsko kolo (Kroatischer Familienkreis) in München, in dem sich hauptsächlich bosnische Kroaten versammeln (Jeličić 2010), sowie einige dem Kreis nahestehende hochgebildete Persönlichkeiten.[41]

---

41 Hrvatsko obiteljsko kolo wurde 1990 in München gegründet. Der Schwerpunkt seiner Tätigkeit war in den 1990ern humanitäre Arbeit. Anfang der 2000er-Jahre traten gesellschaftliche und kulturelle Themen in den Vordergrund, die das Leben der kroatischen Migranten in Bayern bestimmen (Jeličić 2010). Mein besonderer Dank geht

Ohne ihre Empfehlung waren die Migranten in der Regel misstrauisch und weigerten sich, mit mir zu reden; zuweilen bestanden sie sogar darauf, dass die vermittelnde Person beim Interview anwesend war. Das ist schwer zu begründen. Einige meiner Gesprächspartner gaben mir in ihren Kommentaren zu verstehen, das mir entgegengebrachte Misstrauen sei womöglich darauf zurückzuführen, dass ich aus Kroatien kam und mich am Anfang des 21. Jahrhundert für die Migrationsgeschichte interessierte, zu einem Zeitpunkt, in dem im kroatischen Parlament die Zahl der Diaspora-Vertreter reduziert wurde, was ihrer Meinung nach auf ein zunehmend feindlicheres Klima im Heimatland gegenüber den Auswanderern hindeutete. Andere dagegen meinten, der Argwohn hänge mit der Kontrolle zusammen, die jugoslawischen Behörden seinerzeit über die „Arbeiter mit zeitweiliger Arbeit im Ausland“ ausübten. Meine Gesprächspartner wollten wissen, für wen ich arbeitete und mit welchem Ziel. Die Tatsache, dass ich mich als kroatische Wissenschaftlerin mit einem deutschen Forschungsstipendium vorstellte, ließ sie unbeeindruckt, denn das war nicht genug, um sie von der Unvoreingenommenheit des Forschungsprojektes zu überzeugen. Dank dem Verständnis und der Unterstützung einiger Personen erweiterte sich der Kreis der Gesprächspartner nach einigen Monaten, sodass am Ende des ersten Forschungsjahres etwa vierzig Personen und Familien in das Projekt einbezogen wurden.

Die zweite Generation war in der Regel kontaktfreudiger. Einige von ihnen spielten sogar Schlüsselrollen bei der Erweiterung des Netzes der Gesprächspartner in ihrer Generation, oder sie vermittelten bei der Kontaktaufnahme mit ihren Eltern. In etwa zehn Familien konnte ich beide Generationen kennenlernen und mit ihnen sprechen. Ich durfte sie sogar mehrmals bei sich zu Hause besuchen und auf diese Weise mein Verständnis für die familiären und persönlichen Erfahrungen und Geschichten vertiefen, aber auch Einblick in das Verhältnis der Generationen untereinander bekommen. Meine Versuche, den Kreis der Gesprächspartner zu erweitern, indem ich schriftliche Anzeigen mit einer Einladung zum Gespräch in einigen von jungen Kroaten besuchten Lokalen hinterließ, blieben erfolglos. Wie bei der älteren Generation waren der direkte Kontakt und persönliche Empfehlungen für die Erweiterung des Netzes der Gesprächspartner erfolgreicher.[42]

---

an Dr. Jozo Džambo, der mich in den Kreis der kroatischen Auswanderer in München einführte, sowie an alle Mitglieder und Freunde des Vereins.

42 Ich möchte mich an dieser Stelle bei allen meinen Gesprächspartnern für ihre Teilnahme an diesem langjährigen Projekt bedanken. In der Studie wird konsequent die Identität der Informanten geschützt. Alle Interviewten werden mit fiktiven Namen

In den Städten, in denen ich geforscht habe, bediente ich mich nicht der bisher gängigen Praxis, den Kontakt mit den Migranten über die kroatische katholische Gemeinde herzustellen. Darin unterscheidet sich die vorliegende Studie von anderen. Winterhagen (2013) etwa konzentrierte sich auf Gesprächspartner aus den kroatischen katholischen Gemeinden in Berlin und Stuttgart, Thaden (2014) suchte ebenfalls Gesprächspartner in diesen Kreisen und nutzte zudem Archivmaterialien. Nichtsdestotrotz waren auch die Interviewten in der vorliegenden Studie oft in der kroatischen katholischen Gemeinde in ihrem Wohnort aktiv, oder sie waren Mitglieder von deutschen Gemeinden und besuchten nur gelegentlich Gottesdienste oder Veranstaltungen der kroatischen katholischen Gemeinde. Daneben waren viele meiner Gesprächspartner, wie bereits gesagt, im Verein *Kroatischer Familienkreis* aktiv.

Das Projekt bescherte mir eine Reihe von schönen Begegnungen und Erlebnissen. In München aß ich bei meinen Gastgebern, einer Familie aus Međimurje, den besten Truthahn mit hausgemachten Mlinci meines Lebens; in Berlin durfte ich bei einer Familie aus Tijarica, einem Ort in der Nähe von Trilj in Dalmatien, die beste Crème brulée kosten, die ich heute noch nach diesem Familienrezept zubereite. In München traf ich mehrmals eine Verwandte mit ihren Kinder sowie Stefan, einen Spielgefährten aus meiner Kindheit, mit dem ich als Kind im Heimatort meiner Mutter in der Wojwodina spielte. Er war in den 1970ern mit seiner Familie nach Deutschland ausgewandert. Noch viel mehr Zeit war vergangen, seit ich die Frau gesehen hatte, die meiner Mutter Anfang der 1970er im Haushalt half. Wir erinnerten uns gemeinsam an vergangene Zeiten, was unseren Gesprächen ein Gefühl der Verbundenheit verlieh und die Möglichkeit eröffnete, über bestimmte Themen offener zu sprechen, als dies der Fall wäre, wenn diese persönliche Beziehung nicht vorhanden gewesen wäre. Drago, einen meiner Gesprächspartner, hatte ich ganz zufällig einige Monate vor meinem Projektaufenthalt in Tübingen auf Kuba kennengelernt. Die zufällige Bekanntschaft aus Kuba hat sich zu einer Freundschaft entwickelt, sodass ich später mit Drago meine Gedanken über die Nachkommen kroatischer Migranten austauschte.

---

genannt, außerdem wurden einige für die betreffende Thematik weniger wichtige Einzelheiten in einzelnen Biografien geändert. Zudem werden auch die Beziehungen zwischen der ersten und der nächsten, transnationalen Generation sehr vage gehalten. Aus diesem Grund kann ich mich nicht namentlich bei den Personen bedanken, die im Laufe der Jahre von Gesprächspartnern und Helfern im Forschungsprojekt liebe Freunde geworden sind.

Mit einigen meiner Gesprächspartner bin ich seit 2002 im ständigen Kontakt, egal ob per E-Mail, Telefon oder Skype; gelegentlich treffen wir uns in Deutschland oder in Kroatien. Einige Bekanntschaften, anfänglich nur zu Forschungszwecken geknüpft, entwickelten sich im Laufe der Zeit zu Freundschaften. So ist es gekommen, dass eine meiner Gesprächspartnerinnen als Pflegerin meines Vaters angestellt werden konnte.

3.2 Die Interviewten: Migranten, Generationen und ihre Merkmale

Im Mittelpunkt der Studie befinden sich Migranten, die sogenannte erste Generation, und ihre Nachkommen, die zweite Generation. An dieser Stelle möchte ich diese beiden Schlüsselbegriffe – Migrant und Generation – genauer bestimmen.

Die Kommentare zu dem ersten Begriff beziehen sich auf die theoretische Ebene, aber auch auf die konkrete Situation, da die Interviewten in der vorliegenden Studie *Arbeits*migranten sind, die zunächst mit der Absicht nach Deutschland kamen, nur *zeitweilig* in diesem Land zu arbeiten. In der transnationalen Perspektive wird der Terminus „Migrant" (oder „Transmigrant", vgl. Glick Schiller et al. 1992) den Termini „Immigrant" (Einwanderer) oder „Emigrant" (Auswanderer) vorgezogen. Damit soll unterstrichen werden, dass Migrationsprozesse dynamisch und reversibel sind und es aus diesem Grunde, aber auch wegen der Entstehung transnationaler sozialer Räume, in denen sich die Menschen geografisch nach mehreren Orten orientieren, nicht immer möglich ist, den Herkunftsstaat vom Aufnahmestaat zu trennen. Der Terminus „Migrant" beschreibt deshalb treffend das Phänomen der kroatischen Arbeitsmigrationen nach Deutschland: rege Mobilität, Leben an zwei Orten sowie Leben und Identitäten von Menschen im transnationalen sozialen Raum. Die spezifische jugoslawische Auffassung dieser Migration als „zeitweilig" und die Bezeichnung von Migranten als „unsere Arbeiter mit zeitweiliger Arbeit im Ausland" verhinderte die permanente Auswanderung nach Deutschland. Außerdem versuchte man durchgehend mithilfe entsprechender Politik, die Migranten an das Herkunftsland zu binden. Durch die Ablehnung der permanenten Auswanderung wurden diese Menschen als „Migranten" abgestempelt, als Personen, die aus einem Land weder endgültig ausgewandert noch in ein anderes eingewandert waren. Obwohl der wissenschaftliche Terminus „Migrant" in dem vorhin beschriebenen Sinne in der kroatischen publizistischen Literatur und im öffentlichen Diskurs noch nicht fest eingebürgert ist, bezeichnet er ausgesprochen treffend den Teil der Bevölkerung, deren Existenz unter der gebündelten Mitwirkung der Politik des Herkunfts- und des Aufnahmelandes über mehrere Jahrzehnte hinweg als temporär aufgefasst wurde: Sie waren in Deutschland keine Ein- und in Jugoslawien keine Auswanderer (s. Kapitel 1).

Diese Bezeichnung mag für meine Gesprächspartner merkwürdig klingen, insbesondere weil sie für sich selbst die informelle Bezeichnung „Gastarbeiter“ benutzen. Der Begriff „Migrant“ mag ihnen auch aus einem anderen Grund inakzeptabel erscheinen, er erinnert nämlich an die Bezeichnung „Emigrant“, die in der jugoslawischen Terminologie ausschließlich für Personen verwendet wurde, die aus politischen Gründen das Land verlassen hatten. Für mich ist „Migrant“ jedoch, wie oben erklärt, der passendste Begriff.

In Bezug auf die „Generation“ werden in der Fachliteratur die Personen, die selbst die Migration vollzogen haben, als erste Migrantengeneration definiert; unter der zweiten Generation werden Personen verstanden, die im Einwanderungsland geboren wurden oder im Vorschulalter in das Einwanderungsland der Eltern gekommen sind. Mitunter werden Kinder, die im späten Teenageralter, ungefähr am Ende der Sekundarstufe 1, in das Einwanderungsland ihrer Eltern kamen, auch als Generation 1,5 bezeichnet (Rumbaut 2002).

Die Einteilung in Migrantengenerationen wurde in der Forschungsliteratur wiederholt kritisiert (Gardner 2012; Schneider 2009). In bestimmten Fällen ist es schwer festzustellen, zu welcher Generation eine Person gehört. Wenn beispielsweise ein Elternteil zur ersten und der andere zur zweiten Generation gehört, stellt sich die Frage, zu welcher Generation dann ihr Kind gezählt wird. Problematisch wird es auch, wenn festgestellt werden muss, bis zu welchem Alter das eingewanderte Kind der zweiten und bis wann der Generation 1,5 angehört. Außerdem widersetzen sich die empirischen Daten dieser kategorialen Zuordnung. Bei einigen meiner Gesprächspartnern ergibt sich zum Beispiel eine ganz komplizierte Lage: Ihre Großeltern waren unter den ersten Arbeitern, die unter Zeitvertrag in deutschen Firmen arbeiteten. Nach fünf oder mehr Jahren kehrten sie in ihr Heimatland zurück. Ihre Kinder folgten ihrem Beispiel, aber im Unterschied zu ihren Eltern blieben sie in Deutschland, gründeten eine Familie und bekamen Kinder. Obwohl diese Kinder genau genommen zur dritten Generation gehören, werden sie zur zweiten gezählt, da zwischen der ersten und der zweiten Generation keine Kontinuität beim Aufenthalt im Auswanderungsland besteht.

Noch unangemessener ist die Verwendung des Begriffes „zweite“, „dritte“ usw. Migrantengeneration, wenn es sich um junge Leute handelt, die in einem Land geboren wurden, dort aufgewachsen und zur Schule gegangen sind, dort also ihr ganzes Leben verbracht haben. Indem sie zu der Migrantenpopulation in der zweiten und späteren Generationen gezählt werden, werden sie aus der einheimischen Bevölkerung ausgeschlossen und negativ konnotiert, insbesondere in den Ländern, die wie Deutschland traditionsgemäß keine Einwanderungsländer sind.

Der Generationenbegriff basiert ebenso wie der in Deutschland verwendete Terminus „Personen mit Migrationshintergrund" auf der Voraussetzung, dass gradlinige Akkulturation und Assimilation im Aufnahmeland über mehrere Generationen hinweg vollzogen werden (Fouron und Glick Schiller 2002: 175). Diese Kategorien entspringen der nationalen methodologischen Perspektive – vom Aufnahmeland aus gesehen – und der Theorie, dass Assimilation ein Mehrgenerationenprozess ist, der in der dritten Generation abgeschlossen wird (s. Kapitel 2). Wie oben ausgeführt, folgt diese Studie, die ihre Interpretationen innerhalb der transnationalen Perspektive gestaltet, nicht diesem Ansatz und verwendet den Generationenbegriff daher nicht zur Einordnung der Gesprächspartner. Das hier gesammelte Datenmaterial zeugt von einer ununterbrochenen Transmigration von den in den Migrationsprozess eingeschlossenen Personen, sowohl der Eltern als auch ihrer Kinder. Ungeachtet des Umstandes, ob die Kinder in Deutschland oder in Kroatien oder in Bosnien und Herzegowina geboren wurden, sind die Kinder gereist, haben sich länger oder kürzer im Aufnahme- und im Herkunftsland aufgehalten, haben dort die Schule besucht, an den transnationalen Aktivitäten ihrer Eltern teilgenommen, und ab einem bestimmten Zeitpunkt sind sie auch selbst transnational aktiv geworden (s. Kapitel 6, 7 und 8). Die ständige Transmigration und das Leben im transnationalen sozialen Raum haben ihre Sprachkompetenz, ihr Zugehörigkeitsgefühl und ihre Zukunftspläne beeinflusst, egal in welchem Alter sie nach Deutschland gekommen oder zurückgekommen sind. Außer im formalen Sinne, entsprechend dem Geburtsort oder dem Geburtsland und dem Alter, in dem sie nach Deutschland gekommen sind, ist die Einteilung der Nachkommen kroatischer Migranten in die Generationen 1,5, 2 oder 3 irrelevant.

Wegen der intensiven Teilnahme an Transmigration und transnationalen Praxen werden alle Migrantennachkommen, ungeachtet ihres Geburtsortes, in der vorliegenden Studie mit dem Begriff transnationale Generation bezeichnet. Dieser Terminus soll auf die Folgen der Migrationssituation der Eltern auf ihre Nachkommen hindeuten – auf die kontinuierliche Transmigration und das Leben im transnationalen sozialen Raum, den die Kinder auch im Erwachsenenalter besetzen, auch nachdem sie das Elternhaus verlassen haben (s. Kapitel 6 und 8). Das Adjektiv „transnational" soll ein Hinweis auf ihre Teilnahme am

Leben in zwei Staaten und im transnationalen sozialen Raum sein, innerhalb dessen sie ihre komplexen Identitäten gestalten (vgl. Fouron und Glick Schiller 2002; s. Kapitel 8). Der Terminus wird hier im Sinne einer soziokulturellen, nicht einer demografischen Kategorie verwendet (Schneider 2009).[43] Er schließt alle Personen ein, die im Auswanderungsland ihrer Eltern oder Großeltern geboren wurden, aber auch jene, die den Wohnort wechselten, nachdem sie eine Zeit lang im Heimatland der Eltern gelebt hatten und später zu ihren Eltern nach Deutschland zogen (s. Kapitel 6).[44]

Schließlich ist die „transnationale Generation" als soziokulturelle Kategorie nicht einheitlich (vgl. Schneider 2009): Meine Gesprächspartner aus den transnationalen Generationen wurden alle innerhalb eines längeren Zeitraums von den 1970ern bis zu den 1990ern geboren, lebten also unter grundsätzlich unterschiedlichen gesellschaftlichen und geschichtlichen Umständen, die ihre Erfahrungen und ihre Identifikation beeinflussten. Manchmal erlebten Kinder aus derselben Familie, wenn der Altersunterschied etwas größer war, das Leben in Deutschland sowie die Besuche oder das Leben in Kroatien bzw. Bosnien und Herzegowina vollkommen unterschiedlich. Diesen Umstand sollte man nicht aus den Augen verlieren und die Angehörigen transnationaler Generationen nicht homogenisieren. Um auf diesen Umstand hinzuweisen, wird in der vorliegenden Studie über transnationale Generationen im Plural oder über verschiedene Kohorten der transnationalen Generation gesprochen.

3.3 Interviewgruppe 1: Migranten

Die erste Gruppe von Personen, mit denen ich für diese Studie gesprochen habe, besteht aus rund vierzig Männern und Frauen, die bei unserem ersten Treffen

---

43 Die Basis für diese Auffassung liefert das von Karl Mannheim geprägte Konzept der Generation als kulturelle Identifikationskategorie (nach Schneider 2009).

44 Diese Verwendung von „transnationale Generation" folgt der Theorie von Fouron und Glick Schiller (2002). Sie sind der Meinung, dass die „zweite Generation" die ganze Generation umfassen soll, die innerhalb des transnationalen sozialen Raums aufgewachsen ist, in dem Migranten und Nicht-Migranten durch familiäre, wirtschaftliche, religiöse, gesellschaftliche und politische Netze verbunden waren. Mit anderen Worten, die Nicht-Migranten aus der gleichen Generation wie die Migrantennachkommen, die außerhalb des Herkunftslandes leben, gehören nach Fouron und Glick Schiller zur „zweiten Generation". Im Gegensatz dazu wird in der vorliegenden Studie davon ausgegangen, dass eine Person Zugehörige zur transnationalen Generation eine wiederholte Transmigration und das Leben in zwei Ländern bzw. die Teilnahme am transnationalen sozialen Raum erlebt haben muss.

ungefähr vierzig bis sechzig Jahre alt waren. Zwei Drittel meiner Gesprächspartner traf ich in München und Regensburg in Bayern; ein Drittel der Gesprächspartner traf ich in Berlin oder in einer anderen Stadt, einige davon auch in Zagreb.[45] Sie kamen alle in den späten 1960ern und frühen 1970ern als Arbeitsmigranten über private Vermittlungswege nach Deutschland, meist fern von staatlichen Anwerbekanälen. Zu der Zeit waren sie alle sehr jung, kaum jemand war bereits dreißig Jahre alt oder älter. Die meisten von ihnen lebten zum Zeitpunkt unseres Kennenlernens seit etwa dreißig Jahren in Deutschland; heute sind es mehr als vierzig Jahre. Fünf der Familien kehrten in den 1980ern nach Kroatien oder Bosnien und Herzegowina zurück, zogen aber nach einer Unterbrechung wieder nach Deutschland. Bei einigen dauerte diese Unterbrechung nur einige Jahre, bei den anderen ein Jahrzehnt oder sogar länger. In den 1990ern konnten sie als Flüchtlinge nach Deutschland zurückkehren und dort später einen dauerhaften Einwandererstatus erhalten (bosnische Familien), oder dank des Arbeitstitels der Ehefrau, die einen Beruf im Gesundheitswesen ausübte (Familien aus Kroatien).

Meine Gesprächspartner stammen aus fast allen Teilen Kroatiens und Bosnien und Herzegowinas, hauptsächlich aus ländlichen Gebieten: aus Međimurje und Hrvatsko Zagorje, aus Zentral- und Ostslawonien (Nova Gradiška, Osijek, Našice, Županja), aus Zagreb und Umgebung (Sisak, Žumberak), aus Dalmatinska Zagora (Imotski, Drniš, Sinj und Umgebung) und dem Küstengebiet (Ortschaften in der Nähe von Zadar, Šibenik, Split und Pelješac). Die bosnischen Gesprächspartner stammen hauptsächlich aus Zentralbosnien (Kupres, Bugojno und Umgebung) und Bosanska Posavina (Orašje und Umgebung). Die Gesprächspartner aus der Herzegowina stammten aus dem südwestlichen Teil der Region, meistens aus Tomislavgrad und Umgebung, Livno, Grude, Široki brijeg, Rama und Mostar.[46] Eine Familie kam aus der Wojwodina. Meine Gesprächspartner in München stammten hauptsächlich aus der Herzegowina, aus Bosnien und Dalmatien, in Berlin aus Dalmatien, der Herzegowina und

45 Da das Material für die Studie nur in München systematisch und kontinuierlich gesammelt wurde, gibt es keine Möglichkeit, das Leben kroatischer Migranten in Abhängigkeit von der jeweiligen Kommunal- und Landespolitik gegenüber den Migranten zu vergleichen. Es wäre interessant, zu sehen, ob die Politik im liberalen Berlin, das seine Politik relativ früh auf Multikulturalismus ausgerichtet hat, und in Stuttgart unterschiedliche Folgen bei der Inklusion von Kroaten hatte als die im konservativen Bayern.

46 Die lokalen Kontroversen über die geografische Zugehörigkeit einzelner Orte sind für die vorliegende Arbeit nicht von Bedeutung.

Slawonien. Die Konzentration von Migranten aus dem gleichen Herkunftsort entpuppte sich als wichtiger Faktor bei der sozialen Kontrolle im Leben von Migrangennachkommen (s. Kapitel 7).

Obwohl die regionale Herkunft für die Migranten im Sinne der lokalen Identifikation und der Zugehörigkeit im Herkunftsland wichtig ist, stand sie bei den Entscheidungen über transnationale Investitionen nicht im Vordergrund. Schon vor dem kroatischen Unabhängigkeitskrieg in den 1990ern investierten die Kroaten aus der Herzegowina und den kleineren Ortschaften aus Dalmatinska Zagora in Zentral- oder Süddalmatien, auch wenn sie im ursprünglichen Geburtsort – in der Regel dem Geburtsort des Vaters – das Familienhaus renovierten oder ein neues Haus bauten. Die Kroaten aus Bosanska Posavina (eine Region in Bosnien) investierten in den Hausbau in der Regel in Slawonien (eine Region in Kroatien). Kaštela (bei Split) war ein beliebter Ort für den Hausbau und andere Investitionen für Personen, die aus Dalmatinska Zagora oder der Herzegowina gebürtig waren. Dabei handelte es sich um größere Häuser mit mehreren Appartements, die für die Vermietung an Touristen gedacht waren. Seit den 1980ern dachten die Migranten zunehmend wirtschaftlich und planten, ihre Existenz nach der Rückkehr aus Einnahmen aus dem Tourismusgeschäft zu bestreiten. Außerdem rechneten sie damit, dass die Nähe von Split, dem regionalen Zentrum, bessere Ausbildungs- und Berufschancen für ihre Kinder eröffnen würden. So wurden diese Migranten Teilnehmer an der doppelten Migration, der internationalen und der inneren Migration. Ihre innere Migration fiel mit der Landflucht und dem Umzug in benachbarte Städte nach dem Zweiten Weltkrieg zusammen (s. Baučić und Maravić 1971; s. Kapitel 5). In den 1990ern investierten die Migranten aus Bosnien und Herzegowina wegen des langen Krieges in diesem Land und der unsicheren Zukunft des bosnisch-herzegowinischen Staates zunehmend in Kroatien. Dabei investierten sie nicht nur in den benachbarten Regionen auf der anderen Seite der Grenze, zu denen hin sie auch früher traditionell neigten, sondern auch in entfernten Gebieten, etwa in Zagreb oder in Istrien.

Die kroatische Wirtschaftsmigration nach Deutschland bestand sowohl aus Männern als auch aus Frauen. Schon Anfang der 1960er betrug der Anteil der Frauen unter den jugoslawischen Migranten mehr als 20 Prozent. Bis zum Ende des Jahrzehnts stieg dieser Anteil kontinuierlich an. Der Höhepunkt wurde 1967/68 erreicht, als Frauen 37,4 Prozent der gesamten Migrantenpopulation ausmachten (Baučić 1973: 40). Insgesamt aber war der Anteil der Frauen aus Kroatien größer (36,8 Prozent) als der Anteil der Frauen aus Bosnien und Herzegowina (21,8 Prozent) (ebd.). Frauen waren also nicht nur im Rahmen der Familienmigration – als Begleitung für den Mann oder später im Rahmen der Familienzusammenführung – Teil der Migrationsbewegung, sondern sie waren auch selbstständige Migrationssubjekte (Morokvašić 1987).

Der hohe Anteil an Migrantinnen unter den Kroaten im Ausland lässt sich auch am Beispiel meiner Gesprächspartnerinnen erkennen. Es gab unter ihnen Frauen, die alleine gekommen waren, zusammen mit dem Ehemann oder nur einige Monate später, „nachdem der sich zurechtgefunden hatte". In beiden Fällen fanden sie sofort eine Anstellung. Ich interviewte einige Frauen aus Slawonien, die vor ihren Ehemännern auswanderten. Eine Frau aus Dalmatien entschied sich mit knapp 17 Jahren dazu, auszuwandern. Diese Beispiele zeugen von ihrer damaligen relativen Emanzipation, was besonders beim Vergleich zu den Frauen aus Bosnien und Herzegowina ins Auge sticht, die in der Regel dem Ehemann nicht folgten und nicht alleine als Migrantinnen nach Deutschland kamen, sondern mit den Kindern im Heimatland blieben.

Eine spezifische Gruppe von Migranten im Kindesalter bilden katholische Mädchen aus Zentral- und Nordbosnien, die Ende der 1960er und Anfang der 1970er im Alter von elf bis sechzehn Jahren ohne Begleitung der Eltern in die Klöster in Mallersdorf und Au am Inn in Bayern kamen. Hier handelt es sich in einer Zeit der intensiven Wirtschaftsmigration von Männern, aber auch zahlreichen Frauen aus Jugoslawien nach Deutschland um einen spezifischen kirchlichen Migrationskanal, durch den etwa zweihundert bosnische Mädchen das Elternhaus verließen, um in Deutschland ihre Ausbildung fortzusetzen. Ihre Auswanderung fügt sich in den allgemeinen Migrationsstrom ein und spiegelt lokale gesellschaftliche Werte wider, denn der Eintritt in eine Ordensgemeinschaft und die Gelübdeablegung wurden hoch angesehen.[47]

Das Spektrum der Ausgangssituationen der Migranten war breit gefächert: Ledige junge Leute kamen alleine; verheiratete Frauen zusammen mit ihrem Ehemann, kurz vor oder nach ihm; verheiratete Männer kamen mit oder ohne Ehefrau; Familien ließen Kinder in der anfänglichen Migrationsphase meist im

---

47 Vgl. folgende Erzählung: „Ende der 1960er war das der Trend, dass Kandidatinnen nach Deutschland aufbrechen, ins Kloster. (…) Die Leute gingen nach Deutschland, um Arbeit zu suchen, so gingen sie auch ins Kloster zu dieser Zeit." Diese Art der Migration ist bisher weniger bekannt, sodass mein 2019 veröffentlichter Text der erste Analyseversuch der Umstände und Folgen dieser Migration auf das spätere Leben der Frauen ist, die auf diesem Wege nach Deutschland kamen (Čapo 2019). Interviewt wurden etwa zehn Frauen. Mit Volljährigkeit verließen sie das Kloster und blieben in Deutschland. Ihre Erzählungen über das Leben nach dem Austritt aus dem Kloster werden auch in diesem Buch wiedergegeben.

Heimatland, aber es gab auch Fälle, dass Kinder von Anfang an mit den Eltern in Deutschland waren, jedoch kurz vor der Einschulung mit der Mutter in die Heimat zurückkehrten (vgl. Čapo Žmegač 2005a). Bei einer Konzentration von Menschen aus derselben Region eröffnete sich für Ledige die Möglichkeit, einen Partner aus derselben Region zu finden, nicht aber unbedingt aus demselben Ort. Andererseits wurden auch Ehen zwischen Menschen aus verschiedenen Regionen geschlossen. So heiratete beispielsweise eine Frau aus Zentralkroatien einen bosnischen Kroaten. Bosnische Kroatinnen heirateten Männer aus der Herzegowina, aus Dalmatien oder Slawonien. Eine Frau aus Hrvatsko Zagorje heiratete einen Mann aus Slawonien u. Ä. In drei Ehen hatte der Ehemann eine andere Nationalität, und zwar deutsch oder türkisch. Die Ehen zwischen den Partnern aus verschiedenen Regionen und Staaten führten zur Neuaushandlung von Werten und Normen innerhalb der Familie. Die meisten meiner Gesprächspartner waren verheiratet. Einige waren ledig, geschieden oder verwitwet.

Das Ausbildungsniveau der jugoslawischen Arbeiter im Ausland wurde 1971 als „sehr gut“ bewertet (Baučić 1973: 53; vgl. Thränhardt und Winterhagen 2012: 212f). Etwa 42 Prozent aller Migranten hatten einen Sekundarschulabschluss, während etwa 22 Prozent eine Fachschule, ein Gymnasium oder ein Studium abgeschlossen hatten. Bei der Fachschulausbildung gab es qualifizierte und hochqualifizierte Arbeiter (16,6 Prozent) (Baučić 1973). Die beste Berufsqualifikation hatten die Migranten aus Kroatien, Slowenien und der Wojwodina. Die Migrantinnen hatten ein höheres Bildungsniveau, allerdings nicht unbedingt auch die bessere Qualifikation als Männer (ebd.: 54).

Obwohl die Auswahl der Befragten in der vorliegenden Studie nicht unbedingt repräsentativ ist, entspricht sie mehr oder weniger den statistischen Daten über die relativ gute Bildungsstruktur kroatischer Migranten. Einige von ihnen erfuhren ihre Berufsqualifikation und/oder die Hochschulausbildung in Deutschland. Die Berufe decken ein breites Spektrum ab – von einfachen Bauarbeitern bis hin zu Lehrern, promovierten Akademikern, Ingenieuren (einige haben ihr Studium abgebrochen) und Ärzten. Die meisten Männer unter den Interviewten arbeiteten im Baugewerbe. Einige von ihnen waren selbstständig und leiteten eigene Unternehmen im Baugewerbe. Darüber hinaus sind qualifizierte Mechaniker und andere Facharbeiter vertreten, Hausmeister, Fahrer und Restaurantbesitzer. Unter den Frauen gab es Krankenschwestern, zum Teil mit Fachhochschulausbildung, Hilfspersonal in Krankenhäusern, Altenpflegerinnen, Raumpflegerinnen, Köchinnen, Verkäuferinnen usw. Einige von ihnen erlangten die Berufsqualifikation in Deutschland: Buchhalterinnen, Krankenschwester, Industriefacharbeiterinnen, Sozialarbeiterinnen u. Ä. Einige Männer hatten universitäre Hochschulausbildung: Sozialarbeiter, Diplomtheologen, Geschichtswissenschaftler, Psychologen und Ärzte.

Bis auf zwei hatten alle meine Gesprächspartner die kroatische Staatsbürgerschaft. Alle bis auf eine hatten einen unbefristeten Aufenthaltstitel in Deutschland. Die Interviews wurden mit allen Teilnehmern in kroatischer Sprache geführt.

3.4 Interviewgruppe 2: Transnationale Generationen

Die zweite Gruppe von Interviewten besteht aus ebenfalls rund vierzig jungen Erwachsenen, Nachkommen kroatischer Migranten. Sie wurden in Deutschland geboren oder sind als kleine Kinder oder als schulpflichtige Kinder nach Deutschland gekommen. Einige in Deutschland Geborene zogen im Alter von ungefähr sechs bis zwölf Jahren mit den Eltern oder nur mit der Mutter für einige Jahre nach Kroatien und lebten dort bis zur Remigration nach Deutschland. Einige wechselten mehrmals den Wohn- und Aufenthaltsort, auch ohne Eltern. Bei all diesen Bewegungen zwischen Herkunfts- und Aufnahmeland lebten diese Personen im transnationalen sozialen Raum und wurden in diesem Raum geformt. In diesem Raum lernten sie verschiedene Kulturcodes kennen und bauten ihr Zugehörigkeitsgefühl auf (s. Kapitel 6, 7 und 8).

Bei unserer ersten Begegnung waren die Zugehörigen zu dieser Gruppe im Alter von achtzehn bis vierzig Jahren, die meisten davon in ihren Zwanzigern. Zwei Drittel meiner Gesprächspartner lernte ich bis 2005 kennen. Sie gehören unterschiedlichen Kohorten an und wurden in einer Zeitspanne von etwa zwanzig Jahren geboren, zwischen 1972 und 1993. Sie wuchsen auf und besuchten die Schule während der unterschiedlichen Phasen der deutschen Migrations- und Migrantenpolitik ebenso wie der jugoslawischen Politik. Außerdem erlebten sie auch die Zeit des Krieges in Kroatien in den 1990ern. All diese Umstände hatten Einfluss auf die Entscheidungen ihrer Eltern hinsichtlich des Aufenthalts in Deutschland sowie auf ihre Pläne für die Rückkehr („Familienzeit"). Die äußeren Umstände bestimmten aber auch ihre persönlichen Erfahrungen als transnationale Generationen („individuelle Zeit", vgl. Hareven 1978, 1994). Diese Rahmenbedingungen im ersten Jahrzehnt der Migration der Eltern beeinflussten maßgeblich die Transmigration der Kinder. Einige sind sehr oft zwischen Deutschland und der Heimat der Eltern gereist, hielten sich für längere Zeit in einem oder dem anderen Land auf. Einige kamen erst nach Deutschland, nachdem sie die Grundschule im Heimatland abgeschlossen hatten (s. Kapitel 6). Die jüngeren fanden sich besser im deutschen Schulsystem zurecht und nach ihren

Worten war es „normal“, dass sie Schulen besuchten, die zur Hochschulberechtigung führen. Das Geburtsjahr entschied auch über ihre Kenntnisse über das Heimatland der Eltern und machte ihnen bewusst, dass sie außerhalb dieses Heimatlandes lebten: In den 1990ern beherbergte fast jede Migrantenfamilie für eine längere oder kürzere Zeit verwandte Flüchtlinge aus Dalmatien oder Bosnien und Herzegowina, die oft mit kleinen Kindern einen Zufluchtsort außerhalb ihrer vom Krieg betroffenen Heimat suchten. Der Krieg ist auf eine indirekte Weise in die Häuser und das Bewusstsein der Nachkommen kroatischer Migranten in Deutschland getreten, während ihre Eltern beträchtliche materielle und finanzielle Ressourcen in die humanitäre Hilfe für Kroatien oder Bosnien und Herzegowina investierten (vgl. Jeličić 2010; „*Brođani*“ ... 2011). Als sich eine junge Frau an diese Zeit erinnerte, sagte sie: „Damals verspürte ich zum ersten Mal, was es bedeutet, im Ausland zu leben und den Traum eines anderen Landes zu leben“.

Aber der Krieg konnte auch ganz andere Folgen haben: Die später geborenen Kinder nahmen während des Krieges weniger an den transnationalen Praxen im Heimatland ihrer Eltern teil und deshalb konnten sie schlechter Kroatisch sprechen oder sprachen nur eine dialektale Varietät. Auch eine feste Verbindung mit dem Heimatort der Eltern in Kroatien und Bosnien und Herzegowina wurde nicht in der Jugend, sondern erst später geknüpft. Es kam aber auch ganz anders: Einige Migranten mit Wurzeln in Tomislavgrad und der Umgebung von Sinj besuchten gerade unmittelbar nach dem Krieg regelmäßig die alte Heimat. Für ihre Söhne, damals etwa zehn Jahre alte Jungen, waren diese Reisen richtige Abenteuer, weil sie bewaffnete Soldaten trafen. Für die Mädchen waren diese Reisen in der Nachkriegszeit schockierend. Junge Männer gingen während des Krieges alleine „nach Hause“; Drago wurde in Deutschland geboren, aber seine Eltern stammten aus Županja. Für ihn war das eine „großartige, unvergessliche Zeit“, in der er, verbunden durch das gemeinsam erlebte Kriegsgeschehen, die gemeinsame Erfahrung von Gefahr unter Granatenbeschuss, mit den örtlichen jungen Männern in der alten Heimat der Eltern Freundschaften fürs Leben knüpfte. Unterschiedliche Faktoren und ihre Kombinationen beim Großwerden der Kinder ergaben heterogene individuelle Erfahrungen, die die Bindung an die Heimat der Eltern mehr oder weniger festigten.

In Kapitel 2.2 haben wir gesehen, dass die Nachkommen kroatischer Migranten in Deutschland einen großen Bildungserfolg vorzuweisen haben. Die Bildungsleistung meiner Gesprächspartner bestätigt diese außerordentlich positiven Bildungstrends innerhalb der ganzen Gruppe, und zwar kontinuierlich über mehrere Jahrzehnte. Ältere Interviewte, die Mitte der 1970er geboren wurden, besuchten die Schule in den 1980ern und eventuell die Hochschule in den frühen 1990ern. Diejenigen, die zehn oder mehrere Jahre später geboren wurden, wurden auch entsprechend später vom Schulsystem erfasst.

Nur einige wenige meiner Gesprächspartner machten einen Hauptschulabschluss. Andere besuchten nach der Grundschule die Realschule und machten einen Abschluss als Steuerfachgehilfe, Bankangestellte, Versicherungskaufleute, Chemietechniker, Einzelhandelskaufleute, Krankenschwester oder auch Krankenschwester mit Fachhochschulabschluss, Kosmetiker, Reisebürokaufleute u. Ä. Einige Kinder machten nach dem Realschulabschluss auf dem zweiten Bildungsweg das Abitur und kämpften sich im hochformalisierten deutschen Bildungssystem, in dem die Kinder schon im frühen Alter einen bestimmten Bildungsweg einschlagen müssen, durch. Kroatische Kinder, die nach Deutschland kamen, nachdem sie im Heimatland die achtjährige Grundschule abgeschlossen hatten, wurden in der Regel wegen mangelnder Sprachkenntnisse auf die Hauptschule geschickt oder in eine sogenannte Übergangsklasse, um zunächst Deutschkenntnisse zu erwerben. Wenn sie in der Hauptschule gute Leistungen zeigten, wurde ihnen der Übergang auf die Realschule ermöglicht.

Zwei von meinen Gesprächspartnern können wirklich beeindruckende Lebensläufe vorweisen. Obwohl sie im fortgeschrittenen Schulalter nach Deutschland kamen, konnten sie vieles nachholen. So ist Ivanka mit elf Jahren aus Tomislavgrad nach München gezogen, und zwar ohne jegliche Deutschkenntnisse. Sie wurde auf die Hauptschule geschickt und machte den Hauptschulabschluss als Klassenbeste. Da sie studieren wollte, musste sie innerhalb eines Jahres auf dem zweiten Bildungsweg den Realschulabschluss nachholen. Sie räumt ein, dass dieses eine Jahr für sie besonders schwer war, aber sie machte den Abschluss wieder als Klassenbeste und konnte sich an einer Fachoberschule einschreiben. Dies eröffnete ihr den Weg für ein Hochschulstudium. Als ich sie 2002 kennenlernte, war Ivanka erfolgreiche Studentin der Sozialpädagogik. Ihren Weg durch das deutsche Schulsystem, von der Hauptschule bis zum Studium, würde sie allen Kindern empfehlen, die im Sekundarstufenalter nach Deutschland kommen. Sie hat nämlich die Erfahrung gemacht, dass die Hauptschule das Selbstbewusstsein eines Immigrantenkindes stärkt (s. die Erzählung von Ivan in Kapitel 6.7).

Obwohl die in Deutschland geborenen Kinder leichter auf das Gymnasium kamen, weil sie die Sprachkompetenz hatten, machten in den 1980ern auch viele in Deutschland geborene Kinder den oben beschriebenen Weg. Der Grund dafür lag weniger im fehlenden Ehrgeiz der Eltern oder der Kinder selbst, sondern eher in der selbstauferlegten Skepsis der Eltern, ob ihr Kind es auf dem Gymnasium schaffen würde. Oft wurden aber die Immigrantenkinder von den Lehrern selbst entmutigt und bekamen lediglich eine Haupt- oder Realschulempfehlung. Gute schulische Leistungen gleich am Anfang ihres Bildungsweges öffneten den meisten Nachkommen kroatischer Migranten, mit denen ich sprach, die Möglichkeit, aufs Gymnasium zu wechseln. Dort befanden sich die Kinder in einer fast ausschließlich deutschsprachigen Umgebung.

Die meisten meiner Gesprächspartner schlossen das Gymnasium ab. Nur wenige von ihnen setzten ihre Bildung aus unterschiedlichen Gründen nicht fort. Etwa weil es ihre persönliche Entscheidung war oder weil sie eine zufriedenstellende oder lukrative Anstellung fanden oder weil sie nach eigenen Worten einfach nur „faul" waren.[48] Zur Zeit unserer ersten Gespräche studierten sie oder hatten ihr Studium bereits abgeschlossen: Kommunikationswissenschaften, Soziologie, Sozialarbeit, Pädagogik, Fremdsprachen, Slawistik, Geschichte, BWL, Maschinenbau, Modedesign, Grafikdesign, Informationstechnik, Webdesign, Medienwissenschaften, Musik, Medizin, Jura und Tourismusmanagement. Eine meiner Gesprächspartnerinnen erlangte den Doktorgrad in Volkswirtschaftslehre, eine andere machte ihren Master in Slawistik und noch einen zusätzlichen in Menschenrechten. Schulerfolg und Bildungsgrad lassen keinen Unterschied zwischen Frauen und Männern erkennen.

Nach der Einschätzung der Mitte der 1970er-Jahre geborenen Gesprächspartner waren sie unter den gleichaltrigen Migrantenkindern die Ersten, die sich für ein Studium einschrieben. Nach ihren Worten ist ein Studium unter den Nachkommen kroatischer Migranten ab der zweiten Hälfte der 1990er-Jahre üblicher geworden, denn die Eltern lernten das Schulsystem besser kennen, wurden selbstbewusster und ließen sich immer weniger von den Lehrern einschüchtern, die ihnen rieten, das Kind wegen der vermeintlich oder tatsächlich fehlenden Sprachkompetenz auf eine weniger anspruchsvolle Schule zu schicken. Ein junger Mann aus München, Jahrgang 1977, fand, dass es für ihn und seine Gleichaltrigen ganz „normal" war, aufs Gymnasium zu gehen, und konnte unters seinen kroatischen Freunden viele namentlich nennen, die Abitur machten.

48 In diesem Punkt unterscheiden sich meine Gesprächspartner in gewissem Maße vom üblichen Profil der Nachkommen kroatischer Migranten in Deutschland, die eine Ausbildung abgeschlossen haben. Der höhere Bildungsgrad meiner jüngeren Gesprächspartner entspringt der ethnografischen Methode, aber auch dem Umstand, dass sich eher „erfolgreiche" Personen für das Gespräch bereiterklärt haben. Auf dieses Thema komme ich am Ende des Kapitels noch einmal zurück.

Wie ist es dazu gekommen, dass die Nachkommen kroatischer Migranten im deutschen Schulsystem, das so oft als geschlossen, unflexibel und für Ausländerkinder mit mangelnden Deutschkenntnissen zu Beginn des Schulbesuchs unangemessen befunden wird, trotzdem gute Leistungen vorweisen können (vgl. Alba und Foner 2015)? In der neueren einschlägigen Literatur wird ihr höherer Bildungsgrad im Vergleich zu anderen Ausländern damit erklärt, dass die Bildungsstruktur kroatischer Migranten an sich durchschnittlich höher ist (s. Kapitel 2). Jedoch scheint es, dass der Bildungsgrad der Eltern, der übrigens in vielen Fällen sehr niedrig ist, nicht ausschlaggebend ist. Viel wichtiger als der Bildungsgrad der Eltern war der Stellenwert der Bildung in den Augen der Migranten. So erzählt Ruža, die einen Masterabschluss in Slawistik machte: Meinen Eltern war nur wichtig, dass ich das Gymnasium abschließe. Sie sagten mir: „Pass mal auf, mach das Abitur und dann kannst du machen, was du willst, Studium, Ausbildung ...".

Die Eltern maßen der Bildung der Kinder einen sehr hohen Wert bei und förderten ihre Schulerfolge. Eine meiner Gesprächspartnerinnen war der Meinung, dass die Investition in die Bildung der Kinder mit der Investition in das in der Heimat gebaute Familienhaus gleichwertig ist (s. Kapitel 6). Einige Eltern schickten ihre Kinder auf Privatschulen (etwa Übersetzerschule, Schule für Modedesign, für Mediendesign). Andere Kinder konnten dank der guten Noten für solche Schulen Stipendien bekommen. Bildung als Wert an sich, der von den Eltern gefördert wird (vgl. Jurčević 2016), gekoppelt an Verpflichtungsgefühl und Dankbarkeit sowie der Ehrgeiz der Migrantenkinder, sich in einer Umgebung zu behaupten, in der sie häufig diskriminiert werden und in der stereotype Einstellungen über ihr Potenzial verbreitet ist, sind die Grundlage für den vorzüglichen Schulerfolg junger Kroaten in Deutschland, aber auch für ihre strukturelle Integration und aufsteigende soziale Mobilität. Über den Wunsch, mit guten Noten dem Vater Dankbarkeit für sein Opfer zu bezeugen, sprach Ivan (s. Kapitel 6.7). Petra erzählte, dass sie gerade die Situation des Ausländerkindes zu hohen schulischen Leistungen bewog:

> Ich hatte nie das Gefühl, schlechtere Karten zu haben, vielleicht wollte ich unbewusst immer besser sein als die Deutschen, gerade weil ich Ausländerin bin. Vielleicht wollte ich etwas beweisen ... obwohl sie alle hier Deutsche sind ... dass ich als Ausländerin besser sein kann, oder mindestens so gut wie sie, auf demselben Niveau, Level. (...) Ich wollte ihnen beweisen, dass es auch andere Ausländer gibt, dass wir nicht alle gleich sind. Ich versuche ja auch, das Image der Kroaten hochzuhalten [lacht], das ist mir auch wichtig.

Jüngere Kohorten der Nachkommen kroatischer Migranten, also diejenigen, die in den 1980ern und 1990ern geboren wurden, haben die Tatsache, dass sie das Gymnasium besuchten oder studierten, nicht besonders hervorgehoben, obwohl sie auch Migrantenkinder sind. Gymnasialbesuch und Studium waren für sie etwas Selbstverständliches.

Alle meine Gesprächspartner aus den transnationalen Generationen waren zweisprachig. Nach der Selbsteinschätzung sprachen sie alle besser Deutsch, weil sie in Deutschland die Schule besuchten. Sie nennen Deutsch „meine Erstsprache“ oder einfach „meine Sprache“. Sie lesen auf Deutsch (Zeitungen, Bücher), Deutsch ist ihre Berufssprache, außerdem schöpfen sie aus dem Deutschen spezifische gesellschaftliche und politische Begriffe, die ihren Status und ihre Staatsangehörigkeit beschreiben. Grozdana, die einen Realschulabschluss hat, sagte: „*Oba jezika govorim kao richtige Muttersprache*“ („Beide Sprachen spreche ich wie meine richtige Muttersprache“). Obwohl sie betont, dass sie beide Sprachen sehr gut spricht, wird aus ihrem Satz deutlich, dass sie in der Praxis beide Sprachen mischt und dass das für sie vollkommen normal ist. Es sieht aber so aus, als ob sie sich dessen nicht bewusst wäre, dass sie beim Kroatischsprechen sehr viele deutsche Vokabeln benutzt. Diese Angewohnheit konnte ich bei den meisten meiner Gesprächspartner beobachten. Die Gespräche wurden bis auf ein paar Fälle auf Kroatisch geführt. Die jungen Leute, die Kroatisch ausschließlich im Familienkreis lernten und nur in geringem Maße im kroatischsprachigen Zusatzunterricht (bzw. kroatisch-serbischen zur Zeit von Jugoslawien) sprachen eine dialektale Varietät des Kroatischen. Diejenigen, die einen Teil ihrer Schulzeit in Kroatien verbrachten, sprachen besser die kroatische Standardsprache, benutzten aber auch dialektale Ausdrücke, die sie von ihren Eltern übernahmen (s. Kapitel 6).

Die kroatische Sprachkompetenz wurde in der Familie erlangt, oft war es der Vater, der darauf bestand. Denis betonte, dass weder er noch seine Schwester fließend Kroatisch sprechen würden, wenn sie der Vater nicht konsequent auf Kroatisch angesprochen hätte. Dianas Vater bestand darauf, dass sie und ihre Geschwister Kroatisch sprachen, sodass alle vier Kinder Kroatisch lernten, obwohl es zwischen ihnen einen Altersunterschied von beinahe zwanzig Jahren gab.

> Bei uns wird nur Kroatisch gesprochen, wir haben nie, weder mit dem Bruder noch mit den Schwestern, Deutsch gesprochen. Es wäre uns nie in den Sinn gekommen, Deutsch zu sprechen. (JČ: Die Geschwister sprechen sonst sehr oft Deutsch untereinander.) Das stimmt, als wir klein waren, haben wir das normal auf dem Spielplatz gemacht oder wenn wir mit Deutschen zusammen waren, in der Schule sprechen wir Deutsch. Wenn wir aber zu Hause damit anfangen, dann hört man aus dem Wohnzimmer oder aus der

> Küche: „Kinder, was höre ich da?“ Das war ein Zeichen, ich denke, uns war das klar, nicht dass der Vater böse war, sondern einfach, er hat uns einfach ermahnt und wir haben gewusst, was los ist, „aha, Kroatisch“.

Der sprachliche Umgang mit der Mutter war weniger restriktiv. Wenn ihr Deutsch gut war, wandten sich die Kinder an sie auf Deutsch und sie antwortete in einer der beiden Sprachen. Nur in einer Familie bestand die alleinerziehende Mutter darauf, dass ausschließlich Deutsch gesprochen wurde, denn sie wollte, dass sich die Kinder „besser integrieren“. Sie selbst sprach sehr gut Deutsch, da sie ihre Ausbildung als Krankenschwester in Deutschland gemacht hatte. Aber in den Fällen, wenn die Eltern nicht gut Deutsch konnten, vermieden es die Kinder, sie auf Deutsch anzusprechen. Hrvoje erklärte, dass er das aus Respekt tat:

> Es gibt gute Gründe, warum ich mit der Mutter nie Deutsch gesprochen habe. Wie soll ich das sagen, eine Art Respekt. Denn wenn ich mit ihnen [Vater und Mutter], Deutsch spreche über etwas, was sie nicht verstehen, das finde ich ... deshalb habe ich mit ihnen immer Kroatisch gesprochen. Oft verstehen sie etwas falsch auf Deutsch, im Fernsehen. Vater fragt: „Was hat er da gesagt?“ Ich wiederhole dann und er sagt: „Puh, jetzt kann ich besser verstehen, was das bedeutet.“ Sodass, wenn ich im normalen Gespräch, zum Beispiel auf Deutsch etwas sagen würde, da würde der Vater nicht alles gleich verstehen. Nicht weil er die einzelnen Wörter nicht wusste, sondern weil es zu schnell war. Das war aus Respekt.

In den Familien, in denen nicht darauf bestanden wurde, dass in der Familie Kroatisch gesprochen wird, setzte sich unter den Geschwistern Deutsch als Verständigungssprache durch, bei einigen Familien auch zwischen der Mutter und den Kindern. So wurde die Verständigung zwischen den Generationen und innerhalb einer Generation oft eine Mischung aus zwei Sprachen: „Wir mischen sehr viel“, sagte Ana.

Einen Zusammenhang zwischen dem Bildungsgrad und der Benutzung der kroatischen Sprache ohne deutsche Wörter konnte ich nicht feststellen. Denn auf die Benutzung der Sprache wirken sich neben dem Bildungsgrad auch andere Faktoren aus: die Häufigkeit der Aufenthalte in Kroatien oder Bosnien und Herzegowina, abgebrochener Schulbesuch in der Heimat, Bildung der Eltern, das Bestehen der Eltern auf der Benutzung des Kroatischen, der Wunsch der Sprecher – wie einer der Gesprächspartner sagte – in beiden Sprachen „in Form zu bleiben“. Die Sprachkompetenz ist am besten bei Slawistikstudenten. Bei anderen, die keine Sprachen studierten, blieb das Sprachregister auf dem Niveau der familiären Alltagskommunikation. Das Vokabular war begrenzt und die Syntax recht simpel, sodass sie sich nicht trauten, auf Kroatisch Bücher zu lesen. Jene, die sich im Erwachsenenalter in den eigenen transnationalen Aktivitäten engagierten (z. B. durch Investitionen in Kroatien), verbesserten ihren sprachlichen Ausdruck beträchtlich.

Die Bemühungen der Eltern, den Kindern die kroatische Sprache und Kultur zu vermitteln, fügte sich in ihre Rückkehrpläne ein. Gleichzeitig war das auch eine patriotische Handlung, die im Licht der Tatsache zu betrachten ist, dass sie selbst schlecht Deutsch konnten. Kroatisch zu sprechen war auch Ausdruck ihrer Heimatliebe, die sie an ihre Kinder weitergeben wollten (s. Kapitel 8). Valentina erzählte mit Stolz, dass in ihrer Familie den Kindern auch in der dritten Generation zuerst Kroatisch beigebracht wird. Branko, der mit einer Deutschen verheiratet ist, besteht darauf, dass seine Mutter mit ihrer Enkelin nur Kroatisch spricht. Die kroatische Sprache blieb auch unter meinen Gesprächspartnern aus den transnationalen Generationen ein Mittel, mit dem nicht nur die Zugehörigkeit zur alten Heimat, sondern auch zur Familie ausgedrückt wird. Für Branimir ist sie eine „Melodie“, für Ruža strahlt sie Gefühle und Geborgenheit aus: „Für mich war das immer die Sprache des Zuhauses, wie soll ich sagen, Kindersprache. Mutter und Vater sagten nie ‚Süße‘ zu mir, sondern immer nur auf Kroatisch ‚golube, srce moje‘ [meine Taube, mein Herz].“

Obwohl die Sprachkenntnisse manchmal mit der emotionalen Verbindung der jungen Leute mit der kroatischen Sprache nicht übereinstimmen, können auf diesem Identifikationspotenzial bessere Sprachkenntnisse aufgebaut werden.

Einige meiner Gesprächspartner befanden sich am Anfang dieses Jahrhunderts mitten im Prozess der Erlangung der deutschen Staatsbürgerschaft. Diese Entscheidung basierte hauptsächlich auf geschäftlichen Gründen und auf der Tatsache, dass die deutsche Staatsbürgerschaft, im Unterschied zur kroatischen, problemlos Reisen in praktisch alle Länder dieser Welt ermöglicht. Die Erlangung der deutschen Staatsbürgerschaft setzte bis zum Eintritt Kroatiens in die EU 2013 allerdings die Aufgabe der kroatischen Staatsbürgerschaft voraus. Für einige war dieser Schritt problematisch, weil die kroatische Staatsbürgerschaft noch der einzige „Beweis dafür war, dass sie Kroaten sind“ (z. B. Jozo), für andere auch nicht (z. B. Tonka; s. Kapitel 8.1.3). Drago gehörte zu der letzteren Gruppe. Er begriff nämlich die Relativität der Bedeutung der nationalen Kategorie „Deutscher“, nachdem er in den 1990ern gesehen hatte, dass Russlanddeutsche die deutsche Staatsbürgerschaft automatisch bekamen, und zwar ohne Deutschkenntnisse, die in Deutschland sonst als Conditio sine qua non des Deutschseins angesehen werden. Diese Einsicht erleichterte ihm die Entscheidung, die deutsche Staatsbürgerschaft anzunehmen, denn so konnte er die vielen Geschäftsreisen einfacher bewältigen. Denis war zu der Zeit, als wir die Gespräche durchführten, erfolgreicher Student an einer internationalen Designerschule in München, er wollte aber die deutsche Staatsbürgerschaft nicht beantragen, denn er sah damals nicht die Möglichkeit, in Deutschland als Deutscher wahrgenommen zu werden oder sich als solcher vorzustellen. „Für Deutsche kann ich nie ein Deutscher sein, auch wenn ich die deutsche Staatsbürgerschaft hätte, denn das würde bedeuten, dass ich meine kroatische Herkunft verleugnet habe", sagte er damals.

Gerade aus diesem Grund nahmen die jungen Kroaten die deutsche Staatsbürgerschaft meistens nur aus praktischen, geschäftlichen Gründen an (s. Kapitel 8).

Die strukturellen Eigenschaften der Interviewten aus der Migranten-, aber auch der transnationalen Generation weisen auf große Unterschiede unter ihnen hin: Die schlechtere Sprachkompetenz, niedrige oder mittlere Berufsqualifikation und dörfliche Herkunft der Migrantengeneration stehen im Gegensatz zu muttersprachlichen Deutschkenntnissen, mittlerer oder hoher Berufsqualifikation und städtischer Herkunft der transnationalen Generationen. Obwohl sie nur über relativ niedriges Humankapital verfügte, das ihnen die Grundlage für das Selbstbewusstsein bieten könnte, und sich außerdem als Migranten und Ausländer in einer Gesellschaft befanden, die die Tatsache ihrer Einwanderung nicht anerkennen wollte, förderten die Eltern die Integration ihrer Kinder ins deutsche Schulsystem. Trotz der konservativen Ansichten, der traditionellen und patriarchalen Weltsicht bei den Migranten aus dörflichen Gegenden in Dalmatinska Zagora oder der Herzegowina, die von den transnationalen Generationen durchaus thematisiert werden (s. Kapitel 7), blieben die Migranten in bestimmten Bereichen nicht in den herkömmlichen Mustern der Herkunftskultur gefangen. So kam es nicht infrage, etwa den Töchtern den Zugang zur höheren Bildung zu verwehren. Andererseits aber konnten die patriarchale Weltsicht, die soziale Kontrolle durch die ethnische Gemeinschaft am deutschen Wohnort sowie die transnationale soziale Kontrolle, die durch die Kontakte mit der Gemeinschaft im Herkunftsort hergestellt wurde, einen negativen Einfluss auf die soziale Inklusion der Mädchen in Deutschland haben. In Kapitel 7 und 8 werden auch diese Aspekte des Lebens junger Kroaten in Deutschland erörtert. Es wird auch die Frage angesprochen, in welchem Maße sie als transnationale Subjekte ihre Autonomie in Bezug auf das Elternhaus aufbauten.

3.5 Über die Untersuchung und den Schreibprozess

Die Studie stützt sich auf ethnografische Forschungsmethoden. Es wird auf Erforschung und Beschreibung von konkreten Einzelsituationen bestanden. Als Inspiration für dieses Verfahren dient Marc Augés Diktum (1989: 32), dass das Ideal der Ethnologie niemals das Herauslösen von repräsentativen Einzelfälle aus einem vorausgesetzten Ganzen war, sondern umgekehrt: Um gegenseitige Beziehungen oder mögliche Verallgemeinerungen aufzustellen, geht der Ethnologe von umfassend untersuchten Einzelsituationen aus.

Dies führt zwangsläufig zum Verfassen der Studie als Ethnografie des Einzelfalls. Diese ist ein analytisches Verfahren, das von Lila Abu-Lughod (1991) vorgeschlagen wurde, um das klassische anthropologische Repräsentations- und Interpretationsverfahren zu ersetzen, das einerseits das Homogenisierungskonzept der Kultur betont, andererseits aber Kulturunterschiede zwischen Gruppen und Einzelpersonen verfestigt (s. Kapitel 2). Die Ethnografie des Einzelfalls erzählt und analysiert Geschichten von konkreten Personen und porträtiert reale Menschen, in unserem Falle kroatische Migranten und ihre Nachkommen in Deutschland. Sie werden auf ihrem Weg begleitet, auf dem sie Entscheidungen treffen, Niederlagen und Verluste erleiden, Demütigungen ertragen, aber auch Glücksmomente erleben (vgl. Abu-Lughod 1991). So wird die generalisierende und homogenisierende anthropologische (und soziologische) Repräsentation und Schreibweise vermieden, die auf eine autoritäre Art und Weise die Erfahrung des Anderen essenzialisiert und fixiert. Diese Methode ermöglicht es auch, Gruppismus zu vermeiden (Brubaker 2002) oder die Tendenz, eine ethnische/nationale Gruppe als substanzielle, homogene Entität zu betrachten. Somit wird auf heterogene Erfahrungen einzelner Vertreter der Gruppe hingewiesen.

Gleichzeitig wird ethnografisches Schreiben möglich gemacht, in dem es keine selbstverständlichen Kategorien und Konzepte wie Integration oder Assimilation gibt, die sonst üblicherweise in Migrationsstudien verwendet werden und in deren Rahmen nicht nur dieser, sondern auch andere Migrationsprozesse analysiert wurden (Nieswand und Drotbohm 2014). Die vorliegende Studie hinterfragt fest eingefahrene Auffassungen und Thesen. Beispiele dafür sind aus der deutschen Perspektive etwa die fehlende emotionale Identifikation mit dem Aufnahmeland, damit verbunden aber auch die Unmöglichkeit einer vollständigen Integration kroatischer Migranten im Aufnahmeland. Infrage gestellt werden gleichzeitig die aus jugoslawischer, später kroatischer, Perspektive gepflegten Stereotype über unvernünftige Investitionen der Migranten in der Heimat, über ihren Konsumismus, über ausgebeutete und rechtlose Arbeiter im kapitalistischen Wirtschaftssystem, über zerstörte Familien und Menschen, die nirgendwo hingehören, sondern ewig zwischen zwei Orten und zwei Staaten gefangen bleiben.

Die hier angewendete analytische Forschungsmethode besteht aus mehrmaligen individualisierten, offenen Gesprächen und Treffen bei nicht formalen Gelegenheiten sowie Analysen von Gedanken, Entscheidungen und Perspektiven von einzelnen Personen aus den beiden Interviewgruppen über einen längeren Zeitraum hinweg. Das Verfahren deckt auf und rekonstruiert Welten, Erfahrungen und Praktiken, die in den früheren Studien wegen der dominant quantitativen Forschungsmethode und dem Festhalten an bestimmten Forschungsfragen sowohl in Deutschland als auch in Jugoslawien/Kroatien unentdeckt und unerkannt blieben. Die innere Perspektive, also die Stimme der Gesprächspartner selbst, die sonst aus der Perspektive der quantifizierten Autorität und soziologischen Theorie dargestellt und analysiert werden, bekommt in der vorliegenden Studie die zentrale Stelle, indem extensive, wortwörtliche Zitate und vollständige Erzählungen der Migranten[49] über bestimmte Aspekte ihres Lebens wiedergegeben werden. Gerade diese innere Perspektive macht es möglich, gängige homogenisierende und stereotype Vorstellungen über dieses Thema infrage zu stellen. In der Studie wird die „Durchschnittserfahrung" der individuellen Erfahrung gegenübergestellt. Die individuelle Erfahrung wird jedoch in die gesellschaftlichen und politischen Prozesse in zwei Staaten, die die Migranten durch ihre Praktiken verbinden, eingeordnet.

Die vorherrschende Methode bei der Materialsammlung – neben den sekundären Methoden wie etwa Anwesenheit bei privaten und öffentlichen Veranstaltungen, Jubiläen, Gastbesuchen – war das Interview. In den Interviews wurden Lebensgeschichten (Bertaux und Kohli 1984) für diese „personenzentrierte Ethnografie" (Driessen 1998) gesammelt. Die geführten Gespräche waren offene, halbstrukturierte Interviews, die nicht nach einem festen, im Voraus definierten und detailliert ausgearbeiteten Fragenbogen durchgeführt wurden, sondern nur auf der Grundlage einiger weniger Anweisungen. Im Zentrum des Interesses sollten die individuelle Migrationsgeschichte und persönlichen Erfahrungen des

49 Alle Zitate werden wörtlich wiedergegeben. Grammatische oder syntaktische Fehler wurden beibehalten, die Merkmale der kroatischen Dialekte konnte allerdings in der deutschen Übersetzung nicht entsprechend wiedergegeben werden. Nach Bedarf werden in eckigen Klammern deutende Erklärungen gegeben. Einfügungen in runden Klammern stammen aus der Gesprächssituation selbst.

Interviewten stehen (vgl. Čapo Žmegač 2004). In der Anfangsphase der Forschung, aber auch später, war mir daran gelegen, ein gewisses Maß an Offenheit an den Tag zu legen: Es war mir wichtig, meinen Gesprächspartnern die Möglichkeit zu geben, das zu erzählen, was sie in ihrer Migrantengeschichte für wichtig hielten. Gleichzeitig versuchte ich, Verständnis dafür zu entwickeln, wie sie ihr Leben interpretieren. In der Tat änderten die Migranten durch ihre Geschichten die ursprüngliche Idee des Forschungsvorhabens und gaben der Untersuchung eine ganz neue Ausrichtung. In gewisser Weise haben wir den Untersuchungsgegenstand gemeinsam bestimmt. Ihre Sichtweise der Situation war der Ausgangspunkt für die theoretische Ausarbeitung in Gegenüberstellung zu komparativen, abstrakten Kenntnissen und Thesen, die aus anthropologischen und soziologischen Migrationstheorien bekannt sind (Geertz nach Čapo Žmegač 2004). Das Ergebnis ist eine teilnehmende Studie, die auf der Individualität und Heterogenität der persönlichen Geschichten von Migranten und ihren Nachkommen besteht (Cohen nach Driessen 1998). Angeboten wird ein ganzes Spektrum an möglichen Interpretationen individueller Erfahrungen, Gedanken und Entscheidungen im Kontext der hier erörterten Migration in den 1960ern und 1970ern sowie ihrer langfristigen Auswirkungen auf das Leben der Migranten.

An dieser Stelle muss gesagt werden, dass nicht alle Migranten und ihre Nachkommen bereit waren, mir ihre Geschichte zu erzählen. In das Interview willigten nur die Personen eine, die sich in ihrem Leben und ihrem Migrationsunterfangen „wohl“ oder „erfolgreich“ fühlten. Nur zwei Personen, die ihre Migrantengeschichte als „Misserfolg“ ansehen, nahmen teil. Die hier gesammelten Geschichten sind keine „wahrhaften Reflexionen über die Realität“, sondern sind an der Schnittstelle zwischen Individuum und Gesellschaft entstanden. Sie sind das Ergebnis der Weltsicht des Migranten und seines Versuchs, über das eigene Leben eine sinnvolle Geschichte zu erzählen. Gleichzeitig sind sie auch das Spiegelbild des sozialen Diskurses, in diesem Falle insbesondere jenes Diskurses, der den Sinn und die Geschichte reflektiert, die üblicherweise den Migranten in Deutschland, aber auch im Herkunftsland zugeschrieben werden (Schneider 2009).

Mit ihren autobiografischen Erzählungen (Narrationen) konstruieren die Interviewten „sinngebende Geschichten“ über sich selbst, ihre Erfahrungen und Ereignisse in ihrem Leben. Die Narration ist das grundlegende Mittel, das der Erfahrung Sinn verleiht: Die Narration „hat ihren Ursprung in der Erfahrung und verleiht ihr gleichzeitig Sinn“ (Ochs und Capps 1996). Sie gibt dem Erzähler die Möglichkeit, sonst unzusammenhängende Ereignisse zueinander in Beziehung zu bringen und Kontinuität zwischen der Vergangenheit, der Gegenwart und den projizierten zukünftigen Welten herzustellen (ebd.). In der vorliegenden Studie werden die autobiografischen Erzählungen nicht als Ausgangspunkt für die Evaluierung der narrativen Identität einzelner Gesprächspartner verwendet (Piškorec 2007), sondern als Quelle für relevante Aussagen der Migranten über das Leben in zwei Ländern. Die immer wiederkehrenden Themen sind dabei Rückkehrabsicht, transnationale Praktiken und Familien, Wahrnehmung der Kulturunterschiede und Äußerungen über die Teilnahme am transnationalen sozialen Raum. Die Migranten nehmen in der Interpretation die zentrale Stelle ein, was die Ausgangsthese unterstreicht, dass die Migranten und ihre Nachkommen Subjekte des Migrationsprozesses sind.

4. Der zeitweilige Charakter der Migration: Von den Rückkehrplänen bis zur Transmigration

> *Das ist das Schlimmste, was uns quält. Seit vierzig Jahren sind wir da, die Kinder sind hier geboren ... Unten [in der Herzegowina] hab' ich das Haus gebaut, alles ... ich habe investiert ... und ein Plan, hier kann keiner einen Plan haben, ob man zurückkehrt ... So lange hab' ich unten gearbeitet und investiert, aber die Kinder sind da, man muss dort sein, wo die Kinder sind ... Manchmal denke ich daran [zurückzukehren], aber wie? Die Kinder sind da, man braucht Medizin, unten ist alles schwierig; keine Ordnung, kein Staat, das ist schwierig ...*
>
> *Mate, 60, 2010*

„Gekommen, um zu gehen?" lautet der Titel eines Aufsatzes über die Rückkehr kroatischer Migranten aus Deutschland von Karolina Novinšćak (2011). Diese Frage ist eine Paraphrase eines Aufsatztitels von Caroline Brettell (2003): „Emigrar para voltar" oder „emigrieren, um zurückzukehren". Durch die Implikation, dass die Rückkehr in die Strategie der kroatischen und portugiesischen Migranten eingeschrieben ist, möchten die beiden Titel eine teleologische Verbindung zwischen Auswanderung und Rückkehr nahelegen. Brettell meint, dass unabhängig von der Migrationsepoche in die „Migrationskultur" der Portugiesen die Absicht einer Rückkehr eingeschlossen sei. Novinšćak führt die Idee der Migration mit der implizierten Rückkehr auf die Bemühungen der deutschen und jugoslawischen Behörden zurück, Wirtschaftsmigranten in den 1960ern und 1970ern ins Heimatland zurückzubringen.

Wie in Kapitel 1.1.2 herausgearbeitet, war die Befristung für beide staatlichen Seiten in der kroatischen Wirtschaftsmigration nach Deutschland sehr wichtig, und damit die Rückkehr der Migranten. Auf der jugoslawischen Seite wurde die Rückkehr der „Arbeiter mit zeitweiliger Arbeit im Ausland" in die Staatsideologie mit aufgenommen. In späteren Jahren schlossen sich wirtschaftliche Maßnahme an, die die Migranten zur Rückkehr anregen sollten. Gleichzeitig wurde die Erwartung, dass die Migranten zurückkehren würden, in der

Öffentlichkeit verankert. Die Migranten selbst unterstützten diese Erwartungen, indem sie oft die Heimat besuchten und dort beträchtliche Investitionen tätigten (Baučić und Groß 1987: 89).

Der deutsche Staat handelte ebenfalls in diesem Sinne: Die Rückkehr war Bestandteil der ursprünglichen Beschäftigungsstrategie ausländischer Arbeitskräfte. Ihnen wurden in der Regel befristete Arbeitsverträge angeboten, was sie glauben ließ, dass sie nur eine kurze Zeit in Deutschland arbeiten würden. Als klar wurde, dass die ursprüngliche Rotationspolitik unhaltbar war und die Migranten länger bleiben würden als anfänglich gedacht, und auch noch, als in den 1970ern ganze Familien nachrückten, sendete die deutsche Politik den Migranten trotzdem weiterhin die Botschaft, dass ihr Aufenthalt im Lande nur befristet sei. Drei Jahrzehnte lang stellte Deutschland die Rückkehr zur Verfügung. Der Antiimmigrationsdiskurs auf staatlicher Ebene schwappte in den öffentlichen Diskurs über und verbreitete die Botschaft, dass die Migranten unerwünscht seien. Einige Bundesländer trugen mit ihrer spezifischen Politik dazu bei, den Gedanken an die Rückkehr aufrechtzuerhalten. Mit dieser Absicht wurde z. B. in Bayern Schulunterricht für Migrantenkinder in ihrer Muttersprache organisiert. Eine ergänzende Rolle bei der Orientierung kroatischer Migranten auf die Heimat spielte die Tätigkeit der kroatischen katholischen Missionen in Deutschland.

Beide staatlichen Politiken, die eine gegenüber der Einwanderung, die andere gegenüber der Auswanderung, wirkten sich in gleicher Weise auf die individuellen Rückkehrpläne aus. So wurde die Rückkehr als Teil der Rhetorik der Wirtschaftsmigration in den 1960ern und 1970ern, die von den beiden Staaten, einigen deutschen Bundesländern und Institutionen wie etwa der katholischen Kirche gefördert wurde, auch zum alles beherrschenden Ziel. Die Migranten verinnerlichten die postulierte Befristung, sodass die Rückkehr in ihren Vorstellungen zum selbstverständlichen Ziel wurde. Die staatlich unterstützte Idee von der Rückkehr und der persönliche Rückkehrwunsch verstärkten sich so mehrere Jahrzehnte lang gegenseitig.

Der Blick der Migranten war ständig Richtung Heimat und baldige Rückkehr gewandt. In einer Untersuchung, die Ende 1970 durchgeführt wurde, wurde festgestellt, dass etwa 75 Prozent der Befragten genau oder annähernd genau wussten, wann sie zurückkehren wollten, und dass ebenfalls etwa 75 Prozent nur noch drei weitere Jahre im Ausland arbeiten wollten (Baučić und Maravić 1971: 42f). Eine weitere Umfrage fünfzehn Jahre später zeigte, dass weiterhin relativ viele jugoslawische Migranten eine Rückkehr planten, jedoch meist nicht mehr so bald: Nur etwa acht Prozent der Befragten hatten vor, in den nächsten drei

Jahren zurückzukehren, während fast 80 Prozent eine Rückkehr anvisierten, jedoch ohne genaue Vorstellung, wann. Im Augenblick der Befragung arbeiteten etwa 80 Prozent der Migranten bereits seit zehn oder mehr Jahren in Deutschland (Baučić und Groß 1987: 22, 62). Jugoslawische, also auch kroatische Migranten in Deutschland hatten also nicht einmal nach einem langjährigen Aufenthalt die Absicht aufgegeben, zurückzukehren. Diese Absicht wurde jedoch auf unbestimmte Zeit verschoben. Einmal in die Migrationspolitik des Aufnahme- und Herkunftslandes eingeschrieben, wurde – und blieb – die Rückkehr ein fester Bestandteil ihrer Lebenspläne. Jahre- und jahrzehntelang steuerte die Rückkehr die Entscheidungen der Migranten und gab ihrem Leben zwischen Deutschland und Kroatien bzw. Bosnien und Herzegowina eine Struktur. Die Rückkehrabsicht bildete den Hintergrund für die intensive Transmigration und Transnationalisierung der Migrantenaktivitäten während des jahrzehntelangen Aufenthalts in Deutschland. Diese Absicht war von ständigen Reisen in die Heimat sowie dortigen Investitionen wesentlich beeinflusst. Das Ergebnis sind schlussendlich das langjährige Leben an zwei Orten sowie transnationale Familien.

Die Rückkehrabsicht war von den 1960ern bis in die 1990er der zentrale Punkt des Migrantenlebens in Deutschland, nicht nur für Kroaten, sondern auch für andere Migrantengemeinschaften. Obwohl sich der befristete Aufenthalt der Arbeitsmigranten in Deutschland, egal ob sie Portugiesen, Italiener, Griechen, Türken oder Kroaten waren, in einen längerfristigen Aufenthalt in diesem Land verwandelte, hörten sie nicht auf, darüber nachzudenken, Deutschland zu verlassen und in ihre Heimat zurückzukehren (Klimt 1989; Wolbert 1995; Şimşek-Çağlar 1994; Dunkel und Stamaglia-Faggion 2000; Amt für multikulturelle Angelegenheiten 2001; *Fremde Heimat* 2002). Die langen Jahre, die sie in Deutschland verbrachten, änderten nichts an ihrer Entschlossenheit, in die Heimat zurückzukehren. Es kam nicht der Wunsch auf, sich in Deutschland dauerhaft anzusiedeln. Andrea Klimt formulierte die These, dass die Entschlossenheit, die Zukunft in Portugal zu verbringen und die „dauerhafte Zeitweiligkeit" in Deutschland den Kern der portugiesischen Migration in diesem Land ausmachen (Klimt 1989: 49). Der Wunsch nach Rückkehr ist laut Klimt eine direkte Antwort auf den gesellschaftlichen Ausschluss, dem sie in Deutschland ausgesetzt sind (Klimt 1989, 2000). Die ständige Rede von der Rückkehr unter den türkischen Migranten wurde auch als Reaktion auf die Wahrnehmung interpretiert, dass sie im Aufnahmeland marginalisiert würden (Wolbert 1995; Şimşek-Çağlar 1994). Die Praxis, die entfernte Türkei in ihr Lebensumfeld zu integrieren, wurde als Akt der kulturellen Kreativität gedeutet (Wolbert 1995). Auch wenn die Rückkehr ständig verschoben wurde und die Mehrheit der türkischen Migranten in Deutschland blieb, verblasste der Gedanke an die Rückkehr nicht – er wurde immer benötigt, um die Zugehörigkeit zur türkischen Nation zu bekräftigen und das Bewusstseins der gemeinsamen Herkunft wachzuhalten. Die Erschaffung der gemeinsamen Perspektive schweißte türkische Migranten noch fester zusammen. Deshalb kam Barbara Wolbert (1995: 29) zu dem Schluss, dass der Rückkehrmythos der Schlüssel zum Verständnis der türkischen Lebensstile in Deutschland ist.[50]

In einem ersten Schritt schauen wir uns in diesem Kapitel die Statistiken über die Rückkehr der kroatischen Migranten seit den 1970er-Jahren bis heute an. Sie zeigen eindeutig, dass eine Massenrückkehr der Wirtschaftsmigranten aus den 1960er- und 1970er-Jahren nicht stattgefunden hat, obwohl sie sowohl auf staatlicher als auch privater Ebene strategisch vorgesehen war. Viele sind sogar nach einem gescheiterten Versuch, nach Kroatien oder Bosnien und Herzegowina zurückzukehren, erneut nach Deutschland ausgewandert. Die Gründe dafür werden im Anschluss erörtert.

Auf verschiedene Aspekte der Migrantenentscheidungen bezüglich der Rückkehr wird anhand von zwei Migrantengeschichten eingegangen. Die eine Geschichte zeigt, wie sich der anfänglich als befristet gedachte Aufenthalt im Ausland in einen dauerhaften umwandelte. Dabei wurde der ursprüngliche Rückkehrplan auf die Rentenzeit verschoben oder verlor jeglichen Sinn. Für die Zukunft wurde ein Plan entworfen, dass man einen Teil des Jahres in Deutschland verbringen würde und einen Teil in Kroatien oder Bosnien und Herzegowina. Die kroatische Wirtschaftsmigration nach Deutschland entwickelte sich in der letzten Phase, für die ursprünglich die endgültige Rückkehr in die Heimat geplant wurde, zu einem *exemplarischen transnationalen Prozess*. In dieser Phase ist die Transmigration oder mehr oder weniger ständige Hin- und Herbewegung zwischen zwei (oder mehreren) Orten in zwei Ländern typisch. Dabei wird die Möglichkeit der endgültigen Ansiedlung in beiden Ländern immer offen gehalten. Die zweite Migrantengeschichte zeigt, dass weder Auswanderung noch Rückkehr einmalige oder unumkehrbare Ereignisse sind. Beide sind *rever-*

50 Quantitative Daten zur Rückkehrabsicht unter türkischen und jugoslawischen Migranten in den 1980ern weisen einen wesentlichen Unterschied auf: 1982 hatten 48 Prozent der Türken in Deutschland vor, in die Heimat zurückzukehren (gegenüber 86,3 Prozent der jugoslawischen Arbeiter); 44,7 Prozent hatten noch keine Entscheidung getroffen, ob sie für immer bleiben oder in die Heimat zurückkehren wollten (gegenüber 8,7 Prozent der Jugoslawen) (Baučić und Groß 1987: 62).

sible Prozesse und münden in mehr oder weniger ausgeprägter Transnationalisierung und grenzübergreifenden Praktiken. Typisch dafür sind zwei Lebensschwerpunkte sowie die offene Möglichkeit bei der Auswahl des Lebensortes. Die beiden Geschichten eröffnen die Frage nach der Relevanz der klassischen Konzepte der „Rückkehr“ im Sinne des endgültigen Endes der Migration sowie der „Auswanderung“ im Sinne des endgültigen Verlassens des Herkunftslandes. Diese Themen werden im letzten Teil des Kapitels erörtert

4.1 Rückkehrstatistik

Im europäischen System der Wirtschaftsmigrationen war die Rückkehr ein „normales“ Ereignis. So war die Rückkehr der beispielsweise türkischen und jugoslawischen Arbeitsmigranten aus Deutschland in den 1970ern und 1980ern nicht selten (Nejašmić 1981; Baučić und Groß 1987; Wolbert 1995). Den Schätzungen nach war die Migration aus Jugoslawien „noch viel weniger als für andere Länder eine Einbahnstraße“, d. h., die Migranten aus Jugoslawien kehrten im Vergleich zu anderen Migrantengruppen viel häufiger zurück (Baučić und Groß 1987). Leider machen verschiedene Quellen und abweichende Daten eine zuverlässige Quantifikation unmöglich (Novinšćak 2011).

Die größte Rückkehrwelle aus Deutschland wurde von der Wirtschaftskrise 1973/74 und dem Anwerbestopp ausgelöst (s. Kapitel 1). Zu dieser Zeit stellte die jugoslawische Migrationspolitik die Rückkehr in den Vordergrund. Den Migranten wurde erlaubt, ihre Devisenersparnisse in die einheimische lokale Wirtschaft zu investieren, später wurden auch private Investitionen im Kleinunternehmertum toleriert. Vladimir Ivanović (2012) beschrieb verschiedene staatliche Versuche in den 1970ern und 1980ern, Migrantenersparnisse zu Produktions- und Entwicklungszwecken auszunutzen und somit die Rückkehr der Arbeitsmigranten anzukurbeln. Bekannt ist das Projekt der sogenannten Devisenfabriken, bei dem Migranten ihr Geld in den Aufbau von Fabriken in ihrem Heimatort investierten[51]. Eine andere Investition war der Einkauf des eigenen

51 Die „Devisenfabriken“ waren Finanzierungsprojekte, die mit dem Geld der Migranten finanziert wurden. Die erste solche Fabrik war „Pionirka“, die 1970 im Dorf Aržano in der Gemeinde Imotski aufgebaut wurde. Zu dieser Zeit war die Gemeinde Imotski eine der unterentwickeltsten Gemeinden in ganz Kroatien. Sie war unter anderem für die höchste Auswanderungsrate in Europa bekannt. Von vier Einwohnern von Imotski waren drei im Ausland beschäftigt, meistens in Deutschland, nur eine Person hatte einen Arbeitsplatz in Kroatien. Einhundert Migranten aus Aržano

Arbeitsplatzes, bei dem der Migrant in ein bereits bestehendes Unternehmen investierte; als Gegenleistung durfte er in dem Unternehmen arbeiten[52]. Gefördert wurden außerdem Investitionen in Kleinunternehmen sowie Handwerksbetriebe[53]. Diese Projekte fanden keinen breiten Anklang unter den Migranten.

---

legten 220 000 DM zusammen, um eine Fabrik aufzubauen. Etwa hundert Arbeitsplätze konnten so eröffnet werden, die größtenteils von Frauen und Verwandten der Investoren belegt wurden (Winterhagen nach Ivanović 2012: 282f). Die Gemeinde Imotski führte die Liste der Gemeinden an, die die Devisenersparnisse der Migranten in den Aufbau von Fabriken anlegten, um Fabriken in den Ursprungsorten der Migranten-Investoren aufzubauen. Im Gegenzug wurden für Migranten und ihre Familienmitglieder Arbeitsplätze eröffnet. Bis Ende der 1970er-Jahre wurden etwa dreißig solcher mit Devisenersparnissen aufgebauter Fabriken in den am wenigsten entwickelten Teilen Kroatiens, Bosniens und Herzegowina, Sloweniens und Serbiens aufgebaut (Vedriš nach Ivanović 2012). Es wird vermutet, dass die Migranten eher ungern in solche Projekte investierten und dass nicht einmal fünf Prozent der Rückkehrer auf diesem Wege einen Arbeitsplatz in der Heimat sichern konnten (Novinšćak 2011: 99).

52 Nachdem dass Projekt „Devisenfabriken" nicht besonders erfolgreich gewesen war, entwickelte der jugoslawische Staat eine neue Methode, um Migrantenersparnisse für die Eröffnung von neuen Arbeitsplätzen und die Wirtschaftsentwicklung auszunutzen. Mit einem neuen Gesetz wurde die Möglichkeit reguliert, dass Migranten Obligationsscheine in einzelnen Unternehmen kaufen konnten. Auf diese Weise legten sie ihre Geldmittel zusammen mit einer bereits bestehenden „Organisation der vereinten Arbeit" (also einem Unternehmen) zusammen und konnten im Gegenzug mit einem Arbeitsplatz in diesem Unternehmen rechnen. Diese Möglichkeit wurde angeblich in den Migrantenreihen gutgeheißen, aber es sei schwer zu sagen, wie viele Migranten auf diesem Wege einen Arbeitsplatz in der Heimat sichern konnten, so Ivanović. Auch diese Methode stieß in der Öffentlichkeit teilweise auf Ablehnung, denn sie konnte missbraucht werden – Geschäftsführer von staatlichen Unternehmen missbrauchten ihre Position und ließen sich von Migranten bestechen (Ivanović 2012: 289f). Milan Mesić (1991: 29) erwähnt das in der Öffentlichkeit unter dem pejorativen Namen bekannte „Gesetz über den Kauf von Arbeitsplätzen", das eigentlich als „Gesetz zur Anschaffung von Mitteln von Bürgern zur Erweiterung der materiellen Grundlage der Organisationen der vereinten Arbeit" verabschiedet wurde. Dank diesem Gesetz konnten etwa 40 000 Personen beschäftigt werden. Auch dieses Gesetz erfüllte die Erwartungen des Staates nicht, denn es konnten damit nicht genügend Investitionsmittel von Privatpersonen mobilisiert werden.

53 Der Staat schuf 1974 die Voraussetzungen für die Entwicklung von Handwerksbetrieben und kleinen Unternehmen, weil darin auch die Möglichkeit gesehen wurde, Migrantenersparnisse anlegen zu können. Auch diese Maßnahme erzielte nicht die

Eine mögliche Erklärung dafür liegt darin, dass sich die Migranten eher für den Dienstleistungssektor interessierten als für Handwerk oder Produktion, etwa die Eröffnung von Cafés, Restaurants oder Transportunternehmen (ebd.). Ivanović erwähnt aber auch, dass die sozialistische Ideologie und die einheimische Öffentlichkeit diese Förderungen negativ beurteilten, weil dadurch Ungleichheit in einer Gesellschaft gefördert wurde, die eigentlich Gleichheit anstrebte.

Eine Rückkehr ist im Kontext der gesamten wirtschaftlichen und politischen Umstände und Maßnahmen nicht nur in Jugoslawien, sondern auch in der Bundesrepublik Deutschland zu beurteilen. Die meisten Migranten kehrten nach der Wirtschaftskrise 1973 in die Heimat zurück, als in Deutschland der Anwerbestopp verhängt wurde. Schätzungen zufolge gab es im Zeitraum von 1974 bis 1977 etwa 22 000 bis 30 000 Rückkehrer pro Jahr. Der Höhepunkt soll 1974 erreicht gewesen sein (Nejašmić nach Heršak 1993: 285). Nach offiziellen staatlichen Statistiken wurden im Zeitraum zwischen 1971 und 1981 um ein Drittel weniger kroatische Bürger als Arbeiter in Deutschland verzeichnet, die Zahl sank von 157 601 auf 106 616 (Nejašmić 1994; Vojnović 1999; s. Kapitel 1). Zehn Jahre später, also 1991, war die Zahl der Kroaten in Deutschland immer noch gleich hoch (ebd.). Das lässt den Schluss zu, dass in den 1980ern sehr wenige Migranten in die Heimat zurückgekehrt sind. Es sieht aus, dass die Migranten ihre Entscheidungen trotz verstärkter Fördermaßnahmen für die Rückkehr ausländischer Arbeiter[54] und wachsender Ausländerfeindlichkeit in Deutschland unabhängig von der Situation im Aufnahmeland trafen. Diejenigen, die in dieser Zeit zurückkehrten, handelten auch ohne Rücksicht auf die wirtschaftliche Situation im Herkunftsstaat, die Emil Heršak (1993: 285) eine „wirtschaftliche Havarie“ nennt. Sowohl die in Deutschland gebliebenen Migranten als auch diejenigen, die zurückkehrten, handelten teilweise unabhängig von der wirtschaftlichen Situation im jeweiligen Land. Für beide Gruppen ist bezeichnend, dass sie sich von persönlichen und familiären Gründen leiten ließen. Die eigentliche Grundlage für jegliches Handeln bestand allerdings bereits in der ursprünglichen Absicht, eines Tages zurückzukehren.

---

gewünschten Resultate. Eines der Hindernisse bei der Eröffnung kleiner Produktions- und Handwerksbetriebe war die Bedingung, dass der Besitzer eine entsprechende Qualifikation vorweisen musste (Ivanović 2012).

54 Anfang der 1980er setzte sich in Deutschland die Wirtschaftskrise fort und der Staat verstärkte in der Folge die Fördermaßnahmen für die Rückkehr ausländischer Arbeiter. So wurden beispielsweise Renteneinzahlungen ohne Verzögerung rückerstattet und in einer kurzen Zeitspanne wurden den Rückkehrern unter bestimmten Umständen sogar Prämien ausgezahlt (Wolbert 1995).

Auch nach der Gründung des selbstständigen Kroatien 1991 blieb eine Massenrückkehr der kroatischen Migranten aus. Karolina Novinšćak (2011) versuchte, genaue Zahlen über zurückgekehrte Migranten zu erheben. Dafür zog sie deutsche und kroatische Quellen heran, kam aber zu keinen zuverlässigen Ergebnissen. Dennoch lässt sich aus den zur Verfügung stehenden Daten schließen, dass die meisten Rückkehrer aus Deutschland kamen.

Der Vergleich der Volkszählungen von 1981 und 2001 zeigt, dass die Zahl der Rückkehrer in diesem Zeitraum nicht wesentlich gestiegen ist: 2001 war die Zahl um etwa 14 000 Personen höher als 1981. Im Jahr 2001 wurden 111 352 Rückkehrer verzeichnet, davon zwei Drittel aus Deutschland (Novinšćak 2011: 101). Novinšćak merkt an, dass aus diesen Zahlen nicht ersichtlich sei, wie viele sich tatsächlich dann auch dauerhaft in Kroatien angesiedelt haben und wie viele wieder ausgewandert sind. Nach Angaben des früheren Ministeriums für Einwanderung kehrten etwa 40 000 Personen in den 1990ern zurück (Cetinić 2000: 50). Diese Zahl stimmt mit der vom Ministerium für innere Angelegenheiten angegebenen Zahl überein, die zwischen 1991 und 1998 etwa 46 000 Personen als Rückkehrer angibt (Vidak 1998: 59; Novinšćak 2011: 112). 50 Prozent der Rückkehrer kamen aus Deutschland. Der Höhepunkt dieser Rückkehrwelle war 1992. Damals sind 7613 Personen aus Deutschland zurückgekehrt, insgesamt 14 269 aus allen anderen Auswanderungsländern (ebd.). Nick Vidak vermutet, dass es 1992 so viele Rückkehrer gab, weil politische Emigranten und Auswanderer am Krieg zur Verteidigung Kroatiens teilnehmen wollten.

Eine andere Untersuchung kam dagegen zum Schluss, dass zwischen 1990 und 1997 nur etwa 24 400 Personen zurückgekehrt seien, 60 Prozent von ihnen aus Deutschland (*Sociodemografski* ... 1997). Es wurde auch festgestellt, dass die offiziell angegebenen Zahlen und die tatsächliche Situation nicht übereinstimmten. Die Hälfte von den in Kroatien angemeldeten Personen lebte auch weiterhin im Auswanderungsland. Deshalb scheinen auch einige ausgesprochen niedrige Einschätzungen über die Zahl der Rückkehrer in den 1990ern nicht unrealistisch zu sein: Cetinić (2000: 50) etwa gibt die Zahl von nur rund 5000 an.

Novinšćak verglich die Zahlen aus deutschen und kroatischen Quellen. Dabei merkt sie an, dass deutsche Angaben unvollständig seien und die Zahl der tatsächlich zurückgekehrten kroatischen Bürger höchstwahrscheinlich höher ist als angegeben. Viele Migranten, die ins Herkunftsland zurückkehrten, meldeten sich nämlich aus Angst, den Aufenthalts- und Arbeitstitel zu verlieren, in Deutschland nicht ab. Zudem geben diese Daten Auskunft darüber, dass kroatische Staatsangehörige Deutschland verlassen haben, nicht aber, ob sie nach Kroatien zurückgekehrt oder eventuell in ein drittes Land ausgewandert sind. All diese Umstände müssen im Auge behalten werden, auch wenn man sich neuere Zahlen anschaut. So haben zwischen 2005 und 2010 im Durchschnitt 7000 kroatische Staatsbürger pro Jahr Deutschland verlassen. Unter ihnen war die Gruppe der Personen, die dort dreißig Jahre und länger gelebt hatten, am größten. An zweiter Stelle befanden sich in diesem Zeitraum Personen mit einer auf drei Jahre begrenzten Arbeitserlaubnis im Bausektor. Die drittgrößte Gruppe waren Kroaten, die während des Krieges in den 1990ern in Kroatien und Bosnien und Herzegowina ausgewandert waren.

Durch den Vergleich unterschiedlicher Quellen konnten klare Unstimmigkeiten festgestellt werden. Novinšćak schlussfolgert deshalb, dass keine zuverlässige Datengrundlage vorhanden ist, um die genau Zahlen der kroatischen Rückkehrer aus Deutschland festzustellen (Novinšćak 2011: 122). Das relativ hohe Alter der Rückkehrer deutet aber darauf hin, dass die Rückkehr mit dem Antritt des Rentenalters zusammenfällt. Dabei handelt es sich oft um eine teilweise Rückkehr oder der Aufenthalt in beiden Ländern wird alternativ kombiniert (vgl. Čapo Žmegač 2005a; s. u.). Auch eine endgültige Rückkehr lässt sich statistisch nicht feststellen, weil die Migranten den Wohnsitz in Deutschland nicht offiziell abmelden. Wenn die Daten über die Anmeldung des Wohnsitzes verglichen werden, wird ersichtlich, dass Kroaten, die in westlichen und nördlichen Teilen Deutschlands arbeiteten, in den Süden ziehen, vorwiegend nach Bayern, und dort den neuen Wohnsitz anmelden. Der neue Wohnsitz wird aber nach der Rückkehr aus Deutschland nicht abgemeldet, um die Risiken einer (endgültigen) Rückkehr nach Kroatien zu minimieren: Bei Beibehaltung des Wohnsitzes in Deutschland wird auch das Recht auf Sozialversicherungen, unter bestimmten Umständen auch das Recht auf die Rentenzulage beibehalten. Für ältere Rückkehrer ist das Recht auf medizinische Fürsorge von besonderer Wichtigkeit. Aus den Gesprächen mit meinen Interviewpartnern habe ich erfahren, dass die Migranten sowohl bei einer endgültigen als auch einer teilweisen Rückkehr den deutschen Wohnsitz nicht abmelden.

Nach dem Mikrozensus aus dem Jahr 2015 lebten in Deutschland 407 000 Personen mit kroatischem „Migrationshintergrund“ (11. Bericht … 2016). Nach Angaben aus dem Ausländerzentralregister ist die Zahl der Personen mit kroatischer Staatsbürgerschaft niedriger: 2015 betrug sie 297 895, im Jahr 2016 stieg diese Zahl auf 332 605 Personen. Die übrigen Personen kroatischer Abstammung, die beim Mikrozensus dazugezählt wurden, haben die deutsche Staatsbürgerschaft.[55] Von 2010 bis 2016 ist die Zahl von kroatischen Staatsbürgern in

55 https://de.statista.com/statistik/daten/studie/1221/umfrage/anzahl-der-auslaender-

Deutschland von 220 199 (Novinšćak 2011: 118) um weitere 110 000 Personen gestiegen. Die gestiegene Zahl spiegelt die jüngste Zuwanderung der Kroaten nach Deutschland wider. Weiterhin sind aber die meisten kroatischen Staatsbürger in Deutschland Arbeitsmigranten aus den 1960ern und 1970ern mit ihren Nachkommen.

Statistische Daten zeigen, dass die Rückkehr nicht nur beabsichtigt, sondern auch durchgeführt wurde. Der Gedanke an die Rückkehr begleitet die kroatischen Arbeitsmigranten in Deutschland ständig. Statistische Daten zeigen auch, dass die Rückkehr in keinem historischen Abschnitt massenhaft war, weder zu Zeiten Jugoslawiens, noch nach der Gründung des selbstständigen Kroatien. In der Regel wurde der ursprüngliche Plan über die Rückkehr immer wieder verschoben, meist bis zum Rentenalter. Wie die Rückkehr konkret realisiert wird, wie sich die Pläne und die Bedeutung der Rückkehr ändern, wird im Nachfolgenden gezeigt. Die Migrantengeschichten zeigen bildhaft, warum die Rückkehr verschoben wurde, zuerst kurzfristig, später auch langfristig, wie sich das Rückkehrkonzept wandelte und wie es zu einer kontinuierlichen Transmigration zwischen Deutschland und Kroatien oder Bosnien und Herzegowina als Ersatz für die endgültige Rückkehr kam. Die Geschichten veranschaulichen außerdem eine Erscheinung, die statistisch nicht festgehalten wurde: die Remigration, die nach einer Rückkehr in den 1980ern und etlichen Jahren des Lebens in Kroatien oder Bosnien und Herzegowina stattfand. Die beiden Migrantengeschichten ergänzen die Geschichten in Kapitel 5 und 6 und sollten deshalb zusammen gelesen werden: In allen diesen Geschichten sind die Rückkehrabsicht und die Verschiebung der Rückkehr mit einem doppelten Lebensfokus und transnationalen Familienleben verknüpft.

4.2 Jasna und Stjepan: Lebenslange Bilokalität – „hier und dort"

Leicht selbstironisch erzählt Stjepan aus Međimurje (im Nordkroatien), wie er 1972 während der Olympischen Spiele nach München kam, um seine Eltern zu besuchen, die dort schon arbeiteten, der Vater schon seit fünf Jahren, die Mutter

in-deutschland-nach-herkunftsland/ (letzte Einsicht 12.02.2018). Im Ausländerzentralregister werden auch Personen mit bosnisch-herzegowinischer Staatsbürgerschaft verzeichnet: 167 975 (2015) bzw. 172 560 (2016). Da Kroaten aus Bosnien und Herzegowina in der Regel eine doppelte Staatsbürgerschaft haben, also auch die kroatische, sind sie höchstwahrscheinlich als kroatische und nicht als bosnisch-herzegowinische Staatsbürger verzeichnet.

etwas kürzer. Er hatte damals nicht vor, in Deutschland zu bleiben. Aber die Stadt gefiel ihm gut, und als er dann noch eine Arbeit fand – als Busfahrer, was er die meiste Zeit über blieb –, gefiel ihm das Gehalt, und so blieb er. Bald folgte ihm auch seine Frau, während ihr Kind mit Stjepans Mutter, die inzwischen nach Hause zurückgekehrt war, in der Heimat blieb.

Dreißig Jahre später, nun im Alter von etwa fünfzig Jahren, erinnert er sich, dass er und seine Frau nach dem ursprünglichen Plan nur für ein paar Jahre in Deutschland bleiben wollten, um Geld für ein Familienhaus zu verdienen. Es kam jedoch anders, denn nachdem er das Elternhaus im Heimatort renoviert hatte, begann er ein neues, größeres Haus zu bauen. Er wollte „mehr, etwas Schöneres". Dann fing er an, in den Familienbauernhof zu investieren, und modernisierte landwirtschaftliche Geräte. Diese Investitionen forderten immer mehr Geld und für das junge Ehepaar war Sparkurs angesagt. Um ihre Pläne in möglichst kurzer Zeit zu verwirklichen, hatten beide einen Zweitjob und lebten eher bescheiden. Stjepan erzählte 2002 lachend:

> Ich wollte nur etwas Geld verdienen, was weiß ich, ein Haus bauen, sagte ich, ein Haus, und dann ist Schluss. Dann kehren wir zurück. Aber die Situation war so, das alles war nicht genug, dann kamen die Kinder, und die Familie, und so bin ich geblieben. Von Anfang an dachte ich daran [an die Rückkehr]. Wir hatten es vor, mindestens in den ersten zehn Jahren. Immer nur noch ein Jahr, und noch eins, und noch eins. Und dann kam dieser Krieg [1991-1995, in Kroatien], da sind wir eben nicht mehr so oft zurückgefahren, und jetzt sind wir auch in die Jahre gekommen, und jetzt, wohin soll ich jetzt!

Die Rückkehr war auch daran geknüpft, dass die Tochter in Kroatien blieb, gerade weil man „nur paar Jahre weg bleiben wollte, keiner hatte vor, hier zu bleiben", erzählt die Ehefrau Jasna. Während sie das Haus bauten, fuhren sie auch sehr oft in die Heimat. Jasna blieb öfters auch länger, um mehr Zeit mit der Tochter zu verbringen, und die Tochter kam in den Ferien zu den Eltern nach Deutschland. Als dann das zweite Kind kam, bestand Jasna darauf, dass es bei den Eltern in Deutschland blieb. Da sie eine Rückkehr planten, erwarben Jasna und Stjepan zusätzliche Qualifikationen per Fernkurs (Bürofachkraft und Berufskraftfahrer). Die Fernkurse wurden eigens vom jugoslawischen Staat für die in Deutschland arbeitenden Bürger organisiert und hatten das Ziel, dass die potenziellen Rückkehrer eines Tages im Heimatland leichter eine Stelle finden oder ein eigenes Geschäft starten könnten.

Mitte der 1980er-Jahre, nach fünfzehn Jahren in Deutschland, wurde der erste Versuch gemacht, in die Heimat zurückzukehren. Das Ehepaar wollte das staatliche Angebot für die Rückkehrer wahrnehmen und in ein einheimisches Unternehmen investieren. Jasna wurde eine Arbeitsstelle in einer Textilfabrik in

Međimurje versprochen. Im Gegenzug dafür sollte sie der Fabrik ihre den Rückkehrern vom Staat gewährten Rechte für begünstigten Import von Waren aus dem Ausland abtreten. Dieses Versprechen wurde aber nie eingelöst, weil der Vertreter der Fabrik, mit dem Jasna in Kontakt getreten war, von ihr verlangte, noch eine zusätzliche Summe zu bezahlen. Auch zwanzig Jahre nach diesem Ereignis war Jasna über dieses korrupte Verhalten sichtlich empört. Damals vernichtete sie entrüstet sämtliche Unterlagen, die sie für die Rückkehr gesammelt hatte, und blieb in Deutschland. Da ihre Tochter damals erst sechzehn war, konnte sie aufgrund des damals gültigen Einwanderungsgesetzes nicht zu ihren Eltern nach Deutschland nachziehen. Die Familie setzte also ihr transnationales Leben in zwei Orten und Staaten weiter fort.

Erst nach mehr als fünfzehn Jahren, in denen sie gespart und in Kroatien investiert hatten, dachten Jasna und Stjepan schließlich nicht mehr an die Rückkehr und konzentrieren sich auf ihr Leben in Deutschland. Sie mieteten in München eine größere Wohnung und richteten sie bequem ein. Gleichzeitig begannen sie auch damit, das Land und die landwirtschaftlichen Geräte in Kroatien allmählich zu verkaufen. Das Haus in der alten Heimat nennen sie heute „totes Kapital". Stjepan denkt darüber ähnlich wie viele andere Migranten:

> Das tut mir jetzt leid, dass ich überhaupt ein Haus gebaut habe. Ja, ehrlich. Ich hätte dieses Geld anderswo anlegen können oder in der Bank mit 2 Prozent Zinsen. Denn wenn ich eines Tages auch zurückkehren würde, für dieses Geld könnte ich ein neues Haus kaufen. Oder eine größere Wohnung.

Die Besuche in Kroatien wurden weniger, dafür machten sie touristische Reisen oder besuchten Verwandte in anderen Ländern. Jasna machte eine Fortbildung und erhielt eine zusätzliche Qualifikation innerhalb des deutschen Bildungssystems, weil sie sich nun darauf konzentrierte, eine bessere Arbeitsstelle zu bekommen. Bald bekam sie eine Stelle als Verwaltungsmitarbeiterin in einem Krankenhaus. Bei unserer ersten Begegnung sagte sie, dass sie nicht „einfach so" das Land verlassen könnte, wenn sie einmal in Rente gehe. Der Plan war, als Rentner an beiden Orten zu leben: „Wenn wir einmal in Rente sind, dann leben wir hier und dort! (…) Wir haben sowieso Kinder hier und dort!"

Zehn Jahre später und fast vierzig Jahre nach der Ankunft in Deutschland wussten Jasna und Stjepan sehr wohl, dass sie nie endgültig zurückkehren würden: „Nööö, ohne München könnte ich nicht leben", sagte Jasna. Stjepan war damals schon in Rente, lebte aber hauptsächlich mit seiner Frau in München. In den Heimatort kehrte er nur gelegentlich zurück, um die Renovierungsarbeiten am Haus zu beaufsichtigen. Das Haus, das sie 1978 in Stjepans Heimatdorf in

Međimurje bauten, wollten sie noch einmal herrichten, bevor Jasna in Rente geht: „Jetzt musste alles noch einmal erneuert werden", sagte Stjepan. Damals wurde das Haus zum dritten Mal neu möbliert. Mit einer gewissen Skepsis sprachen sie über ein mögliches Leben in Kroatien. Sie haben sich in München eingelebt, hatten eine relativ große, gemütlich eingerichtete Wohnung, in der sie seit einem Vierteljahrhundert wohnten. Die Ungewissheit darüber, wie ihr Leben in einem Dorf in Međimurje aussehen könnte, insbesondere Bedenken über die medizinische Versorgung, ließen in ihnen den Plan reifen, dass sie auch nach Jasnas Renteneintritt weiterhin „hier und dort" leben würden, allerdings mit längeren Aufenthalten „dort". Die Einschätzung, dass die Kinder sie dann nicht mehr brauchen würden, aber auch die Tatsache, dass ein Kind in Deutschland, das andere aber in Kroatien lebte, gaben ihnen bei der Entscheidung über ihren zukünftigen Lebensort ein Gefühl von Freiheit.

Bei unserer letzten Begegnung 2018 in Zagreb konnte ich feststellen, dass Jasna und Stjepan ihren Plan verwirklicht haben. Obwohl sie in ihrem Haus in Međimurje leben, ist dieses vitale Paar ständig auf Reisen. Sie haben sogar die Orte, an denen sie leben, verdoppelt: Neben dem Leben im Dorf in Međimurje verbringen sie zweimal im Jahr etwa einen Monat bei ihrem Sohn in München, wo sie übrigens auch den Wohnort in Deutschland angemeldet haben; außerdem halten sie sich häufig bei der Tochter in Zagreb auf und kümmern sich um ihre Enkelin; hinzu kommen die Sommermonate in Dalmatien, wo ihr Sohn in Ferienhäuser investierte.

Diese Familiengeschichte bietet die Grundlage für einen Kommentar zu mehreren Aspekten der Rückkehrabsicht und ihrer Realisierung. Als Erstes soll auf die Folgen der Rückkehrabsicht eingegangen werden sowie auf die Gründe, warum die Rückkehr verschoben wird. Der nächste Schritt ist der gescheiterte Rückkehrversuch, der für die Mitte der 1980er typisch ist, sowie die erneute Migration – oder Rückkehr – nach Deutschland. Im dritten Schritt wird ein neues Rückkehrkonzept entwickelt, bei dem die ursprüngliche Absicht, endgültig zurückzukehren, durch eine partielle Rückkehr ersetzt wird, wobei die Absicht festgesetzt wird, die Transmigration fortzusetzen, grenzübergreifend mobil zu bleiben und „bilokal", also an zwei Orten, zu leben. Anders gesagt, die in den ersten Jahren der Arbeitsmigration geplante endgültige Rückkehr wird als Konzept aufgegeben und die Migranten entscheiden sich für ein alternatives Leben in zwei Staaten, für eine lebenslange Bilokalität und Mobilität über staatliche Grenzen hinweg.

Es steht außer Frage, dass das hier interviewte Ehepaar jahrelang die Absicht hegte, möglichst bald in die Heimat zurückzukehren. Um diesen Plan zu verwirklichen, ließen sie sogar ihr Kind in der Heimat bei der Großmutter und konzentrierten sich auf Investitionen im Heimatort. In den ersten fünfzehn Jahren wurde diese Absicht am Leben erhalten. Obwohl die Rückkehr immer wieder verschoben wurde, wurde das Leben in der Migration als „dauerhaft vorübergehender Zustand“ (Klimt 1989) organisiert: Sie wohnten in einer relativ kleinen, bescheidenen Wohnung (vgl. Petrušić-Hluchy 2012) und hatten neben der Hauptbeschäftigung weitere Nebenjobs, die sie physisch an ihre Grenzen brachten, nur damit sie in möglichst kurzer Zeit für die Investitionen in der Heimat genug Geld sparen könnten. Sie absolvierten Weiterbildungen und investierten in das eigene Humankapital, um bei der Rückkehr bessere Chancen auf dem Arbeitsmarkt zu haben (vgl. Brčić 1990). Außerdem blieb ihr Kind in der Heimat, in die sie zurückkehren wollten. Im gewissen Sinne lebten sie für eine Zukunft, die erst nach der Rückkehr in die alte Heimat ansetzen sollte (s. Kapitel 5). Für diesen Lebensabschnitt war der Blick über die Grenzen des Staates, in dem sie lebten, charakteristisch. Dieser Lebensabschnitt war von intensiven transnationalen Praktiken gekennzeichnet, die ihre Wohnverhältnisse verbessern und die Zukunft in Kroatien wirtschaftlich absichern sollten. Das Leben in Deutschland mit einer baldigen Rückkehr im Blick zog die Folge nach sich, dass die Familie getrennt leben musste. Diese Trennung konnte auf dem ganzen Migrationsweg nicht überwunden werden, weder durch eine Familienzusammenführung in Deutschland noch nach der Verwirklichung der Rückkehr in Kroatien. Die Aktivitäten dieser Migrantenfamilie – intensive Transmigration und Investitionen in Kroatien sowie das „bilokale“ Familienleben – sind typisch für die erste Phase des Aufenthalts in Deutschland. Wie die bereits zitierte Untersuchung unter kroatischen Migranten 1970 zeigte, betonten die Migranten in dieser Phase den vorübergehenden Charakter ihrer Migration: 28,4 Prozent der Befragten hatten die Absicht, bis zu einem Jahr im Ausland zu bleiben, 31,8 Prozent wollten zwischen einem und drei Jahren bleiben; nur 5,5 Prozent der Befragten zwischen fünf und zehn Jahren, und 8,1 Prozent beabsichtigten, länger als zehn Jahre zu bleiben oder überhaupt nicht mehr zurückzukehren (Baučić und Maravić 1971).

Da die Migranten mit einem kurzfristigen Aufenthalt in Deutschland rechneten, war diese Phase durch intensives Pendeln zwischen dem Arbeitsort und dem Herkunftsort gekennzeichnet. Für das hier beschriebene Ehepaar ist die intensive, regelmäßige Transmigration sowie verschiedene Arten der Teilnahme am Leben im Herkunfktsland typisch. Die wichtigsten Akteure und Antreiber der Transmigration waren in dieser Phase die von ihren Kindern getrennten Mütter, weil sie den Kontakt zu den Kindern nicht verlieren wollten. Transmigration wurde auch von Ehepartnern praktiziert oder von Ehemännern, die alleine in Deutschland lebten. Transmigration wurde nötig, um Häuser zu bauen, oder bei Bauernfamilien, um landwirtschaftliche Arbeiten zu verrichten. Einige Ehepartner lebten und arbeiteten jahrelang in Deutschland, gleichzeitig aber betrieben sie mithilfe der breiteren Familie im Heimatort einen Bauernhof (s. Kapitel 5). Das Pendeln zwischen Arbeits- und Heimatort war nur für Bauarbeiter etwas leichter. Der saisonale Charakter ihrer Beschäftigung ermöglichte ihnen monatelange Aufenthalte in der Heimat. An Beispielen von vielen Familien und Einzelpersonen, die regelmäßig pendelten und dabei oft mehr als 1000 Kilometer Strecke vor sich hatten, kann man sehen, dass Entfernung kein Hindernis für intensive Transmigration war. Einige von meinen männlichen Gesprächspartnern, die ihr ganzes Arbeitsleben getrennt von ihren Familien verbrachten, fuhren alle zwei bis drei Wochen aus München mit regelmäßigen Buslinien nach Dalmatien, Bosnien und Herzegowina, um ihre Familien zu besuchen.

Nehmen wir noch einige Punkte in der Migrantengeschichte von Jasna und Stjepan genauer unter die Lupe. Am Anfang waren verstärkte Investitionen der Grund dafür, dass Jahr für Jahr die Rückkehr verschoben werden musste. Nicht nur Jasna und Stjepan, sondern auch viele andere Migranten berichten selbstironisch: „Es hat nie gereicht". Weder die Jahre mühsamer Arbeit noch das ersparte Geld reichten aus, um die angefangenen Projekte durchzuführen (s. Kapitel 5). Die Unmöglichkeit, binnen kurzer Zeit die wirtschaftlichen Ziele im Heimatort zu verwirklichen, zwang diese Familie, fast fünfzehn Jahre lang in Deutschland zu verweilen, bevor sie den Rückkehrversuch startete.

In der einschlägigen Literatur wird die verschobene Rückkehr meisten mit irrationalen Investitionen in der Heimat oder wachsendem Konsumverhalten der Migranten erklärt (Ivanović 2012). Meiner Ansicht nach legen die Migrantengeschichten aber nahe, dass verschiedene Faktoren für die ständige Verschiebung der Rückkehr verantwortlich sind. Die Migrantenfamilien oder Einzelne wollten sicher sein, dass sie nach der Rückkehr besser leben können würden, weil sie Ersparnisse hatten und in den familiären Landwirtschaftsbetrieb investierten. In der Geschichte von Jasna und Stjepan kam noch ein potenzieller Arbeitsplatz in einer Fabrik für die Ehefrau hinzu. Dabei muss man im Auge behalten, dass die Wirtschaftslage in Jugoslawien im krassen Gegensatz zu der Migrantensituation in Deutschland stand. Die Migranten bekamen nach einigen Jahren eine dauerhafte Aufenthaltserlaubnis, sie hatten gute und sichere Einkünfte und konnten Vorteile der transnationalen sozialen Sicherheit genießen, die ihnen mit bilateralen Abkommen zwischen Deutschland und Jugoslawien garantiert wurden. Die Forschung stellte fest, dass 1970 die Höhe des Einkommens der „wichtigste Faktor, Regulator und Grenzstein für die Rückkehr" der Migranten war (Baučić und Maravić 1971: 45). So wundert nicht, dass sich diese Familie bei der Wahl zwischen einer sicheren sozialen und wirtschaftlichen Situation in Deutschland und der schlechten wirtschaftlichen Situation in Jugoslawien sowie im Lichte des misslungenen Anstellungsversuchs der Frau dafür entschied, die Rückkehr aufzuschieben. So handelten auch viele andere Familien. Viele aber, denen die Rückkehr in den 1980ern gelungen war, remigrierten nach ein paar Jahren zurück nach Deutschland. Wenn alle Faktoren wie Gehalt, Sicherheiten und Perspektiven in einem breiten Kontext im Aufnahme- und im Herkunftsland erwogen wurden, dann erscheint die Verschiebung der Rückkehr verständlich, wohl durchdacht und vernünftig, keinesfalls aber irrational und von ungebremstem Konsumverhalten gesteuert. Aus verschiedenen komplexen Gründen in beiden Ländern, aber auch bedingt durch individuelle und familiäre Vorstellungen vom Leben, konnten die Migranten den ursprünglichen Plan von der Rückkehr nicht in die Tat umsetzen. Das am Anfang des Kapitels angeführte Zitat von Mate – „hier kann keiner einen Plan haben, ob man zurückkehrt" – fasst die ganze Komplexität der Problematik zusammen, die mit der Verschiebung oder der Nichtrealisierung der Rückkehr in der ersten Phase, nicht selten auch in der späteren Phase des Migrantenzyklus, zusammenhängt.

Die Rückkehrabsicht steuerte das Migrantenleben bis zu dem Zeitpunkt der Entscheidung, dass es besser sei, sie zu verschieben und sich auf ein längeres Verbleiben in Deutschland einzustellen. Dies geschah etwa Mitte der 1980er-Jahre. Ab diesem Zeitpunkt machten die Migranten keine Pläne mehr für die Rückkehr und nahmen auch keinen festen Zeitrahmen in den Blick. Die Rückkehr blieb nur eine grundsätzliche vage Absicht, die in der Statistik, aber auch in der Migrantengeschichte von Jasna und Stjepan bestätigt wird. Die Abweichung vom ursprünglichen Rückkehrplan ist in der Regel mit materiellem Verlust verbunden, weil die Investitionen im Herkunftsland nicht genutzt werden. Dieser Verlust wird aber hingenommen, wenn sich die Einsicht verfestigt, dass es besser sei, in Deutschland zu bleiben. Diese Deutung widerspricht der These von Andrea Klimt (1989: 64), dass die Migranten mit voranschreitender Zeit auf die Rückkehr nicht verzichten könnten, weil der Verzicht mit materiellen Einbußen verbunden sei. Das Ehepaar in unserer Migrantengeschichte nahm den finanziellen Verlust hin und erklärte die Investitionen in der Heimat zum „toten Kapital". Es ist ihnen bewusst geworden, dass sie einen Fehler begangen haben, als sie sich entschieden, in Kroatien und nicht in Deutschland zu investieren. Diese Einsicht konnte ich auch bei anderen Migranten beobachten. Dies spricht zugunsten der These, dass die Rückkehrabsicht keine reine Migrantenillusion war, sondern ein realer Plan, an dem gearbeitet wurde, solange seine Verwirklichung möglich schien. Und als der Plan dann für eine längere unbestimmte Zeit auf Eis gelegt wurde, wurde auch der Lebensfokus auf Deutschland gelegt. Wenn die ganze Familie in Deutschland lebte, wurden die transnationalen Aktivitäten mit Kroatien oder Bosnien und Herzegowina verringert. Im Spannungsfeld zwischen Mobilität und Sesshaftigkeit überwiegt infolge der langfristigen Stabilisierung in Deutschland die Sesshaftigkeit (Dahinden 2010).

Die Einsicht, dass die Rückkehr in unmittelbarer Zukunft nicht stattfinden würde, sondern dass sie höchstwahrscheinlich erst mit dem Eintritt in die Rente erfolgen würde, führte zu zahlreichen Veränderungen im Lebensstil und der Art, wie in einer Migrantenfamilie Geld ausgegeben wurde. Jasna und Stjepan fingen an, weniger zu sparen und gemütlicher zu leben. Sie verbesserten ihre Wohnverhältnisse und leisteten sich touristische Reisen, statt regelmäßig nur den Heimatort zu besuchen. Andere Migrantenfamilien entschieden sich zum Wohnungskauf in Deutschland (s. die zweite Migrantengeschichte in Kapitel 5). Obwohl Investitionen in Immobilien keine Regel unter den kroatischen Wirtschaftsmigranten ist, fällt der Immobilienkauf bei einigen meiner Gesprächspartner mit der Entscheidung zusammen, die Rückkehr zu verschieben oder von ihr überhaupt abzusehen. Der Lebensschwerpunkt wird dagegen in das Aufnahmeland verlegt.

Bei der in diesem Kapitel beschriebenen Familie war dies Mitte der 1980er. Bei den anderen wurde die gleiche Entscheidung nach dem gescheiterten Rückkehrversuch und der Remigration, ebenfalls Mitte der 1980er, getroffen. Bei einer dritten Gruppe verfestigte sich der Gedanke über die Verschiebung der Rückkehr aufgrund des Krieges in Kroatien in der ersten Hälfte der 1990er. Durch den Krieg kam es in einigen Familien zur Versammlung der Familie in Deutschland (s. Kapitel 6). Somit wurde auch für diese Familien der Lebensschwerpunkt ins Aufnahmeland verlegt. Immer wenn ein solcher Fall auftrat, änderte die Migrantenfamilie, die sich auf einen längeren Verbleib in Deutschland einstellte, ihre Lebensgewohnheiten und orientierte sich auf das Leben in Deutschland. Die Besuche im Heimatort wurden seltener, während die angefangenen Investitionen eingestellt oder zu anderen Zielen umgeleitet wurden: Die Migranten investierten zunehmend außerhalb des Heimatortes, meistens in Boote oder in Ferienhäuser an der Adriaküste. Die frühen 1990er-Jahre bildeten dabei eine Ausnahme. Zu dieser Zeit bündelte die gesamte kroatische Bevölkerung in Deutschland ihre Kräfte, um Hilfsmittel und Spenden für die vom Krieg heimgesuchte Heimat zu sammeln. Die damaligen transnationalen Praktiken wurden nicht mehr zum eigenen Vorteil durchgeführt, sondern zum

Vorteil der Heimat, egal ob Kroatien oder Bosnien und Herzegowina, und somit unterscheiden sie sich von denen in der früheren Phase.

Dass die Rückkehr für das eben beschriebene Ehepaar nicht nur reine rhetorische Figur war, zeigt die Tatsache, dass sie tatsächlich versuchten, die Rückkehr zu verwirklichen. Andere Familien kehrten zurück, oder nur die Ehefrau bzw. Mutter mit Kindern, je nach der Absprache in der Familie.[56] Zu einer Rückkehr kam es in der Regel im Moment, in dem die strukturellen Faktoren – Konjunkturtief in Deutschland, Anstieg der Ausländerfeindlichkeit und Fördermaßnahmen für die Rückkehr – mit dem Wunsch der Migranten, zurückzukehren und die Familie zusammenzuführen, zusammenfielen. Eine wichtige Rolle spielte dabei auch die subjektive Einschätzung der veränderten gesellschaftlichen und wirtschaftlichen Situation in Jugoslawien. Ein weiterer günstiger Umstand in den 1980ern war das Alter der Migranten. Sie waren damals in den Vierzigern, in einem Alter, in dem ihnen ein Neuanfang in einer neuen Umgebung noch möglich schien.

Bei der Rückkehr aus Deutschland waren alle Familien bemüht, die Tür für eine mögliche Remigration offenzuhalten. So blieb mindestens ein Familienmitglied in Deutschland oder die Anmeldung am deutschen Wohnort wurde beibehalten. Diese Praxis deutet darauf hin, dass sie die Rückkehr zunächst austesteten. So kehrte beispielsweise Duje nach zehn Jahren in Deutschland, „nach Titos Tod", mit der ganzen Familie und mit einer stolzen Summe auf dem Konto nach Dalmatien zurück und gründete dort ein Transportunternehmen. Nach seiner Einschätzung war das der richtige, schon bei der Ankunft in Deutschland anvisierte Augenblick für die ersehnte Rückkehr. Nachdem ihm aber in Kroatien ein Lkw gestohlen worden war und er für seinen Verlust nicht entschädigt wurde, kam er zu dem Schluss „das ist nicht für mich" und ging nach fünf Jahren nach Deutschland zurück, um für die Familie „anständige Lebensbedingungen zu schaffen". Als er sich zurechtgefunden hatte, kam seine Familie nach.

Ähnlich erging es auch Vlado, der in seinem Heimatort ein Taxiunternehmen gründen wollte. Seine Bemühungen endeten schlecht. Da die Migranten, wie sich herausstellte, mit Recht misstrauisch waren und sich im deutschen Wohnort nicht abmeldeten, konnten sie zurückkehren. Fünfzehn Jahre nach dem verhängnisvollen Ereignis sprach Duje noch immer sichtbar aufgewühlt über seine Erfahrung und nannte sie „mein Leidensweg". Die zweite Migration nach Deutschland bedeutete für ihn, die Rückkehrabsicht endgültig aufzugeben. So

56 Ohne Zweifel sind auch alleinstehende Männer zurückgekehrt, aber unter meinen Gesprächspartnern gab es keinen solchen Fall.

erging es auch vielen anderen Migranten. Die Rückkehr wurde auf die Rente verschoben.

Aufgrund der unangenehmen Erfahrungen in den 1980ern wurde bei den Migranten die Idee von der Rückkehr neu konzeptualisiert. Das neue Konzept haben Jasna und Stjepan klar formuliert: In die „Rückkehr" wurde bewusst ein wechselnder Aufenthalt in Kroatien und in Deutschland eingeschlossen. Auch weitere Gesprächspartner änderten ihre Pläne und beschlossen, im letzten Lebensabschnitt zwischen Deutschland und Kroatien zu pendeln, je nach Möglichkeit, Wunsch oder Wetterverhältnissen. Sie wollten abwechselnd die zwei Lebensankerplätze nutzen, den Heimatort und den Ort, an dem sie viele Jahre lang in der Migration lebten. Duje erzählte mir:

> Nur im Sommer kehre ich zurück. Das Leben ist hier [in Deutschland] billiger im Winter. Auch meine Kinder sind da, und die bleiben für immer da. Hier ist das Leben für Rentner billiger: Die Auswahl ist gut, man kauft alles billig ein, man kriegt Ermäßigung für öffentliche Verkehrsmittel. Man bekommt auch Wohnungsschutz, wer eine kleine Rente hat, und so.

Auch die Migranten, die keine vorübergehende Rückkehr als Zwischenstation durchmachten und ihr ganzes Leben in Deutschland verbrachten, konzeptualisierten diese während der Vorbereitungen auf die endgültige Rückkehr neu. So erzählte mir Marko, dass er immer zu sagen pflegte, „wenn ich in Rente gehe, bin ich am gleichen Tag wieder in der alten Heimat". Aber bei unserer letzten Begegnung, ein paar Jahre vor der Rente, hatte sich sein Plan in eine partielle Rückkehr umgewandelt:

> Ich kehre nach unten [nach Bosnien] zurück, hehehe, wenn ich gesund bin, sobald ich in Rente bin, wenn ich auf meinen Füßen stehen kann. Die Wohnung hier, die geben wir wahrscheinlich nicht auf, die Kinder gehen wahrscheinlich ihre eigenen Wege, und wir behalten die Wohnung, und solange wir leben, leben wir unten und hier, hauptsächlich unten. Ein Leben halbe-halbe.

Sein Plan ist aufgegangen und zehn Jahre später verbringt er als Rentner das halbe Jahr im Heimatort in Bosnien und das andere halbe Jahr in München, wo es im Winter „schöner" ist. Seine Frau begleitet ihn oft, aber ihre Aufenthalte in Bosnien sind kürzer, denn sie eilt immer in ihr Münchner Zuhause, zu den Kindern und Enkelkindern.

Ein anderes Ehepaar das nach dem Eintritt in die Rente nach Međimurje in Kroatien zurückkehrte, änderte nach einer gewissen Zeit die Meinung. Nachdem sie etwa dreißig Jahre lang in München gelebt hatten, konnten sie sich in der alten Heimat nicht mehr zurechtfinden. In München hatten sie ein reges soziales

Leben, gingen viel mit Freunden aus, zum Kegeln oder Tanzen und besuchten Musikabende. In ihrem Heimatort versuchten sie auf eine ähnliche Art ihre Freizeit zu organisieren, aber das gelang ihnen nicht. Weder wussten sie, wohin sie ausgehen könnten, noch pflegten ihre Gleichaltrigen die gleichen Freizeitbeschäftigungen.

„Die sitzen zu Hause", erzählten sie über ihre Gleichaltrigen in der Heimat. Die Unmöglichkeit, sich im Heimatort zurechtzufinden, sich an den dortigen Lebensstil anzupassen, das Gefühl, dass sie Fremde in der eigenen Heimat seien und der einzige Zufluchtsort eigentlich die Treffen mit anderen Rückkehrern sei, gehören zu den allgemeinen Erfahrungen von Rückkehrern, egal, wo sie herkommen (vgl. *Fremde Heimat* 2002; Amt für multikulturelle Angelegenheiten 2001). Deshalb entschied sich auch dieses Ehepaar für den für sie am besten geeigneten Lebensstil in der Rente: zeitlich begrenzter Aufenthalt an zwei Orten in zwei Ländern. Die Migranten, die in ein Haus am Meer investierten, verbringen dort die Sommermonate, während sie die Wintermonate in München bei den Kindern verbringen. Wohlhabendere haben eventuell auch eine kleinere Wohnung in München gekauft oder mieteten sich ein.

So kehren die Migranten auch in der letzten Lebensphase zu den Transmigrationspraktiken zurück. Nach einem mehr oder weniger sesshaften Lebensabschnitt, in dem sie sich auf das Leben in Deutschland konzentrierten, nehmen sie wieder an intensiver Transmigration teil. Sie reisen viel und halten sich länger am einen oder anderen Ort auf. Transnationale Praktiken werden in dieser Phase wieder intensiver, während der Transmigrationsprozess im Sinne einer zirkulären Bewegung zwischen zwei Orten in zwei Staaten nicht aufhört, was von lebenslanger Bilokalität und doppelter Lebensreferenz der Migranten zeugt (s. Kapitel 2 und 5). So bleiben die in der ersten Migrationsphase entwickelte Bilokalität und doppelte Lebensreferenz ein kontinuierliches Merkmal der kroatischen Arbeitsmigranten. Diese Praxis ist für Migranten charakteristisch, deren Kinder auch in Deutschland lebten. Neben den oben angeführten Beispielen sind die Kinder das Schlüsselmotiv für die Transmigration nach dem Eintritt in die Rente.[57] Die anfänglich von der Rückkehrabsicht geförderten transnationalen Praktiken bleiben paradoxerweise bestehen, gerade weil die ursprüngliche Idee von der Rückkehr in der früheren Lebensphase aufgegeben wurde.

---

57 Anders sieht es bei alleinstehenden Migranten aus oder bei Familien ohne Kinder bzw. Familien, in denen der Vater verstorben ist. Die familiäre Situation ist ein wichtiger Faktor bei Migrantenentscheidungen (s. Kapitel 5 und 6).

Die Entscheidung über die Transmigration wird vor dem Eintritt in die Rente gefällt, noch während der aktiven Lebensphase in Deutschland oder kurze Zeit nach der Rückkehr, wenn die Erwartungen nicht erfüllt wurden. Der erleichternde Umstand bei der Transmigration in dieser Lebensphase ist die relative Nähe zwischen den beiden Wohnorten. Es wurde bereits erwähnt, dass viele Migranten innerhalb Deutschlands umziehen und den Wohnort in südlichen Bundesländern anmelden (Novinšćak 2011). Die Voraussetzung dafür ist eine ausreichend hohe Rente, die den Migranten erlaubt, eine Mietwohnung beizubehalten oder sogar eine zu kaufen, denn zwei Wohnungen müssen parallel in zwei Ländern gleichzeitig finanziert werden. Wenn das nicht möglich ist, müssen sie sich für einen Wohnort entscheiden. Je nach der familiären Situation und in Abhängigkeit von persönlichen Präferenzen kann die Wahl auf Deutschland fallen, wo die Kinder leben, oder auf Kroatien, wo die Lebenshaltungskosten niedriger sind, weil sie über eigenen Wohnraum verfügen. Aber auch wenn das Letztere der Fall ist, bleiben sie im Wohnort in Deutschland angemeldet, meistens bei den Kindern, die sie regelmäßig besuchen. Dafür gibt es neben den oben genannten medizinischen und rententechnischen Gründen weitere Argumente: die Migranten sind emotional und familiär gebunden (Kinder und Enkelkinder leben in Deutschland) und haben sich in Deutschland eingelebt und so ein Zugehörigkeitsgefühl gegenüber dem Ort entwickelt, in dem sie den größten Teil des Lebens verbracht haben (s. Kapitel 5). Es kann geschlussfolgert werden, dass die Beibehaltung der zweifachen Lebensreferenz der Modus ist, die Zukunftsoptionen zu maximieren und sich überhaupt die Zukunft zu sichern. Davon zeugt die Geschichte des Migranten im nächsten Unterkapitel.

Transmigration wird in Zukunft höchstwahrscheinlich die einzige Form der Rückkehr für kroatische Wirtschaftsmigranten sein. Deshalb wird weder in deutschen noch in kroatischen Statistiken eine erhöhte Zahl der Rückkehrer verzeichnet. Durch die Transmigration und die offizielle Anmeldung des Wohnortes in beiden Ländern entziehen sich die Migranten den staatlichen Statistiken und der nationalen Logik der Sesshaftigkeit, der ausschließlichen Inklusion und Identifikation. Letzteres kommt deutlich zum Vorschein, wenn von kultureller Wahl und Identifikation der Nachkommen die Rede ist (s. Kapitel 7 und 8).

Schließlich muss auch gesagt werden, dass die neuen Formen der Rückkehr die Grundlage für die Fortsetzung und sogar Intensivierung der transnationalen Praktiken in der Nachfolgegeneration sind. In der Fachliteratur wurde die Aufrechterhaltung transnationaler Aktivitäten unter den Nachkommen der Migranten häufig thematisiert, Form und Ausmaß sind jedoch noch nicht ausreichend geklärt (Faist et al. 2013: 100) – wahrscheinlich auch deshalb, weil sich die Forscher mit der Nachfolgegeneration erst seit den 2000er-Jahren beschäftigen. Es wird generell hervorgehoben, dass es zu wenig Informationen für eine endgültige Schlussfolgerung gibt, weil die Nachkommen der Migranten, die nach 1965 in die USA eingewandert sind, noch zu jung sind, um auf die Art der Beziehung zum Herkunftsland ihrer Eltern schließen zu können (Levitt und Waters 2002: 3). Der erste Sammelband zu dieser Problematik weist widersprüchliche Resultate auf. Einerseits sind die Forscher der Meinung, dass transnationale Praktiken auf eine Minderheit begrenzt bleiben und dass sie in Zukunft noch unwichtiger werden (Kasinitz et al. 2002; Rumbaut 2002). Andererseits meinen Levit (2002) und Fouron und Glick Schiller (2002), es sei wichtig, den Einfluss der transnationalen Aktivitäten in beiden Ländern auch in nächster Zeit im Auge zu behalten (vg. Levitt und Waters 2002).

Für die Nachkommen kroatischer Migranten in Deutschland bleibt die Heimat ihrer Eltern die zweite Lebensreferenz, nicht nur weil die Eltern ihnen positive Gefühle für das Heimatland eingepflanzt haben (s. Kapitel 7 und 8), sondern auch weil die Eltern in jedem Fall auch nach dem Eintritt in die Rente im Herkunftsland anwesend sind, ob ständig oder temporär. Die Kinder kommen sie ihrerseits besuchen, machen alleine oder mit den Eltern Urlaub am Meer. Das zweite Kind aus der oben erzählten Migrantengeschichte ist heute ein erwachsener Mann in seinen Vierzigern. Er hat beschlossen, in Kroatien ein Geschäft aufzubauen, obwohl er auch weiter in Deutschland lebt. Er hat in Immobilien an der Adriaküste investiert – nicht weil er emotional mit der Heimat seiner Eltern verbunden ist, sondern weil er transnational unternehmerisch tätig sein will. Die Eltern leben in Kroatien und unterstützen ihn in seinem Vorhaben, indem sie die Realisierung der Investition beaufsichtigen (s. Kapitel 7). Es bleibt außer Zweifel, dass junge Leute kroatischer Abstammung, die in Deutschland geboren und aufgewachsen sind, eine zweifache Lebensreferenz beibehalten. Wie bei ihren Eltern spielen Gefühle und wirtschaftliche Interessen dabei gleich wichtige Rollen. Ob die zweifache Referenz für sie ein Gewinn oder Last ist, lässt sich schwer sagen. Jaca ist mit ihrer Familie in Deutschland geblieben, während ihre Eltern nach Kroatien zurückgekehrt sind, als sie in Rente gingen. Über die zweifache Lebensreferenz sagt sie Folgendes:

> Eigentlich weiß ich nicht… manchmal ist mir durch den Kopf gegangen, ich hab gedacht, es wäre einfacher nur auf die eine Seite zu gehören. Damit du weißt, du bist da, oder du bist dort. Weil diese Fahrerei, davon wirst du müde, da sage ich mir selbst manchmal, ich hab grade keine Lust [nach Zagreb] zu fahren, da möchte ich mich am liebsten auf die Couch legen und hier [in München] die vier Tage bleiben… Ja, es wäre gut, wenn ich diese Pflicht nicht hätte, zu fahren.

In der nun folgenden zweiten Migrantengeschichte sind die Phasen der mehr oder weniger intensiven Transmigration und der transnationalen Praktiken sowie die Fokussierung auf einen der zwei Orte ebenso wie die endgültige Entscheidung denen in der vorherigen Geschichte diametral entgegengesetzt. Dieser Umstand zeugt von der Wichtigkeit des Zusammenspiels verschiedener Faktoren wie etwa demografische Ereignisse, familiäre Situation und individuelle Entscheidungen der Migranten bei der Gestaltung der Migrantenlaufbahnen.

4.3 Draga und Lucija: Doppelte Rückkehr mit transmigrantischen Zwischenphasen

Die 18-jährige Draga aus der Umgebung von Zagreb kam 1971 nach Deutschland zu ihrer Schwester zu Besuch. Dabei dachte sie überhaupt nicht daran, zu bleiben. Der Besuch verwandelte sich vollkommen ungeplant in einen Daueraufenthalt. Sie lernte nämlich ihren zukünftigen Ehemann kennen, einen bosnischen Kroaten, was sie an Deutschland band. Das Ehepaar bekam zwei Kinder und Draga übernahm gelegentlich oder halbtags verschiedene Jobs, die keine Qualifikation verlangten.Die Familie lebte einige Jahre in Frankfurt, aber dann beschloss Draga, die beruflich, gesellschaftlich und sprachlich unzureichend integriert war, trotz des Widerstandes ihres Mannes, Anfang der 1980er mit den Kindern nach Kroatien zurückzukehren. Die Familie hatte ein Haus in ihrem Heimatort gekauft, in das sie mit den Kindern zog. Ihre damalige Rückkehr deutete sie etwa zwanzig Jahre später im Sinne der unter kroatischen Migranten universell verbreiteten Idee der Rückkehr. Dabei dachte sie auch an ihren Vater, der in den 1960ern in Deutschland arbeitete:

> Aber so, wie alle unsere Leute ins Ausland gegangen sind, das ist wahrscheinlich auch so in uns geblieben, da bist du nach Deutschland gegangen, und jetzt bist du da und da hast du die Möglichkeit etwas zu verdienen und dir ein Dach über dem Kopf zu bauen [in Kroatien]. Ich hatte auch nicht vor, damals in Deutschland zu bleiben (...). Eigentlich wollte ich immer zurück nach Kroatien, wie und wann, ich weiß es nicht.

Die Einschulung ihrer älteren Tochter schien ihr der geeignete Zeitpunkt zu sein. So trennte sich die Familie 1981. Draga und die Kinder kehrten nach Kroatien zurück, während der Ehemann, der im Gesundheitswesen arbeitete, in Deutschland blieb. Sie hatten kalkuliert, dass die Familie nicht den gleichen Lebensstandard beibehalten könnte, wenn auch der Ehemann zurückgekehrt wäre. Um nicht so weit von der Familie zu wohnen und sie leichter besuchen zu können, zog der Ehemann aus Frankfurt in die Umgebung von München um. Draga und ihre Töchter haben an diese Zeiten in Kroatien nur schöne Erinnerungen („mir passte das in diesem Moment, (…) die Freiheit (…) wir haben nichts vermisst“). Der Vater/Ehemann besuchte sie regelmäßig, beinahe alle zwei Wochen.

Nachdem die Familie sechs Jahre lang getrennt gelebt hatte, kam sie in München wieder zusammen. Etwa fünfzehn Jahre später, bei unserer ersten Begegnung im Jahr 2002, konnte Draga schwer konkrete Gründe nennen, warum sie mit den Kindern nach Deutschland zurückging, zumal sie in Kroatien, wie sie selbst sagt, ein sehr gutes Leben hatten. Ihren Worten ist zu entnehmen, dass die Entscheidung über einen längeren Zeitraum gereift ist und durch verschiedene Faktoren herbeigeführt wurde: das ständige Pendeln zwischen Deutschland und Kroatien wurde für den Ehemann immer anstrengender, die Gedanken an die Zukunft der Kinder, für die sie in Deutschland bessere Chancen sah, aber auch die Gedanken über das Leben allgemein trugen dazu bei:

> Später haben wir eingesehen, dass das alles zu kompliziert war, das getrennte Leben, die ewige Fahrerei jedes Wochenende oder alle drei Wochen (...). Es war kein spezifischer Grund, sondern es hat sich vieles angesammelt ... Ich weiß es selbst nicht, wie hat das angefangen, aber ich denke, es war von allem etwas. Dass es dann doch besser wäre, klüger, wenn wir zurückkehren. Denn man wiegt immer etwas ab, überlegt ...

Wegen dieser Entscheidung befanden sich die Kinder gerade in der Situation, die ihnen die Mutter ersparen wollte. Sie war mit den Kindern vor ihrer Einschulung nach Kroatien zurückgegangen, damit sie in der Schule keine Schwierigkeiten wegen der Sprache bekommen würden. Und dann mussten sie den Schulbesuch in Kroatien abbrechen und in Deutschland fortsetzen. Deutsch hatten sie inzwischen vergessen: „es war für sie noch schlimmer, sich wieder einzuleben. Sie hatten es nicht leicht“ (s. Kapitel 5 und 8).

Kurz nach ihrer Rückkehr nach Deutschland verunglückte der Ehemann tödlich in einem Autounfall. Draga zögerte damals nicht, ob sie in Deutschland bleiben oder nach Kroatien zurückkehren sollte. Sie war geschickt, zielstrebig und mutig („Ich habe gesehen, dass man sich zurechtfinden muss, man kann nicht nur einfach dasitzen und warten, dass einem alles vom Himmel herunterfällt“). Sie informierte sich über die Rechte für sich als Witwe und für die Kinder, aber statt sich mit der Sozialhilfe und der Witwenrente zufriedenzugeben, beschloss sie, einen Beruf zu erlernen und damit Arbeit und Einkommen zu sichern. Sie ließ sich zur Krankenschwester ausbilden und arbeitete bei unserer ersten Begegnung in Teilzeit in einer Klinik. Nach dem Tod ihres Mannes entschloss sie sich zu einem in dieser Zeit relativ seltenen Schritt unter kroatischen Migranten: Sie kam zu der Einschätzung, dass es langfristig besser ist, eine Wohnung zu kaufen als sie zu mieten, und kaufte eine Eigentumswohnung. Eine der Töchter machte ebenfalls eine Ausbildung zur Krankenschwester und verließ relativ früh das Haus. Die andere war 2002 am Ende ihres Studiums.

Nachdem beide Töchter mehr oder weniger selbstständig wurden, begann für Draga ein neuer Lebensabschnitt, der etwa zehn Jahre dauerte: Da sie in Teilzeit arbeitete, konnte sie nach zwei Wochen mit voller Stundenbelastung für zwei Wochen nach Kroatien fahren und in ihrem Geburtsort leben. Zu dieser Zeit lebte sie parallel an ihren beiden räumlichen Referenzpunkten. Das Pendeln in regelmäßigen Abständen zwischen zwei Orten in zwei Staaten erklärte sie mit emotionaler Bindung („Das ist immerhin meine Heimat"), familiären Gründen (sie kümmerte sich um ihre Eltern) und der Liebe zur Natur, wo sie in Kroatien sehr viel Zeit verbrachte. Bei unserem ersten Treffen sagte sie, „das ist für mich in Ordnung (...) mir passt das". Ihr Geburtsort, ein wenig besiedeltes Dorf in Zentralkroatien, diente ihr als Ausgangsort für tägliche Wanderungen. Obwohl sie sich in Deutschland „wohl" fühlte, sogar „fantastisch", erzählte sie, dass das Gefühl in der Heimat noch viel besser war – „das ist ein Gefühl, dass man gar nicht beschreiben kann – richtig Heimat". Während der jahrelangen und recht häufigen Aufenthalte in Kroatien wurde dieses Gefühl dank der Kontakte mit anderen Menschen vertieft und gefestigt:

> Ich denke, wenn man länger dort ist [in Kroatien], dann bindet man sich, und dann gibt es etwas mehr, als wenn man nur einmal im Jahr dort ist, man kommt auf Urlaub, zwei Wochen, und Schluss. So bin ich länger da und pflege mehr Kontakte und kommuniziere mit diesen Menschen. Ich habe mehr Freunde als hier [in München]. Und dann denke ich mir, meine Eltern sind dort. Das wenig Leben, was ihnen noch übrig bleibt – ich denke, sie freuen sich, wenn ich komme, sie haben eine Art Sicherheit.

Ihr Leben an zwei Orten in zwei Staaten beschrieb sie wie eine Art Gangschaltung, aus einem Gang in den anderen: Wenn sie nach Kroatien kam, vergaß sie das Leben in Deutschland und umgekehrt. Sie beschwerte sich nicht über die Anstrengung, die ein solcher Lebensstil mit sich bringt.

Im Jahre 2002 hatte Draga noch etwa fünfzehn Jahre bis zur Rente. Damals sprach sie mit Vorbehalt über eine endgültige Rückkehr. Aber auch damals hatte sie nicht vor, den Kontakt zu Deutschland zu unterbrechen. Eine Voraussetzung für das Leben in Kroatien wäre gute Gesundheit in ihren späteren Jahren, denn sie hatte „kein Vertrauen in unsere [kroatische] Medizin".

Aber nur wenige Jahre später beschloss sie, die Arbeitsstelle in Deutschland aufzugeben. Sie wählte Kroatien zum dauerhaften Wohnort, behielt aber den Wohnsitz in Deutschland. Im Jahre 2010 war sie zufrieden, dass sie zurückgekehrt war („ich habe mich total zurechtgefunden") und bereute ihre Entscheidung nicht. Sie lebte nun von einer kleinen Witwenrente, aber sie hatte weniger Stress, weil sie nicht mehr arbeitete, und das ewige Pendeln zwischen Kroatien und Deutschland ist weggefallen. In Kroatien lebt sie im Elternhaus und baut Biogemüse an.

„Ich kehre zurück zu meinen Wurzeln“, sagte sie in einem unserer Gespräche. Die beiden Töchter leben auch weiterhin in Deutschland, beide haben ein stabiles Leben, sind selbstständig, haben eine Arbeit und sind von der Mutter unabhängig: „die brauchen mich nicht da oben [in Deutschland], ich habe mein Leben, sie haben das ihre“, erklärte sie ihre Entscheidung. Von Zeit zu Zeit, ungefähr zweimal im Jahr, besucht sie ihre Töchter und Enkelkinder für eine längere Zeit oder bleibt kürzer, je nach Gelegenheit.

Diese Geschichte gibt Einblick in eine weitere mögliche Migrantenlaufbahn im Raum zwischen Deutschland und Kroatien in den letzten dreißig bis vierzig Jahren. Sie deutet aber auch auf die Notwendigkeit hin, Migranten nicht ausschließlich innerhalb einer Gesellschaft (des Herkunftslandes) oder der anderen Gesellschaft (des Aufnahmelandes) zu betrachten, sondern innerhalb des transnationalen sozialen Raumes, der durch ihre Mobilität und grenzübergreifenden Aktivitäten entsteht.

Diese Migrantengeschichte zeugt auch von der Prozessualität der Migration im Sinne einer Transformation der ursprünglichen Migrantenentscheidung, aber auch im Sinne der Aufeinanderfolge unterschiedlicher Lebens- und Migrationsphasen. Die erste Phase besteht aus dem Fortgehen und nicht geplanten Verbleiben in Deutschland, die zweite Phase ist durch die Rückkehr eines Teils der Familie nach Kroatien gekennzeichnet, die dritte Phase ist die Remigration bzw. Rückkehr nach Deutschland, während die vierte Phase aus intensiver Transmigration zwischen zwei Ländern besteht und abwechselndem Aufenthalt an zwei Orten. Die fünfte Phase ist die dauerhafte Rückkehr nach Kroatien, ohne dass dabei die Verbindungen mit Deutschland gekappt werden.

Der Mehrphasencharakter und die Prozessualität der Migration stellen das fest eingefahrene Schema der Migration als Einwegprozess infrage, der mit dem einmaligen und irreversiblen Ereignis beginnt, nämlich dem *endgültigen* Verlassen des Herkunftslandes und dem Niederlassen im anderen Land, und der genauso mit einem einmaligen und irreversiblen Ereignis, nämlich der *endgültigen* Rückkehr in das Herkunftsland, endet. Sowohl die Auswanderung als auch die Rückkehr sind im Leben von Draga aber umkehrbare Ereignisse, die von Lebensabschnitten mit mehr oder weniger ausgeprägten grenzübergreifenden Aktivitäten und der Bildung zweier geografischer Lebensschwerpunkte gekennzeichnet sind.

Die Migrantenentscheidungen von Draga und ihrer Familie umfassten eine doppelte Migration nach Deutschland (eine erste Auswanderung sowie eine zweite nach einem mehrjährigen Aufenthalt in Kroatien), eine doppelte Rückkehr nach Kroatien (die erste Anfang der 1980er und eine zweite Mitte der 2000er). Eine Zwischenphase wurde von der intensiven Transmigration zwischen zwei Lebensorten gekennzeichnet. Zwischen Kroatien und Deutschland schuf diese Migrantin einen Migrationskreislauf (Rouse 1992), innerhalb dessen „Auswanderung“ und „Rückkehr“ schwer auseinandergehalten werden können. Diese Migrantin lebte ein Leben mit einer zweifachen räumlichen Referenz, an zwei Orten, zwischen denen sie pendelte, sie hielt sich an beiden Orten länger oder kürzer auf, und durch ihre mehr oder weniger intensiven Aktivitäten vereinte sie sie zu einem einzigen Handlungs- und Lebensraum (Glick Schiller et al. 1992; Levitt und Glick Schiller 2004).

Gleich anderen kroatischen Wirtschaftsmigranten verinnerlichte Draga die staatlich geförderte Wahrnehmung der Auswanderung als zeitweiliges Ereignis. Die unterschwellige Idee von der Rückkehr steckte in der gemeinsamen familiären Investition in das Haus in Kroatien, später auch in der Trennung der Familie und einer vorübergehend bilokalen Lebensphase mit grenzübergreifenden Aktivitäten bzw. der Entstehung einer transnationalen Familie, wobei die Ehefrau mit Kindern in Kroatien ist, der Ehemann/Vater in Deutschland. In der späteren Lebensphase ist auch die Transmigration, das ständige Pendeln zwischen zwei Orten, dem Arbeitsort in Deutschland und dem Heimatort in Kroatien, mit dieser Idee durchsetzt. In dieser Phase wechselte Draga fast zehn Jahre lang alle zwei Wochen den Lebensort. Ähnlich lebte auch die Familie aus der ersten Migrantengeschichte in der ersten Phase unmittelbar nach der Auswanderung nach Deutschland. Ein ähnlicher Lebensstil wurde dort für die letzte Migrationsphase vorgesehen, während Draga in der Mitte ihres Migrationsweges so lebte. Die Migration ist also ein Mehrphasenprozess, die Phasen sind allerdings für Individuen und ihre Familien unterschiedlich markiert, je nach Familienstruktur, demografischen Ereignissen sowie individuellen Entscheidungen innerhalb der Familie.

In dieser Hinsicht ist auch die Geschichte von Lucija lehrreich. Ihre Geschichte ist ein komplexes Geflecht, in das ihre Kinder und ihre engsten Familienmitglieder ebenso eingebunden sind wie die weitläufige Verwandtschaft und ihre Geschwister, mit denen sie ihr ganzes Leben eng verbunden blieb. Lucija und ihr Mann wanderten Anfang der 1970er nach München aus, während ihr Kind in Bosnien blieb. Jahrelang bewältigte sie alle zwei Wochen die 900 Kilometer zwischen München und dem Heimatdorf in Bosanska Posavina, um das Kind zu besuchen. Dann kehrten Lucija und ihr Mann zurück, sodass die Familie bis 1992 zusammen in Bosnien lebte. Lucija fuhr währenddessen einmal im Jahr während des Urlaubs für einen Monat nach München, um die finanzielle Situation der Familie aufzubessern. Bedingt durch den Krieg in Bosnien wanderte die Familie erneut nach Deutschland aus und lebte dort von 1992 bis 1997.

Nach der Ausweisung 1997 lebte Lucija nur ein Jahr in Bosnien und ging – oder remigrierte – zum dritten Mal nach Deutschland, um sich um die Kinder ihres Bruders zu kümmern, nachdem deren Mutter gestorben war. Dieser dritte Aufenthalt ist der längste geworden. Lucija lebte diesmal zwanzig Jahre lang ununterbrochen in München. So wie Draga durchlief sie unterschiedliche Phasen in ihrer Pendelbewegung zwischen Deutschland und Bosnien und Herzegowina. Auch für sie war die Auswanderung keine isolierte, einmalige Handlung, mit der sie den Heimatort verließ und sich in einem anderen Land niederließ. Ihr Leben war eine aufeinanderfolgende Abfolge von Aufenthalten mal im einen, mal im anderen Land, während die erste Phase in Deutschland von intensiver Transmigration gekennzeichnet war. In der letzten und längsten Phase lebte sie mehr als zwanzig Jahre lang „vorübergehend" in Deutschland. Rechtlich hatte sie nur eine befristete Aufenthaltserlaubnis und kein Recht auf eine Arbeitserlaubnis. Sie durfte sich in Deutschland nur als Erzieherin der Kinder ihres Bruders aufhalten, aber die Gefahr der Ausweisung war permanent präsent. In diesen Jahren war die Rückkehr nach Bosnien eine ständig offene Möglichkeit. Nachdem sie einen unbefristeten Aufenthaltstitel erhalten hatte, flaute das Interesse für die Heimat ab, und Lucija entschied sich, in Deutschland zu bleiben, wo ihre Kinder, Enkelkinder und ihre weitere Familie mit Nichten und Neffen lebte, um die sie sich jahrelang kümmerte. Bei unserer letzten Begegnung 2018 war Lucija in Rente und in Erwartung einer Sozialwohnung. Wegen der Knappheit der Sozialwohnungen in der Stadt wurde Lucija erneut von der Angst vor einer Rückkehr nach Bosnien heimgesucht, denn ihre Rente reicht für ein Leben in Deutschland nicht aus, während dies in Bosnien, wo sie ein Haus besitzt, durchaus möglich wäre.

In dieser Migrantengeschichte kommt noch ein weiterer wichtiger Faktor im Leben der Migranten zum Vorschein, und das ist ihr rechtlicher Status. Da sie bei ihrer ersten Rückkehr den deutschen Wohnsitz abmeldete, bekam sie bei ihrer zweiten Auswanderung nach Deutschland den Flüchtlingsstatus. Von Anfang an war daher klar, dass eine Rückkehr in die Heimat unausweichlich war. Die dritte Aufenthaltsphase war ebenfalls von rechtlicher Unsicherheit geprägt, was über lange Strecken ihr Leben überschattete. Und schließlich bestand in ihrem fortgeschrittenen Alter in der Rente die Gefahr, dass ihr Wunsch, in der Stadt zu bleiben, mit der sie viele Erinnerungen verbanden, in der ihre Kinder, Enkelkinder und weitere Familie lebten, in der sie übrigens ihr Zuhause fand (s. Kapitel 5), nicht erfüllt werden könnte, weil sie zu wenige Dienstjahre vorweisen konnte und ihre Rente zu niedrig war.

Schauen wir uns aber noch einen gemeinsamen Aspekt dieser beiden Migrantengeschichten an. In Dragas Leben wechselten Phasen intensiver Transmigration und Fokussierung auf zwei Orte mit Phasen des verstärkten Fokus auf einen der zwei Orte und weniger intensiver grenzübergreifender Praktiken. Aber an keinem Punkt des Migrationszyklus übertrugen Lucija oder Draga den Fokus des Interesses auf ausschließlich einen Ort. Es handelte sich jeweils nur um eine mehr oder weniger starke Fokussierung auf einen der beiden Orte, und immer nur für einen bestimmten Zeitraum. Intensität und Inhalt der grenzübergreifenden Praktiken änderten sich im Laufe der Zeit. Transnationalisierung ist also auch ein dynamischer Prozess und keinesfalls ein Dauerzustand. In der dritten Phase, die für Draga mit einer Rückkehr nach Deutschland begann und vom tragischen Tod ihres Mannes gekennzeichnet war, gab sie die Idee der Rückkehr nach Kroatien auf, konzentrierte sich auf die Bewältigung der Krisensituation und entschied sich, in Deutschland zu bleiben. Sobald sie aber das Gefühl bekam, dass ihre Situation stabil war, sobald die Familie erfolgreich in die Gesellschaft und deutsche Institutionen reinkorporiert war, wendete sie sich verstärkt transnationalen Aktivitäten zu. Die feste Verbindung mit der Heimat ist nie gerissen, es wurde nur für eine Zeit lang auf Eis gelegt, bis Draga wieder Fuß fasste und die Kinder selbstständig wurden. Die wiederholte Orientierung am heimatlichen Lebensraum bestätigt nur die These der transnationalen Migrationsperspektive, dass die Inkorporierungsprozesse (Integrationsprozesse) im Aufnahmeland und die Prozesse der Transnationalisierung, die zum Herkunftsland gewandt sind, nicht entgegengesetzt sind, sondern einander im Gegenteil ergänzen. Die Letzteren können auch eine Folge der Ersteren sein. Eine gute Inklusion in die Institutionen der deutschen Gesellschaft ermöglicht es den Migranten, sich in einer bestimmten Lebens- und Migrationsphase im Heimatland anzusiedeln oder in irgendeiner Form ihren ursprünglichen Plan zur Rückkehr zu realisieren: Draga ist dies gelungen, ohne die Verbindungen mit Deutschland zu kappen. Sie entschied sich für diesen Schritt, obwohl ihre Kinder mit Familie in Deutschland leben.

In solchen Situationen reagieren Migranten unterschiedlich. Andere würden in einer ähnlichen Situation anders entscheiden. Eine andere Migrantin beispielsweise bereitete sich ihr Leben lang darauf, im Rentenalter mit dem Mann nach Kroatien zurückzukehren. Gerade der Umstand, dass die Kinder in Deutschland lebten, bewog sie dann dazu, nach dem Tod des Mannes auch dort zu bleiben:

> Jeder hat sein Schicksal. Viele unsere Leute haben geplant, mit der Rente zurückzukehren, bestimmt 50 Prozent der Leute haben dort Haus oder Wohnung gekauft, aber glauben Sie mir, immer weniger kehren die Leute zurück, weil die Kinder da sind, und die Enkelkinder sind da. Damals [als wir nach Deutschland gekommen sind] hatten wir niemanden, der auf die Kinder aufpassen könnte, wir waren auf uns selbst gestellt, oder wir mussten sie in Obhut geben (…) und jetzt tun uns unsere Kinder leid, wir wollen nicht, dass sie so leiden wie wir damals, und wollen nicht, dass sich das wiederholt, dass sie so viel Stress haben wie wir damals! Und so kehren wir nicht zurück!

Das scheint das Dilemma vieler Migranten zu sein, die mit ihren Kindern in Deutschland gelebt haben. Das gilt auch für den am Kapitelanfang zitierten Mate, der unglücklich ist, weil er sich am Ende seiner Migrationserfahrung nicht endlich in der Herzegowina niederlassen kann, da ihm seine erwachsenen Kinder nicht folgen wollen. Das Dilemma wird mit einer Art partieller Rückkehr gelöst oder der Migrant bleibt dauerhaft in Deutschland. Für diejenigen, die ihr Leben getrennt von ihren Kindern verbracht haben, stellt sich überhaupt keine Frage – sie kehren in die Heimat zurück, um endlich in der Nähe ihrer Kinder und ihrer Familien leben zu können. Das ist die Geschichte von Marija (s. Kapitel 6.2) und Jere. Jere verbrachte sein ganzes Leben lang getrennt von seiner Familie. Mit Rentenbeginn kam er zurück in die Heimat. Die ersten paar Jahre fuhr er noch regelmäßig zu den medizinischen Untersuchungen nach Deutschland, aber dann gab er auch das auf und meldete den Wohnsitz in Deutschland ab.

4.4 Transnationale Perspektive und Irrelevanz des Begriffs „Rückkehr"

Bis vor zwanzig Jahren beruhten die dominanten Migrationstheorien auf der These, dass Migranten nach der Auswanderung den Fokus des Interesses und den Schauplatz ihrer gesellschaftlichen Interaktionen an den neuen Lebensort verlegen. Dieser These wohnte die Voraussetzung inne, dass die Migranten mit den Gemeinschaften, aus denen sie stammen, keine Beziehungen mehr aufrechterhalten können und sich deshalb immer mehr auf das Leben im Aufnahmeland konzentrieren. Innerhalb dieses theoretischen Rahmens und abhängig von der Länge des Aufenthaltes im Aufnahmeland sowie der vorausgesetzten Verschiebung der Orientierung auf das Aufnahmeland wurde zwischen saisonalen Migranten und dauerhaft angesiedelten Migranten unterschieden. Saisonale Migranten behalten die Orientierung auf die Herkunftsgesellschaft bei und halten sich nur vorübergehend außerhalb dieser Gesellschaft auf. Die dauerhaft Ausgewanderten orientieren sich neu und bauen am neuen Lebensort neue soziale Bindungen auf. Diese bipolare Logik führte zur Entstehung eines binären Analyserahmens, in dem Gegensätze zwischen saisonalen und dauerhaft ausgewanderten Migranten, zwischen Migranten und Immigranten, zwischen vorübergehendem und dauerhaftem Aufenthalt an einem Ort geschaffen wurden (Rouse 1992; Brettell 2000).

Untersuchungsergebnisse über kroatische (und andere) Wirtschaftsmigranten in Deutschland zeigen, dass die Migranten auch nach mehreren Jahrzehnten in Deutschland, also nach der dauerhaften Niederlassung, den Interessenschwerpunkt nicht ausschließlich auf den neuen Ort verlegt haben. Feste Beziehungen mit der Heimat überlebten die jahrzehntelange Abwesenheit. In dieser Zeit bauten sie Häuser, investierten in Grundstücke und landwirtschaftliche Maschinen, pflegten Familien- und Freundschaftsverbindungen, besuchten Kinder, die bei den Großeltern aufwuchsen, verfolgten die Ereignisse in der Gesellschaft und in der Politik im Heimatland. Und dann, als sich der vorläufige Aufenthalt in Deutschland zum dauerhaftem entwickelte, wurden grenzübergreifende Aktivitäten nicht aufgegeben, sondern kennzeichneten im Wesentlichen ihren Migrantenweg.

Diese Aktivitäten sind Teil der ursprünglichen Idee von einem zeitweiligen Aufenthalt in Deutschland und der Rückkehr nach Jugoslawien als Bestandteil der Migration. Die Idee von Zeitweiligkeit und Rückkehr wurden von den beiden am Migrationskreislauf beteiligten Staaten geschaffen und gefördert, ebenso wie von der katholischen Kirche, einer im Leben kroatischer Migranten wichtigen Institution. Ein zusätzlicher wichtiger Faktor war außerdem die relativ kurze geografische Entfernung zwischen Deutschland und Kroatien oder Bosnien und Herzegowina. Sie machte die Aufrechterhaltung des in der ersten Phase des Migrationsweges über mehrere Jahrzehnte hergestellten transnationalen sozialen Raumes möglich, lediglich Inhalte und Intensität der Praktiken änderten sich. Wenn sie die Wahl hatten, entschieden sich kroatische Migranten in Deutschland vorrangig für Städte in Süddeutschland, um die Wege möglichst kurz zu halten. Mit der Zeit konnte man schneller und einfacher reisen und die Kontakte wurden intensiver. Zum einen wurden spezielle Buslinien eingerichtet, zum Teil auch von den Migranten selbst, zum anderen entwickelten sich die Kommunikationswege fort (Telefon, verschiedene Formen der Internet- und mobilen Kommunikation). Kroatische Migranten in Deutschland bestätigen die These, dass die Transnationalisierung und transnationale Aktivitäten unter anderem eine Funktion der Entfernung des Herkunkftslandes und des Aufnahmelandes ist (vgl. Portes et al. 1999: 224). Die Entfernung ist allerdings eine subjektive Größe, denn für einige Migranten waren nicht einmal tausend oder mehr Kilometer ein Hindernis, wenn es um die Pflege des transnationalen sozialen Raumes ging.

Neben diesem komplexen Geflecht von Faktoren sollten auch familiäre Strukturen und Prozesse innerhalb der Familie sowie individuelle Migrantenentscheidungen in ihren jeweiligen Lebensphasen berücksichtigt werden. Die transnationalen Praktiken kroatischer Migranten wurden auch von den historischen Veränderungen während der vier Jahrzehnte gekennzeichnet (vgl. Hareven 1978, 1994). Zu den wichtigen politischen Ereignissen gehörten der Zerfall Jugoslawiens und die anschließenden Kriege in Kroatien und in Bosnien und Herzegowina. Dazu kamen wirtschaftliche und gesellschaftliche Faktoren wie die deutschen Konjunkturverhältnisse und ausländerfeindliche Politik oder die schlechte wirtschaftliche Lage in Jugoslawien. Die Migranten schufen in einem komplexen Gefüge aus Migrationsregimes, Migrantenpolitiken, Ideologien und Diskursen, gesellschaftlichen und historischen Ereignissen sowie familiären Wertvorstellungen und Ereignissen innerhalb der Familie ein Leben in zwei Staaten und an zwei Orten. Dabei versuchten sie ihre individuellen Wünsche und Pläne im Rahmen der institutionellen Beschränkungen und finanziellen Möglichkeiten zu verwirklichen. Sie waren gleichzeitig sesshaft und mobil, lokal und bilokal oder translokal, inkorporiert in zwei Staaten mit der zweifachen räumlichen Referenz, in deren Rahmen ihre Migrantenschicksale zu betrachten sind. Die *zwischenstaatliche Translokalität* oder ständiges Pendeln sowie Aktivitäten zwischen den zwei Orten, aber auch das Leben an beiden Orten kennzeichneten das Leben der kroatischen Wirtschaftsmigranten. Zwischenstaatliche Translokalität ist die Schlüsselmetapher für ihr Leben zwischen Deutschland und Kroatien bzw. Bosnien und Herzegowina über mehrere Jahrzehnte hinweg (Čapo Žmegač 2003). Wenn man nach der Aufgabe des ursprünglichen Plans über die Rückkehr urteilt, bleibt sie auch weiterhin das wichtigste Merkmal des Lebens der kroatischen Migranten: In der Rente bleibt ihr Leben auch weiterhin eine Art Alternation von „hier und dort“.

Die Analyse der Rückkehrabsicht und -praktiken zeigt, dass sich kroatische Wirtschaftsmigranten den ausschließenden binären Schemen aus dem älteren Migrationsparadigma entziehen – Kategorien wie zeitweilige und permanente Migranten, Emigranten und Immigranten, (E)migranten und Rückkehrer, Herkunftsland und Aufnahmeland sind für ihre Beschreibung unbrauchbar. Sie sind als *zeitweilige* Migranten ausgewandert, wurden aber dann *permanente* Migranten, Einwanderer, in Deutschland. Gleichzeitig haben sie nie die Verbindungen zur Heimat vernachlässigt, in die sie für eine kürzere oder längere Zeit zurückkehrten und so Rückkehrer wurden. Nicht selten pendelten sie zwischen zwei Orten in zwei Staaten, wanderten aus bzw. ein oder kehrten mehrmals zurück. Aus diesem Grund haben einige Forscher vorgeschlagen, die Migranten, die sich den herkömmlichen binären Kategorien entziehen, „Transmigranten“ zu nennen. Dieser Begriff soll unterstreichen, dass es sich um mobile Personen handelt, die regelmäßige und intensive Interaktionen innerhalb der gesellschaftlichen Netzwerke in zwei oder sogar mehreren Gesellschaften an zwei oder mehreren Orten aufbauen und sie jahrzehntelang pflegen (Glick Schiller at al 1992: 1f). Die hier beschriebenen kroatischen Wirtschaftsmigranten waren ihr Leben lang Transmigranten par excellence. Ihre im folgenden Kapitel beschriebene Transmigration und transnationalen Aktivitäten zeigen, dass sie zweifellos exemplarische Transmigranten sind, während sich ihre Migrantenerfahrung als transnationaler Prozess mit unterschiedlichen Phasen beschreiben lässt.

Hiermit sind aber nicht alle terminologischen Probleme gelöst. Es stellt sich die Frage, ob die Begriffe „Rückkehr“ und „Rückkehrer“ für Menschen geeignet sind, die jahrzehntelang mit einer doppelten räumlichen Referenz lebten. Diese Frage gestaltet sich für diejenigen noch komplexer, die in den 1980ern in ihr Herkunftsland zurückkehrten, später aber ein zweites Mal nach Deutschland auswanderten. Sind sie nur „Rückkehrer“ in das Herkunftsland oder sind sie auch „Rückkehrer“ nach Deutschland? Und schließlich stellt sich die Frage, ob der Begriff „Rückkehr“ angemessen den immer häufiger auftretenden Lebensstil kroatischer Migranten in der Rente beschreibt. Die Entscheidung, je nach der Jahreszeit den Lebensort zu wechseln und die Verbindung zu der Stadt in Deutschland, in der sie den größten Teil des Lebens verbrachten, nicht zu kappen, lässt sich schwer als „Rückkehr“ bezeichnen. Im Grunde handelt es sich um die Fortsetzung der Transmigration. Sie ist in ihren jahrelangen bilokalen und translokalen Lebensstil eingeschrieben. Im Laufe der Jahre hat die Rückkehr wegen der wiederholten Verschiebung den ursprünglichen Sinn verloren, obwohl sie in den ersten fünfzehn Jahren oder sogar länger das Leben der Migranten in Deutschland strukturierte. Paradoxerweise verdrängte die am Anfang der Migration geplante Rückkehr sich selbst von der Liste der relevanten Konzepte im Leben der Migranten: Am Anfang des Lebenszyklus in der Migration waren sie wegen der Rückkehrabsicht auf die Heimat angewiesen. Da die Rückkehr aber immer wieder verschoben wurde, entwickelten die Migranten immer stärker die doppelte räumliche Referenz und ihren transnationalen sozialen Raum. Nach dem mehrere Jahrzehnte andauernden translokalen und durch Transmigration gekennzeichneten Lebensstil – in und zwischen zwei Heimaten – kehren die verrenteten kroatischen Transmigranten nur teilweise zurück. Deshalb kann der Begriff „Rückkehr“ nicht angemessen einen Migrationsprozess bezeichnen, in dem die Unterscheidung zwischen dem zeitweiligen und dauerhaften Wohnort, zwischen Emigrant, Immigrant und Rückkehrer verwischt wurde, weil Abreise und Rückkehr in beiden Richtungen verlaufen. Der Begriff ist unbrauchbar geworden, sowohl für Migranten als auch für Forscher. In der entstandenen Kluft befinden sich auch die zwei Staaten und ihre Statistiken, die erst eine Methode entwickeln müssen, um die Transmigranten und ihre Praktiken zu erfassen.

5. Bilokalität und zwei Zuhause: Kroatische und deutsche Lebensorte als Zuhause

Dort und hier
Wir weinen hier um jene dort.
Aber die Tränen sind hier größer als dort.
Jeder hier hat einen dort,
so ist man mal hier und geht dann fort,
müht sich hier ab, um dort zu helfen.
Mit dem Kopf ist man hier, mit dem Herzen dort.
Alles würde man geben hier, damit es dort besser wird,
und man wartet hier, wann es dort besser wird,
um das hier zu verlassen, um sich dort niederzulassen.

Auszug aus „Himna dijaspore" – „Hymne der Diaspora"[58]

In ihrer im Rahmen der Assimilationstheorie durchgeführte Untersuchung kam Jenni Winterhagen (2013) zum Schluss, dass die Kroaten in Deutschland nicht vollständig integriert seien, weil ihre hervorragende strukturelle Integration keine Parallele im Bereich der emotionalen Identifikation mit dem Aufnahmeland aufweist. Diese Schlussfolgerung soll hier hinterfragt werden. Die Verschiebung des Forschungsstandpunkts von der Frage nach der Integration der Migranten in die *nationale* Aufnahmegesellschaft hin zur Erörterung der lokalen Inkorporierungswege hat die Möglichkeit eröffnet, emotionales Engagement sowie Identifikation der Migranten mit ihren *konkreten Lebensorten* in Deutschland zu erfassen. Die lokale Identifikation ist das Ende eines langjährigen Inkorporierungsprozesses des Migranten in ihren Lebensorten. Diese Identifikation verläuft *parallel* mit den transnationalen Aktivitäten und Praktiken, die zum Aufbau und zur Aufrechterhaltung enger Beziehungen mit dem Herkunftsort sowie zur Schaffung transnationaler sozialer Räume dienen. Die Prozesse von lokaler Inklusion und Transnationalisierung verlaufen parallel, jedoch wechseln sich die Phasen ab, in denen der eine oder der andere überwiegt, wie das im vorigen Kapitel dargestellt wurde. Die lokale sowie transnationale Inkorporie-

58 https//hamdocamo.wordpress.com/2017/01/15himna-dijaspore-tamo-vamo/, zuletzt eingesehen am 4.3.2019.

rung mündet in der doppelten Inklusion der Migranten. Dieses Phänomen nannten die Forscher der transnationalen sozialen Räume Bifokalität, Parallelinkorporierung, simultane Inklusion u. Ä., in der vorliegenden Studie wird es *dvodomnost* („Zweiheimatlichkeit") genannt (Čapo, 2012a, s. Kapitel 2.5).

Im heuristischen Sinne werden in der Interpretation die „Art des Seins" und die „Art der Zugehörigkeit" der Migranten im transnationalen Raum unterschieden (Levitt und Glick Schiller 2004; Povrzanović Frykmann 2010). Die Art des Seins schließt transnationale Aktivitäten, Praktiken und die von Migranten geschaffenen sozialen Netzwerke ein. Die Art der Zugehörigkeit machen Praktiken aus, die das Gefühl der Solidarität, Gegenseitigkeit und Identität mit einer bestimmten Gruppe signalisieren. Die Investition in das Haus in der alten Heimat ist eine Art des Seins, das ist die Praxis, die den Migranten ganz konkret mit dem Herkunftsort verbindet und die seine Bilokalität und doppelte Lebensreferenz ausmacht. Wie sich der Migrant aber zu seiner doppelten Lebensreferenz verhält oder wie er seine Beziehung zu dem Einwanderungs- oder Herkunftsort ausdrückt, zeugt von seiner Zugehörigkeit oder seiner Identifikation. An welchem der zwei Wohnsitze, in welchem der zwei Lebensorte fühlt sich der Migrant oder die Migrantin „zu Hause"? Welches der beiden ist für die Migranten „das Zuhause"? Die Fragen nach dem „Zuhause" ist eigentlich die Frage, ob es möglich ist, „ein Zuhause fern vom Zuhause" zu schaffen (Čapo und Halilovich 2013), sich also im Einwanderungsort wohlzufühlen. Die wechselnden Migrantendiskurse über das Zuhause, über das Gefühl, das „hier", im Einwanderungsland verortet wird und/oder „dort", im Herkunftsland, zeigen, dass die Orte, an denen sie in Deutschland lebten, nicht nur den räumlichen Rahmen für einen langjährigen Aufenthalt lieferten, sondern mit der Zeit bedeutende Stätten wurden und die Bedeutung eines Zuhauses erlangten (vgl. Čapo 2011; s. Kapitel 8).

Die Möglichkeit, dass der Einwanderungsort zum Zuhause wird, steht im Gegensatz zur Annahme der Zugehörigkeit einer Person zum Herkunftsort, denn diese setzt voraus, dass das Zuhause einmalig ist und sich ausschließlich auf den Herkunftsort beziehen kann (ebd.). Ist das Zugehörigkeitsgefühl ausschließlich und muss sich eine Person entscheiden, ob sie „hierher" oder „dorthin" gehört? Oder kann man das Gefühl haben, dass man sowohl „hier" als auch „dort" inkorporiert ist? Der Abschnitt aus der „Hymne der Diaspora" suggeriert, dass dieses Verhältnis problematisch und eher ausschließlich ist. Er spiegelt die stereotype Wahrnehmung der Migrantensituation wider – als Nichtzugehörigkeit sowohl „hier“ als auch „dort“.[59] Die Äußerungen der Migranten widerlegen aber dieses Stereotyp und zeugen davon, dass die Bilokalität eine doppelte Identifikation erzeugen kann und dass das Zugehörigkeitsgefühl sowie die Frage danach, wo das Zuhause sei, wandelbar sind, in bestimmten Lebens- und Migrationsphasen sogar geschlechtsspezifisch unterschiedlich sind. Dieses Kapitel ist diesen Themen gewidmet.

Der erste Teil dokumentiert die intensivste transnationale Aktivität der Migranten: den Hausbau in der Heimat. Entgegen der Ansicht von Alejandro Portes und seinen Mitarbeitern (1999; s. Kapitel 2) bin ich der Ansicht, dass der Hausbau in der Heimat die paradigmatische transnationale Aktivität der kroatischen Arbeitsmigranten in Deutschland ist (Čapo Žmegač 2003). Der Hausbau ist nicht nur eine einmalige Investition, die regelmäßige und gepflegte soziale Kontakte in der Heimat voraussetzt, sondern ist wie der Grundstückskauf, die Ausstattung des Hauses und des Haushalts ein langfristiges Projekt der Migranten. Dieses Projekt fördert regelmäßige und häufige Reisen in die Heimat über mehrere Jahre hinweg sowie Investitionen und Kontakte mit den Nicht-Migranten. Außerdem wird dieses Projekt in bestimmten Abständen neu durchdacht und mehrfach neu finanziert. Manchmal wird das Projekt auch aufgegeben, und das hängt nicht nur von individuellen, sondern auch von familiären Entscheidungen ab, die in einen breiten gesellschaftlichen und wirtschaftlichen Kontext sowie politische Ereignisse eingebettet sind. Auf der Grundlage der Äußerungen der Migranten über verschiedene Aspekte der Investition in ihrer Heimat, insbesondere aber über verschiedene Sichtweisen der Ehepartner auf die Investition in das gemeinsame Haus, wird die Heterogenität der Migrantenerfahrungen dokumentiert. Frauen haben selten die Gelegenheit, über dieses Thema etwas zu sagen; umso wichtiger ist es, die Erzählung über das Haus als „totes Kapital“ auch aus der Frauenperspektive zu erzählen.

5.1 Migranteninvestitionen in der Heimat: Geld und Gefühle

Eine Umfrage unter den kroatischen Arbeitsmigranten Ende 1970 zeigte, dass 20 Prozent von ihnen nach nur ein paar Jahren im Ausland in ein Auto investierten, etwa 30 Prozent investierten in Wohn- oder Geschäftsgebäude, etwa 7 Prozent in landwirtschaftliche Maschinen und landwirtschaftliche Produktion, während rund ein Drittel der Befragten sich noch immer im Sparprozess befand

59 S. Zvonko Plepelić (1981), Dichter und kroatischer Migrant in Deutschland, nannte sein Gedichtband: *Weder hier – noch dort* (Kroatisch: Niti ovdje – niti tamo).

(Baučić und Maravić 1971: 37f). In einer detaillierten Studie über die frühe Phase der Wirtschaftsmigration aus Jugoslawien zwischen 1965 und 1973 wurden vergleichbare Daten erhoben (Ivanović 2012): Die meisten Migranten investierten ihre Ersparnisse in Kauf oder Verbesserung der Immobilie, egal ob Haus, Wohnung, Ferienimmobilie oder Baugrundstück. Etwa zwei Drittel verbesserten ihre Wohnverhältnisse schon im Laufe der ersten Hälfte der 1970er. Eines der herausragenden Beispiele war die Gemeinde Livno (in Bosnien und Herzegowina) mit 44 000 Einwohnern, wo innerhalb von drei Jahren 1400 Wohneinheiten gebaut wurden, während in der Stadt Livno selbst 230 Privathäuser gebaut wurden. Die Nachfrage nach Baumaterial war so groß, dass Mitte der 1960er der Geschäftsführer des slowenischen Holzverarbeitungsbetriebs Lesnina die Stadt besuchte, um zu begreifen, „wie es möglich ist, dass das kleine Livno zweitausend Möbelstücke jährlich kaufen kann" (aus der Zeitung *Borba*, zit. nach Ivanović 2012: 272). Die Investition in den eigenen Wohnraum war zu erwarten, weil die Migranten vor der Auswanderung größtenteils keine eigene Wohnung oder kein eigenes Haus besaßen oder ihr Haus war alt. Dieser Umstand wurde auch als eines der Auswanderungsmotive angeführt (Baučić und Maravić 1971; Ivanović 2012: 278).

Über Investitionen der jugoslawischen Arbeitsmigranten in Wohnimmobilien und andere Objekte in der Heimat wurde aus der Perspektive ihrer wirtschaftlichen Unvernünftigkeit und negativer Folgen für die Gesellschaft und für die Migranten selbst geschrieben. Es wurde hervorgehoben, dass in „große, übermäßig große, exzentrisch aussehende [Häuser] und exzentrische Architektur" investiert werde (Bratić und Malešević 1982; Baučić und Maravić 1971: 37; Antonijević 2013: 172), die den Bedürfnissen der Migranten doch in keinerlei Hinsicht entsprächen. Mit ihrer Größe und ihrer äußeren Erscheinung – hybriden Bauformen, die an mittelalterliche Türme erinnerten, mit Fontänen und kitschigen Verzierungen in Form von Löwen, Geiern, Schwänen und Ähnlichem (Antonijević 2013), erinnerten diese Häuser an Migrantenhäuser in rumänischen (Betea und Wild 2016) und albanisch-makedonischen Gegenden (Pichler 2009).

Dieses Phänomen wird von vielen Autoren ähnlich erklärt wie von George Gmelch (1980), der in der ersten vergleichenden Studie über Rückkehrermigrationen einen Grund für dieses Phänomen im verschwenderischen Gehabe der Migranten sieht, die eine Bestätigung ihres Migrantenerfolgs sowie ihrer kompetitiven Mentalität als Form des Kampfes um die gesellschaftliche Anerkennung und den Status in der örtlichen Gemeinde suchten (vgl. Bratić und Malešević 1982; Ivanović 2012; Antonijević 2013). Einige Autoren sind der

Ansicht, dass diese Häuser in einer Situation, in der die Familienmitglieder getrennt lebten, das Symbol für Familienzusammenhalt sind (Bratić und Malešević 1982). Ivanović (2012) erklärt, dass Investitionen in unverhältnismäßige Immobilien, die außerdem von der Verinnerlichung der Konsumentenmentalität zeugten, einerseits zur Verlängerung des Aufenthalts im Ausland führten sowie Überstundenarbeit und Erschöpfung der Arbeitsmigranten verursachten. Andererseits verbesserte sich aber der Lebensstandard, die Infrastruktur im Heimatland wurde modernisiert, während gleichzeitig die Stratifizierung der sozialistischen Gesellschaft wurde angestoßen. Unproduktive Migranteninvestitionen wurden außerdem auch vor dem Hintergrund des jugoslawischen Wirtschaftssystems betrachtet, der Beschränkung der Privatwirtschaft und generell der Privatinvestitionen, aber auch der Bürokratisierung der Verwaltung (Baučić und Maravić 1971; Ivanović 2012; Kovačević nach Antonijević 2013).

Im vorigen Kapitel habe ich die Interpretation abgelehnt, dass irrationale Investitionen und Zunahme des Konsumverhaltens unter kroatischen Migranten ihre Rückkehrpläne beeinträchtigten. Außerdem habe ich auch eine Reihe anderer Gründe für die Verschiebung der Rückkehr genannt. Investitionen in Haus und gewerbliche Tätigkeiten in der Heimat können auch anders interpretiert werden. Diese Interpretation zieht die lange Migrationszeit in Betracht, aber auch die Migrantenerzählungen sowie ihre Interpretationen unter Berücksichtigung des historischen Rahmen, in dem sich die Migrationsprozesse vollzogen. Für die Einschätzung der Investitionen in der Heimat ist der breite Kontext während des Migrationsprozesses extrem wichtig. Eine Schlüsselrolle spielen dabei die wirtschaftliche und politische Situation in Jugoslawien, die dem Migrationsprozess innewohnende Idee von der Zeitweiligkeit der Migration sowie die ständige Verschiebung der Rückkehr (s. Kapitel 1).

Grundsätzlich finde ich in den Geschichten meiner Gesprächspartner keine Bestätigung für extravagante Investitionen in private Wohnimmobilien. Vielmehr sehe ich relativ gut durchdachte, allerdings ambitionierte Investitionsprojekte in Immobilien und gewerbliche Tätigkeiten, die die Migranten nach der von den beiden Staaten geförderten Rückkehr aufnehmen wollten. Wegen der ständigen Verschiebung der Rückkehr – die teilweise schon mit immer größeren Investitionsvorhaben in Verbindung stand – schätzen die Migranten selbst die Investition in das Haus, den landwirtschaftlichen Betrieb oder eine andere gewerbliche Tätigkeit als Fehlinvestition ein. Aber zur Zeit ihrer Realisierung, im Augenblick, als die Migranten noch an die Rückkehr glaubten, geleitet vom Wunsch, für die Familie ein Dach über dem Kopf zu sichern und für sich eine wirtschaftliche Tätigkeit, die sie nach der Rückkehr aufnehmen wollten, waren die Investitionen mit den Wünschen der Migranten und den vom Herkunftsstaat auferlegten wirtschaftlichen Einschränkungen im Einklang.

Außerdem waren die Migranten hinsichtlich der Rückkehrpläne und der damit verbundenen Investitionsentscheidungen in der Heimat ziemlich flexibel. Wenn die Rückkehrabsicht aus egal welchem Grund umgewandelt werden musste, reagierten die Migranten schnell und passten sich an neue Umstände an: Die angefangenen Projekte in der Heimat wurden aufgegeben, der Lebensfokus und Investitionen wurden in das Aufnahmeland verlegt oder die Migranten aus Bosnien und Herzegowina starteten ein neues Projekt in Kroatien. Während der langen Migrationszeit unter sich ändernden wirtschaftlichen, gesellschaftlichen und politischen Umständen in den zwei Staaten, trafen sie ihre Migrationsentscheidungen und nahmen finanzielle Handlungen stets mit Rücksicht auf ihre Familie vor. Sowohl die finanziellen als auch die emotionalen Investitionen waren in erster Linie von der Sorge für den Familienzusammenhalt und die Zukunft der Familienmitglieder motiviert. Diese Sorge verschwindet auch dann nicht, wenn die Rückkehr unmöglich erscheint und Deutschland oder ein drittes Land für Zukunftspläne und Investitionen ins Blickfeld rücken. All diese Faktoren finden sich in der folgenden Migrantengeschichte gebündelt.

5.1.1 Luka: Strategische Investitionen in drei Ländern

Luka konnte in seiner Heimat, in der Nähe von Žepče in Zentralbosnien, keine Arbeit finden und wanderte 1969 zuerst nach Österreich und später nach Deutschland aus. Mithilfe eines Verwandten fand er eine Stelle bei einer Firma in der Nähe von Frankfurt. Einige Jahre später zog er nach München, um nicht so weit von der Heimat zu wohnen und möglichst oft seinen Geburtsort besuchen zu können, wo er inzwischen eine Familie gegründet hatte (s. Kapitel 6.3). Aus diesem Grund entschied er sich auch für die Arbeit auf der Baustelle, denn in diesem Beruf hatte er flexible Arbeitszeiten und die Möglichkeit, außerhalb der Bausaison längere Zeiten in Bosnien zu verbringen. Außerdem konnte er als Bauarbeiter bis in die Mitte der 1980er besser verdienen als in einer Fabrik. Erst nach dreißig Jahren wechselte Luka aus gesundheitlichen Gründen den Beruf und arbeitete als Wachmann.

Der ursprüngliche Plan war, fünf Jahre in Deutschland zu arbeiten, um das Geld, das er für die Reise nach Deutschland geliehen hatte, zurückzuzahlen und ein Familienhaus zu bauen. Aus den fünf Jahre wurden dann schlussendlich mehr als dreißig, wie er selbstironisch sagte. Die Investitionen in der Heimat wurden immer größer, was den Aufenthalt in Deutschland verlängerte. Nachdem er das Haus fertiggebaut und eingerichtet hatte, begann er im Erdgeschoss des Familienhauses Gewerberäume einzurichten. Mit dem örtlichen Transportunternehmen schloss er einen Vertrag ab, der ihm nach der Rückkehr eine Arbeitsstelle sichern sollte, wobei die Gewerberäumlichkeiten eine Investition in das Transportunternehmen darstellten:

> Na, wie das alles so läuft, man baut ein kleines Häuschen. Und dann möchte man noch alles schön einrichten, wie es sich gehört, Möbel, Bad, alles. Und wenn man das alles schön hinkriegt ... Ich habe unten, im Erdgeschoss einen kleinen Laden eröffnet, Geschäftsraum. Und dann, dann wollte ich noch den Laden einrichten. Ich habe sofort mit Upi [eine Handelskette] einen Vertrag geschlossen, sofort, wenn ich zurückkehre. Ich war 100 Prozent sicher, ich kehre zurück. Und wenn ich zurückkehre, dann arbeite ich da, ich persönlich. Ja, wenn ich zurück bin, dann habe ich eine Arbeit in meinem Haus. Und dann, auch das hab ich geschafft. Und dann, ein bisschen auf dem Konto, wäre nicht schlecht, bevor ich zurückkehre ... Und dann vielleicht einen kleinen TAM [kleiner Lkw], für mich. [lacht] Und dann sage ich mir selbst, noch ein bisschen sparen. Und dann hab ich noch einen Traktor gekauft, Landmaschinen, Land hab ich gekauft. Ja, so war das ...

Da Luka nicht zurückkehrte, übernahm seine Tochter den Laden. Er wollte, wie viele andere Migranten, ein Transportgewerbe eröffnen, und kaufte einen Lkw.[60] Seine Geschäftspläne waren aber noch ambitionierter: Er wollte auch die landwirtschaftliche Tätigkeit erweitern und investierte zusätzlich in landwirtschaftliche Geräte. Dazu sagte er: „Wenn ich in Rente bin, dann bin ich abgesichert". Eine Investition zog die andere mit sich. Für den Traktor und das Auto mussten Abstellraum und Garage gebaut werden, während die Rückkehr immer weiter in die Ferne rückte. Er blieb in Deutschland, um seine immer ambitionierteren Pläne zu verwirklichen. Als sie mehr oder weniger realisiert werden konnten, „hat es begonnen zu wackeln, die Politik änderte alles. (...) Und so, ich hab mich nicht einmal ordentlich zur Ruhe gelegt von der vielen Arbeit, da hat der Krieg begonnen."

60 Als Antwort auf Fördermaßnahmen für die Ankurbelung des Kleingewerbes in Jugoslawien kehrten viele Migranten zurück und eröffneten kleine Transportunternehmen. Bald überstieg das Angebot der Transportdienstleistungen die Nachfrage und viele Migranten hatten wieder keine Arbeit. Sie waren gezwungen, erneut nach Deutschland auszuwandern. So kam es, dass sogar in der Zeitung eine Geschichte über verlassene Lkws am Straßenrand in der Dalmatinska Zagora erschien (Ivanović 2012: 293).

In den 1970er- und 1980er-Jahren investierte Luka alles, was er mit der Arbeit in Deutschland verdiente, in seiner Heimat in Bosnien und Herzegowina. Dabei lebte er im wahrsten Sinne des Wortes zwei Parallelleben. Sein doppelter Lebensfokus während der zwanzig Jahre schloss eine intensive und regelmäßige Mobilität zwischen dem Lebensort und dem Heimatort ein. Am Anfang seines Migrantenweges lebte er als Bauarbeiter im Container an der Baustelle, später mietete er eine kleine Einzimmerwohnung in München. Außerhalb der Bausaison verweilte er mehrere Monate in Bosnien und während der Bausaison war er immer bemüht, möglichst oft in seiner Funktion als „Antriebsachse" nach Hause zu fahren:

> Es gibt immer Feiertage, und dies und das, da fährt man jede Woche hin. Um die Feiertage, da kann man immer noch einen Tag dranhängen, und dann hat man etwas davon, zu Hause. Dann war ich voriges Wochenende, hab etwas angeordnet, die sollen was bauen, ich war da, es wurde immer etwas gemacht. Und dann hab ich abgemacht, man muss am nächsten Sonntag sehen, was gemacht wurde oder zu bezahlen, oder Geld musste gebracht werden. Im Frühjahr muss man mit dem Traktor auf dem Feld arbeiten. (...) Ich musste immer da sein, ich war jetzt zuständig, die Antriebsachse. Ich, ich war für die Finanzen zuständig.

Der Krieg in den 1990ern brachte große Veränderungen ins Leben dieser Familie, die an zwei Orten in zwei Staaten lebte. Im nächsten Kapitel wird die Familienzusammenführung in Deutschland beschrieben, während hier lediglich die Veränderungen dargestellt werden, die der Krieg im Bereich der Investitionen und der Planung der gemeinsamen Zukunft verursachte. 2002, als diese Gespräche geführt wurden, lebte Lukas Familie mit ihm in Deutschland. In den 1990-ern herrschte große Ungewissheit darüber, ob die Familie überhaupt nach Zentralbosnien zurückkehren könnte. Deshalb beschloss Luka, für sie ein neues Zuhause in Kroatien, einem dritten Staat, zu besorgen. In der Zeit, als er diese Entscheidung traf, Mitte der 1990er-Jahre, wusste man noch nicht, ob sein Heimatort vor der serbischen Aggression verteidigt werden könnte. Damals dachte er, sollte der Heimatort an die Serben fallen, würde die Familie nicht zurückkehren. Gleichzeitig war damals außerdem ungewiss, ob die älteren Kinder eine Aufenthaltserlaubnis in Deutschland bekommen würden oder nicht. Es bestand die Gefahr, dass sie, wie auch viele andere Flüchtlinge aus Bosnien und Herzegowina, das Land verlassen müssten.[61] Da die Zukunft der Familie gefährdet

---

61 1997 und 1998 waren die Flüchtlinge aus Bosnien und Herzegowina gezwungen, Deutschland zu verlassen, weil sie lediglich einen Spezialstatus hatten (Duldung), der ihnen aber kein permanentes Asylrecht gewährte (Dimova 2006).

schien, fühlte sich Luka als Familienoberhaupt und Ernährer dafür verantwortlich, für ein neues Zuhause außerhalb der vom Krieg heimgesuchten Heimat zu sorgen. So kaufte er in der Umgebung von Zagreb ein Baugrundstück und startete ein weiteres Bauvorhaben, diesmal mit einer Reihe von Verwandten und Nachbarn aus der alten Heimat, die die gleiche Entscheidung trafen:

> Ja, du weißt das, wie das war, wir dachten alle, dass unsere Gegend [an die Serben] fällt. Hauptsächlich, es sah so aus, dass sie fällt. Sie wäre beinahe gefallen. Und grundsätzlich, wer die Möglichkeit hatte, da hat man geschaut, etwas in Kroatien zu kaufen. So sind wir alle nach Kroatien gegangen. Alle wollten etwas kaufen, wenn unsere Gegend fällt, dass man etwas hat, wohin man zurückkehren kann.

So baute Luka mithilfe seines Bruders und seiner Nachbarn aus der alten Heimat noch ein Haus. Er lebte auch weiterhin in Deutschland, und an den Wochenenden, manchmal auch wenn er krank geschrieben war, fuhr er nach Kroatien. Im neuen Haus sollten vier Wohnungen eingerichtet werden, für jedes Kind eine. Die Arbeiten wurden aber bald eingestellt. Lediglich das Erdgeschoss wurde fertig gebaut, der Rest blieb im Rohbau. Die Investition wurde gestoppt, weil Luka inzwischen ein Immobiliendarlehen mit zehnjähriger Laufzeit aufnahm und eine Zweizimmerwohnung in München kaufte.

> Jetzt habe ich einen Kredit aufgenommen, jetzt kann ich nicht [mit dem Hausbau in Zagreb fortsetzen], um ehrlich zu sein. Außerdem, ich hab keine Eile. Jetzt, wo wir eine Wohnung eingerichtet haben [im Haus in Zagreb], wenn jemand nach Hause fährt, nach Bosnien, kann man da übernachten, wir bleiben einen oder zwei Tage, lüften ein bisschen, putzen.

Die Geschichte beinhaltet eine Reihe von interessanten Details: Es ist klar, dass die Investition in der Heimat ein langfristiges Projekt ist, das lebenslanges Pendeln zwischen München und dem Geburtsort in Zentralbosnien zu Folge hatte. Luka musste in Schlüsselmomenten als Finanzgeber und „Familienoberhaupt" in vielen Phasen der Realisierung seiner Investitionen vor Ort anwesend sein. Es entsteht der Eindruck, dass er überhaupt nicht in einem anderen Land lebte, denn er konnte auf wöchentlicher Basis mit den Auftragnehmern über die zu erledigenden Arbeiten verhandeln. Aus dieser Situation ergaben sich duales Leben und dualer Fokus des Migranten. Dieser Lebensstil habe ihn aber, wie er sagt, ziemlich erschöpft.

Neben der Investition in die Wohnimmobilie zeugt diese Geschichte auch von wirtschaftlichen Überlegungen des Migranten im Rahmen der damals möglichen Investitionen im früheren Jugoslawien. Diese Möglichkeiten boten sich im Dienstleistungsbereich, in der Landwirtschaft und als Investition in die lokale

„Organisation der vereinten Arbeit", die ihm nach der Rückkehr eine Arbeitsstelle sichern sollte. Alle drei Wege sind für die 1970er- und 1980er-Jahre typische Maßnahmen, die den Migranten im damaligen Jugoslawien für die Arbeitssuche nach der Rückkehr angeboten wurden. Diese Maßnahmen sind bereits in Kapitel 4 ausführlich beschrieben. Luka handelte also rational und war sehr gut über die Möglichkeiten informiert, die ihm als „zeitweilig beschäftigtem Arbeiter im Ausland" zustanden. Er gelangte auch vollkommen rational zur Einschätzung, dass er seine ziemlich hochfliegenden Ambitionen nur mit der Arbeit in Deutschland und nicht etwa in Bosnien finanzieren konnte.

Luka passte sich den veränderten gesellschaftlichen und politischen Verhältnissen an und reagierte umgehend auf sie. Er wartete nicht auf die politische Lösung, die für die Familie nach dem Krieg in den 1990ern die Rückkehrmöglichkeit nach Bosnien eröffnen würde. Genauso wartete er nicht auf die behördliche Entscheidung des deutschen Staates über die Erlaubnis zum Daueraufenthalt für die Kinder. Er entschied sich, den Ereignissen zuvorzukommen, und da er die kroatische Staatsbürgerschaft hatte, wählte er Kroatien als Ort, an dem er außerhalb von Deutschland für seine Familie ein neues Zuhause aufbauen wollte. Da in diesem Moment der Status der Kinder in Deutschland ungewiss war, sah er sich gezwungen, an eine Zukunft außerhalb Deutschlands zu denken. Deshalb war auch die Entscheidung, abermals in ein neues Haus zu investieren, eine rationale Entscheidung. Erst als die Kinder eine Erlaubnis zum Daueraufenthalt in Deutschland erhielten, entschied sich Luka, auch in diesem Land eine Wohnimmobilie zu erstehen. Das war bereits die dritte große Investition dieses fleißigen und selbstaufopfernden Menschen, in einem dritten Land.

Zwei Schlüsse drängen sich auf: Einerseits handelte Luka als selbstständiger Agens und Gestalter seines eigenen sowie des Lebens seiner Familie, obwohl er von wirtschaftlichen, gesellschaftlichen, ideologischen und politischen Umständen in den Staaten, in denen er lebte, eingeengt war. Andererseits können seine sämtlichen Investitionen als strategische Züge verstanden werden, die von Familienwerten geleitet wurden. Oberste Priorität waren stets der Familienzusammenhalt und die intakte Familie, für die eine Wohnung gesichert und die wirtschaftliche Grundlage geschaffen werden musste. Paradoxerweise lebte Luka aber den größten Teil seines Lebens getrennt von seiner Familie. Da er für die Durchführung all seiner Pläne viel mehr Zeit brauchte als ursprünglich geplant, versammelte sich die Familie erst in Deutschland, ausgerechnet in dem Land, wo das überhaupt nicht vorgesehen war und deshalb keine angemessenen Wohnverhältnisse vorhanden waren (s. Kapitel 6). Lukas Strategien werden von Familienwerten und einer starken emotionalen Investition in die Familie bestimmt. Diese Strategien haben sich durch konkrete finanzielle Investitionen materialisiert (Häuserbau, Wohnungskauf, andere Anschaffungen). Allerdings verhinderten politische Ereignisse und der Krieg in den 1990ern sowie der lange Migrationszeitraum, dass sich der Nutzen dieser strategischen Investitionen als lohnend erweist. Trotz der großen finanziellen Verluste schätzte sich Luka rückblickend aber als „glücklich" ein, obwohl alle Investitionen in der alten Heimat „aus dem Fenster geworfenes Geld waren". Denn wäre er wie geplant zurückgekehrt, hätte er das Recht auf die Aufenthalts- und Arbeitserlaubnis in Deutschland verloren. Dann hätten alle Familienmitglieder während des Krieges nur als Flüchtlinge nach Deutschland kommen können, sodass keine Aussicht auf eine dauerhafte Aufenthaltsgenehmigung bestand. Kriegsgefahr und die für die Familie lebensgefährlichen Umstände ließen den materiellen Verlust in den Hintergrund rücken. All das zeugt von der Untrennbarkeit der finanziellen und emotionalen Investitionen sowie der Notwendigkeit, beide in gegenseitiger Abhängigkeit zu erfassen, wobei die politischen Geschehnisse nicht außer Acht gelassen werden darf.

In dieser Geschichte bilden die Migrantenentscheidungen und -aktivitäten die Grundlage für mehrere mögliche Entwicklungsstränge für die Zukunft der ganzen Familie, aber auch ihrer einzelner Mitglieder: in diesem konkreten Fall in drei verschiedenen Staaten. Am Ende standen alle drei Möglichkeiten offen, alle drei Wohnimmobilien konnten von jedem Familienmitglied nach Belieben genutzt werden. Die transnationale Familienkonstellation, die bilozierte Familie in zwei Staaten, die im nächsten Kapitel erörtert wird, kann mit dem gleichen Ansatz analysiert werden. Es handelt sich immer um die Strategie, die zukünftige Entwicklungsstränge vorwegnimmt, z. B. Umzug der ganzen Familie oder nur eines Teils der Familie in ein anderes Land, je nachdem, wie die Familie oder einzelne Mitglieder es vorteilhafter finden (Čapo Žmegač 2009). Migranteninvestitionen in verschiedenen Staaten sind deshalb transnationale Strategien, die ein besseres Leben für die Familie gewährleisten sollen. Zu dem Zeitpunkt, an dem diese Strategien entwickelt werden, sind sie rationale Abwägungen auf der Suche nach der besten Lösung. Erst rückblickend können sie überflüssig oder irrational erscheinen. Dies ist besonders der Fall, wenn die Projekte nicht abgeschlossen oder aufgegeben werden und für die Familie völlig unnütz sind. Im Nachfolgenden wird eine komplexe Geschichte über Migranteninvestitionen in der Heimat dargestellt. Dabei handelt es sich um Migranten, die mit ihren Familien in Deutschland lebten.

5.1.2 Nicht abgeschlossene und aufgegebene Investitionen in der Heimat

Auch für jene Migranten, die nicht getrennt von ihren Familien lebten, stellten der Hausbau oder die Hausrenovierung den Mittelpunkt der transnationalen Aktivitäten dar. Für manche gesellten sich noch wirtschaftliche Investitionen dazu. Die Investition in das Familienhaus in der Heimat war auch für sie eine langfristige Investition. Die Dauer der Realisierung hing von der ursprünglichen Größe des Projektes ab, aber auch von der Erweiterung der Investitionspläne, der Verdienstmöglichkeiten in Deutschland und von der Tatsache, dass gleichzeitig das Leben der Familie in Deutschland finanziert werden musste. Die Realisierung des Projektes in der Heimat konnte wie im oben beschriebenen Fall durch übertriebene Ambitionen verlangsamt werden. Gleichzeitig sollte Wohnraum, aber auch die wirtschaftliche Grundlage für das Leben nach der Rückkehr geschaffen werden (als z. B. vorgesehen wurde, dass im Haus einzelne Wohnungen vermietet werden könnten; oder es wurden landwirtschaftliche Geräte angeschafft). Das Ehepaar Katarina und Martin (s. Kapitel 6.4), die beide in Deutschland arbeiteten, waren genau so ambitioniert wie Luka:

> Na gut, wir haben gleich am Anfang mit dem Hausbau angefangen. Und dann für die Schweine [den Schweinestall], und dann den Stall und dann die Scheune. Und dann die Garage, da waren viele Dinge, und Maschinen haben wir gekauft. Einiges haben wir gekauft, einiges eben nicht, sodass wir noch immer sehr viel körperlich arbeiten mussten [landwirtschaftliche Arbeiten]. Denn wir konnten keine Erntemaschinen kaufen oder sonst noch was, und das Haus bauen, und vier Kinder hatten wir, und die muss man auch versorgen. Und so war es, es wurde immer schwerer. Das heißt, man hätte noch mehr Maschinen kaufen müssen, und wir waren noch am Anfang, schon am Anfang war das Dilemma da: hier oder dort? Und dann, je länger wir hier waren [in Deutschland], wir haben uns, wie soll ich das sagen, besser eingelebt hier. Es war immer schwerer, sich zu entscheiden, denn hier war es doch sicher, ich hatte eine sichere Arbeit, und mit diesem Geld konnten wir hier leben, aber unten, mit der Landwirtschaft, ich weiß nicht, ob das gehen würde, schwer.

Katarina und Martin kamen zur Einschätzung, dass sie im damaligen Jugoslawien ihre große Familie schwer nur mit der Landwirtschaft versorgen können würden. Da sie in kurzer Zeit ihre Pläne nicht verwirklichen konnten, verschoben sie jahrelang die Rückkehr. Am Anfang arbeiteten sie praktisch an zwei Arbeitsplätzen: Neben der Arbeit in München bearbeiteten sie auch das Land in der alten Heimat. Dann sahen sie aber ein, dass sie sich nicht mehr so verausgaben konnten, und gaben die landwirtschaftliche Produktion auf. Alles, was in landwirtschaftliche Immobilien investiert wurde, „das steht jetzt so“, erzählte

Martin 2005. Sie wurden nicht genutzt und verkamen langsam. Die Maschinen wurden noch in der zweiten Hälfte der 1980er verkauft. Zwanzig Jahre später dachte Martin darüber nach, die Landwirtschaftsflächen zu verkaufen. Seine früheren Entscheidung beurteilte er folgendermaßen:

> Ich bereue es, es tut mir leid, dass ich überhaupt investiert habe, denn wir dachten immer, dass wir eines Tages dort arbeiten würden, so haben wir auch etwas mehr Land gekauft für später, wenn wir zurückkehren. (...) Wenn ich gewusst hätte, dass ich so lange in Deutschland bleibe, ich hätte bestimmt schon längst meine eigene Wohnung hier. Nicht nur eine Wohnung, vielleicht auch ein Haus, irgendwo. Das Geld, das wir für die Miete bezahlt haben, davon haben wir nichts. Ich hätte schon mein eigenes Haus haben können.

Martin, der wie viele andere Migranten statt fünf dreißig Jahre lang und länger in Deutschland blieb, bewertet seine Investitionen in Kroatien in der ersten Migrationsphase inzwischen negativ. Die geplanten Projekte wurden nicht zu Ende gebracht und die Familie gab die Idee von der Rückkehr auf. Schlechte Verdienstmöglichkeiten und schlechte wirtschaftliche Lage in der Heimat in den 1980ern sowie der Krieg in den 1990ern führten dazu, dass der Hausbau sich in die Länge zog. Manche Immobilien wurden im Krieg beschädigt und die Besitzer hatten es wegen der ständig schwankenden Entscheidungen über die Rückkehr nicht eilig, sie zu reparieren. Davon zeugen folgende Erzählungen.

Mara und Pero, beide gebürtig aus dem dalmatinischen Hinterland (Kroatien), lernten sich in München kennen, heirateten Mitte der 1970er und blieben beide in München, als sie Kinder bekamen. In den 1980ern begannen sie, in Kroatien zu investieren, denn sie wollten zurückkehren. Sie wollten das Haus nicht in Peros Geburtsort im dalmatinischen Hinterland bauen, sondern begannen mit dem Hausbau in Kaštela, einem Ort an der Küste. Diese Entscheidung schien schlüssig, weil die Kinder dort nach der Rückkehr bessere Schulen besuchen könnten und die ganze Familie vom Tourismus leben könnte. Das Haus sollte einen doppelten Zweck erfüllen: Ein Teil sollte als Wohnraum für die Familie dienen und der andere sollte in mehrere Ferienwohnungen eingeteilt werden. Das Haus befand sich in einem Touristenort und sollte der Familie nach der Rückkehr die finanzielle Sicherheit bieten. Der Krieg in Kroatien in den 1990ern verhinderte die Fertigstellung des Hauses und verschob die Rückkehr des Ehepaares bis zur Rente. Während des Krieges wurden andere Ausgaben wichtiger als die persönlichen Ziele: Mara und Pero spendeten für humanitäre Zwecke und unterstützten großmütig die Verwandten, die nach Deutschland geflüchtet waren. Unter diesen Umständen wurde der Hausbau für mehrere Jahre eingestellt und erwies sich als unrentable Investition. Während unseres Gesprächs 2002 zweifelte Mara daran, ob das Haus überhaupt einmal fertiggestellt würde. Ende der 2000er war es dann doch so weit und das Haus konnte für touristische Zwecke genutzt werden.

Ilija stammt aus Bosanska Posavina (Bosnien und Herzegowina) und lebt seit den 1970ern mit seiner Familie in München. Er heiratete relativ spät und hatte bei unserer ersten Begegnung 2002 zwei minderjährige Kinder. Er war schon Rentner und wollte nach Bosnien zurückkehren, wenn die Kinder die Schule abgeschlossen hätten und selbstständig wären. Die Rückkehr plante er schon seit den ersten Tagen in Deutschland. In den 1980ern renovierte er zum ersten Mal das Elternhaus in der alten Heimat. Das Haus wurde im Krieg beschädigt und musste ein zweites Mal renoviert werden. Fünfzehn Jahre später, als ihm die Rückkehr noch immer wahrscheinlich schien, wurde das Haus ein drittes Mal neu hergerichtet, denn Ilija wollte nach der Rückkehr im Haus den gleichen Komfort genießen wie in seiner Mietwohnung in München. Diese Investition erwies sich jedoch als wenig sinnvoll, denn Ilija kam von der Idee der endgültigen Rückkehr ab. In seinem Geburtsort im neu hergerichteten Haus hält er sich lediglich im Sommer für kurze Zeit auf.

Lucija, deren Geschichte und intensive Transmigration zwischen Deutschland und Bosnien und Herzegowina im vorigen Kapitel (4.3) dargestellt wurde, investierte auch mehrfach in ihr Haus in der Heimat. Nachdem sie fünf Jahre in Deutschland gearbeitet hatte, kehrte Lucija 1976 mit genug Geld in die Heimat zurück, um in einer Kleinstadt in Bosanska Posavina ein Haus zu kaufen. Als die Familie in den 1990ern wegen des Krieges nach Deutschland fliehen musste, wurde das Haus geplündert und Fremde wohnten dort. Nach dem Krieg musste das Haus repariert, erneuert und neu möbliert werden. Lucija war damals mit dem Angebot an Möbeln in lokalen Geschäften nicht zufrieden und ließ Möbel aus Deutschland einführen. Obwohl sie Deutschland 1997 im Rahmen der staatlichen Rückführungsmaßnahmen der bosnischen Flüchtlinge verlassen musste, kehrte sie bald zurück und lebte dort ohne gesicherten Aufenthaltsstatus und Arbeitserlaubnis. Aus diesem Grund gab sie auch damals das Projekt der Rückkehr nicht auf. Bei unserer ersten Begegnung 2002 plante sie gerade weitere Veränderungen und Renovierungen im Hausinneren. Sie ließ sich dabei von den deutschen Haushalten inspirieren, in denen sie als Reinigungshilfe arbeitete. Die letzte Renovierung wurde 2016 in dem Teil des Hauses durchgeführt, das vermietet war. Sie wollte sich dort eine gemütliche Wohnung für den Fall einrichten, dass sie in Deutschland keine Sozialwohnung bekommen würde.

Im Unterschied zu Lucija hat Petar, der aus der gleichen Gegend stammte wie sie, sein Leben nicht wie andere Migranten der Idee der Rückkehr gewidmet.

Trotzdem baute er in den 1980ern ein kleines Haus in seinem Geburtsort. Das Haus wurde im Krieg stark beschädigt, aber er entschied sich nicht, es zu erneuern. Lediglich einige Teile wurden notdürftig instandgesetzt, weil er, wie er sagte, wegen der „chaotischen Verhältnisse“ in Bosnien nicht mehr an seine Rückkehr glaubte. Inzwischen beantragte er in Deutschland die deutsche Staatsbürgerschaft, der Antrag wurde aber abgelehnt. Das brachte ihn dermaßen auf, dass er erneut die Möglichkeit prüfte, eine Teilrückkehr zu realisieren und zwischen Deutschland und Bosnien zu pendeln. So kehrte er 2010, also vierzig Jahre nach der Auswanderung nach Deutschland, in die alte Heimat zurück, um zu prüfen, ob er dort leben und wieder einmal dem „Froschgesang“ in seinem Geburtsort lauschen könnte. Diesmal kam er aber zur endgültigen Entscheidung, unter keinen Umständen zurückzukehren. So wurden jegliche weiteren Investitionen in das nach dem Krieg niemals instand gesetzte Haus eingestellt.

Die beschriebenen Beispiele bezeugen, dass sich die in der Heimat gebauten Häuser viele Jahre lang im Bauprozess befanden, während die Migranten in Deutschland lebten. Sie wurden mehrfach renoviert, manchmal blieben sie halb fertig, einige wurden im Krieg zerstört und später wieder instand gesetzt oder einfach verlassen. Ähnlich ging es mit den Investitionen in landwirtschaftliche Maschinen. Im Moment, als klar wurde, dass die Migranten in Deutschland blieben, wurden sie verkauft oder blieben jahrelang ungenutzt. All diese Investitionen waren mit beträchtlichen finanziellen Ausgaben verbunden. Insbesondere Häuser, die über mehrere Jahrzehnte hinweg mehrmals repariert und instand gesetzt werden mussten.

Meine Gesprächspartner beurteilten ihre Investitionen in der Heimat unterschiedlich. Das zeigt auch das Beispiel von Marija, die zum Zeitpunkt unseres Gesprächs (2002) Deutschland endgültig verlassen und nach dreißig Jahren nach Kroatien zurückkehren wollte (s. Kapitel 6.2):

> Und wenn wir hier eine Wohnung gekauft hätten – genau so einen Kredit aufgenommen hätten mit dem, was wir eingespart hatten – ich könnte jetzt glatt die Wohnung verkaufen und unten [in Kroatien] für dieses Geld ein Haus kaufen. Aber das war so, wissen Sie, das kam von den Eltern: „Ja alle kaufen, ja alle bauen [in Kroatien]! Und ihr? Worauf wartet ihr? Was denkt ihr?“ Und so …

Rückblickend denken die Migranten ziemlich ähnlich: Sie denken, dass sie einen Fehler begangen haben, weil sie nicht in eine Immobilie in Deutschland investiert haben. Aber vor dem Hintergrund der Ideologie und der Teleologie der Rückkehr planten sie jahrelang die Rückkehr und investierten in der Heimat. In der ersten Phase der Migration waren sie sicher, dass sie bald zurückkehren würden, in der zweiten verschoben sie die Rückkehr auf die Rente. Wie einer meiner Gesprächspartner sagte, bei der Ankunft in Deutschland hätte er keinen Zehnjahresvertrag unterschrieben, auch wenn man ihn ihm angeboten hätte! Deshalb blieben Investitionen in Deutschland außerhalb des Rahmens, in dem die Migranten dachten. Aber das oben angeführte Zitat weist auf einen weiteren Aspekt der Einlagen in der Heimat hin, und zwar auf den gesellschaftlichen Zwang, der von der Herkunftsgesellschaft ausgeübt wurde: Das Haus war immer der Maßstab für den „Erfolg" in der Migration.[62]

Jene Migranten, die zu einem bestimmten Zeitpunkt, ungefähr Mitte der 1980er-Jahre, einsahen, dass sie höchstwahrscheinlich bis zur Rente in Deutschland bleiben würden, beschlossen, die Investitionen in der Heimat aufzugeben; einige investierten sogar in Immobilien in Deutschland. Einige meiner Gesprächspartner gingen diesen Schritt, die Mehrheit aber nicht. Nachdem Neva und Draga (s. Kapitel 4.3) verwitwet waren, machten sie diesen Schritt. Neva und ihr Mann lebten in Regensburg, sie sparten und planten die Rückkehr, die dann immer wieder verschoben wurde. Sie wollten in Dalmatien ein Haus kaufen und es so einrichten, dass sie als Rentner dort leben könnten. Zuerst musste man aber „die Kinder auf die Beine stellen". Als ihr Mann starb, war Neva Anfang fünfzig und dachte nicht lange darüber nach, ob sie zurückkehren wollte oder nicht. Sie gab die Idee von der Frührente und der Rückkehr auf. Das erklärte sie mit folgenden Worten: „Was soll ich jetzt alleine in Dubrovnik? Da ist das Haus und der Garten, und meine Kinder brauchen mich hier". Obwohl sie auch weiterhin in das Haus investierte („damit man da wohnen kann"), kaufte sie bald nach dem Tod ihres Mannes eine Eigentumswohnung in Regensburg. Sie behielt ihre Arbeit und unterstützte ihre Töchter, die inzwischen geheiratet hatten. Vierzig Jahre nach der Auswanderung nach Deutschland hatte sie kein Interesse mehr an dem Haus in Dalmatien. Es verkörperte nichterfüllte Erwartungen und Träume und den zu frühen Tod ihres Mannes. Das Haus war viel zu weit entfernt, um kurzfristig hinzufahren, und während der Sommermonate

62 Das erste Zeichen für eine erfolgreiche Migration war für Männer selbstverständlich das Auto. Die meisten Migranten kauften mit dem ersten verdienten Geld oder auf Abzahlung einen Wagen. Diejenigen, die bei großen deutschen Automobilherstellern arbeiteten, konnten einen Wagen zu günstigen Konditionen kaufen. So ist das erste Cabrio, das in den 1970ern auf den Straßen in Bosanska Posavina gefahren ist, das Cabrio eines meiner Gesprächspartner gewesen! Das war aber auch keine unumkehrbare Regel, denn es gab auch Migranten, die diesem gesellschaftlichen Druck standhielten und weder ein Auto kauften noch überhaupt den Führerschein machten.

störte sie das Touristengedränge. Das Haus wurde vermietet und Neva überlegte gerade, es zu verkaufen, um die Töchter beim Kauf von Eigentumswohnungen zu unterstützen.

Viele Migranten blickten kritisch auf die dreißig oder vierzig Jahre in Deutschland zurück, in denen sie keine Immobilie in Deutschland erstanden hatten. Einige gaben in dieser langen Zeit die Projekte in der Heimat auf, andere erlitten mehrfach Verluste, gaben weitere Investitionen jedoch nicht auf. Aber vor dem Hintergrund des festen Entschlusses, irgendwann einmal zurückzukehren, sowie der zahlreichen Versuche, die Rückkehr tatsächlich zu realisieren, gepaart mit dem Bedürfnis der Migranten, für die Familie angemessenen Wohnraum zu sichern, können die Investitionen in der Heimat nicht als irrational und von einer ausgeprägten Konsummentalität geleitet bezeichnet werden. Die Investitionen folgten der Logik der Migration und der persönlichen Wertvorstellungen und korrespondierten mit den Umständen im Herkunfts- und Aufnahmeland.

Obwohl der Hausbau Teil der familiären Strategie war, kam es diesbezüglich zu Meinungsverschiedenheiten unter den Familienmitgliedern. Darüber wird im folgenden Abschnitt berichtet.

5.1.3 Investitionen aus der Geschlechterperspektive: Ehefrauen und Ehemänner über das Haus in der Heimat

Die Hartnäckigkeit, mit der die Investitionen in der Heimat verfolgt wurden, die übrigens mit häufigen Reisen zwischen Deutschland und Kroatien oder Bosnien und Herzegowina verbunden waren, stießen auf Unmut bei bestimmten Familienmitgliedern, vor allem bei Frauen. In dem Aufsatz (Čapo Žmegač 2004), an den sich der folgende Abschnitt anlehnt, habe ich festgestellt, dass das Haus in der Heimat als dauerhafter Mittelpunkt sowie regelmäßiges Pendeln für die Ehepartner mit unterschiedlicher Bedeutung behaftet sind. Die Symbolik, für die das Familienhaus steht, ist für Männer (Ehemänner/Väter) und Frauen (Ehefrauen/Mütter) unterschiedlich, unabhängig von Bildungsunterschieden und örtlicher Herkunft.

Für Männer ist das Haus in der Heimat Teil der wirtschaftlichen und Reproduktionsstrategie (Bourdieu et al. 2002). Die Erzählungen zeigen, dass sich das Haus oder das renovierte Haus in der Regel auf dem Familiengrundstück befindet. Es ist die Verlängerung der väterlichen Linie und Garant für die Überlieferung der Familientradition und die Solidarität unter den Verwandten. Von den Migranten wird das Haus als notwendiger Referenzpunkt für die Nachkommen empfunden. Das Haus ist die Erfüllung des väterlichen Traumes, aber auch der Verpflichtung, die Familientradition fortzuführen und sie an die Kinder weiterzugeben. Der Hausbau auf dem Familiengrundstück, das vom Vater geerbt wurde, ist nicht nur aus der lokalen, familiären Perspektive symbolisch, sondern auch ein Zeugnis der Vaterlandsliebe. Mit dem Haus schreibt man sich in den nationalen Boden ein, somit wird auch die nationale Zugehörigkeit eindeutig ausgedrückt. Die Symbolik des Hauses spiegelt sich auf der näheren und weiteren familiären, lokalen und nationalen Ebene wider. Sie bestätigt die familiäre, lokale und nationale Zugehörigkeit des Bauherren sowie seiner Familie und seiner Nachkommen. Die Facetten der im Haus gebündelten Symbolik werden in den nachfolgenden Männererzählungen zusammengefasst:

> Na ja, wir haben diesen Plan verwirklicht, wir haben dieses Haus gebaut hier [in meinem Geburtsort]. Sonst, ich, das Motiv war da … es gab mehrere Motive. Im Grunde, wir hatten so enge Beziehung in der Familie, wir Geschwister, und ich wollte, dass wir auch weiterhin so verbunden bleiben. Ich bin ja der älteste von den Geschwistern. Ich war immer eine gute Unterstützung. Sie waren jünger. Ich habe sie unterstützt, auch die Mutter, moralisch, in jeder Hinsicht, sodass wir sehr enge Beziehung hatten. Das war für mich auch eines der Motive, dass wir hier eine Unterkunft finden.[63] Und ich sage, das ist doch unser Familiengrundstück, und das ist Kroatien, es kann also niemals falsch sein! (Antun)

> Ich wollte, dass die Kinder, wie man sagt, einen Ausgangspunkt haben, woher sie kommen, wohin sie zurückkehren können, sodass wir alle mit vier Kindern mindestens einmal im Jahr für zwei, drei Monate in Rama [in Bosnien und Herzegowina] waren. (…) Und wir mussten vieles entbehren, wegen der Kinder und das alles, und wegen des Hauses, das wir unten gebaut haben, aber andererseits, wenn wir es nicht gebaut hätten, wie könnten unsere Kinder wissen, wo ihr Zuhause ist? Hier ständig in der Wohnung [in Deutschland], sie sind nirgendwo. (Marko)

Hinter der Entscheidung über den Hausbau stehen Männer. Der Mann entscheidet auch, dass das Haus im Geburtsort des Mannes gebaut wird, wenn die Eheleute aus verschiedenen Orten stammen. Das wird auch durch die Ich-Form in

---

63 Aus der Erzählung dieses Migranten, der aus Sinj im dalmatinischen Hinterland kommt, sind die Verbindungen in der Familie ersichtlich. Auch nach der Gründung der eigenen Familie bleiben die Geschwister eng verbunden, sie sind durch Familienbande und Solidarität verbunden, während sich die Älteren für die Jüngeren verantwortlich fühlen. Das gleiche Muster ist auch in den bosnisch-herzegowinischen Familien zu finden. Die Solidarität unter den Geschwistern wird mit der Solidarität unter den Eheleuten gleichgesetzt. Für Männer kann sie mitunter sogar wichtiger sein als der Ehebund (vgl. Čapo Žmegač 2000).

der Erzählung betont, wenn über das Bauprojekt gesprochen wird: „Ich habe mir unten ein Haus gebaut“, oder: „Ich habe es geschafft, unten ein Haus zu bauen“. Dieses Pronomen sagt viel mehr als ihre Worte über die Motivation. Durch dieses Pronomen wird deutlich, dass hinter diesem Projekt sie alleine stehen, dass es von ihnen gefördert und geleitet wird, häufig auch gegen den Willen der Ehefrau.

„Die Aufgaben des Mannes sind, ein Haus zu bauen, einen Sohn zu zeugen und einen Baum zu pflanzen“, kommentierte eine meiner Gesprächspartnerinnen die Entscheidung ihres Mannes, das Familienhaus auf dem geerbten Grundstück in seinem Geburtsort zu bauen, sowie seine Hingabe an dieses Vorhaben. Mit dieser botanischen Metapher (Malkki 1992) deutete sie auf die komplexe Symbolik hin, die das Haus, den Boden auf dem es gebaut wird, und die Familie verbindet. Der Mann verwurzelt sich mit dem symbolischen Akt der Baumpflanzung und des Hausbaus metaphorisch in dem Boden, dem er entstammt.[64] Die Baumpflanzung ist der konkrete Akt der Verwurzelung in den Boden, während der Hausbau eine Metapher ist, die die Verwurzelung in den heimatlichen Boden, den Transfer des Familienerbes und die Übernahme der familiären Verpflichtungen symbolisiert. Seine Bindung an die Familie und den Heimatort wird durch den Hausbau ausgedrückt und bestätigt. Mit diesem Akt verwurzelt er sich im wörtlichen wie auch im metaphorischen Sinne in seinem Geburtsort, der sich auf Patrilinie und Erbe bezieht. Da er aufgrund seines Lebens aus diesem Ort *entwurzelt* ist – da er an einen anderen Ort ausgewandert ist, in ein anderes Land, wie das oben genannte Zitat sagt, er ist „nirgendwo“ –, symbolisiert der Hausbau im Geburtsort für den Migranten die *erneute Verwurzelung*. Der Hausbau ist die Bestätigung seiner Zugehörigkeit zur Familie und seiner Teilnahme am Familiengeschehen, am Ort selbst und an der Herkunftsgemeinde.[65]

---

64 In vielen Kulturen der Welt wird zu Ehren eines Ereignisses, als Teil der mit der Geburt eines Kindes verbundenen Rituale oder als Teil ritueller Übergänge wie etwa Heirat oder Tod ein Baum gepflanzt.

65 Die botanischen Metaphern Entwurzelung und Verwurzelung in den heimatlichen Boden werden hier in Anlehnung an klassische Migrationsforschung verwendet. Der Migrant wird als Person aufgefasst, die von ihren natürlichen Wurzeln abgetrennt und in eine neue Umgebung transplantiert wurde. Dabei wird ihm unterstellt, bei der erneuten Verwurzelung Schwierigkeiten zu haben (vgl. Handlin 2002 [1951]; Faist 2000).

Es stellt sich aber die Frage, wie sich in diese Symbolik die Geburt eines Kindes einfügt, die von meiner Gesprächspartnerin als der dritte wichtige Aspekt im Leben ihres Mannes – und von Männern allgemein – genannt wurde. Während der Mann sich mit dem Hausbau in den heimatlichen Boden einschreibt, schreibt er sich mit der Geburt eines Kindes in die Zeit ein, sichert also seine eigene zeitliche Kontinuität ebenso wie die seiner Familie. Die Geburt des Kindes steht gleichzeitig metonymisch für die Gewährleistung der zeitlichen Kontinuität der Nation (Malkki 1992).[66] Da die Familie in der kroatischen Traditionskultur patrilinear gedacht wird, ist es wichtig, einen Sohn zu zeugen, weil eine Tochter den Familienstamm nicht fortsetzen und somit die Kontinuität der Familie nicht gewährleisten kann. Baumpflanzung, Hausbau und Zeugung des Sohnes sind Schlüsselmomente im Leben des Mannes, der sein Zuhause verlassen hat. Durch diese drei Ereignisse wird seine Reterritorialisierung in der alten Heimat besiegelt, somit auch die Zugehörigkeit zu diesem Raum und dieser Gemeinschaft, was die Kontinuität der Familie bzw. der Nation gewährleistet.

Die Symbolik, die der Mann (Ehemann und Vater) dem in seinem Geburtsort gebauten Familienhaus zuschreibt, lässt sich auch in der Behauptung erkennen, dass das Zuhause sich gerade dort befindet. Obwohl Marko mit seiner Familie mehr als vierzig Jahre lang in Deutschland lebte verortete er sein Zuhause unmissverständlich in seinem Geburtsort:

> Wo ist mein Zuhause? Eine echt schwere Frage (...), kurz gesagt: Rama! Warum ist das eine schwere Frage? Hier [in München] sind die Kinder abgesichert, und wo die Familie ist, da ist auch das Zuhause. Das ist erst einmal sicher. Aber ich finde, die Familie ist unten [in Bosnien], obwohl wir hier arbeiten und hier leben. Denn ich höre nicht auf, unten [in Bosnien] zu leben, wenn ich hier lebe. Das muss ich gestehen. Und unten [in Bosnien], wenn ich dort bin und die Kinder hier bleiben, ich höre nicht auf mit den Kindern zu leben, wenn ich unten [in Bosnien] lebe. Das ist ja so in der heutigen Welt, die mobile Welt, so ist das heute.

66 Die Nation ist laut einer ähnlichen botanischen Metapher eine große Familie, die in einem bestimmten Territorium verwurzelt ist. Dieser Auffassung liegt der Gedanke zugrunde, dass eine Person unmöglich Teil mehrerer Territorien oder Nationen sein kann. Keiner meine Gesprächspartner hat sich zur jugoslawischen Nationalität bekannt, egal ob sie aus Kroatien oder Bosnien und Herzegowina gebürtig waren. Alle haben sich zur kroatischen Nationalität bekannt, während einige Migranten aus Bosnien und Herzegowina auch die territoriale Referenz auf Bosnien und Herzegowina hinzugefügt haben. Alle haben sich außerdem auf ihre regionale Herkunft bezogen: dalmatinisch, slawonisch, međimurisch usw.

Der Geburtsort und das dort gebaute Haus bündeln in sich die Familientradition, vergangene Generationen und familiäre Überlieferung. Sie sind potenzieller Versammlungsort für die ganze Familie, imaginär und nicht real, denn die Familie lebt zusammen an einem anderen Ort, in einem anderen Land, weit weg von der Heimat, und nur einen Teil des Jahres verbringt sie an dem Ort, den der Migrant als das eigentliche Zuhause bezeichnet. Wenn die Familie getrennt lebt, symbolisiert das Haus die familiäre Eintracht (Bratić und Malešević 1982). Im Falle, dass die Familie zusammen außerhalb der Heimat lebt, ist das Haus stabile Identitätsreferenz im Kontext der Unsicherheit und Zeitweiligkeit des Migrantendaseins sowie des fehlenden Zugehörigkeitsgefühls im Aufnahmeland. Der Vater sieht sich verpflichtet, diese Identitätsreferenz an seine Nachkommen weiterzugeben. Dabei ist ihm der Gedanke von zwei parallelen Leben an zwei Orten in zwei Ländern nie gekommen. In seiner Vorstellung hat er die Heimat nie verlassen. Die physische Auswanderung ist für ihn keine tatsächliche. Er behauptet, emotional nie weggegangen zu sein. So erzählte Antun: „Bildhaft ausgedrückt kann ich sagen, ich bin hier in München physisch anwesend, in Deutschland, aber mein Herz, meine Gedanken, meine Gefühle sind unten in der Heimat“[67] (s. auch Kapitel 8.1.1).

Als ich bemerkte, dass man meinen könnte, er lebe noch immer da und nicht in München, weil er mit so viel Liebe über seinen Geburtsort spricht, widersprach Marko entschieden: „Ich kann nicht sagen ‚man könnte meinen‘, ich lebe tatsächlich unten, in Rama!“ Die physische Anwesenheit an einem Ort „hier“ verwischt die Grenze gegenüber dem „dort“. Der Migrant behauptet hier nicht, zwei Parallelleben zu führen, sondern er erlebt seine Bilokalität und seine doppelte Lebensreferenz als einen einzigen Handlungs- und Lebensraum. In diesem Sinne kann hier tatsächlich von einem einmaligen transnationalen sozialen Lebens- und Zugehörigkeitsraum des Migranten die Rede sein, der durch Verschmelzung seiner doppelten Lebensreferenzen entsteht.

Die feste Verbindung des Migranten an den Geburtsort verschwindet auch nach langjähriger Abwesenheit nicht. So war es auch im Falle von Ivo, Physiker und Weltreisender, gebürtig aus Split, der mit einer Deutschen verheiratet ist und mehrere Jahrzehnte lang in München lebte. Er blieb fast sein ganzes Leben lang der Heimat fern, aber er träumte ständig von ihr („Ziemlich lange habe ich davon geträumt, dass ich zurückgekehrt bin, glücklich!“). Noch immer fühlte er sich nur während der Besuche in der Heimat so richtig „zu Hause“ und es zog

---

67 In einem ganz anderen Migrationskontext finden wir eine ähnliche Äußerung. Portes’ Gesprächspartner Gonzales, der in Los Angeles lebt, erzählte, dass er „real“ in El Salvador lebe und nicht in Los Angeles (Portes 1999: 466).

ihn immer wieder dorthin: „Die schlimmste Strafe wäre für mich, wenn man mir verbieten würde, nach Split zu kommen. Meine Frau hat unten Probleme, während ich [mich fühle], als ob ich nach Hause gekommen wäre!"

Auch wenn das Haus nicht auf dem familiären Erbgrundstück errichtet wurde, sondern in einer größeren Stadt in der Heimat des Mannes, in einem Ort mit besserer Infrastruktur, in dem die Familie nach der Rückkehr leben würde, weil die Beschäftigungsmöglichkeiten für die Eltern sowie die Bildungsmöglichkeiten für die Kinder besser sind, ist es mit einer ähnlichen Symbolik behaftet: Das Haus ist Materialisierung der Pflicht des Mannes, Ausdruck seines Stolzes und der Sorge um die Kontinuität der Familie. Mit dem Haus wird die Zukunft der Kinder sowie der ganzen Familie gesichert. Auch wenn das Haus nicht direkt die Reterritorialisierung im Geburtsort evoziert, evoziert es die Verwurzelung in den nationalen Boden und in die Ideologie des familiären Zusammenhalts (s. Kapitel 6).

Ehefrauen, die mit ihren Ehemännern und Kindern dauerhaft (zwanzig Jahre oder länger) in Deutschland lebten, blickten anders auf das in der Heimatgegend des Mannes gebaute Haus. Die schon vorhin erwähnte Marija fand, dass der Hausbau eine Art gesellschaftlicher Zwang war, für „unsere Eltern, die dachten, wenn man da unten kein Haus hat, dann ist man ein Taugenichts". Sie interpretierte also die Investition ins Haus im Geburtsort ihres Mannes vollkommen unterschiedlich von ihrem Mann. Für sie ist das Haus ein Symbol für den „erfolgreichen" Migranten.

Eine von meinen Gesprächspartnerinnen beschwerte sich, dass der Mann sie ständig „nach unten" ziehe und dass er durch den Hausbau die Familie an Kroatien „band". Außerdem betonten die Frauen oft, dass ein Haus Kosten verursache: „Monatlich bezahlen wir doppelte Rechnungen, hier und dort", erzählte eine von ihnen. Zudem wird erwartet, dass das Haus auch genutzt wird: „Wenn es einmal gebaut ist, wäre es ja dumm, es nicht zu benutzen". Migrantenfamilien, die in Deutschland zusammenlebten, nutzten das Haus in der Heimat höchstens zwei bis drei Mal im Jahr, in der Regel jeweils für zwei Wochen. Nur wenn die Migranten Lehrer waren, konnten sie länger bleiben, weil Schulferien länger dauern. Aber auch dann war das Haus keine Quelle der Freude, sondern eher der Frustration: „Auf jeden Fall haben wir die Ferien nicht so genossen, wie die anderen das tun. Denn wir haben in den Ferien viel gearbeitet. Das ist leider das einzige, worüber mein Mann und ich immer streiten, denn das müsste nicht so sein", erzählte Mira. Marija war noch kritischer, als sie über das in der Heimat gebaute Haus sprach. In diesem Haus fühlte sie sich wie ein „Gast im Hotel", doch gleichzeitig war sie auch dessen „Sklavin":

> Und ich bin nur Sklavin dieses Hauses, ich komme dorthin und bezahle die Rechnungen, und putze, während die anderen ans Meer fahren … Ich komme nach Hause, ich brauche zwei Wochen, bis ich alles geputzt und aufgeräumt habe, und wasche die Gardinen und putze die Fenster, und gerade wenn die in einem Zimmer geputzt sind, kann ich im anderen von Neuem anfangen. Und so, da bist du versklavt. Und ich habe immer so gedacht, und das ist so.

Zum Haus in der Heimat musste man wegen der Baumaßnahmen oder Reparaturen regelmäßig fahren. Deshalb war es auch für einige Familien das einzige Urlaubsziel. Wenn sie sich mit deutschen Frauen verglichen, bemerkten meine Gesprächspartnerinnen, dass sie im Urlaub immer den gleichen Ort besuchten, und zwar den Geburtsort des Mannes und das Haus, das sie wegen der kurzen Dauer, die sie dort verbrachten, nie als ihr Zuhause erlebten. Anica erzählte:

> Ich sage es nur, ich meine, mir tut es wirklich leid, wir sind hauptsächlich, als wir das Haus gebaut haben, wir haben es vor zwanzig Jahren gebaut, unsere wichtigste Reise geht nach Bosnien. Und ... ich möchte ja doch etwas anderes sehen, mehr. Na gut, drei, vier Mal fährt man nach Bosnien, aber warum könnte man nicht einmal einen Abstecher machen, irgendwohin anderes fahren und etwas anderes sehen?

Mira unterscheidet diese Fahrten nach Hause von „Reisen", die andere Leute im Urlaub machen – so wie die anderen Migranten, die nach der Verlegung des Lebensfokus auf das Leben in Deutschland nun auch andere Reiseziele ansteuerten: „Im Urlaub fahren wir immer nach Kroatien. Und die Deutschen, die reisen. Wir nicht. Ich würde gerne reisen. Mein Mann nicht, er will nur nach unten [nach Kroatien]. Unten sind seine Eltern, Freunde. Das ist für ihn wie ein Magnet."

Die Frauen beschweren sich darüber, dass das Haus in der Heimat eine Investition ist, die jahrelang schwer die Ausgaben der Familie in Deutschland belastet. Das kritisierten auch Kinder, die mit ihren Eltern in engen Wohnverhältnissen aufwuchsen.

Grozdana beschrieb den Teufelskreis, in dem ihre Eltern in den 1970ern nach der Auswanderung nach Deutschland lebten. Am Anfang lebten sie bescheiden mit dem Ziel, für den Hausbau in Kroatien Geld zu verdienen und zu sparen. Deshalb lebten sie in München, wie sie sagte, nur „nebenbei". Am Anfang war es auch nicht anders möglich, später aber, als sie auch besser verdienten, merkten die Eltern nicht einmal, dass sie ihre Arbeitsgewohnheiten hätten ändern sollen: „Am Anfang war das nicht möglich. Als es möglich wurde, als sie mehr Geld hatten, dann haben sie nicht einmal gemerkt, dass sie eine Pause hätten machen müssen, sie haben sich nur im Kreis gedreht!"

Grozdana erinnert sich an die Fahrten nach Dalmatien im Auto, das mit Baumaterial für das Haus beladen war (Keramikfliesen, Kloschüssel, Badewanne, Haushaltsgeräte usw.). Es wurden so viele Sachen in den Kofferraum und auf den Rücksitz geladen, dass sie und ihre Schwester während der langen Fahrt von München nach Split in der Badewanne oder auf den Fliesen sitzen mussten: „Als ich klein war, haben wir im Auto wie Sardinen gesessen. Ich habe das gehasst. Ich hatte keine Lust, wie 'ne Verrückte Zeug zu schleppen. Die Eltern, die haben immer Fliesen, Boiler, alles Mögliche angeschleppt!"

Wie alle anderen Migrantenkinder kommentierte sie die paradoxe Situation, in der sich ihre Eltern befanden, als sie beschlossen, die Rückkehr zu verschieben: „Das Wichtigste war, Geld zu verdienen und das Haus zu bauen. Und die Ironie war, dass das Haus, was wir gebaut haben, da haben wir nicht drin gewohnt."

Die Frauen legen eine andere Einstellung zum Familienhaus an den Tag als ihre Ehemänner. Der symbolische Wert, den das Haus im Geburtsort oder in der Heimat für die Männer hat, existiert für Frauen nicht. Für die Ehefrau ist das Haus finanzielle Belastung, ständige Sorge, verlangt viel Arbeit auch im Urlaub und bestimmt den Urlaubsort, was ihren Horizont einengt und sie an einen Ort bindet. Im Unterschied zu ihren Ehemännern zeigten Frauen nach zwanzig oder mehr Jahren in Deutschland kein besonderes Interesse an den Orten in Kroatien oder Bosnien und Herzegowina, wo die Familien ihre Häuser gebaut hatten. Teilweise ist das dadurch bedingt, dass sie aus anderen Orten oder Teilen des Landes stammen als ihre Männer, sodass das Haus in einer ihnen eher unbekannten Umgebung gebaut wurde, in der sie sowieso nie länger lebten. Das Haus in der Heimat ist für die Frau vor allem die Verwirklichung des Traumes ihres Mannes. Sie distanzieren sich eher von diesem Projekt, kritisieren es zuweilen, resigniert machen sie mit oder scherzen selbstironisch, indem sie erzählen, dass sie es bereuen, keinen Deutschen geheiratet zu haben, sondern einen Kroaten. Mit einem Deutschen wären sie nicht gezwungen, außerhalb von Deutschland zu investieren. Ähnlich wie im Nachhinein auch einige Männer sind sie der Meinung, dass in eine Immobilien am Wohnort der Familie hätte investiert werden sollen, also in Deutschland. Einige haben das, wie bereits berichtet wurde, auch nach dem Tod des Ehemannes verwirklicht, als sie den Lebensfokus nach Deutschland verlegten.

Während die Männer den Blick eher auf die Heimat richten und der zentrale Ort ihrer Aufmerksamkeit ihr Geburtsort mit dem dort gebauten Haus ist, geben die Frauen der Verankerung in dem Ort Vorrang, in dem sie in Deutschland mit ihrem Mann und ihren Kindern leben. Im Unterschied zu den Männern sind die

Frauen physisch und emotional an ihrem Lebensort in Deutschland verankert.[68] Sie binden ihre Zugehörigkeit an die Kinder, mit denen sie in Deutschland leben. Sie konzentrieren sich auf das Leben der Kinder und übernehmen im Vergleich zu ihren Ehemännern eine viel aktivere Rolle bei ihrer eigenen und der Integration der Kinder im Aufnahmeland. Einige haben eine viel tolerantere Einstellung gegenüber dem Wunsch der Kinder, die deutsche Staatsbürgerschaft anzunehmen. Mit ihren Kindern sprechen sie häufiger Deutsch als die Väter, die Deutsch im Umgang in der Familie teilweise sogar verbieten (s. Kapitel 3). Gerade weil die Kinder in Deutschland sind und dort auch bleiben werden, wollen die Frauen im Unterschied zu ihren Männern als Rentner nicht endgültig nach Kroatien oder Bosnien und Herzegowina zurückkehren. Auf die Frage, ob sie nach Bosnien zurückkehren möchte, antwortete Anica mit einigem Zögern:

> Eigentlich, ich weiß es nicht. Weil die Kinder da sind. Ich bin sonst gerne da unten. Wenn ich unten bin, da bin ich gerne da. Aber so, jetzt nach unten zurückzukehren, das würde mir jetzt schwer fallen, ich muss zugeben, unten zu leben, während die Kinder hier sind, weiß ich nicht …

Die Frauen, die in Deutschland zusammen mit ihren Männern und/oder Kindern lebten, äußerten sich ungeachtet ihrer regionalen Abstammung (Dalmatien, Bosnien, Slawonien), des Bildungsgrades oder des Berufes ähnlich. Der Haushalt in Kroatien oder in Bosnien und Herzegowina war niemals auf die Dauer der Ort des gemeinsamen Lebens für die Familie und deshalb konnte er nie die Identitätsreferenz für die Frau werden. Draga hatte eine andere Beziehung zum Haus in Kroatien, weil sie mehrere Jahre mit den Kindern in Kroatien verbracht hatte und im Unterschied zu anderen Frauen während eines Abschnitts ihres Lebens im zweiwöchigen Rhythmus zwischen Deutschland und Kroatien pendelte und dort im Elternhaus in ihrem Geburtsort lebte (s. Kapitel 4.3).

An den gerade beschriebenen Beispielen konnte gezeigt werden, dass transnationale Praktiken wie die Einlage in den Hausbau in der Heimat in einigen gemeinsam in Deutschland lebenden Familien zu innerfamiliären Spannungen führen konnten, vor allem zwischen den Partnern. Frauen und Männer, die mit Kindern in Deutschland lebten, orientierten sich nach der mehrere Jahrzehnte dauernden Bilokalität auf unterschiedliche Orte. Frauen messen dem Lebensort, also dem Ort im Aufnahmeland, mehr Bedeutung bei, während die Interessen

---

68 Die Überlegungen von Personen, deren Familien auf zwei Länder aufgeteilt sind, sind anders. Aber auch in diesem Fall, wie das am Beispiel von Marija zu sehen ist, kann die Frau das Haus im Geburtsort des Mannes mit Distanz erleben.

der Männer eher an den Herkunftsort gebunden sind. Oder anders gesagt: Männer fühlen sich zu ihren Wurzeln und zum Land der Ahnen hingezogen, Frauen dagegen verorten das Zuhause dort, wo ihre Kinder sind, und konzentrieren sich mit ihren Aktivitäten auf den Ort, an dem sie mit ihren Kindern leben (vgl. Čapo 2011). Die Erzählungen der Frauen zeugen eindeutig davon, dass für sie der wichtigste Ort der ist, an dem sie seit Jahrzehnten leben und an dem sie ihre Kinder großgezogen haben. Um die Metapher von den Wurzeln noch einmal zu gebrauchen, kann man sagen, dass Migrantinnen die Wurzeln dort schlugen, wo sie (mit ihren Kindern lebten), Migranten dagegen dort, wo sie herkamen.

Dieser Unterschied darf aber nicht essenzialistisch aufgefasst werden. Er könnte auch relativ sein, abhängig von dem Augenblick, in dem die Unterhaltungen geführt wurden, sowie vom Entwicklungspunkt, an dem sich die Familien jeweils befanden. Für die meisten war das etwa zehn Jahre vor der zu diesem Zeitpunkt geplanten Rückkehr der Migranten, als es vollkommen klar war, dass die Kinder mit den Eltern nicht in die Heimat zurückkehren würden, sondern in Deutschland bleiben und dort ihre Familien gründen würden oder sie schon gegründet hatten. Die Mütter wollten deshalb nicht endgültig zurückkehren, sondern bei ihren Kindern und Enkelkindern bleiben. Zehn Jahre später konnte ich beim Besuch bei einigen Familien feststellen, dass weder der Mann/Vater, noch die Frau/Mutter endgültig in die Heimat zurückgekehrt waren. Sie setzten das während ihrer Arbeitsjahre eingefahrene Pendeln zwischen der Heimat und Deutschland fort. In der Regel wurden die Sommermonate in der Heimat verbracht, der Winter dagegen in Deutschland (s. Kapitel 4).

5.2 Bilokalität und die Schaffung eines Heimatgefühls in der Migration

Transnationale Aktivitäten der Migranten haben Bilokalität und Bifokalität zu Folge. Wir haben festgestellt, dass Migrantinnen eindeutiger als Migranten ihr Lebensumfeld in Deutschland als ihr Zuhause identifizieren, während Männer den Heimatort bevorzugen und sagen, ihr „eigentliches Zuhause" sei dort. Heißt das aber, dass sie gegenüber dem Ort in Deutschland, an dem sie leben, keine Gefühle entwickeln? Tatsächlich ändert sich auch bei männlichen Migranten im Laufe des langjährigen Lebens in Deutschland, ähnlich wie bei den Frauen, die emotionale Anbindung an den Lebensort, an dem sie lokale Wege der Integration aufbauen. Von der anfänglichen Fokussierung auf den Heimatort und der ausschließlichen Bindung an die Heimat entwickelt der Migrant Gefühle für den Lebensort im Aufnahmeland. Somit werden automatisch die Orte vervielfacht, an denen sich sein Zuhause befindet. In Abhängigkeit von seiner Lebens- und Migrationsphase befindet sich das eine oder das andere Zuhause im Zentrum seines Interesses. Die Migrantendiskurse zeugen von wandelbaren Modi der emotionalen Anbindung und Zugehörigkeit zum einen oder zum anderen Zuhause. Es kommt aber auch vor, dass sich Migranten in bestimmten Lebensphasen weder dem einen noch dem anderen Lebensort zugehörig fühlen und angeben, sich kontinuierlich „zwischen“ zwei Welten zu befinden.

Die letztere Situation ist aus der Soziologie als „Zwischenwelt“ bekannt (Hettlage-Varjas und Hettlage 1984: 378). Dies gilt klassischerweise als erste Phase des Migrantenzyklus. In dieser Phase haben sich die Migranten in der neuen Umgebung noch immer nicht eingelebt, haben aber schon den Kontakt mit der Herkunftsgemeinschaft verloren, was bei ihnen ein Gefühl der Entwurzelung hervorruft. Man nahm an, dass es sich dabei um eine Übergangsphase handelt, die mit der Zeit verschwinden würde. Später wurde die These aufgestellt, dass es sich um die liminale Position des Migranten handelt (Klimt 1989; Şimşek-Çağlar 1994; Antonijević 2013; s. Kapitel 7.4).

Ich bin der Ansicht, dass dauerhafte Liminalität – im Sinne von Abwesenheit jeglichen Zugehörigkeitsgefühls – ein möglicher, aber *kein universeller und dauerhafter* Zustand bei kroatischen Wirtschaftsmigranten im transnationalen sozialen Raum ist. Heterogene Migrantenpositionen spiegeln, ähnlich wie bei anderen Aspekten der Migrantenerfahrungen, die Veränderung der Einstellungen durch die Zeit.

Die Erzählungen der Migranten, sowohl der Frauen als auch der Männer, zeigen, dass der anfänglich unbekannte deutsche Raum für sie ein Ort mit Bedeutung geworden ist, das „Zentrum der Werte“ oder das Zuhause (Tuan nach Čapo 2011), ein Ort, an dem sie sich wohlfühlen und dem gegenüber sie eine emotionale Anbindung entwickelt haben. Nach mehreren Jahrzehnten haben sie sich an diesem Ort territorialisiert und „eingeortet“ (engl. *emplace*) (Gupta und Ferguson 1992; Hammond 2004). Gleichzeitig ist ihnen die Anbindung an den Herkunftsort nicht abhanden gekommen, während sie ihre doppelte Zugehörigkeit ungefähr gleich einschätzen oder sie in Abhängigkeit von der Lebens- und Migrationsphase unterschiedlich positionieren.

Neva schilderte bildhaft die Veränderungen in ihrer Einstellung gegenüber dem Leben in Deutschland und der Entstehung der emotionalen Anbindung an den Ort, an dem sie etwa vierzig Jahre lang lebte. Sie erinnerte sich an ihre Gedanken und Gefühle, als sie 1969 als 20-Jährige in einer Gruppe von dreizehn jungen Frauen aus dem südlichen Teil Dalmatiens mit einem einjährigen Arbeitsvertrag bei Siemens nach Deutschland kam:

> Für mich war das sehr schwer, mich hier einzuleben, vor allem diese Kälte, die ich nicht gewohnt war, und dann andere Leute, ein anderes Klima, aus dieser wunderbaren Natur da unten, das Meer, die Luft, Herrlichkeit, da wird man in eine Fabrik eingesperrt, ans Mikroskop (…) ihr Essen, alles neu, das war überhaupt nicht … dieses Essen hat überhaupt nicht geschmeckt. Und dann hat man mir gesagt, dass … „die Deutschen, das sind Leute ohne Gefühle, das Essen ohne Geschmack und die Blumen, die riechen nicht.“ Das hab ich schon unten [in Kroatien] gehört, es hat sich dann auch als wahr herausgestellt.

Das neue Land und die neue Stadt „sagten“ dieser jungen Frau nichts, das waren für sie „Nicht-Orte“, in die sie keine Bedeutungen und keine Werte einschreiben konnte (Augé 1989). Vierzig Jahre später lacht Neva über die Vorstellungen, mit denen ihr Leben in Deutschland angefangen hatte. Heute sieht sie das ganz anders. Heute hat sie deutsche Freunde, sie liebt die Stadt, in der sie lebt, das Essen schmeckt ihr, die Blumen duften und das Gras ist grüner geworden. Der singuläre Geschmack, den für sie das Zuhause hatte, hat sich vervielfältigt, sodass jetzt neben dem Geschmack des heimischen Dalmatiens auch der Geschmack Deutschlands existiert. Die familiäre Situation hat sich nach dem Tode ihres Mannes verändert. Die Kinder leben weiterhin in Regensburg und deshalb ist das Gefühl, das sie an diese Stadt bindet, intensiver als das Gefühl gegenüber dem Haus in Dalmatien.

Ähnlich erzählte auch Lucija, die in mehreren Anläufen das Haus in der Heimat renovierte, weil sie nach Hause zurückkehren wollte: „Früher mochte ich Deutschland nicht, ich wollte nur nach Hause. Aber ich habe das Land lieb gewonnen und will nicht zurückkehren!“, sagte sie, nachdem sie zehn Jahre lang ohne Unterbrechung in München lebte. Dasselbe wiederholte sie auch zehn Jahre später. In Bosnien lebt sie schon seit über zwanzig Jahren nicht, wenn ein kürzerer Abschnitt zwischen zwei Aufenthalten in Deutschland nicht gerechnet wird. In diesem Zeitraum ist ihre Heimat ein anderer Staat geworden, das gesellschaftliche System hat sich geändert wie auch die ethnische Zusammensetzung der Stadt, in der sie ein Haus besitzt. Gleichzeitig hat sie einige Flecken in München ins Herz geschlossen, in ihrer Nähe möchte sie auch weiterhin leben: „Mir ist der Rotkreuzplatz [an dem sie seit Jahren wohnt] lieber als alles andere auf der Welt. Hier habe ich in der Jugend gewohnt, hier habe ich meine Kinder großgezogen, hier sind meine Wurzeln!“

Bei Neva und Lucija sieht man ganz genau, dass die Änderungen der Pläne für die Rückkehr beziehungsweise die Aufgabe der Rückkehr eng mit dem Diskurs über das Zuhause verbunden sind. Beide beeinflussen und nähren einander: Das Gefühl der Zugehörigkeit unterstützt den Wunsch, an dem Ort auch zu bleiben, während der geänderte Rückkehrplan den Diskurs über die Zugehörigkeit zu einem Ort entstehen lässt. Das Zugehörigkeitsgefühl gegenüber dem Ort in Deutschland entwächst der Tatsache, dass die zwei Frauen dort Schlüsselmomente in ihrem Leben erlebten: das Eheleben, das Großziehen der Kinder und das gemeinsame Leben der ganzen Familie in Deutschland. Im ersten Teil dieses Kapitels wurde bereits gezeigt, dass die Konturen dessen, was das Zuhause genannt wird, maßgeblich von der Familie bestimmt werden.

Gerade deshalb sind für die Migrantinnen, die ihr Leben getrennt von ihren Kindern oder wenigstens eines Teils ihrer Kinder verbracht haben (s. Kapitel 6), die beiden Orte das Zuhause. Jasna sagte: „Wir gehen nach Hause [nach Kroatien], und dann gehen wir wieder nach Hause [nach Deutschland].“ Marija verbrachte mit ihrem Mann alle ihre Arbeitsjahre in Deutschland. Sie waren die ganze Zeit auf die Rückkehr nach Kroatien konzentriert, weil ihr Sohn dort lebte. Erst nach dem Tod ihres Mannes wurde ihr die Bedeutung des deutschen Raumes als eines wichtigen Drehpunktes in ihrem Leben bewusst, an dem sich ihr Eheleben hauptsächlich abspielte. Ihr Mann wurde nach eigenem Wunsch in seinem Geburtsort begraben, in den sie gemeinsam zurückkehren wollten. Aber mit diesem Ort verbindet sie keine Gefühle, die sie an ihren Mann erinnern würden. Die Gefühle, die sie mit ihrem Mann verbinden, sind an München gekoppelt:

> Ich komme an seinen Grab, ich bete, alles, aber ich habe kein Gefühl, dass er da ist, in diesem Grab, nichts bringt mich zum Weinen. Nein, ich kann dort nicht weinen, nein, keine Träne, nichts. Alles hat sich hier in dieser Wohnung abgespielt [in Deutschland], und als ich dann nach dem Begräbnis hierher zurückkam … Unten [in Kroatien], da kam mir keine einzige Träne, nichts, ich konnte dort nicht weinen, aber als ich zurückkam, hier in unsere Wohnung, dann, ich kann nicht sagen, wie ich geheult habe, denn alles hat sich hier abgespielt, in dieser Wohnung …

Das heimische Gefühl entwickelt sich in der neuen Umgebung auch bei einigen Männern. Ihre Zugehörigkeit zu zwei Orten bringen sie zum Ausdruck, indem sie mit Nostalgie über den anderen Ort sprechen, während sie an einem Ort verweilen. Dieses Gefühl haben wir bereits in der „Hymne der Diaspora“ am Kapitelanfang vorgefunden. Stjepan erzählte:

> Es ist ja schön in Deutschland, aber irgendwie fühlt man sich hingezogen – was weiß ich – mir ist es schon egal, ob ich hier bin [in München] oder unten [in Kroatien], aber trotzdem mag ich nach unten fahren. Aber auch, es ist nicht schlecht, wenn ich zurückfahre, um ehrlich zu sein.

Jure erzählt Ähnliches. In seinem Geburtsort fühlt er sich „wohl“, aber ziemlich bald nach der Ankunft sehnt er sich nach seinem Zuhause in München: „Aber trotz allem, nach einer gewissen Zeit, nach einer gewissen Zeit – denn, zum Beispiel, man lebt ja hier [in Deutschland] – mir fehlt ja diese, diese meine …, meine Art, denn man kann unten [in Bosnien und Herzegowina] nicht – unten ist sehr anstrengend …“

Jure störte sich am meisten daran, dass die Leute in seinem Geburtsort Mostar nach seinen Worten viel Zeit damit verbringen zu faulenzen und zu trinken, an den ewigen Gesprächen über Krieg und Armut, während er fand, dass die Leute eigentlich schöne Häuser hatten und teure Autos fuhren. Er störte sich an der Auffassung, dass diejenigen, die nach Deutschland auswanderten, nicht nur keine Geldsorgen hatten, sondern gar Geld im Überfluss hatten.

Antun, der meinte, er sei mit dem „Kopf hier und mit dem Herzen dort“ , fand entsprechende Metaphern für sein Gefühl der doppelten Zugehörigkeit. Er setzt seine Auffassung von Zuhause mit dem Patriotismus gleich. Für ihn ist das Zuhause ein viel breiterer Begriff als ein Haus, es ist nicht nur der Geburtsort, sondern der Ort der nationalen Zugehörigkeit. Gleichzeitig wird Deutschland – im Kroatischen wie *Hrvatska* für Kroatien ein feminines Substantiv, *Njemačka* – zur Mutter-Ernährerin, es wird auch ein Zuhause, ein sekundäres – denn nichts kommt über das Heimatland – aber immerhin ein Zuhause:

> Kroatien ist meine erste Mutter, erstes Heimatland, das möchte ich klarstellen. Es ist irgendwie an erster Stelle, es ist auf dem Sockel. Das kann keine andere Heimat, auch wenn sie existiert, die Stelle auf diesem Sockel einnehmen, diesen Vorrang. Und dann Deutschland, da ich hier zwanzig Jahre verbracht habe, und ich fühle mich wohl hier, dass die zwanzig Jahre hier, das Leben, der Beruf, den ich mit Liebe und Freude ausübe, dass ich mich wirklich wunderbar fühle, und ich kann sagen, Deutschland, Bayern ist auch meine Heimat, meine Mutter. Da gibt es auf Kroatisch einen Spruch: Wer dir Brot gibt, den nenne Haus. (…) So ist das, ich habe zwei Heimatländer, zwei Mütter …

Das Heimatland und der Geburtsort sind „Heiligtümer“, sagte Pavo. Er gebrauchte diese Metapher, um die Ontologie und die Unantastbarkeit des Geburtsortes hervorzuheben (Golub 1996).

Ebenso wie bei den Migrantinnen hängt die Bevorzugung für das eine oder das andere Zuhause von der konkreten Migrationsphase und Zukunftsplänen ab. Die Männer, die zurückkehren möchten oder mehr Zeit in der Heimat verbringen wollen, geben dem Zuhause in der Heimat den Vorrang. Die anderen aber, die andere Pläne haben oder ihre Pläne ändern, bevorzugen das Zuhause in Deutschland. Als ich Ilija 2002 zum ersten Mal traf, war er auf die Rückkehr in sein Heimatdorf in Bosnien konzentriert. Zehn Jahre später, nachdem er seine Pläne geändert hatte, behauptete er, München nicht verlassen zu können, weil er mit der Stadt vertraut ist und sie schön findet: „Wie ich das mag, hier spazieren zu gehen, einfach vorbeizugehen, vom Marienplatz bis zum Stachus. Ich muss gar nichts kaufen, nur vorbeigehen!“ Kroatische Migranten sind für die Materialität und die Ästhetik der Stadt, in der sie über mehrere Jahrzehnte lebten, ausgesprochen empfänglich und binden sich emotional an sie. Neben den Stadtteilen, in denen sie wohnen, erscheinen in ihrer Vorstellung von der Stadt auch typische Sehenswürdigkeiten wie etwa die drei Pinakotheken, das Stadtzentrum und der Englische Garten (vgl. Frers und Meier 2007).

Eine dritte Gruppe von Migranten verleugnet eine Zugehörigkeit zu beiden Orten ihrer bilokalen Existenz. Dass dies mit der spezifischen Lebens- und Migrationsphase des Migranten zusammenhängt, zeigt die Erzählung von Mara. Mara war die Übersiedlung nach München sehr schwer gefallen. Zwei Wochen nach ihrer Ankunft in München wollte sie „sofort zurück nach Hause“. Sie konnte sich nicht damit abfinden, dass sie mit nur siebzehn das Elternhaus verlassen hatte, und später „hatte sie schreckliches Heimweh“ nach ihren Eltern und ihrem Elternhaus in Kroatien. Erst nach zwanzig Jahren in Deutschland spürte sie nach einer Rückkehr vom Urlaub in Kroatien, dass ihr Zuhause eigentlich in Deutschland war.

> Und ich habe bis vor etwa sieben Jahren … Ich mag unten [in Kroatien] alles, aber vor sieben Jahren … da hatten wir noch das Lokal … und dann sind wir vom Urlaub zurückgekehrt und sind da zur Kreuzung gekommen, wo unser Lokal war. Ich kann das Gefühl gar nicht beschreiben, als ob etwas aus mir herauskam und ich sagte „Jetzt bin ich zu Hause!“ Das war für mich das erste Mal im Leben so.

Bei unserer Begegnung war sie über gewisse Ereignisse und die wirtschaftliche Situation in der Heimat dermaßen erbittert, dass sie ihre Reisen dorthin reduzierte und sich dem Leben in Deutschland zuwandte. Sie äußerte ihre Zweifel darüber, ob sie „unten“ überhaupt noch leben könnte: „Ich muss Ihnen ehrlich sagen, ich weiß nicht, ob ich zurückkehren und unten leben könnte“. Maras Gefühle in diesem Augenblick deuteten auf die liminale Position hin, als sie resigniert sagte: „Wir sind Staatenlose“.

Alles deutet darauf hin, dass sich das Gefühl der doppelten Nicht-Zugehörigkeit in der Migrationsphase dann entwickelt, als dem Migranten aus egal welchem Grund – historischem, persönlichem, familiärem oder anderem – die bis dahin enge Verbindung zum Herkunftsort und das Zugehörigkeitsgefühl zur Heimat abhanden kommen, während die Bindung an die neue Umgebung noch nicht gefestigt wurde. Dieses Gefühl wurde in Deutschland durch ausländerfeindlichen öffentlichen Diskurs noch gefördert. Die Grundlage für die Ablehnung des Zugehörigkeitsgefühls zum Lebensort scheint die Vorstellung zu sein, dass man sich im Einwanderungsland niemals „zu Hause" fühlen wird. Mara drückte ihre Zweifel darüber klar aus: „Das werden Sie mir nicht glauben, aber ich fühle mich jetzt hier zu Hause, und nicht dort", sagte sie. In ihrer Vorstellung ist es unmöglich, dass das Zuhause dort sein könnte, „wo sich die Person am besten fühlt" (Rapport und Dawson 1998: 9), und dass das ursprüngliche Zuhause, zu dem die Person eine substanzielle Verbindung verspürt (Eliade 2002), durch ein anderes Zuhause ersetzt werden könnte. Maras Vorstellung vom Zuhause ähnelt wesentlich dem von Marko und Antun, als sie über ihre Verbindung zum Geburtsort erzählten. Nach ihren Worten können das Zuhause und die Zugehörigkeit nur im Geburtsort und in der Heimat verortet werden. Das Zuhause wird als einzigartig und stabil verstanden und nicht als vielfältig und veränderlich – obwohl ihre Migrationserfahrung ihnen sagt, dass es möglich ist. Deshalb tun sie sich schwer, die mit der Zeit entstandene offensichtliche Verbindung zu dem Einwanderungsort in Deutschland einzugestehen. Marko und Antun lösten dieses Problem, indem sie ihre doppelten Lebensreferenzen in einem transnationalen sozialen Raum verschmelzen ließen.

Die Auswanderungsorte bekamen für die Migranten unmissverständlich eine Identitätsbedeutung. Diese Bedeutung entspringt jahrelangen alltäglichen formativen Erfahrungen sowie der Kenntnis des Ortes und der Menschen in der neuen Umgebung. Deshalb wird der Ort zum Raum, in den neue Bedeutungen und Identifikationen eingeschrieben werden. Anders gesagt, die Migranten integrieren sich in die Migrationsumgebung nicht nur strukturell (durch ihren Beruf), sondern auch emotional. Nach einer langen Migrationsperiode *wohnen* sie an diesen Orten, aber sie *gehören* auch zu diesen Orten. Der Migrant schafft das Gefühl der Verbindung zu einem konkreten Ort, an dem er in Deutschland lebt, nicht aber zu der abstrakten Idee der deutschen Nation, wie das im klassischen Integrations- und Assimilationsparadigma erwartet wird. Da die normativen Erwartungen dieses Paradigmas hinsichtlich der Identifikation mit der einheimischen Nation nicht erfüllt werden, wurde die Integration kroatischer Migranten in die deutsche Gesellschaft negativ beurteilt (Esser 2000; Winterhagen 2013). Wenn Integration aber als Inkorporierung in den Auswanderungsort, in den konkreten Lebensort betrachtet wird, wird klar, dass sich die Migranten auf dieser Ebene emotional engagieren und ein Zugehörigkeitsgefühl entwickeln. Das Zuhause kann also auch im Einwanderungsort, außerhalb des ursprünglichen Zuhauses geschaffen werden.

Die Frauen schaffen das Gefühl von Zugehörigkeit und Zuhause in ihrem Lebensort in Deutschland unter anderem auch, weil dort ihre Familie lebt. Die

Familie bietet täglich das Gefühl der Geborgenheit, Vertrautheit und Sicherheit, somit ist sie auch die Umgebung, in der das Zuhause geschaffen werden kann („das Zuhause ist dort, wo die Familie ist“) (Malkki 1995: 509; Hammond 2004: 51). Für die Männer hat das Zuhause die gleiche Bedeutung, bloß steht für Männer die Verschmelzung von Zuhause und Familie in Konkurrenz mit der Verschmelzung von Zuhause und Vaterland. Daher kommt ihr Beharren darauf, dass eine bestimmte Zeit auch in der Heimat verbracht wird. Bei einigen geht das so weit, dass sie es ablehnen, der Stadt, in der sie in Deutschland leben, irgend eine Bedeutung zuzuschreiben. Je nach der Familienkonstellation und -situation sowie der Migrationsphase bleibt es bei einigen lediglich dabei, das Zuhause in der Heimat rein rhetorisch eine „Heiligkeit“ zuzuweisen, obwohl sie den Ort endgültig verlassen haben und sich fest im Einwanderungsland angesiedelt haben. Die anderen bestehen dann doch darauf, dass in diesem ersten Zuhause gelebt oder dort mindestens eine gewisse Zeit verbracht wird.

5.3 Logik der Investitionen, Veränderung und mehrere Zuhause

In diesem Kapitel wurden konkrete transnationale Aktivitäten der Migranten, insbesondere materielle Investitionen in Wohnimmobilien in ihrem Herkunftsort oder in der breiteren Heimat analysiert. Die Migrantenaktivitäten wurden im Kontext der im damaligen Jugoslawien einschränkenden Investitionsmöglichkeiten erörtert sowie in Bezug auf die geplante Rückkehr und ihre Verschiebung. Die Analyse hat ergeben, dass die Migranten durchaus eine situationsbedingte, auf den konkreten Augenblick bezogene Logik und/oder Rationalität sowie strategisches Denken an den Tag legten. Logik, Rationalität und strategisches Denken lassen sich in den Entscheidungen über den Anfang der Investitionen sowie den Investitionsstopp in der Heimat bzw. Verlegung des Fokus auf Deutschland als zweite Lebensreferenz erkennen. Rückblickend haben sich aus der Perspektive des langen Migrationsprozesses viele Investitionen in der Heimat als überflüssig, gar als Fehlinvestitionen herausgestellt. Es hat sich gezeigt, dass emotionale von finanziellen Investitionen, die mit der familiären Ideologie und Ontologie des Geburtsortes zusammenhängen, nicht zu trennen sind. Die Letzteren können das Festhalten an der Investition oder die Ambition der Migranten erklären, gleichzeitig sind sie auch die Grundlage für geschlechtsspezifische Einstellung gegenüber der Investition. Die geschlechtsspezifischen Unterschiede dürfen nicht essenzialisiert werden. Sie sind spiegeln einen konkreten

Migrations- und Lebensabschnitt wider, wenn Ehepaare sich auf die Rente vorbereiten und darüber diskutieren, ob die ursprüngliche Idee der Rückkehr verwirklicht werden soll oder nicht.

Es wurde auch dargelegt, wie es auf der Grundlage der gelebten Bilokalität und der doppelten Inkorporierung der Migranten an zwei Orten in zwei Staaten zur Entstehung und Änderung des Zugehörigkeitsgefühls in den zwei Lebensräumen kommt. Die beschriebenen Prozesse der Schaffung und Konstruierung des Zuhauses in der neuen Umgebung führen zum Schluss, dass die essenzialistische Auffassung von Zuhause in den modernen Migrationsströmungen unangemessen ist. Das Zuhause ist kein fixer und einmaliger (Herkunfts-)Ort, mit dem eine Person eine tiefe emotionale Verbindung aufgebaut hat und die für immer die einzige Stütze in ihrer persönlichen Identität bleibt. Anders gesagt sollte Zuhause in Plural gesetzt werden. Die Zuhause sind proteisch (vgl. Hannerz 1996), plurilokal und veränderlich – sowohl synchron als auch diachron. Sie sind nicht primordial, uralt oder einmalig. Plurale Zuhause sind eine moderne Ortspolygamie, wie das Ulrich Beck treffend formulierte (Beck nach Rolshoven 2006). Darunter wird die parallele Existenz mehrerer Orte verstanden, die eine Person als Zuhause bezeichnet. Im Falle der kroatischen Migranten in Deutschland entsteht nach vielen Jahren des Lebens in Deutschland ein paralleles Zuhause. Das Zuhause in Kroatien oder Bosnien und Herzegowina ist noch immer der feste Ankerplatz für die Identität einiger Migranten, während seine Anziehungskraft bei anderen langsam schwindet. Wieder andere befinden sich dagegen in einer Zwischenphase „zwischen zwei Zuhausen“. Wenn dieses Gefühl vorhanden ist, handelt es sich nur um eine Phase in ihrem Migrationszyklus. Es hat sich gezeigt, dass kroatische Migranten langfristig nicht zwischen zwei zentralen Orten in ihrem Leben hin und her gerissen sind oder kein Zugehörigkeitsgefühl entwickeln würden, wie das sonst in der Fachliteratur über türkische und serbische Arbeitsmigranten behauptet wird (White 1997; Antonijević 2013).

6. Transnationale Familien: über Staatsgrenzen hinweg

Papa rief einmal in zwei Wochen aus der Telefonzelle an. Er hatte kein Telefon, weil er oft umziehen musste. Die Gespräche dauerten zwei, drei Minuten: „Was gibt's? Sind alle gesund? Ist alles ok? Braucht ihr was und wie ist das Wetter?“ Und das war's.

Ivan, 27, 2005

In diesem Kapitel werden spezifische Formen der Struktur der Migrantenfamilien besprochen, die im transnationalen sozialen Raum entstehen. Die transnationale Familie ist eine soziale Formation, die sich an zwei Orten ansiedelt und somit die Grenzen von Nationalstaaten überwindet. Die Mitglieder der transnationalen Familie leben in der Regel bilokal, an zwei Orten in zwei Staaten. Die transnationale Familie wird als Familie definiert, die für eine gewisse Zeit oder über längere Zeiträume hinweg getrennt lebt, trotzdem aber sogar über nationale Grenze hinweg zusammenhält, wobei eine Art kollektiver Nutzen und Familieneintracht (*familyhood*) entstehen (Bryceson und Vuorela 2002: 3). Für solche Familien wird der Lebensraum nicht von Staatsgrenzen bestimmt. Sie sind eine Herausforderung für die herkömmliche Auffassung von Überlappung der gesellschaftlichen Formationen, Territorien und Nation (vgl. Pries 2001; Basch et al. 1994; Faist 2000; s. Kapitel 2).

Themen wie Elternsein oder Mutterschaft im transnationalen Migrationskontext oder elterliche Sorge unter Umständen, wenn ein Elternteil oder beide Eltern getrennt von den Kindern leben, stehen heute im Zentrum des Forschungsinteresses. Jørgen Carling und Mitarbeiter (2012) fassen die Erforschung des transnationalen Elternseins in folgenden Punkten zusammen:

- Unterschiede zwischen transnationaler Mutterschaft und Vaterschaft sowie die Rolle des Kindergeschlechts für die transnationalen Familienpraktiken;
- Versorgung der Kinder sowie Transfer materieller Güter und Emotionen über die Grenzen;
- Wahrnehmung des transnationalen Elternseins und Erfahrungen transnationaler Eltern in Abhängigkeit von der Klassenzugehörigkeit der Migranten;
- Kommunikationstechnologien unter den Familienmitgliedern;

– Einfluss von spezifischen moralischen Normen auf das transnationale Elternsein.

Transnationale Mutterschaft wird in der einschlägigen Literatur als Herausforderung für das essenzialisierte Konzept von Mutter, Mutterschaft und Familie interpretiert. Es wird darauf hingewiesen, dass neue und kreative Realisierungsmöglichkeiten von Mutterschaft das westliche Konzept der Mutterrolle infrage stellen (Hondagneu-Sotelo und Avila 1997; Mahalingam et al. 2009). In der Forschung wird auf die Unterschiede zwischen der Vater- und Mutterrolle im transnationalen Migrationskontext im Hinblick auf die Kulturunterschiede hingewiesen: Sowohl die Mütter als auch die Väter erhalten den Kontakt mit den Kindern aufrecht, machen ihnen Geschenke und sorgen für ihre materiellen Bedürfnisse. Allerdings wird in bestimmten Kulturen von der Mutter auch die emotionale Fürsorge für das Kind erwartet, sodass die Mutter in ihren Migrationsplänen eingeschränkt ist oder ihre Entscheidung, die physische Anwesenheit und Fürsorge durch materielle Vorteile für die Familie zu ersetzen, als kontrovers gedeutet wird. Sie selbst ist von Schuldgefühlen geplagt, weil sie die Kinder verlassen hat (vgl. Piškorec 2007). Im Gegensatz dazu kommt die konventionelle Rolle des Vaters als Ernährers und Autoritätsträgers im Migrationskontext noch stärker zum Ausdruck und wird auch dann keiner Kritik unterzogen, wenn der Vater die Erwartungen nicht erfüllen kann (Carling et al. 2012).

In den 1970ern antizipierten kroatische Migrationsforscher die transnationale Perspektive in ihren Untersuchungen von bilozierten Familien kroatischer Migranten (Katunarić 1978). In den 1980ern ist eine Reihe von ähnlichen Studien über solche Familien durchgeführt worden, die von manchen Autoren auch „unvollständige“ Familien genannt wurden (Anić und Pavlinić-Wolf 1986; Dumančić 1988; Oklobdžija 1990; Čačić 1990). In den Schlussfolgerungen wurden emotionale Defizite, Defizite in der innerfamiliären Sozialisierung, in der Bildung der Kinder und Ähnliches hervorgehoben. Dragana Antonijević (2013) stellte im Rahmen ihrer Studien über Wirtschaftsmigrationen aus Serbien fest, dass es als Folge des getrennten Lebens zwischen Eltern und Kindern zu massiven Missverständnissen und Vorwürfen von beiden Seiten kam. Antonijević führt auch andere in Serbien durchgeführte Studien über die Versuche der abwesenden Eltern an, die Vernachlässigung der Kinder durch materiellen Überfluss wettzumachen oder jegliche Erwartungen an die Kinder aufzugeben.

Die Fragen der transnationale Familie und des Elternseins auf Distanz befanden sich nicht im Zentrum meiner Forschungen über kroatische Wirtschaftsmigranten in Deutschland, aber das Thema drängte sich von alleine auf. Alle meine

Gesprächspartner, die ihr Leben getrennt von ihrer Familie oder von einem Teil ihrer Familie (den Kindern) verbrachten, brachten dieses Thema unausweichlich zur Sprache. Als die Forschung 2002 startete, lebten in den meisten befragten Familien alle Familienmitglieder zusammen, entweder während des ganzen Migrationszyklus oder mindestens in den letzten zehn oder fünfzehn Jahren. Nur ein kleiner Teil lebte in bilozierten Familien.

Die transnationale, bilozierte Familie kroatischer Migranten in Deutschland ist eine Folge des Rotationsregimes, das grundsätzlich auf Anwerbung ausländischer Arbeiter *ohne* Familienmitglieder ausgerichtet war. Die Beschäftigung sollte befristet sein und es wurde erwartet, dass diese Arbeiter nach Ablauf der Frist Deutschland verlassen würden. Deshalb kamen in der ersten Migrationsphase Männer, aber auch Frauen, allein nach Deutschland, während der Partner und/oder die Kinder in der Heimat blieben. Nachdem sich herausgestellt hatte, dass das Migrationsregime seinen grundlegenden Ideen nicht gerecht werden konnte, wurde die transnationale Familienstruktur für eine gewisse Zeit der Faktor für die Perpetuierung der Idee von Zeitweiligkeit und Rückkehr. Die Migrantengeschichten in diesem Kapitel zeugen von der gegenseitigen Abhängigkeit der Idee von Rückkehr und den veränderlichen grenzübergreifenden Familienformationen. Die in der Heimat zurückgebliebenen Familienmitglieder festigten die Rückkehrabsicht bei alleinstehenden Migranten und Ehepaaren, bis die wirtschaftlichen und gesellschaftspolitischen Faktoren diese Absicht endgültig auf den Ruhestand verschieben ließen (s. Kapitel 4). Die langfristige Pflege der Rückkehrabsicht hatte einen kontinuierlichen Wandel der grenzübergreifenden Familienkonstellationen zur Folge.

Die Familiensituation, die ich bei meinen Gesprächspartnern am Anfang der Forschung antraf, sogar dann, wenn alle Familienmitglieder zusammen an einem Ort wohnten, barg in sich eine große Dynamik, die über drei Jahrzehnte hinweg die transnationalen Familienstrukturen immer aufs Neue gestaltete. In einigen Familien wurde die transnationale Familienformation schon in der frühen Migrationsphase aufgehoben, als die Kinder nach Deutschland geholt wurden. In anderen wurde sie in den 1980ern oder 1990ern beendet, nachdem die Rückkehr aufgegeben wurde oder nachdem die Familienmitglieder, die bisher in Kroatien oder Bosnien und Herzegowina lebten, wegen der Kriegsgeschehen zum Vater nach Deutschland gezogen waren. In einigen Fällen lebten Familien fast ununterbrochen zusammen und es gab nur kürzere Abschnitte, in denen sie von den Kindern getrennt lebten. Die Trennung fand in der Regel in der frühen Migrationsphase statt, unmittelbar nachdem das Ehepaar nach Deutschland gekommen war. In der späteren Phase gab es dann kürzere Abschnitte, als die ganze Familie nach Kroatien zurückkehrte. Die Idee von der Zeitweiligkeit und der Rückkehrplan sowie die relative Nähe zwischen Deutschland und dem Heimatland, die die häufige Transmigration möglich machte, brachten nicht in jedem Fall auch die dauernde transnationale Familienkonstellation mit sich. In einigen Familien setzte sich jedoch das getrennte Familienleben bis zum Ende des Migrationszyklus fort. Dafür gab es in der Regel zwei Gründe: entweder strebte die Familie nicht nach einer Zusammenführung oder die Zusammenführung wurde durch die Vorschriften im Aufnahmeland unmöglich gemacht, weil die Kinder ein gewisses Alter überschritten hatten.

Bilozierte Familien sind typische Quellen für transnationale Transaktionen kroatischer Migranten in Deutschland, aber auch der Ort, an dem diese Transaktionen stattfinden. Aufgrund der Bilokation der Familie konzentrierten die Migranten ihre Handlungen und Transaktionen im Herkunftsland auf die Privatsphäre, auf den Familien- und Verwandtenkreis sowie auf die Wirtschaftssphäre. Viel weniger waren sie in der gesellschaftlich-politischen Sphäre engagiert.[69] Grenzübergreifende Transaktionen beruhen im familiären Rahmen auf Solidarität und Reziprozität in der engeren und breiteren Familie. Sie setzen Kommunikation und ständige grenzübergreifende Mobilität voraus, d. h. die Eltern besuchen die Kinder, die Kinder besuchen die Eltern, die Kinder kehren bei der Einschulung ins Heimatland zurück oder kommen nach Deutschland zurück, wenn die Rückkehrabsicht geändert wird, Verwandte kommen nach Deutschland, um die Kinder zu hüten u. Ä. Grenzübergreifende Transaktionen können auch Transfer und/oder Austausch von Dienstleistungen, Gütern und Zahlungsanweisungen ebenso wie von Ideen, Informationen und Kulturpraktiken sein, sogenannte soziale Überweisungen (Levitt 2001). Einige grenzübergreifende Aktivitäten gingen aus der Verflechtung der familiären und wirtschaftlichen Sphäre hervor: Dabei handelte es sich vor allem über den Transfer von Kapital, Waren und Dienstleistungen im Zusammenhang mit Bau und Instandhaltung des Wohnraumes im Heimatland. Hinzu kamen die im vorigen Kapitel angesprochenen Investitionen, die die wirtschaftliche Zukunft der Migranten in der Heimat sichern sollten.

---

69 Politischer Aktivismus war auf kleinere Gruppen politischer Migranten beschränkt. Die meisten Wirtschaftsmigranten hielten Abstand zu politischen Migranten (Božić 2012), denn wie meine Gesprächspartner berichteten, hatten sie selbst entweder kein Interesse am politischen Engagement oder sie wurden starken Kontrollen seitens der jugoslawischen Polizei ausgesetzt sowie den Handlungen des jugoslawischen Geheimdienstes. So wurden sie während der Besuche in der Heimat oft kontrolliert und schikaniert.

Hier werden die Modalitäten der transnationalen Familie unter die Lupe genommen. Erörtert werden die Transformationen dieser Modalitäten über mehrere Jahrzehnte hinweg sowie das transnationale Elternsein und die Mobilität der Kinder, die sich aus der langfristigen bilokalen Familiensituation entwickelt haben. Untersucht wird, wie sich die Beziehung zwischen Eltern und Kindern bei physischer Abwesenheit gestaltete und entwickelte. Wie haben die Eltern die physische Abwesenheit kompensiert und was haben sie unternommen, um ihr ein Ende zu setzen? Welchen Herausforderungen müssen sich Eltern und Familien beim grenzübergreifenden Lebensstil stellen? Gibt es Unterschiede zwischen der transnationalen Mutterschaft und Vaterschaft? Was denken die Kinder über das getrennte Leben? Wie haben sich ständige Mobilität und Änderungen der Rückkehrabsicht auf die Eingliederung der Kinder in das Schulsystem ausgewirkt und folglich auch auf ihre Eingliederung in die Aufnahmegesellschaft?

Die hier erzählten Migrantengeschichten liefern mögliche Antworten auf diese Fragen auf der Grundlage ihrer Lebens- und Migrationssituation. Zuerst folgt aber eine Übersicht über bereits vorhandene statistische Daten.

6.1 Statistiken und Modalitäten der transnationalen Familie

In der ersten Migrationsphase wanderten kroatische Migranten als einzelne Personen nach Deutschland aus: In einer 1970 durchgeführten Studie waren zwei Drittel der Männer und etwas mehr als ein Viertel der Frauen ohne ihre Familie nach Deutschland ausgewandert. In mehr als 50 Prozent der Fälle lebten die Frauen mit ihren Ehemännern im Ausland, während die Kinder in Kroatien blieben. Nur etwas mehr als 10 Prozent der Befragten lebten zu dieser Zeit in der kompletten Nuklearfamilie, d. h. Ehemann und Ehefrau sowie ihre Kinder, soweit sie bereits Kinder hatten (Baučić und Maravić 1971). Diese Zahlen verdeutlichen die Situation, dass die Migration Anfang der 1970er noch als vorübergehender Zustand angesehen wurde. In der zweiten Hälfte der 1970er wurde allmählich die Migration als Dauersituation wahrgenommen und es kam zur Ansiedlung ganzer Familien in Deutschland.

Die statistischen Daten der Volkszählung in Jugoslawien geben keinen genauen Einblick in das Verhältnis der Migranten, die mit oder ohne Familie in Deutschland wohnten (Vojnović 1999: 61). Mit Ausnahme der Volkszählung 1971 wurden jeweils die Kategorien „Arbeiter“ und dazugehörige „Familienmitglieder“ im Ausland unterschieden. Wenn aber beide Ehepartner im Ausland arbeiteten, wurden sie nicht als „Familienmitglieder" verzeichnet, sondern lediglich als „Arbeiter", sodass das zahlenmäßige Verhältnis zwischen Arbeitern und Familienmitgliedern nicht genau angegeben werden kann (ebd.).

Trotzdem lassen diese Zahlen gewisse Tendenzen unter den kroatischen Migranten erkennen: Im Jahr 1981 ist bereits ein relativ hoher Anteil der Migranten – etwa 28 Prozent – mit Familien in Deutschland, und dieser Anteil wuchs bis 1991 auf etwa 35 Prozent (Nejašmić 1994). Narcisa Vojnović (1999: 61) hat ausgerechnet, dass 1991 auf jede erwerbstätige Person etwa 0,5 nicht erwerbstätige Familienmitglieder entfielen, was sie zu dem Schluss führte, dass der Prozess der Familienzusammenführung noch nicht abgeschlossen war. Die vorhandenen Daten lassen trotz allen Unsicherheiten hinsichtlich ihrer Deutung den Schluss zu, dass die Kroaten in Deutschland seit den 1970ern nicht ausschließlich alleinstehende Migranten waren, egal ob Männer oder Frauen, sondern dass viele mit einem Familienmitglied in Deutschland lebten. Häufiger waren das Ehepartner, seltener Ehepartner mit Kindern.[70]

Etwa dreißig Jahre später zeigt sich, dass sich viele Ehepaare unter den Migranten, die in Deutschland geblieben sind, auch dort kennengelernt hatten. Nach der Heirat blieben also auch die Kinder in Deutschland. Wenn Ehepaare oder nur einer der Partner ohne Kinder nach Deutschland kamen, ließen sie die Kinder in der ersten Migrationsphase häufiger in der Heimat. Erst später waren sie bestrebt, die Kinder nachkommen zu lassen, was wiederum mit dem Prozess der Verschiebung der Rückkehr zusammenhing. Einigen ist dies gelungen, anderen eben nicht, sodass sie auf die Dauer transnationale Familien schufen, wobei ein Teil der Familienmitglieder in Deutschland, der andere in Kroatien oder Bosnien und Herzegowina lebte.

Theoretisch lassen sich unterschiedliche Modelle der Nuklearfamilie zwischen zwei Lokalitäten in zwei Staaten feststellen:

- der Ehemann oder die Ehefrau lebt allein im Auswanderungsland, während der Ehemann bzw. die Ehefrau mit oder ohne Kinder im Heimatland leben;
- beide Eltern leben im Auswanderungsland, die Kinder leben in der Heimat;
- das Ehepaar lebt mit einem Teil der Kinder im Auswanderungsland, der andere Teil der Kinder lebt im Heimatland;
- minderjährige Kinder wandern ohne Eltern aus.

70 In dieser Hinsicht scheint ein weiterer Unterschied im Vergleich zu den serbischen Wirtschaftsmigranten zu bestehen. Antonijević (2013: 126) meint, „es fiel doch keinem ein, die Kinder mit sich zu schleppen". Erst in den 1990ern wurden Fälle verzeichnet, in denen Personen mit Kindern auswanderten.

Alle angeführten Modelle waren unter meinen Gesprächspartnern vertreten.

Ich habe mit Ehemännern/Vätern gesprochen, die getrennt von ihren Familien in Deutschland lebten, mit Ehepaaren, deren Kinder schon im Erwachsenenalter waren und im Heimatland lebten, sowie mit Ehepaaren, deren Kinder im Erwachsenenalter sowohl in einem als auch im anderen Land lebten. Der größte Teil der interviewten Familien konnte aber keine transnationale Formation vorweisen, sondern alle Mitglieder der Nuklearfamilie lebten an einem Ort in Deutschland. Einige von diesen Familien waren infolge der Scheidung oder infolge des Todes eines der Ehepartner oder der Kinder nicht mehr komplett. Zur Zeit der Durchführung der Forschung gab es in Deutschland keine Kinder ohne Eltern. Dies ist aber keine rein hypothetische Situation, denn sie wurde tatsächlich realisiert, und zwar in den späten 1960ern und frühen 1970ern im Falle der Auswanderung von bosnischen Mädchen in bayerische Klöster. Die meisten Mädchen konnten die Trennung von ihren Eltern und die Disziplin in den Klöstern nicht ertragen, so sind viele auch bald zurückgekehrt. Nur sechs von ihnen legten in einem der Klöster das Gelübde ab und ein weiterer Teil von ihnen verließ das Kloster, blieb aber dauerhaft in Deutschland (s. Kapitel 3; Čapo 2019).

Im Nachfolgenden werden durch drei Migrantenerzählungen die drei häufigsten Familienkonstellationen und ihre Transformation durch die Zeit dargestellt sowie die durch transnationale Elternschaft und Transmigration entstandenen Folgen für das Leben von Migranten und ihren Kindern.

6.2 Marija: Eine „getrennte Familie“ mit einem „normalen Leben“

Zuerst kam Marijas Mann im Jahr 1970nach Deutschland, wenige Monate später auch die damals 30-jährige Marija. Der neunjährige Sohn blieb zu Hause in der Obhut der Großeltern. Das Ehepaar hatte im ehemaligen Jugoslawien in der Textilindustrie in einer Kleinstadt im östlichen Teil Kroatiens gearbeitet. Dort kauften sie auch ein Grundstück und wollten ein Haus bauen. Sie waren mit der Arbeit und mit dem Einkommen zufrieden, bis der Mann arbeitslos wurde. Ohne dieses Ereignis wären sie wohl nie nach Deutschland gekommen. Obwohl sie eigentlich nicht nach Deutschland umziehen und ihr Kind nicht verlassen wollte, wollte Marija auch die Ehe nicht aufs Spiel setzen, so folgte sie ihrem Mann: „Er war hier, ich dort … Wer weiß, was alles kommen kann? So bin ich ihm gefolgt. Unser Sohn ist unten bei meiner Mutter geblieben“, erklärte Marija dreißig Jahre später ihre Entscheidung.

In Deutschland arbeiteten beide in den ersten paar Jahren in der Textilindustrie, später wechselte ihr Mann in ein Bauunternehmen und Marija fand eine Anstellung in einer Küche. An diesem Arbeitsplatz arbeitete sie 25 Jahre lang. Bei unserer ersten Begegnung bereitete sie sich auf die Rente vor und auf die Rückkehr nach Kroatien nach 32 in Deutschland verbrachten Jahren. Ihr Ehemann war einige Jahre zuvor verstorben.

Marija und ihr Mann gingen mit der Vorstellung nach Deutschland, sie würden nur „zeitweilig“ bleiben und recht bald nach Hause zu ihrem Sohn zurückkehren. Obwohl ihr Mann immerfort von der Rückkehr träumte, behauptet Marija, vom ersten Augenblick an gewusst zu haben, dass sie vor der Rente nicht zurückkehren würden. In ihren dreißig Jahren in München, führten sie ein bescheidenes Leben in einer Mietwohnung, in die sie nicht viel investierten. Sparsamkeit und Rationalität war ihr Lebensmotto, so wollten sie zum Beispiel den Schwarz-Weiß-Fernseher, der bereits in der Wohnung war, jahrelang nicht durch einen Farbfernseher ersetzen:

> Weil der Schwarz-Weiß-Fernseher noch gut funktioniert hat, und was dann, da kann man ihn nicht einfach wegschmeißen und einen neuen kaufen. Man hatte nicht so viel Geld, man konnte es nicht aus dem Fenster schmeißen: Ich schmeiß’ den alten raus und kaufe mir einen neuen, weil er Farben hat.

Verdienst und Ersparnisse legten sie in Kroatien an, in erster Linie in das im Geburtsort des Mannes gekaufte Haus und in die Bildung ihres Sohnes. Marija konnte das Leben, das sie und ihr Mann in Deutschland führten, nicht eindeutig beurteilen. Unter anderem sagte sie:

> Alles in allem kann ich nicht sagen, dass ich es hier schlecht habe, nein. Nein! Ich meine, ich weiß es nicht, (…) dass es nicht schön war, das kann ich nicht sagen. Alles in allem war das für mich ein ganz normales Leben. Vielleicht wäre es unten auch so gewesen. Nur dass ich unten unter meinem Volk gewesen wäre und hier bin ich halt mehr unter Deutschen.

Der wichtigste negative Punkt des Lebens in Deutschland war die Trennung vom Kind:

> Ich meine, wie soll ich es Ihnen sagen, ich hatte es schwer, weil mein Kind unten in Kroatien war. Da waren wir richtig getrennt. Ha, ich weiß es nicht, wenn ich bloß die Gelegenheit gehabt hätte, wenn wir die Möglichkeit gehabt hätten, wenn wir Arbeit gehabt hätten. Ich meine, wir hätten es dann besser unten als hier. Erstens, wenn die Familie getrennt ist, ich meine, wenn man nicht mit seinem Kind zusammenlebt, das ist nicht leicht, das ist nicht so leicht.

Das neunjährige Kind blieb damals in der Obhut von Marijas Mutter. Das war sehr weit, im östlichsten Teil Kroatiens. Die Eltern besuchten den Sohn drei bis vier Mal im Jahr: zu Ostern, zu Weihnachten und im Urlaub, und das Kind kam während der Sommerferien zu den Eltern. Für Marija war es selbstverständlich, dass sich ihre Mutter um ihren Enkelsohn kümmerte. Sie betonte jedoch, dass ihre Mutter damals, als sie ihr ihren Sohn anvertraute, noch bei vollen Kräften gewesen war. Am Anfang standen sie mit dem Kind in brieflicher Verbindung: „Meine Mutter schrieb den Brief, aber es gab keinen einzigen, in dem er [der Sohn] nicht etwas selbst geschrieben hätte“, erzählte Marija. Später telefonierten sie. Eine wichtige Rolle bei der Erziehung ihres Sohnes spielte Marijas Bruder. Sie behauptet, dass sie trotz des getrennten Lebens mit dem Kind keine Probleme hatten, im Unterschied zu vielen anderen Eltern in ähnlicher Situation, deren Kinder „einen falschen Weg eingeschlagen haben“. Vor ihrer Auswanderung bemühte sich Marija, dem Sohn Arbeits- und Hygienegewohnheiten beizubringen, und förderte seinen Schulerfolg. Den Eltern lag es daran, dass ihr Sohn ein Studium abschließt, weil sie selbst diese Möglichkeit nicht hatten. Der Sohn erfüllte den Elternwunsch. Während seines Studiums in Zagreb wurde die Verwandtschaft mobilisiert, damit der Sohn bei ihnen unterkam.

Marija und ihr Mann wollten den Sohn nach Deutschland holen, er habe sich aber dagegen gewährt, weil er Angst hatte, Freunde zu verlieren, und weil er die Sprache nicht sprach. Obwohl sie damals stark unter der Trennung von ihrem Kind litt, meinte Marija fast dreißig Jahre später, dass alles eigentlich „bestens ausfiel“. Der Sohn schloss das Studium ab, heiratete und lebt heute in Kroatien. Sie vermutet, dass er in Deutschland kein Studium abgeschlossen hätte, er hätte eine Deutsche geheiratet und wäre in Deutschland geblieben.

Wenn sie ihre Beziehung zum Sohn, zu der Schwiegertochter und zu den Enkelkindern zusammenfassend betrachtet, dann ist Marija zufrieden und glaubt, mit der baldigen Rückkehr die lang ersehnte Familienzusammenführung realisieren und ein harmonisches Familienleben führen zu können:

> Wir haben ein sehr gutes Mutter-Sohn-Verhältnis, wir stehen uns sehr nah und verstehen uns gut und er kümmert sich sehr um mich. Als sein Vater gestorben ist, das war für ihn eine Katastrophe. Ich meine, wenn etwas passieren sollte, er würde mich nie in ein Altenheim schicken … Meine Schwiegertochter genauso, von der Seite kann ich [ruhig sein]. Die wollen ein Haus bauen und da steht schon fest, dass eine kleine Wohnung auch für mich eingerichtet wird, (…) damit ich etwas für mich selbst habe, und sie auch. Das ist in Ordnung so, wenn ich das erlebe, aber auch wenn nicht, mein Gott. Und mein Enkelsohn hat mit gesagt, „Oma, dein Zimmer ist hier, und meins – uns trennt nur eine Wand und wir werden ein Telefon haben und immer, wenn du etwas brauchst, dann rufst du mich an.“

Bei unserem zweiten Treffen im Jahr 2009, diesmal in Kroatien, wohin sie 2003 zurückkehrte, erzählte Marija, dass sie eine Zeit lang brauchte, um sich an das Leben in einem Haus zu gewöhnen, in dem sie bisher nie gelebt hatte, noch dazu an einem Ort, in dem sie nicht selbst aufgewachsen war und niemanden kannte (s. ihre Geschichte in Kapitel 5). Sie war ausgesprochen zufrieden damit, dass sie in Kroatien dank ihrer deutschen Rente gut leben konnte. Der Sohn lebte mit seiner Familie in einer Kleinstadt in Zentralkroatien und sie besuchte sie regelmäßig. Obwohl sie für ihren hektischen Lebensstil mit vielen Verpflichtungen Verständnis hatte, war sie doch etwas enttäuscht davon, dass sie für sie wenig Zeit hatten.

6.3 Luka und Zora: Familienzusammenführung nach zwanzig Jahren getrennten Lebens

Wir kennen Luka bereits aus Kapitel 5.1.1. Hier wird seine Geschichte um den Aspekt des getrennten Familienlebens erweitert. Außerdem werden die Umstände erläutert, die dazu führten, dass sich Anfang der 1990er die ganze Familie in Deutschland versammelte.

Als saisonal beschäftigter Bauarbeiter verbrachte Luka recht oft Zeit in der Heimat. Die Wintermonate verbrachte er regelmäßig zu Hause und während der Arbeitssaison fuhr er im Schnitt alle zwei Wochen zur Familie in Bosnien. Er fuhr am Freitagabend los, verbrachte die ganze Nacht im Bus und kehrte am Sonntagabend zurück. Die Buslinie wurde von den Migranten selbst in den 1970ern und 1980ern privat eingerichtet. Die häufigen Besuche hatten eine zweifache Funktion: Einerseits wollte er seine Frau Zora und die vier Kinder besuchen, andererseits musste er seine Investitionen organisieren und beaufsichtigen. Wegen seiner zahlreichen Pläne und großer Ambitionen hatte Luka zu Hause viel zu tun. Er musste immer etwas erledigen, sodass es manchmal vorkommen konnte, dass er jede Woche pendelte – 900 Kilometer einfach.

Während der ersten zwanzig Jahre in Deutschland wurden Lukas Pläne immer ambitionierter, sodass der ursprüngliche Plan eines kurzen, höchstens fünfjährigen Aufenthalt in Deutschland immer wieder korrigiert wurde und die Rückkehr immer weiter in die Zukunft verschoben wurde. Nachdem die politische Situation Anfang der 1990er-Jahre Lukas ausgefeilte Investitionspläne vor der endgültigen Rückkehr durchkreuzte, stellte er fest, dass es eigentlich ein Glück war, dass er die Rückkehr immer wieder verschoben hatte. Gleich nach Kriegsausbruch 1992 sah er ein, dass „der Spaß vorbei war“, und holte Zora und die Kinder im Rahmen der Familienzusammenführung nach Deutschland. In

Bosnien blieben ein vollständig eingerichtetes Haus und der Bauernhof: „Tiere im Stall, Schweine im Schweinestall, die Garage voll, alles liegengelassen".

So war die Familie schließlich doch vereint, nachdem Luka zwanzig Jahre allein in Deutschland gelebt hatte, allerdings nicht wie geplant in Bosnien, sondern in Deutschland. Die zwei jüngeren Kinder und die Ehefrau bekamen den unbefristeten Aufenthaltstitel, während die zwei älteren Töchter[71] am Anfang nur den Flüchtlingsstatus (sog. Duldung) erhielten. Ihre Situation wurde aber dauerhaft gelöst, als sie in Deutschland junge Männer kroatischer Abstammung mit Daueraufenthaltstitel heirateten und dadurch selbst die unbefristete Aufenthaltsgenehmigung bekamen. Im Jahre 2002 lebten alle Familienmitglieder in Deutschland: Die verheirateten Töchter lebten mit ihren Familien, während die zwei Söhne noch bei den Eltern wohnten. Die beiden Söhne schlossen in Deutschland auch ihre Ausbildung ab, der eine wurde Automechaniker, der andere Einzelhandelskaufmann.

In der Zeit, als die Familie getrennt lebte, waren die häufigen und anstrengenden Reisen für Luka ein Problem („Ich habe mich erholt, seitdem meine Frau und die Kinder da sind", erzählte er). Auch dass er für sich selbst sorgen musste, war für ihn nicht einfach („Du weißt ja wie das ist, wenn man alleine ist, man muss für sich selbst kochen und waschen"). Zora klagte nicht über die langen Trennungsperioden, aber sie erzählte von den Schwierigkeiten, die sichtbar wurden, als die Familie nach Deutschland kam. Das ungewohnte Zusammenleben nach langjähriger Trennung mit gelegentlichen Besuchen des Vaters brachte für die Familie zahlreiche Änderungen mit sich. Am Anfang wohnten sie in Lukas Ein-Zimmer-Mietwohnung. Für ihn allein reichte die Wohnung. Aber mit fünf dazugekommenen Personen wurde es zu eng. Für kurze Zeit lebten in der Wohnung sogar zehn Personen – neben Lukas sechsköpfiger Familie kamen noch andere aus Bosnien geflüchtete Verwandte dazu. Außerdem war die Wohnung für so viele Leute nicht ausgestattet. Mit Lachen erinnerte sich Zora, dass Luka Essgeschirr für nur zwei Personen besaß. Am meisten störten sie die Gewohnheiten ihres Mannes: „Wir hatten unsere Gewohnheiten, er seine. Als wir dann hierher gekommen sind, da mussten wir miteinander auskommen. Schwer war das, schwer …", erzählte sie.

Das Ehepaar erzählte viele lustige Geschichten zum Thema gemeinsames Leben aus anderen Familien, die wie sie lange Jahre getrennt gelebt hatten. Meistens ging es darum, dass der Vater sich an das Familienleben gewöhnen musste.

71 Dem Gesetz nach konnten nur Kinder unter sechzehn Jahren im Rahmen der Familienzusammenführung einen Aufenthaltstitel erhalten.

So erzählten sie von einem Mann, der sich nicht daran gewöhnen konnte, dass die Frau alle Haushaltsarbeiten übernahm. Ein anderer wollte am liebsten allein sein. Ein dritter konnte sich an das Kindergetöse und gemeinsame Leben nicht gewöhnen:

> Der Marko, als er dann seine Frau und die Kinder hierher geholt hat. Meine Güte, der war wohl wütend. Wütend! Aber er war stumm. Und die Kinder! Die konnte er nicht mal sehen. Die haben gejammert „Lass' uns hin [nach Bosnien] gehen, Mami, da kann ruhig Krieg sein, die sollen uns alle umbringen, aber lass' uns nach Hause gehen". Als er dann gesehen hat, dass sie nicht zurückgehen, da hat er nachgegeben.

Luka bereute es, dass er die Familie nicht früher zu sich geholt und seinem doppelten Leben ein Ende gesetzt hatte. Aber in den ersten zwanzig Jahren der Migration kam er kein einziges Mal auf den Gedanken, dass er die Familie nach Deutschland holen könnte, obwohl die Rückkehr ständig aus finanziellen Gründen verschoben wurde. Der Unterschied in Verdienstmöglichkeiten und der Zahlungsfähigkeit zwischen Deutschland und Jugoslawien waren zu groß und die immerwährende Wirtschaftskrise in Jugoslawien ließen die Rückkehr immer weiter in die Zukunft rücken. Lukas Einkommen in Deutschland erlaubte ihm, verschiedene Investitionen zu starten (in Landwirtschaft, Einzelhandel, Haus) und für die Familie einen guten Lebensstandard zu sichern: „Wir haben gut gelebt, das kann man nicht sagen, dass wir nicht gut gelebt haben. Aber es wäre viel besser, wenn ich sie auch früher geholt hätte", schloss er ab.

6.4 Katarina und Martin: eine Entscheidung in der Jugend und getrenntes Familienleben

Katarina und Martin haben wir schon im vorigen Kapitel vorgestellt (5.1.2). Die beiden erhielten 1969 durch die Vermittlung des jugoslawischen Instituts für Beschäftigung ihre erste Stelle in Deutschland. Katarina arbeitete ihr Leben lang als Köchin, während Martin oft den Beruf wechselte, immer auf der Suche nach besserem Verdienst. Beide hatten neben der festen Stelle häufig auch einen Nebenjob, um das Familienbudget aufzubessern. Bei unserem Treffen im Jahre 2005 bereitete sich Martin gerade vor, in die Rente zu gehen und endgültig nach Kroatien zurückzukehren. Die Rückkehr im Ruhestand war für diese Familie die verschobene Rückkehrvariante. Sie waren, wie die meisten Wirtschaftsmigranten, mit dem Vorsatz nach Deutschland gekommen, nur fünf Jahre zu bleiben:

> Wir sind nach Deutschland gekommen … wissen Sie wie das damals war? Fünf Jahre, das ist das längste, was wir bleiben, haben wir gesagt, fünf Jahre und dann ist Schluss.

> Wir kehren nach Hause zurück, auf unseren Bauernhof, und jetzt sind diese fünf Jahre sechsunddreißig geworden!

Nach fünfzehn Jahren Leben und Arbeit in zwei Ländern sahen sie ein, dass die Situation unhaltbar war: Für sie wurde es physisch zu anstrengend, und als die Familie größer wurde, wurde es immer schwieriger, die Kinder großzuziehen und gleichzeitig in das Haus und den Bauernhof in Kroatien zu investieren. Auf die Entscheidung, nach fünfzehn Jahren in Deutschland dann doch nicht zurückzukehren, wirkten mehrere Faktoren ein: ein sicherer Arbeitsplatz und gutes Einkommen, die immer schlechtere Wirtschaftssituation in Jugoslawien Mitte der 1980er, die Perspektive, dass sie in Kroatien schwere „Bauernarbeit" erwartete, während sie in Deutschland „mit Krawatte angezogen" arbeiteten, und schlussendlich hörten sie von Fällen, dass Leute zurückgekehrt waren, aber relativ schnell wieder nach Deutschland remigrierten.

Mit der immerwährenden Verschiebung der Rückkehr änderte sich auch die Familienkonstellation. Katarina und Martin haben vier Kinder, davon wurden zwei in Kroatien (bzw. Jugoslawien) geboren und zwei in Deutschland. Zwei Kinder wechselten häufig den Wohnort und wohnten mal in Kroatien, mal in Deutschland, während zwei Kinder hauptsächlich in einem der beiden Länder aufwuchsen. Als sie 1969 auswanderten, nahmen sie die fünf Monate alte Tochter mit. Sie arbeiteten im Schichtdienst, sodass einer immer zu Hause auf das Kind aufpassen konnte. Nach der Geburt des zweiten Kindes entschieden sie, beide Kinder für eine Zeit lang in die Obhut der Großeltern in Kroatien zu geben. Als es ihnen gelungen war, zwei Kindergartenplätze für die Kinder in Deutschland zu reservieren, wollten sie die Kinder zu sich holen. Die Großmutter aber, Katarinas Mutter, widersetzte sich, und so waren die Kinder in Kroatien geblieben. Das dritte Kind wurde in Deutschland geboren und lebte bis zur Einschulung bei den Eltern. Das Kind wurde aber in Kroatien eingeschult, weil damals der Plan zur baldigen Rückkehr noch aktuell war. Martin erzählte:

> Und dann haben wir auch den Termin festgesetzt, wenn er [der Sohn] in die dritte Klasse kommt, da sind wir schon zu Hause! Von wegen dritte Klasse, der war schon in der sechsten und wir waren noch immer da [in Deutschland]! Dann haben wir beschlossen: zurück zu uns [sie holten das Kind nach Deutschland]!

Inzwischen kam auch das vierte Kind auf die Welt, und da beschlossen die Eltern, dass die Rückkehr bis zum Ruhestand verschoben würde. Damals wollten sie alle Kinder in Deutschland versammeln, aber das war wegen der gesetzlichen Lage nicht mehr möglich, weil die älteren Kinder schon über sechzehn waren. Nur die zwei jüngsten lebten seither mit den Eltern. Dem Vater war es besonders wichtig, dass der Sohn, der inzwischen die sechste Klasse in Kroatien abgeschlossen hat, nach Deutschland kam, damit er seine Erziehung besser beaufsichtigen konnte: „Schließlich ist er ein Junge. Es ist besser, wenn ich ein Auge auf ihn habe, obwohl, man kann nie die ganze Zeit ein Auge auf ihn haben, man kann ihn nicht an der Hand halten, nicht wahr, nicht dass man sicher sein könnte, und sicher ist man nie.“

Nach Martins Einschätzung hatten sie in Deutschland ein gutes Leben, obwohl das immerfort „ein Kampf durch das Leben war“. Das größte Problem waren die Trennung von den Kindern (von zwei von den Kindern bzw. drei) und die Gefahren, die mit den ständigen Fahrten nach Kroatien verbunden waren, um die Kinder zu besuchen. Das Ehepaar behauptet, mit den Kindern, die in der Obhut der Großeltern waren, nie Probleme gehabt zu haben. Die Großmutter war sehr streng, und die Eltern warnten sie häufig: „Vernünftig bleiben, man kann nur einmal einen Fehler machen, und das muss man dann sein ganzes Leben lang büßen. Nur einmal kann man einen Fehler machen, daran soll man denken.“

Die in Kroatien aufgewachsenen Kinder schlossen ein Studium bzw. eine technische Mittelschule ab. Eine der Töchter versuchte mit dem Mann und den Kindern auch nach Deutschland auszuwandern, aber der Versuch ist gescheitert. Der Sohn, der einen Teil der Schulbildung in Kroatien absolvierte, hatte nach der Rückkehr nach Deutschland Schwierigkeiten, weil er die Sprache nicht kannte. Folglich konnte er auch keinen Realschulabschluss machen. Aber als er die zweisprachige kroatisch-deutsche Schule abschloss, machte er eine Lehre zum Automechaniker. Später bekam er auch eine Stelle bei BMW. Die jüngste Tochter, die als Einzige das ganze Leben in Deutschland verbrachte, lebte zur Zeit unserer Begegnung noch bei den Eltern und machte eine Lehre zur Einzelhandelskauffrau. Sie sagte, alle Geschwister hätten ein gutes Verhältnis untereinander und pflegten ungeachtet des Lebensortes regelmäßigen Kontakt.

Einige Jahre nach unserem Treffen kehrte dieses Ehepaar mit dem Eintritt in die Rente nach Kroatien. In Deutschland blieben zwei Kinder mit ihren Familien. So setzte diese inzwischen durch Schwiegertochter, Schwiegersohn und Enkelkinder erweiterte Familie ein transnationales biloziertes Leben an zwei Orten und in zwei Staaten fort.

6.5 Verschiedene Gesichter des transnationalen Elternschicksals

Die drei Migrantengeschichten erzählen vom Familienleben der Migranten, das über nationale Grenzen hinweg organisiert wurde. Zwei von diesen Fällen zeugen von einer dynamischen Entwicklung, während ein Fall Stabilität aufweist. In Abhängigkeit von historischen, gesellschaftlichen und makrostrukturellen wirtschaftlichen Faktoren sowie den Umständen im Lebenszyklus der Familie, aber auch individuellen Entscheidungen, werden einige transnationale Familien mit der Zeit stabiler, andere erleben wiederum zahlreiche Veränderungen. Somit wird die These bestätigt, dass transnationale Familien ein nicht zu fassendes Phänomen ist, das sich jeder Einordnung entzieht und in unzähligen gesellschaftlichen Ausprägungen erscheinen kann (Bryceson und Vuorela 2002: 3). Die Struktur der Migrantenfamilie in Deutschland änderte sich im Laufe der Jahrzehnte. Für kroatische Familien lag der Grund für diese Veränderungen in der lange aufrechterhaltenen, aber ständig verschobenen Rückkehrabsicht, Rückkehrversuchen in den 1980ern und dem Krieg in der Heimat, der ungefähr zwanzig Jahre nach der Auswanderung nach Deutschland begann (vgl. Al-Ali 2002; Povrzanović Frykman 2002).

Die Ausgangsstruktur der Familie in allen drei Migrantengeschichten spiegelt das typische Bild aus der frühen Migrationsphase wider: Die Männer/Väter wanderten allein aus oder das Ehepaar/die Eltern wanderten zusammen aus, während die Kinder in der Heimat blieben. Durch das Auswandern der Ehefrau/Mutter wird das herkömmliche essenzialisierte Konzept der Mutterschaft als zentrales gesellschaftliches Band und zentrale Rolle im Leben der Frau infrage gestellt (Mahalingam et al. 2009). Indem sie ihrem Mann folgt, wie das die erste Migrantin auch ausdrücklich formulierte, wird die Rolle der Ehefrau der Mutterrolle vorgezogen. Wenn nur der Ehemann/Vater auswandert, wird auch die Mutterrolle insofern modifiziert, dass die Mutter die Rolle beider Elternteile übernimmt. Die Auswanderung des Ehemannes/Vaters wird im Unterschied zur Auswanderung der Mutter nie infrage gestellt. Mit der Auswanderung bestätigt der Mann seine dominante Rolle als Familienernährer. Luka betonte mehrfach mit Stolz diese Rolle.

Egal ob ein Elternteil oder beide auswanderten, die Kinder blieben am Anfang der Migration in der Obhut der Verwandtschaft. Meistens nahm eine der beiden Großmütter sie auf. Einerseits nahm das Ehepaar an, dass das Kind für die Maximierung des wirtschaftlichen Effekts der Arbeit in Deutschland hinderlich sein würde. Es wäre schwer und teuer, für Kinderbetreuung zu sorgen; anfangs waren auch die Wohnverhältnisse, die das Ehepaar in Kauf nahm, für die Kinder nicht geeignet (z. B. Mietzimmer ohne Bad). Schließlich gingen alle Beteiligten davon aus, dass die Migranten nach wenigen Jahren zurückkehren würden. Und noch ein weiterer Faktor spielte bei der Entscheidung, dass die Kinder in der Heimat bleiben sollten, eine wichtige Rolle: Die Nuklearfamilie (Kinder und Eltern) lebte in dörflichen Strukturen und in der Regel in erweiterten Familienkonstellationen. Die Strukturen waren in den meisten Fällen patrilokal, d. h., das junge Ehepaar wohnte im gemeinsamen Haushalt mit den Eltern des Ehemannes. So stellte sich die Auswanderung der Eltern, die sowieso als vorübergehend geplant war, nicht als Problem dar. In einem erweiterten traditionellen Haushalt, in dem drei Generationen zusammenlebten, hatte die älteste Generation die Autoritätsrolle in der Familie (z. B. war die Schwiegermutter der Schwiegertochter übergeordnet) und sorgte für die jüngsten Familienmitglieder (Čapo Žmegač 2000). Wenn die mittlere Generation auswanderte, übernahm die älteste die komplette Sorge um die Enkelkinder.

Durch die Zeit und mit der Veränderung der Pläne sowie der Verschiebung der Rückkehr erlebten transnationale Familien viele Veränderungen. Einige Paare schafften es, die Kinder nach Deutschland zu bringen, andere nicht. Nach einer kurzen Zeit fühlten sich viele Mütter „entsetzlich ohne das Kind“ und beschlossen, es nach Deutschland zu holen. Jela aus Zagreb konnte ihr Kind nur „für eine kurze Zeit“ bei ihrer Mutter lassen:

> Ich wundere mich wirklich, dass diese Eltern, so viele Eltern ihre Kinder bei der Oma gelassen haben, der sie vertrauten. Meine Mutter hat meinen Sohn besser erzogen als ich und alle waren ständig um ihn herum. Aber diese armen Eltern, wie konnten sie nur ihre Kinder bei der Mutter, Schwiegermutter lassen, und das dauerhaft. (…) Wenn ich heute daran denke, ich, ich habe ihn nur ein paar Monate ununterbrochen bei meiner Mutter gelassen, nicht einmal so lange, für mich war das entsetzlich.

Das Kinderhüten wurde unterschiedlich gelöst: Katarina und Martin arbeiteten im Schichtdienst, um selbst auf das Kind aufpassen zu können. Ich habe arbeitende Frauen getroffen, die eine Verwandte aus Kroatien holten, die auf das Kind aufpasste, oder sie organisierten das Kinderhüten mit der Nachbarin. Einige Ehepaare brachten die Kinder in den Kindergarten oder schickten sie auf das Internat. Viele, die ein Restaurant eröffneten, brachten das Kind ins Restaurant mit, oder wenn sie im gleichen Gebäude wohnten, wurden die Kinder daran gewöhnt, schon seit dem frühen Kindesalter alleine zu sein[72]. Entgegen der ver-

72 Die Kinder von Restaurantbesitzern erinnerten sich an lange Stunden, die sie mit ihren Eltern im Restaurant verbrachten. Andere kannten die Einsamkeit, wenn sie

breiteten Meinung entschieden sich viel Paare, wenn sich keine andere Möglichkeit bot und sie unbedingt mit den Kindern zusammen sein wollten, dafür, dass die Ehefrau bis zu einem gewisse Alter der Kinder nicht arbeiten ging. Sie waren sich dessen bewusst, dass diese Entscheidung die finanzielle Situation der Familie entscheidend beeinflusste, aber auch die Investitionen in der Heimat verzögern ließ. Trotzdem bereuten sie es nicht, denn die Kinder seien heute ihr „Kapital“, ihr Stolz und der Spiegel ihrer emotionalen Investition sowie materieller Entbehrung. So erzählte zum Beispiel Mara, eine ungelernte Arbeiterin und Mutter von zwei erwachsenen Kindern, die im Augenblick unserer Begegnung studierten, dass sie es nicht bereute, nicht gearbeitet zu haben, als die Kinder klein waren: „Ich wäre froh, wenn ich materiell auch mehr erreicht hätte, aber für mich waren meine Kinder Häuser, Wohnungen!“

Trotz zahlreicher Versuche schafften es einige Eltern nicht, die Kinder nach Deutschland zu holen. Meine Gesprächspartner erzählten, dass sich dieser Idee die Kinder widersetzten (Marija) oder die Großeltern, in deren Obhut die Kinder waren (Katarina und Martin). Der wirkliche Grund liegt aber in der Ideologie der Rückkehr. Die Rückkehrabsicht lebte und motivierte die Entscheidungen der Eltern zehn bis fünfzehn Jahre lang (Investitionen, Hausbau in der Heimat) und war Grund für die intensive Mobilität bzw. Transmigration der Kinder zwischen den beiden Staaten. Irgendwann wurde es dann wegen der gesetzlichen Bestimmungen unmöglich, die Kinder nach Deutschland zu holen. Als sich die geplante Zeitweiligkeit in einen Dauerzustand transformierte und wenn das Ehepaar in Deutschland noch ein Kind bekam, verfestigte sich die transnationale Familie als ein Leben der Eltern mit einem Teil der Kinder in Deutschland, die getrennt von den anderen Kindern in Kroatien lebten. Neben dem transnationalen Elternsein entstand die in der einschlägigen Literatur wenig berücksichtigte Situation, in der Geschwister transnational lebten.

Obwohl sie die Erziehung der Kinder in der Heimat aus der Ferne zu beeinflussen versuchten, fanden die Mütter, aber auch beide Elternteile (mit möglichen Ausnahmen, wie z. B. Luka und Zora), dass eine dauerhafte Trennung von den Kindern problematisch war und eigentlich der wichtigste Grund für die Unzufriedenheit in ihrem Leben. Sie versuchten ständig, die Familie an einem Ort zu versammeln, unternahmen verschiedene Schritte in dieser Richtung mit mehr oder weniger Erfolg, und gerade wegen der Trennung von den Kindern planten sie ständig eine baldige Rückkehr oder taten alles, um die Kinder nach Deutsch-

alleine in der Wohnung warteten, die im ersten Stock über dem Restaurant war.

land zu holen. Jasna und Stjepan (s. Kapitel 4.2) waren in einer ähnlichen Situation wie Katarina und Martin. Nachdem Jasna nach ihren eigenen Worten den Fehler begangen hatte, ihre Tochter in der Obhut der Großeltern in der Heimat gelassen zu haben, bestand sie darauf, dass der jüngere Sohn bei ihr blieb. Sie versuchte aber unentwegt auf verschiedene Weisen, alle Familienmitglieder an einem Ort zu versammeln, entweder in Deutschland oder in Kroatien. Ihre Bemühungen erklärte sie mit folgenden Worten:

> Ich kann es mir selbst nicht verzeihen, dass ich auf andere gehört habe [die Eltern]. Bei uns war die Situation so: Das war doch ganz normal, dass das Kind bei der Großmutter bleibt. Wir waren hier [in Deutschland], genau so, ein paar Jahre hier und dort. Dann habe ich die Tochter hierher geholt [nach Deutschland] und dann war sie im Kindergarten. Das ist eine wichtige Schule vor der Einschulung. Dann haben wir sie nach unten geschickt [nach Kroatien] in die Schule, weil wir haben gedacht, wir kehren zurück. Dann kam sie in die Schule, und als der Sohn geboren ist, da war sie schon elf. Ich hab' mir damals gesagt, dieses Kind, das geb' ich nicht weg, es bleibt bei mir oder es geht nicht anders. Ich habe sehr … ich habe schwer gelitten deswegen und noch heute kann ich mir selbst nicht verzeihen. Die Situation war einfach so, dass ich sie nicht geholt habe [die Tochter nach Deutschland]. Und dann haben wir gedacht, wir kehren zurück, wenn er [der Sohn] eingeschult wird. Und dann war diese Situation, ich wollte dort [in Kroatien] in der Textilindustrie arbeiten, ich hatte schon alle Unterlagen vom Konsulat und alles, dass ich nach Hause gehe. Und da war sie schon sechzehn.

Aus der Erzählung wird einerseits deutlich, dass es „normal“ war, dass die Großeltern das Kind betreuten, und gleichzeitig wird ihre Autorität unterstrichen – die Schwiegermutter verhinderte es, dass die Tochter nach Deutschland geholt wurde. Andererseits wird auch die Verschiebung der Rückkehr thematisiert, die für die Transmigration des Kindes ausschlaggebend war. Zum Schluss wird auch der letzte Versuch umrissen, die ganze Familie zurück nach Kroatien zu bringen. Dieser Versuch scheiterte. Die Tochter war aber schon sechzehn und konnte in Deutschland keinen Aufenthaltstitel bekommen. So setzte die Familie das getrennte Leben fort.

Auch andere Migranten konnten die Trennung von den Kindern nur schwer ertragen. Alle Eltern bedauerten es, dass sie es nicht schafften, einen Weg zu finden, um die Familie zu versammeln. Sie sprachen davon, dass sie sich damals wünschten, sich selbst irgendwie zu „verdoppeln“, damit sie mit allen Kindern in beiden Staaten leben könnten. Das getrennte Leben führte zur intensiven Transmigration der Eltern in allen Familien, die Kinder in der Heimat hatten. Über die Erschöpfung durch die ständigen Reisen zur Familie in Bosnien sprach auch Luka. Die Migranten aus der dritten Geschichte (Katarina und Martin), obwohl sie relativ nah zum Heimatort wohnten, sahen irgendwann ein, dass ihnen die Bifokalität und das Leben an zwei Orten zu viel Kraft abverlangte[73]. Regelmäßige Besuche bei den Kindern konnten den elterlichen Schmerz nicht lindern. In den hier genannten konkreten Fällen kann nicht davon die Rede sein, dass die Mütter mehr oder weniger als die Väter litten, aber im Unterschied zu ihren Ehemännern konnten Frauen über dieses Problem offener reden. Der Fall von Katarina und Martin ist insofern interessant, weil die Eltern besonders darauf bestanden, den Sohn unbedingt nach Deutschland zu holen. Ich vermute, dass sie Angst hatten, dass sie beim getrennten Leben weniger Einfluss auf ihn hätten.

Im Unterschied zu den Äußerungen der Ehepaare über die emotionalen Schwierigkeiten wegen der Trennung von den Kindern äußerte Luka, der mehr als zwanzig Jahre das klassische Gastarbeiterleben eines alleinstehenden Mannes in Deutschland lebte, während die Frau und die Kinder in Bosnien blieben, nie ausdrücklich, dass ihm die Trennung von der Familie emotionale Schwierigkeiten bereitete. Auf die Frage „War das für Sie schwer, getrennt von der Familie zu leben?“ gab er keine direkte Antwort. Alle Schwierigkeiten fasste er in der Antwort zusammen, dass ihm die größten Schwierigkeiten der Umstand bereitete, dass er alleine für sich selbst sorgen musste, sowie die ständigen Reisen nach Bosnien. Andererseits war er ausdrücklich mit seiner Vaterrolle zufrieden, also seiner Rolle als Ernährer der Familie und Familienoberhaupt. Er ist sich seiner Leistung durchaus bewusst und ist sehr damit zufrieden, dass er durch seine fleißige Arbeit der Ehefrau und den Kindern materielle Sicherheit bieten und sie dann auch vor der Kriegsgefahr schützen konnte. Auch in der Zeit, als die Kinder erwachsen wurden und ein selbstständiges Leben führen konnten, beharrte Luka auf seiner Rolle als Ernährer und Beschützer der Familie (s. Kapitel 5.1.1). Dieser Umstand deutet auf ein spezifisches Kultursystem hin, in dem die Abwesenheit des Vaters im Haushalt akzeptabel ist, sofern er seine Schlüsselrolle als Ernährer ausfüllt. Wenn also diese Rolle und die damit verbundenen Aufgaben wahrgenommen werden, wird die ursprüngliche Entscheidung über die Auswanderung nicht infrage gestellt. Andere Untersuchungen haben festgestellt, dass die transnationale Vaterschaft akzeptabler ist als die

73 Eine andere Migrantin erzählte gerade das Gegenteil: „Es war auch anstrengend, aber es war auch interessant. Denn ständig war man auf Achse, mal nach Hause, mal hierher. Das war nicht anstrengend. Heute finden Leute alles anstrengend. Für mich war das damals nicht anstrengend“. Trotz solcher vereinzelten Meinungen kann man generell den Schluss ziehen, dass die Transmigration für alle Familienmitglieder anstrengend und eine weniger wünschenswerte transnationale Praxis war.

transnationale Mutterschaft (vgl. Carling et al. 2012). Deshalb entwickelte sich in dieser Familie – im Unterschied zu den anderen hier beschriebenen Familien – kein Bedürfnis nach der Versammlung der ganzen Familie an einem Ort. Erst der Krieg brachte sie zusammen.

Der Krieg in Bosnien und Herzegowina in den 1990ern brachte eine ungeplante Situation hervor. Um ihre Familien vor direkten oder indirekten Folgen des Krieges zu beschützen, holten Männer, Ehemänner und Väter, die fünfzehn bis zwanzig Jahre lang alleine in Deutschland gelebt hatten, ihre Familien in den Jahren 1991/92 zu sich.

Die physische Zusammenkunft der Familie nach langjähriger Trennung ist ein ambivalentes Ereignis im Leben der Familie und ihrer Mitglieder. Obwohl gewünscht und idealisiert sowie viele Jahre lang aufgeschoben, kann sie unerwartete Schwierigkeiten für familiäre Beziehungen nach sich ziehen. Es darf also nicht außer Acht gelassen werden, dass nicht nur das getrennte Familienleben über nationale Grenzen hinweg für Spannungen und Schwierigkeiten sorgt, sondern auch das Zusammenführen der lange Jahre getrennten Familie. Aus der Perspektive der Familienideologie und der ihr innewohnenden Vorstellung von der idealisierten physischen Gemeinschaftlichkeit bietet diese Situation interessante Aspekte, denn sie stellt essenzialistische normative Konstrukte der unilozierten Familie als ideale Familienform infrage.

In der Migrantengeschichte über die Zusammenkunft der Familie nach zwanzig Jahren getrennten Lebens waren die Schwierigkeiten aller Familienmitglieder evident. Das Thema tauchte auch stets in den Geschichten über befreundete Familien auf, die ein ähnliches Schicksal durchmachten. Sie alle mussten mit zu wenig Wohnraum und unangemessener Einrichtung zurechtkommen, weil die Wohnung vorher nur vom Ehemann/Vater genutzt worden war. Spannungen kamen auch wegen unterschiedlicher Gewohnheiten und verschobener Rollenbilder von Ehefrau/Mutter und Ehemann/Vater auf, die in der neuentstandenen Situation neu definiert und retraditionalisiert werden mussten. Die Problemursache für die Frau lag im Umstand, dass sie während des getrennten Lebens die meisten Entscheidungen selbstständig getroffen hatte. Außerdem musste sie beide Elternrollen ausfüllen. Der Ehemann musste seinerseits während seines Single-Daseins in Deutschland bestimmte traditionell weibliche Aufgaben im Haushalt übernehmen.

Die Familienzusammenkunft konnte sowohl in Deutschland als auch in Kroatien stattfinden, wenn der Vater-Migrant zurückkehrte. Auch in dieser Situation entstanden ähnliche Zwistigkeiten. Eine meiner Gesprächspartnerinnen sprach sehr offen über die Unfähigkeit der Ehepartner, sich an die neue Situation anzupassen. Nachdem sie fünfzehn Jahre lang getrennt gelebt hatten, dann aber der Ehemann nach Hause zurückkehrte, konnten die beiden keine gemeinsame Sprache finden und keine für beide zufriedenstellende Rollenverteilung verabreden. Die Frau war daran gewöhnt, ihr eigenes und das Leben des Kindes selbstständig zu organisieren. Sie konnte mit dem Bedürfnis ihres Mannes nach Autoritätsausübung nicht umgehen: „Der ist aus Deutschland zurückgekehrt. Er wollte als großer Rückkehrer anerkannt werden, als großer Boss, so hat er gesagt: ‚Ich bin euer Boss. Ich sag' euch, wo es langgeht ...'", erzählte sie und erklärte, dass die Familie in der getrennten Phase besser funktioniert hatte.

6.6 Die Kinder über das transnationale Familienleben

Wie erlebten die Kinder die Abwesenheit eines oder beider Elternteile? Alle Kinder erzählten ungefähr Ähnliches. In allen Fällen geht es um retrospektive Einschätzungen von erwachsenen Personen über das getrennte Leben. Außer in einem Fall sind sie alle im späteren Teenageralter mit Mutter und anderen Geschwistern zum Vater nach Deutschland gekommen. Der abwesende Vater hatte eine besondere Rolle im Leben der Kinder. Mit der Person des Vaters werden grundsätzliche drei Attribute in Verbindung gebracht: Vater als Fremder, Vater als Geschenkebringer und Vater, der für Feiertagsatmosphäre sorgt.

Ivan lebte bis zu seinem fünfzehnten Lebensjahr mit Mutter und Geschwistern in Tomislavgrad (Bosnien und Herzegowina), während der Vater in Deutschland arbeitete. Er erzählte, dass der Besuch des Vaters immer ein „Fest" war, beinahe eine Art Feiertag, auf das sich die Kinder extra vorbereiteten. Nachdem der Vater dann wieder weggegangen war, stellte sich die „Normalität" ein. Der physisch nicht anwesende Vater war keine vertraute Person, weil er die Familie eher selten besuchte. Vor der jüngsten kommunikationstechnologischen Revolution konnte er nur selten und dann nur kurz mit ihnen telefonieren, wie das aus Ivans Worten hervorgeht, die am Kapitelanfang zitiert werden. Außerdem erzählte er:

> Den Vater kannte ich eigentlich nicht. Im Grunde kannte ich ihn nicht. Ich war mit ihm nicht näher bekannt. Er kam viermal jährlich, er spielte eine gewisse Rolle in meinem Leben, er war die wichtige Person, für deren Besuch ich mich vorbereiten musste, mich schön anziehen musste, wenn er kommt, damit alles stimmt. Und ich wusste, dass es dann Bonbons gibt, es gibt Süßigkeiten, es gibt, es gibt alles. Das war eine fröhliche Zeit, wenn er kam. Das war dann aber von kurzer Dauer, nach zwei, drei Wochen kehrte er zurück und in unser Leben kehrte wieder die Normalität ein. Das war hauptsächlich alles. Das war eine Art Feierlichkeit in meinem Leben, wenn der Vater nach Hause kam.

Die „Festtagsatmosphäre“, die mit dem Vater ins Haus einzog, wurde mit Geschenken in Verbindung gebracht, die er mitbrachte. Auch für Ivanka war der Vater eine Art „Weihnachtsmann“, weil er immer Geschenke brachte:

> Einmal ist er ohne Geschenke gekommen. „Warum bist du gekommen, wenn du keine Geschenke gebracht hast!“ Das ist doch lächerlich, der Papa kommt und bringt Geschenke, wie der Weihnachtsmann. Das war so … Das ist traurig, dass der Papa sehnlichst erwartet wird wegen der Geschenke. Süßigkeiten. Ich kann mich an ein wunderschönes Kleid erinnern, Papa kaufte uns oft hübsche Kleider.

Die physische Abwesenheit des Vaters wird aber mit seiner sozialen Anwesenheit gekoppelt. Obwohl er nicht da war, hatte er eine Beschützerfunktion. Die von Ivan in einem Atemzug ausgesprochene Äußerung deutet auf mehrere Aspekte des transnationalen Elternseins in einer Region, in der abwesende Väter – meistens als Wirtschaftsmigranten in Deutschland – „normal“[74] waren. Das Bewusstsein, dass er existierte, wenn auch irgendwo in der Ferne, und die emotionale Sicherheit, die von der Mutter in ihrer doppelten Elternrolle gewährleistet wurde, ließ die Abwesenheit des Vaters als eine Art „Anwesenheit in der Abwesenheit“ erscheinen:

> Bei uns [in Tomislavgrad] war es normal, dass in jedem zweiten Haus der Vater in Deutschland war. Und dann haben wir Kinder, was weiß ich, da haben wir gespielt, haben Geschichten erzählt, „Ja, mein Papa, wenn er nach Hause kommt, bringt er mir dies, und wenn mein Papa nach Hause kommt, dann bringt er mir das“. Eigentlich war der Vater in aller Munde, obwohl er nie da war. Aber ich habe in meiner Kindheit nicht das Gefühl gekannt, dass mir der Vater fehlte, er war doch ständig da, er war in aller Munde, er war da, man hat über ihn erzählt, ich wusste, dass ich einen Vater habe, er kam zu Besuch, aber ich kann nicht sagen, dass er mir gefehlt hat. Denn die Funktion von Vater und Mutter, die hat die Mutter übernommen zu dieser Zeit, sodass ich vielleicht auch nichts anderes kannte. Wenn ich was anderes gekannt hätte, vielleicht hätte er mir gefehlt, aber von Anfang an war es so und so hat mir nichts gefehlt.

---

74 Siehe auch Marijas Äußerung in Kapitel 6.2. Für sie war das Leben mit ihrem Mann in Deutschland ganz „normal“. Eine andere Migrantin fand, dass es „normal“ war, dass die Kinder in der Obhut der Großeltern blieben. Die „Normalität“ kehrte nach dem Besuch des Vaters ins Leben der Kinder zurück. Obwohl er nicht ausdrücklich diesen Begriff benutzt, könnte Luka wahrscheinlich problemlos diesen Begriff benutzen, um sein Leben vor der Familienzusammenführung zu beschreiben. „Normalität“ in diesen Beschreibungen deutet auf das Gewöhnliche, Alltägliche, Akzeptable, Durchschnittliche eines bestimmten Phänomens hin; das kann auch der abwesende Vater sein, das Leben der Kinder mit den Großeltern, das Leben in der Migration.

Vera, die in Kroatien lebte, während die Eltern und ihr Bruder in Deutschland waren, fühlte intensiv die Trennung von ihrer Nuklearfamilie. Zur Zeit unserer Begegnung war sie dreißig, verheiratet und Mutter eines Kindes. Sie behauptete, dass ihre Familie trotz der transnationalen Dispersion gut funktionierte und dass sie von ihren Eltern erzogen wurde und nicht von ihren Großeltern, bei denen sie wohnte. Sie wünschte sich damals, dass ihre Eltern es erlaubt hätten, dass ihr jüngerer Bruder auch in Kroatien bleibt. Sie erzählte auch von ihrer leicht rebellischen Phase als Jugendliche, als es zu Konflikten mit den Eltern kam, aber sie konnte nicht beurteilen, ob diese Konflikte mit der Trennung von den Eltern zu tun hatten und oder einfach nur alterstypisch waren.

Meine Gesprächspartner aus der zweiten Generation erzählten von verschiedenen negativen Folgen, die das von den Eltern getrennte Leben mit sich brachte, egal ob sie nur vom Vater oder von beiden Eltern getrennt waren. Ivans Bruder entzog sich der Autorität der Mutter und und starb nach einem Verkehrsunfall. Ivan selbst machte ebenfalls eine rebellische Phase durch und verfiel nach der Ankunft in Deutschland eine Zeit lang in eine Depression. Als Tonka mit der Mutter und der Schwester für ein paar Jahre in Kroatien lebte, litt sie stark unter der Trennung vom Vater, der in Deutschland geblieben war. Dieser Schmerz verfestigte sich noch, als der Vater kurz nach der Familienzusammenführung ums Leben kam (s. Kapitel 8.1.3). Andererseits sprach nur eine Migrantin mit mir offen über ihre Probleme mit dem Sohn, den sie in der Obhut der Großmutter gelassen hatte. Ihr Sohn machte nie einen Ausbildungsabschluss und konnte nie selbstständig leben. Sie sorgte noch finanziell für ihn, als er bereits im mittleren Alter war.[75] Alle anderen berichteten, dass sie wegen des getrennten Lebens langfristig keine Probleme mit den Kindern hatten. Im Gegenteil, sie berichteten über ihre Schul- und Studienerfolge. Eines der Kinder machte eine beachtenswerte politische Karriere und hatte mehrfach eine Ministerfunktion in der kroatischen Regierung inne.

Obwohl die Eltern sie regelmäßig besuchten, spürten die Kinder deutlich die Besonderheit ihrer Situation. Sie wollen heute als Erwachsene mit eigenen Kindern diese Situation auf keinen Fall wiederholen, sondern bestehen darauf, dass ihre Kinder mit ihnen leben. Diese Einstellung gilt für alle, ungeachtet des Geschlechts oder der Region, aus der die Eltern stammen.

---

75 Ähnlich erging es auch Nicht-Migranten, die von ihren Verwandten aus Deutschland finanziell unterstützt wurden. Zwei meiner Gesprächspartner berichteten, dass Zahlungsüberweisungen aus Deutschland bei den Familienmitgliedern in der Heimat zur Faulheit und Verantwortungslosigkeit führten.

Hier wird noch einmal auf die spezielle Art der Kindermigration Ende der 1960er-Jahre hingewiesen, als eine gewisse Anzahl von Mädchen aus Bosnien in deutsche Klöster zur Schule geschickt wurde, um eventuell später Nonne zu werden. Getrennt von den Eltern und anderen Verwandten,[76] aber auch herausgerissen aus der vertrauten sozialen Umgebung, ohne Sprachkenntnisse, erlebten die Mädchen gleich bei der Ankunft ein schlimmes Trauma. Viele konnten sich mit dem Gedanken nicht anfreunden, dass sie ein ganzes Schuljahr ihre Eltern nicht besuchen könnten. So kehrten viele auch bald zurück. Die Mädchen, die bis zu ihrem achtzehnten Lebensjahr im Kloster blieben und auch danach nicht ins Heimatland zurückgingen, berichteten über ihre Erfahrungen mit der Trennung von den Eltern. Noch dreißig Jahre nach diesen Ereignissen waren sie in ihrer Erinnerung stark präsent (Čapo 2019):

> Oh weh, die Entfernung, weit war ich ... Ich hatte das Gefühl, weit, weit weg. Und die Trauer kam mir dann erst am Abend nach der Ankunft. (...) Ein Jahr kam mir vor wie die Ewigkeit und dann habe ich angefangen zu heulen. Ich habe so geheult und ich hatte das Gefühl ... ich könnte mich jetzt umbringen, oh weh. (...) Das war so etwa zwei, drei Nächte. Im ersten Jahr konnten es einige nicht aushalten, das war einfach Heimweh, Heimweh nach den Eltern.

Das war eine Extremsituation, die die Kinder von Migranten nicht durchmachen mussten, denn sie hatten, egal wo sie lebten, Familienmitglieder um sich: die Mutter oder die Großeltern, mit denen sie in der Muttersprache sprechen konnten. Sie lebten außerdem das ganz normale Leben eines Schulkindes und nicht das streng disziplinierte Leben in einem Kloster. Die Erfahrungen dieser Mädchen waren sehr spezifisch, so wundert nicht, dass die Mehrheit dann doch zurückgekehrt ist.

6.7 Die Kinder nach der Familienzusammenführung in Deutschland

Die Kinder der Migranten erzählen auch von Problemen nach der Umsiedlung zu ihrem Vater oder ihren Eltern nach Deutschland – über das bereits erwähnte Problem des unzureichenden Wohnraums hinaus. Die meisten Kinder waren zum Zeitpunkt der Umsiedlung zehn bis fünfzehn Jahre alt und keineswegs vom Wohnortwechsel begeistert (einige lehnten es sogar ab). Die Kinder wurden ei-

---

76 Die Väter von einigen der Mädchen arbeiteten in Deutschland, aber in anderen Städten, sodass sie sie nicht besuchen konnten.

gentlich zur Umsiedlung gezwungen, was bei einigen psychische Störungen verursachte. Ivan berichtete von seinem Motivationsschwund, als er mit fünfzehn nach München zog:

> Da hat es Momente gegeben, ich habe stundenlang aus dem Fenster rausgeguckt, ich konnte nicht einschlafen, mir fehlte mal dies, mal das. Ich hatte unten [in Tomislavgrad] ein paar Freundinnen, Mädchen, das war alles auf einmal, als hätte es jemand zerstört, als hätte jemand den Hahn zugedreht und Schluss. Ich bin, ich bin so lustlos hierher gekommen, ich hatte keine Lust auf nichts. Ich war mir sicher, dass ich da nichts kann, das Niveau war auf Null, die Motivation, die Motivation war auf Null, ich wollte einfach nichts ...

Auch Ivanka hatte Heimweh nach dem Zuhause in Tomislavgrad: „Zwei Jahre habe ich gebraucht, um mich zu beruhigen, dass das Heimweh verschwindet“! Ein Umstand hat sich aber für immer verfestigt und für immer ihr Aufwachsen in der neuen Umgebung gekennzeichnet. Nach der Ankunft in Deutschland konnte sie keine engere Beziehung zu ihrem Vater aufbauen, mit dem sie die ersten elf Jahre ihres Lebens nicht zusammengelebt hatte. Sie bemerkte aber, dass der Vater ein viel besseres Verhältnis mit ihrer jüngeren Schwester hatte, die bei der Umsiedlung nur ein Jahr alt war. Das führte sie zum Schluss, dass das Versäumte – in ihrem Fall versäumte der Vater ihre Kindheit – durch das spätere gemeinsame Leben nicht aufgeholt werden kann. Die Situation von Ankica war ähnlich: In ihrer Familie mit vier Kindern konnten die Älteren mit dem Vater keine engere Beziehung aufbauen, während dies für die Jüngeren kein Problem war.

Weitere problematische Situationen ergaben sich wegen der schlechten Sprachkenntnisse in der Schule. Das war ein generelles Problem für alle Kinder, die von ihren Eltern wegen der Rückkehrpläne in längeren Zeitabschnitten nach Kroatien geschickt wurden. Während der langen Jahre, in denen die Rückkehrpläne gehegt und immer wieder verschoben wurden, bereiteten die Eltern auch die Kinder auf die Rückkehr vor. In der Regel wurden dann die in Deutschland aufwachsenden Kinder vor der Einschulung in die Heimat geschickt, damit sie die erwünschten Kroatischkenntnisse erwarben. Der Plan war, dass die Kinder in der Heimat zur Schule gingen. Je nachdem, wie lange sie in der Heimat blieben, lernten die Kinder Kroatisch, vergaßen aber Deutsch. Das hatte kurzfristige, aber auch langfristige Folgen: Sie sprechen heute Standardkroatisch, weil sie einige Jahre in kroatischen Schulen verbrachten. Die Kinder, die nicht auf kroatischsprachige Schulen gegangen sind und nur in der Familie Kroatisch sprachen, sprechen heute Dialekt. Sie alle hatten aber bei der Rückkehr nach Deutschland Schwierigkeiten wegen der mangelnden Deutschkenntnisse. Tonka, deren Geschichte ausführlich in Kapitel 8.1.3 dargestellt wird, verbrachte die Schulzeit zwischen dem sechsten und zwölften Lebensjahr in Kroatien, sodass sie Deutsch fast vollkommen vergessen hatte. Die Fortsetzung des Schulbesuchs in Deutschland mit zwölf hinterließ bei ihr traumatische Erinnerungen. Sie erinnerte sich an die Verachtung der Lehrerin, aber auch die der Mitschüler, weil sie sich schwer ausdrücken konnte:

> Sie sagte zu mir „Du kapieren? Du nicht verstehen?“ Warum fragte sich nicht „Verstehst du mich oder nicht?“ Ich habe sehr wohl verstanden, was sie mir damit sagen wollte: Sie wollte sagen, dass ich so dumm bin, dass sie sich auf mein Niveau herabbegeben muss, damit ich sie verstehe. Ich habe das verstanden. Das war Demütigung, mich so herabzusetzen! Statt mir zu sagen „Verstehst du oder nicht?“ Ich habe das verstanden und ich wusste, wie man das richtig sagt.

Im Unterschied zu Tonka konnte Ivan bei der Ankunft nach Deutschland „keine drei Worte zusammenbringen“. Er fühlte sich „furchtbar“ und wusste, dass er möglichst schnell die Sprache lernen musste. Zuerst lernte er Deutsch an der sogenannten Übergangsschule und besuchte privat einen Sprachkurs. Er machte aber nur mäßige Fortschritte. Die Freundschaft mit einem deutschen Jungen half ihm dann, die Sprache zu erlernen. Als sein Deutsch besser wurde, wurde für ihn auch der Lernstoff in der neunten Klasse der Hauptschule zu einfach. Auf Empfehlung der Lehrerin wechselte er die Schule, sodass sich ihm der Weg zur höheren Bildung öffnete. Die Schulbildung absolvierte er in kürzester Zeit mit vorzüglichem Erfolg. Dabei sammelte er auch Informationen darüber, wie man das deutsche Schulsystem zum eigenen Vorteil am besten ausnutzen kann (vgl. dazu auch Ivankas Erfahrungen in Kapitel 3.4). Als er etwa zehn Jahre später über das deutsche Schulsystem sprach, sprach er auch seine Dankbarkeit aus, denn aus seiner Erfahrung werden begabte Schüler erkannt und gefördert.[77] So konnte Ivan von der Ausbildung zum Vermessungstechniker auf die Designerschule wechseln. Zur Zeit unserer Begegnung war er erfolgreicher Grafikdesigner. Der Ansporn, den er in der Schule bekam, kam zeitgleich mit seiner Einsicht in die Umstände und die zu überwindenden Schwierigkeiten, mit denen sein Vater während des langjährigen Lebens in Deutschland zu kämpfen hatte. So wurde ihm auch das Ausmaß des Opfers, das der Vater für die Familie brachte, bewusst (vgl. mit Hrvoje im Kapitel 7). Das motivierte ihn zusätzlich, die Perspektiven, die sich ihm in der Schule eröffneten, voll auszunutzen:

---

77 Fachstudien weisen im Gegenteil auf mangelnde Flexibilität und zu hohe Formalisierung des deutschen Schulsystems hin (Alba und Foner 2015). Ivan hat eher Glück gehabt, dass eine Lehrerin seine Begabung erkannte und ihn förderte.

> Nach einem Jahr habe ich dann gesehen, wie mein Vater lebt – wie er jeden Morgen um fünf aufsteht, wie er dann um fünf am Nachmittag nach Hause kommt, völlig kaputt, für dieses Geld, und dann fragt er jeden, jeden Tag fragt er mich, „Na, was gibt's Neues, was läuft hier, was läuft dort?" Und dann kam mir in den Sinn, irgendwie, dass ich nur für ihn etwas tun möchte, dass er sich freut und dass ich ihm das zurückgebe, was er für mich tun will. Irgendwie, auf irgendeine Weise. Und das war meine Motivation [zum Lernen].

Ivan schaffte es dank der persönlichen Motivation, aber auch dank der Förderung, die ihm das Schulsystem ermöglichte. Er holte die anfänglichen Defizite nach und überwand die Depression, in die er nach der Ankunft in Deutschland rutschte. Er nutzte alle sich ihm anbietenden Möglichkeiten in vollem Umfang aus. In seinem Falle vereinigte sich seine Begabung mit den förderlichen Umständen, in denen diese Begabung auch erkannt wurde.

Andere Kinder wurden leider nach ihrer Ankunft in Deutschland nicht auf ähnliche Weise in das Schulsystem integriert. Außerdem bevorzugten die Kinder, die im höheren Teenageralter nach Deutschland kamen, wegen der schlechten Sprachkenntnisse die Gesellschaft anderer junger Leute kroatischer Abstammung, sodass diese auch ihr primäres soziales Umfeld blieben. Auf eine gewisse Art wiederholten sie die Migrantengeschichte ihrer Eltern.

Die Kinder, die sehr jung nach Deutschland kamen, im Alter von einem Jahr bis zum frühen Schulalter, erlernten gleich im Kindergarten und in der Schule die deutsche Sprache, was ihnen die Tür für die Sozialisierung außerhalb der kroatischen Gemeinschaft öffnete. Im Lebenslauf junger Menschen kann das komplexe Verhältnis zwischen Alter, Sprachkompetenz und den von ihnen aufgebauten sozialen Netzen beobachtet werden. In der Regel kann aber geschlussfolgert werden, dass je früher die Sprache des Immigrationslandes erlernt wird, die Wege zu den sozialen Netzen außerhalb des Migrantenkreises umso besser geebnet werden.

Die Kinder wurden nach der Familienzusammenführung in Deutschland mit einer Reihe unterschiedlicher Schwierigkeiten konfrontiert, angefangen mit denen, die sie mit der ganzen Familie teilten, etwa unangemessene Wohnverhältnisse, bis hin zu den für ihr Alter spezifischen Problemen: meist durch mangelnde Sprachkenntnisse hervorgerufene Schulprobleme, Heimweh nach Freunden in der Heimat sowie nach dem dort gewohnten Lebensstil, Schwierigkeiten bei der Integration in die Altersgruppe. Hinzu kam noch der Annäherungsprozess mit dem Vater, den sie bisher kaum kannten. Die Schulprobleme erledigten sich meistens, indem die Kinder mit persönlichem Einsatz und Beharrlichkeit sowie durch die Förderung im Schulsystem Abitur machten, oder sie machten den Realschulabschluss und erlangten eine Fachqualifikation (z. B. die Kinder von Luka und Zora). Hier soll unterstrichen werden, dass diese Erfolgsgeschichten in der Schulbildung der Kinder zustande kamen, obwohl sie von ihren Eltern auf ein Leben im Heimatland vorbereitet wurden, damit sie nach der Rückkehr der ganzen Familie dort erfolgreich sein könnten. Den Eltern war nie in den Sinn gekommen, dass sie womöglich nie zurückkehren würden und die Kinder ihren Bildungsweg besser in Deutschland gegangen wären, um ordentlich Deutsch statt Kroatisch zu lernen. Wenn die Migranten ihre Kinder nicht in die Heimat schickten, hielten sie sie dazu an, in Deutschland den Kroatischunterricht (bis zum Zerfall von Jugoslawien Serbokroatischunterricht) zu besuchen. Einige schrieben sich sogar für Fernkurse ein, die von jugoslawischen Behörden für die „Arbeiter mit zeitweiliger Arbeit im Ausland“ organisiert wurden. So schloss beispielsweise Jaca, gebürtige Münchnerin, ein Fern-Fachhochschulstudium in Betriebswirtschaft in Zagreb ab. Sie selbst dachte nie, dass sie jemals nach Kroatien ziehen würde, dachte aber wie ihr Vater, dass dieser Abschluss ihr eine Tür für die Rückkehr offen halten würde. Die Ironie unvorhersehbarer Ereignisse und die Aufgabe der Rückkehrabsicht führten dazu, dass die Investition in das Erlernen der kroatischen Sprache, das mit häufiger Transmigration der Kinder und dem getrennten Familienleben verbunden war, eine gleichermaßen große Fehlinvestition war wie die materiellen Investitionen in der Heimat. Dieses Beharren auf dem kroatischsprachigen Schulbesuch war außerdem mit einer Reihe von Schwierigkeiten in der Bildung der Kinder, den familiären Verhältnissen sowie einigen Aspekten der sozialen Integration verbunden, die beträchtlich weitreichendere Folgen der Fixierung auf die Rückkehr waren.

6.8 Transnationale Familien: Ambivalenz, Ideologie und Realität

Der normative Wunsch nach dem physischen Zusammenleben der Familie führte in der Situation der nicht geplanten verlängerten Trennung sowohl bei den Eltern als auch bei den Kindern zu negativen Erfahrungen. Ein allgemeingültiger Schluss über die Folgen des bilokalen Lebens auf das Erlebnis des getrennten Lebens bei einzelnen Familienmitgliedern erweist sich jedoch als unmöglich, weil einige gesellschaftliche Kreise oder einzelne Personen das getrennte Leben eines Ehepaares oder das getrennte Leben von Eltern und Kindern für akzeptabel halten, andere aber nicht. Einige Personen geben dem Band zwischen Mann und Frau den Vorzug. So entschieden sich Frauen für eine Auswanderung mit dem Ehemann, während die Kinder in der Heimat blieben. Andere gaben dem Band der Eltern (in der Regel der Mutter) zu den Kindern den Vorzug und so blieben die Mütter mit den Kindern zusammen, während der Mann/Vater migrierte. Das getrennte Leben ist für einige Migranten sowie ihre nicht-migrierten Familienmitglieder akzeptabel, weil es eine Verankerung in der Tradition hat. Die Abwesenheit der Seemänner – Ehemänner und Väter – in der Zeit intensiver Migrationen über die Ozeane am Übergang vom 19. zum 20. Jahrhundert in Dalmatien sowie die Abwesenheit der Saisonarbeiter und der Handelsreisenden aus Bosnien und Herzegowina und Dalmatinska Zagora waren klassische Migrationsformen, die dazu geführt haben, dass die Abwesenheit des Ehemannes und Vaters als Normalität angesehen werden (vgl. Čapo Žmegač 2000; Supek und Čapo 1994). Meine Gesprächspartner, sowohl Migranten als auch Nicht-Migranten aus Bosnien, der Herzegowina und Dalmatien bestätigten, dass solche Familienkonstellationen akzeptabel waren, was aber nicht bedeutet, dass die Trennung Kinder und Eltern nicht belastete.

Die Veränderungen, die sich im Laufe mehrerer Jahrzehnte innerhalb der transnationalen Familien kroatischer Wirtschaftsmigranten vollzogen, deuten darauf hin, dass die Familie keine versteinerte gesellschaftliche Struktur ist, sondern ein Prozess. Gleichzeitig erlaubt uns die Langlebigkeit der bilokalen Familienorganisation die Schlussfolgerung, dass die transnationale Familie nicht nur eine für eine bestimmte Migrationsphase typische Übergangsform ist (vgl. Katunarić 1978: 43f), sondern sie unter bestimmten makrostrukturellen, wirtschaftlichen, politischen und individuellen Umständen zum langfristigen Lebensstil einer Migrantenfamilie werden kann. Die Länge der Migrationszeit führte bei manchen Familien, die nur eine kurzfristige getrennte Phase planten, zur lebenslangen Trennung der Familienmitglieder. Aber auch so bilozierte Familien entwickelten ihre eigenen Dynamik. Als Folge der Änderung der ursprünglichen Rückkehrabsicht, ihrer Aufschiebung und Änderung der damit verbundenen Pläne wurde die Familienstruktur in kroatischen Migrantenfamilien sehr dynamisch: Die Mitglieder reisten oft zwischen zwei Lebensorten, lebten eine Zeit lang an einem, dann am anderen Ort und versammelten sich saisonal im Urlaub an einem Ort. Die zwischenstaatliche Transmigration hatte nicht nur für die Familienbeziehungen Folgen, sondern auch für die Bildung der Kinder und ihre soziale Integration.

Die transnationale Familie befand sich ständig im Prozess der Neugestaltung in dem transnationalen sozialen Raum, in dem sie lebte. Statt solche zersplitterten, sich in einem ständigen Änderungsprozess befindenden Migrantenfamilien als instabile und nicht überlebensfähige gesellschaftliche Einheiten zu verstehen, die zur Familienauflösung führen (Katunarić 1978), wird hier eine andere Idee vorgeschlagen. Es wird der Einsicht gerecht, dass Familienzusammenführung und gemeinsames Leben der Familie an einem Ort ebenso zu Problemen führen kann. Die Zersplitterung der Migrantenfamilie und Investitionen in zwei oder mehreren Staaten lassen sich als Strategie erklären, die nicht nur den Wohlstand der Familie sichert, sondern einzelnen Familienmitgliedern auch alternative Möglichkeiten bei der Auswahl des Lebensortes bietet. Das ist wegen der staatsrechtlich determinierten und unsicheren Umstände des Migrationsstatus wichtig: für Arbeitsmigranten wegen des Rotationsprinzips und des befristeten Aufenthalts; für ältere Kinder wegen der Altersbegrenzung bei der Familienzusammenführung; schließlich auch für Migranten mit einem begrenzten Aufenthaltstitel (Aufenthaltsrecht zur Personensorge o. Ä.). Für kroatische Migrantenfamilien zeigte sich die Diversifizierung der möglichen Lebensorte bei Kriegsausbruch in Kroatien und Bosnien und Herzegowina als extrem wichtig. Damals suchten bosnisch-herzegowinische Familien zusätzliche Möglichkeiten für ihre Investitionen in Kroatien, versammelten sich dann aber in Deutschland. Dank der ständigen Neugestaltung, der Elastizität und der Zersplitterung der transnationalen Familien auf mehrere Staaten können die Familien nach Bedarf die Lebensorte wählen und somit die Zukunft ihrer Mitglieder sichern. Die Migrationswelle aus Kroatien in den 2010er-Jahren profitierte auch von der transnationalen Zersplitterung der erweiterten Familie (und Freunde): Diejenigen, die sich heute für die Auswanderung nach Deutschland entscheiden, werden mit Sicherheit von ihren Verwandten oder Freunden Unterstützung bekommen.

7. Transnationale Generationen „auf zwei Stühlen“ und Transkulturation

Ich meine, das ist doch einfach, das ist die Erziehung. Auf der einen Seite wird man kroatisch erzogen, auf der anderen Seite wird man von der Gesellschaft erzogen: von der deutschen Seite ist das die Schule, deutsche Freunde, der deutsche Fußballklub. Und auf der anderen Seite wird man von einem Jozo erzogen, der kroatisch erzogen wurde, meinen Eltern, meinem Bruder, der heute in Kroatien lebt, und meinen Freunden, die in Kroatien leben. Sodass man einfach ... (...). Ich versuche es den Leuten so zu erklären: wie bei einem kleinen Kind, wenn man es in zwei Sprachen großzieht. Für es ist es kein Problem, Kroatisch oder Deutsch zu sprechen, wenn man ihm vom ersten Tag an die beiden Sprachen beibringt.

Damir, 27, 2002

7.1 Über Kultur und kulturelle (Dis-)Kontinuität

In Kapitel 2 wurde der Tenor der deutschen Theorie über die Migrantenintegration in den deutschen Staat und die deutsche Gesellschaft angesprochen, der besagt, dass die Akkulturation oder die einseitige Anpassung der Migranten an die Kultur des Aufnahmestaates die grundlegende Voraussetzung für ihre erfolgreiche Assimilation seien. Dieser Gedanke entspringt der dem wissenschaftlichen Diskurs innewohnenden Idee von der Nation als Kulturgemeinschaft. Der wissenschaftliche und der öffentliche Diskurs unterstützten sich gegenseitig: Der wissenschaftliche Diskurs legitimierte und stärkte den öffentlichen Diskurs, in dem Migranten als kulturell nicht dazugehörig und *anders* dargestellt wurden und von Migrantenghettos und Parallelgesellschaften die Rede war. Gleichzeitig festigte der öffentliche Diskurs die Öffentlichkeit in ihrem Glauben, dass die kulturelle Identifikation notwendig sei als Voraussetzung für die Vermeidung von gesellschaftlicher Segregation und Entstehung von Parallelgesellschaften.

Nach Ansicht von Peggy Levitt (2005) seien amerikanische Migrationsforscher aus transnationaler Perspektive „allergisch“ gegen das Konzept der Kultur, sodass die Frage des Kulturwandels aus der Migrationsforschung ausgeklammert blieb. Kultur bleibt in ihren Untersuchungen innerhalb der Konzepte der Ethnizität implizit enthalten und ist in Begriffe wie ethnische Werte, Bräuche und Präferenzen eingeschlossen. Deshalb setzt sich Levitt für eine Verbindung von transnationalen Migrationsstudien und Kultursoziologie sowie für eine direkte Einbeziehung der Erforschung von Kulturprozessen innerhalb der Migrationsforschung ein. Im vorliegenden Kapitel wird der kulturforschende Ansatz in die Migrationsforschung zurückgeholt, indem dokumentiert wird, wie Nachkommen kroatischer Migranten über die mehrschichtigen kulturellen Repertoires, denen sie im transnationalen sozialen Raum ausgesetzt sind, nachdenken. Es wird exemplarisch gezeigt, wie sie Kulturbedeutungen entstehen lassen und wie sie diese Bedeutungen modifizieren und nutzen, um Grenzen zu ziehen und Identitäten zu schaffen.

Das deutsche Kulturkonzept versteht die Kultur als spezifisches, allumfassendes und nicht austauschbares nationales Merkmal, das sich durch Sprache, Sitten und Bräuche sowie Werte offenbart. Dieses Kulturkonzept ist dem klassischen anthropologischen Kulturkonzept sehr nahe, das Kultur als historisch und territorial verwurzelte Menge von Traditionen und Werten betrachtet, die von Generation zu Generation übertragen werden und eine Gruppe von Menschen spezifisch charakterisieren (Baumann 1996). In der Anthropologie werden der Kultur drei Bedeutungen zugeschrieben: die Kultur (im Singular) ist wie die Sprache ein universelles menschliches Merkmal; Kulturen (im Plural) sind spezifische Lebensweisen („komplexe Einheiten" des Lebens) einer gesellschaftlichen Gruppe;[78] und schließlich wird Kultur als Wesensmerkmal der Erkennbarkeit einer Gruppe verstanden (Wicker 1997; Grillo 2003). Die letztere Bedeutung setzt voraus, dass jede Gruppe über eine einheitliche Kultur, eine spezifische Lebensweise und geschichtliche Traditionen verfügt, aus denen sie ihre Spezifik und Andersartigkeit gegenüber den Anderen ableitet. Daher wird Kultur als essenzieller Unterschied gegenüber anderen Gruppen verstanden, während der Unterschied zwischen der Zugehörigkeit zu einer bestimmten Kultur und dem Fremdsein zum Prinzip der menschlichen Existenz wurde (Wicker 1997).

Kulturen werden außerdem als territorialisierte Einheiten verstanden, die in einen physischen Raum eingeschrieben sind. Sie schaffen ein kulturelles Mosaik von erkennbaren, abgegrenzten und diskontinuierten kulturellen Ganzheiten (Hannerz 1996). In Territorien, die durch staatliche Grenzen abgetrennt sind, ist von nationalen Kulturen die Rede. Wenn Kulturen in den Raum mit stabilen

78 Vor mehr als zwanzig Jahren machte Ulf Hannerz (1996) die Beobachtung, dass die Auffassung von Kultur als spezifische Lebensweise einer Menschengruppe überall verbreitet ist.

Staatsgrenzen eingeschrieben sind, wird suggeriert, dass die Grenzen nicht nur Nationen umrahmen, sondern auch ihre spezifischen nationalen Kulturen. Somit wird der Anschein vorgetäuscht, dass es einfach sei, Nationalkulturen voneinander zu trennen. Nationalstaaten haben sich zu naturalisierten gesellschaftlichen und kulturellen Gemeinschaften entwickelt. Die Verbindung von (Staats-) Gebiet, Gemeinschaft (Nation) und (National-)Kultur wird heute als unbezweifelbar und selbstverständlich angesehen, genauso wie die Unterschiede zwischen den Nationalkulturen. Wenn durch Migrationsbewegungen Abgrenzung und Abgeschlossenheit der Kulturen auf ihrem Staatsgebiet beeinträchtigt werden, kommt es zu Konflikten, weil der postulierte Isomorphismus des Territoriums, der Kultur und der Nation gestört ist. Dann stellt sich die Frage nach Anerkennung der Kulturunterschiede innerhalb eines durch Territorialgrenzen abgesteckten gesellschaftlichen Raums und nach Unterscheidung der Leitkultur von Minderheitenkulturen. Außerdem soll das Verhältnis zwischen der Nationalkultur und den Kulturen von Immigrantengruppen definiert werden. In diesem Zusammenhang soll also in unserem konkreten Fall der Frage nachgegangen werden, in welchem Maße die kroatische Kultur auf dem deutschen Boden anwesend ist.

Die Kritik der Auffassung von Kultur als Quelle der Essenz (fixes und statisches Wesensmerkmal) und der determinierenden Definition für eine Menschengruppe, gleichzeitig aber auch als Grundlage der Unterscheidung im Vergleich zu anderen Kulturen, hat eine lange Geschichte in der anthropologischen Theorie. Claude Lévi-Strauss betonte schon in den 1950ern in seiner bekannten antirassistischen Rede vor den Vereinten Nationen, dass er die Versuche der Abgrenzung von Kulturen und die Hervorhebung von Kulturunterschieden ausdrücklich als Kulturrassismus betrachte. Diese Kritik wird seit der Epoche der kritischen Kulturanthropologien in den 1980ern sowie in den jüngeren Texten intensiviert, die eine solche Auffassung von Kultur als Kulturfundamentalismus deuten (Abu-Lughod 1991) und im Rahmen der sogenannten Raumwende die modernen Erscheinungen der Deterritorialisierung und Reterritorialisierung von Kulturen erörtern (Gupta und Ferguson 1992). Die Vorstellung von der Welt als Mosaik homogener integrierter Kulturen, die in den Raum eingeschrieben sind (folglich auch der Nationalkulturen, die durch Staatsgrenzen abgesteckt sind), wurde als eine Projektion des mit einer fragmentierten Welt konfrontierten Westens bloßgestellt (Breidenbach und Zukrigl 2000). Unni Wikan meint, dass das Paradigma der kulturellen Differenz, das Migrantenkulturen der deutschen Kultur gegenüberstellt – also die Voraussetzung, dass sowohl die einen als auch die andere als statisch, fixiert, objektiv, konsensual und gleichförmig von allen

Gruppenmitgliedern geteilt werden – nichts weiter als „Erfindung“ und westliche Projektion sei (Wikan nach Grillo 2003).

Indem sich das klassische Kulturkonzept auf Differenzen zwischen den Kulturen und nicht auf ihre Ähnlichkeiten fixiert, werden sie immer neu konstituiert, perpetuiert und verabsolutiert (fixiert und erstarrt). Dadurch wird zwischen den gesellschaftlichen Gruppen (und Individuen) als „Kulturträgern“ einer bestimmten Kultur Distanz geschaffen. Die Anthropologie verleihe der kulturellen Differenz und der Trennung zwischen Gruppen eine Aura der Selbstverständlichkeit, kritisierte Lila Abu-Lughod (1991: 143). Da die Kultur „das wichtigste Werkzeug zur Erzeugung des Anderen“, also der kulturellen Differenz, sei (ebd.) und das zeitlose und homogenisierende Kulturkonzept der klassischen Anthropologie dehumanisierend sei, weil es die Kohärenz und den statischen Charakter der Kultur übermäßig betont und zu einer Beschreibung von Kulturen als getrennte und gesonderte Einheiten neigt, hat sich Abu-Lughod entschieden, dieses Konzept zu verwerfen und neue Analyseverfahren zu entwickeln. An diese Analyseverfahren lehnt sich das vorliegende Buch an.

Die anthropologische Kritik des klassischen Kulturkonzepts spielt im Migrationszusammenhang, der hier erörtert wird, eine herausragende Rolle. Wie problematisch das Kulturkonzept ist, das im Kontext kleiner Gemeinschaften außerhalb von Europa entstanden ist, wird noch deutlicher, wenn gleiche Kulturkonnotationen im wissenschaftlichen und öffentlichen Diskurs komplexer, pluraler, multikultureller Gesellschaften mit starker Migration benutzt werden (Čapo und Gulin Zrnić 2011). Wenn in solchen Gesellschaften die klassische Kulturdefinition angewendet wird, nämlich Kultur als homogene Unterscheidungseinheit, kommt ihre Fragwürdigkeit deutlich zum Vorschein. Diese Definition schreibt der gesamten Nationalkultur des Aufnahmelandes Homogenität, Kohärenz und Zeitlosigkeit zu, während die innere Heterogenität und der Kulturwandel außer Acht gelassen werden. Gleichzeitig werden ihre fundamentale Andersartigkeit und Inkompatibilität mit ethnischen Migrantenkulturen postuliert, was dazu führt, dass die Letzteren als Gefahr für die gesellschaftliche Ordnung identifiziert werden (Wicker 1997). Das Paradigma der spezifischen Nationalkultur, die mit anderen Kulturen unvereinbar ist, befindet sich im Kern der im öffentlichen Diskurs und in der Wissenschaft von einflussreichen Soziologen der deutschsprachigen Länder etablierten Konstruktion (s. Kapitel 2).

Dem Kulturkonzept als komplexe Ganzheit mit diskontinuierten erkennbaren Strukturen und Bedeutungen stellt Hans-Rudolf Wicker das Bild des Kulturkontinuums gegenüber, das ein Resultat vergangener, aktueller und zukünftiger Kreolisierungsprozesse ist und das aus Variationen und Transitionen besteht (ebd.: 38).[79] Wicker hebt hervor, dass es keine kohärenten „Kulturgrammatiken“ gibt, sondern nur Transformationsregeln, die für Kulturkontinuitäten sorgen. Im globalen Raum gebe es keine diskontinuierten Traditionen, die regional relativ einheitlich und isoliert entwickelt würden, es gebe keine lokale Authentizität, sondern nur Prozesse der Kreolisierung von Kulturen. Wenn es lokal spezifische Traditionen gebe, seien sie residual, reaktiv und veränderlich. In diesem neuen, anthropologischen Kulturkonzept wird Kultur nicht mehr als zeitloses, schwebendes Ganzes sui generis verstanden, sondern als sich ständig modifizierender Fluss innerhalb von Zeit und Raum. Menschen ihrerseits garantieren die Möglichkeit der Erzeugung von Kultur, ihren Wandel und ihre Kreolisierung.[80] In diesem Prozess verändern sie sich selbst sowie die Kultursysteme, indem sie neue Kulturgewohnheiten und -praktiken erzeugen (s. unter anderem: Clifford 1994; Baumann 1996; Hannerz 1996; Baumann 2000; Wicker 1997).

Der deutsche öffentliche Diskurs über Nationalkultur, Kulturunterschied und Unvereinbarkeit der Kulturen (sogenanntes Paradigma der kulturellen Differenz, s. Kapitel 2) beeinflusste direkt die Äußerungen der Nachkommen kroatischer Migranten (die transnationale Generation) über ihr Leben, ihre Kulturen und ihre Zugehörigkeiten. Meine Gespräche mit jungen Leuten aus der transnationalen Generation strotzten nur so von Diskussionen über die „deutsche“ und die „kroatische“ Kultur, über ihre Bikulturalität und Identitätsdilemmata, die sie in bestimmten Lebensphasen durchmachten. Interessant war die Beobachtung, dass sie als relevante Andere, auf die sie sich bezogen, nur Deutsche nannten, obwohl sie in multiethnischen und multikulturellen Städten lebten. Türkische oder andere Migranten und deren Nachkommen, mit denen sie in verschiedenen sozialen Bereichen interagierten, wurden hier nicht herangezogen. Die jungen Leute hoben jedoch hervor, dass sich ihr soziales Netz aus Vertretern verschiedener nationaler Gemeinschaften zusammensetzte und dass sie dieser Umstand

---

79 Ähnlich wie Hans-Rudolf Wicker plädiert Tim Ingold für eine Vorstellung von Welt als kontinuierte und grenzenlose Landschaft, unendlich vielfältig in ihren Merkmalen und Egenschaften, aber ohne Furchen und Brüche, die für die am Kapitelanfang thematisierte Vorstellung, in der abgegrenzte Kulturen ein Mosaik bilden, wesentlich sind. Die Idee der Kulturkontinuität ist ein weit verbreiteter Rahmen für die Erörterung des Kulturbegriffes in der modernen Welt (nach Breidenbach und Zukrigl 2000).

80 Zur Bezeichnung des Prozesses von Kulturwandel und Kulturdurchdringung werden verschiedene Metaphern benutzt: Hybridisierung, Kreolisierung, Transkulturalisierung. Hier werden die Begriffe synonym benutzt. Mehr zu diesem Thema bei Ackermann (2012).

gegenüber anderen Kulturen und ethnischen Unterschieden toleranter machte. Aber als sie sich selbst in Bezug auf diese anderen Gruppen positionieren sollten, wurde diese multikulturelle und multiethnische Wirklichkeit in den Hintergrund gerückt und ihre sämtlichen Äußerungen griffen ausschließlich die Kontrastierung gegenüber den Deutschen auf.[81]

Im vorliegenden Kapitel werden Äußerungen junger Kroaten über ihre mehrschichtigen Kulturrepertoires protokolliert. Dokumentiert werden ihre Gedanken über Reichweite, Umstände und Situationen, in denen diese Kulturrepertoires in sozusagen reiner Form oder kombiniert eingesetzt werden. Aus ihren Erzählungen geht deutlich hervor, dass sie sowohl die kroatische als auch die deutsche Kultur versachlichen und essenzialisieren, genau so, wie das im öffentlichen und bis vor Kurzem auch im wissenschaftlichen Diskurs gemacht wurde. Gleichzeitig aber stellen sie die Existenz der monolithischen, fugenlos zusammenhängenden Nationalkultur infrage, wenn sie ihre Erfahrungen im transnationalen sozialen Raum reflektieren. Ihnen ist die Komplexität der Nationalkulturen und ihre innere Heterogenität vollkommen bewusst. Diese innere Heterogenität schreiben sie in der Regel den Unterschieden der regionalen Traditionskulturen, der Modernisierung und Urbanisierung zu, womit sie gleichzeitig die Vorstellung von homogenen Nationalkulturen infrage stellen. Andererseits zeigen aber ihre Praktiken, dass Kulturen keine fixen, versteinerten Denk- und Handlungsmuster sind, sondern dass Kultur im Prozess der Transkulturation verändert und kreolisiert wird. Das Präfix *trans* drückt hier aus, dass der Übergang über die Staatsgrenzen und ein Leben mit zwei soziokulturellen Referenzen zur Durchdringung von Kulturen und Kreolisierung geführt hat.[82] Transnationale Generationen nehmen an Verhandlungen über vorhandene Kulturbedeutungen teil und schaffen neue kulturelle Ausdrucksformen. Das geschieht jedes Mal, wenn sie beim Zusammentreffen von – in ihrer Vorstellung – zwei deutlich

81 Meine Gesprächspartner nannten auch andere Parameter, die auf ihr Zugehörigkeitsgefühl und ihre Identität Einfluss nahmen, vor allem die Bildung und ihre bäuerliche oder urbane Herkunft. Einige identifizierten sich neben der nationalen Referenz auch als Angehörige einer bestimmten Region, etwa Dalmatien, Međimurje, Bosnien und/oder der Herzegowina (s. weitere Beispiele in diesem Kapitel). Da meine Untersuchung 2002 begann, also schon relativ lang nach dem Zerfall Jugoslawiens, bezeichnete sich niemand in der Migranten- oder in der transnationalen Generation als „Jugoschwaben“, was zu Zeiten Jugoslawiens eine gängige umgangssprachliche Bezeichnung unter jugoslawischen Gastarbeitern war.

82 Zu unterschiedlichen Bedeutungen des Präfix *trans* s. Kapitel 2.

abgesteckten Kulturen, der kroatischen und der deutschen, ihre eigenen Lösungen finden und neue Praktiken ins Leben rufen.

Im vorliegenden und im nächsten Kapitel werden Erzählungen der Nachkommen kroatischer Migranten über ihre mehrschichtigen Kulturrepertoires analysiert. Außerdem wird untersucht, wie sie sie nutzen, um die Grenze gegenüber den Anderen zu ziehen. Ethnisch relevante Andere, in Bezug auf die sie ihre Identität im transnationalen sozialen Raum definieren, in dem sie sich seit ihrer Kindheit bewegten, sind Deutsche und Kroaten; andere Nationen werden nur nebenbei und situationsspezifisch erwähnt.[83]

7.2 Kulturrepertoires als nationale Merkmale

Durch die persönliche Transmigration und transnationale Praktiken ihrer Eltern schufen transnationale Generationen soziale und emotionale Verbindungen mit dem Heimatland der Eltern. Das Leben in einem und die Vertrautheit mit dem anderen Raum verschaffte ihnen eine doppelte Kulturreferenz. Die Realität, die sie leben, ist ein „Leben mit zwei Hintergründen" (Jurčević 2016: 294). Die Kulturmuster aus ihren zwei Hintergründen, dem deutschen und dem kroatischen, verglichen sie, indem sie gleichzeitig Normen, Werte und Praktiken ihrer Herkunftsgemeinschaft mit Normen, Werten und Praktiken der Gesellschaft verglichen, in der sie lebten. Da die meisten Interviewten relativ jung waren und ihnen entsprechende berufliche Erfahrungen fehlten, konzentrierten sich die meisten Vergleiche eher auf die Familiensituation und den sozialen Bereich, weniger auf den beruflichen.

Beim Thema Berufssphäre sprachen die Angehörigen der transnationalen Generationen eher über Berufserfahrungen und Meinungen ihrer Eltern. Eines der Konstrukte junger Leute zu den Unterschiede zwischen den Kroaten in Deutsch-

---

83 Wie bereits in Kapitel 3 angedeutet, gehörten meine Gesprächspartner aus den transnationalen Generationen unterschiedlichen Kohorten an: Sie sind alle in der Zeitspanne von den 1970ern bis in die 1990ern Jahre geboren. Zur Zeit der hier wiedergegebenen Interviews waren sie zwischen achtzehn und vierzig Jahre alt. Die meisten Interviewten waren in ihren Dreißigern. Die Gespräche wurden zum größten Teil zwischen 2002 und 2011 durchgeführt, die meisten Personen wurden also in der zweiten Hälfte der 1970er oder in den 1990ern geboren. Es konnten keine wesentlichen Unterschiede festgestellt werden, die auf einen Zusammenhang zwischen ihrem Geburtsjahr und dem Zeitpunkt der Interviews hindeuten würden. Mit einigen Interviewten pflegte ich langjährigen Kontakt, was in zwei Geschichten in Kapitel 8 reflektiert wird.

land und im Heimatland bezieht sich auf die Berufsethik. Den „deutschen" Eigenschaften wie Professionalität, Verantwortung, Systematik und Effizienz wurden die „kroatischen" Lässigkeit, Unzuverlässigkeit, Disziplinmangel, Unehrlichkeit (z. B. Betrugsversuch im Geschäft), Klientelismus und Vetternwirtschaft gegenübergestellt. Einige machten selbst solche negativen Erfahrungen während der Besuche in Kroatien oder Bosnien und Herzegowina. Diese Erfahrungen wirkten sich negativ auf die Entscheidung aus, sich in Kroatien anzusiedeln. Keiner der Interviewten konnte solche unerwünschten Verhaltensweisen bei den Kroaten in Deutschland beobachten. Der bei unserem Gespräch 2002 27-jährige Damir, der gerade nach dem abgeschlossenen Studium seine erste Stelle antrat, antwortete auf die Frage, ob er in Kroatien arbeiten könnte, Folgendes:

> Es gibt so Sachen, das stört mich einfach, man kann nicht ... (...) ich weiß nicht, wie ich mich an diese unsere Leichtigkeit gewöhnen könnte. Es gibt viele Leute, die während der Arbeitszeit zehn persönliche Angelegenheiten erledigen wollen. Zum Beispiel, zum Friseur gehen am Montag, Dienstag, Mittwoch gegen 11 und 12, oder zwischen 10 und 12, wo man eigentlich an der Arbeit sein sollte. Solche Sachen, das kann ich nicht verstehen, ich denke, ich könnte da verrückt werden, wenn jemand um 10 Uhr von der Arbeit geht, um seine persönlichen Geschäfte zu erledigen.

Die Sozialsphäre der Freundschaftspflege, die für die Sozialisierung und Freizeit junger Leute sehr wichtig ist, wurde häufig als Beispiel für angeblich vollkommen entgegengesetzte Bräuche unter Kroaten und Deutschen genannt. Jozo (s. Kapitel 8.1.2) erzählte mit Humor und Kopfschütteln, dass junge Deutsche „geizig sind, wenn es darum geht, für sich selbst und Freunde einen auszugeben". Unter jungen Kroaten sei solches Verhalten undenkbar, obwohl auch ihre Gepflogenheiten nicht unbedingt unproblematisch seien:

> Ich verstehe die Deutschen nicht, ich verstehe sie diesbezüglich nicht. Ich, ich bin auch hier geboren und lebe hier, ich bin vielleicht auch teilweise Deutscher, ich weiß es nicht. Aber es gibt etwas, was ich bei den Deutschen nicht verstehe und was ich nicht verstehen kann: Die sind so geizig, wenn es darum geht, einen auszugeben, und andererseits, wenn sie spenden für humanitäre Zwecke, da sind sie Weltmeister. Einige sagen, das ist wegen der Steuer. Ich glaube nicht, dass jemand 100 Mark spendet, um die von der Steuer abzusetzen. Mir ist das unklar. Für humanitäre Zwecke geben sie Geld wie verrückt, irre, das muss man zugeben, und für Freunde einen auszugeben, da sind sie so geizig, oder sich selbst was zu gönnen, da sind sie knauserig! (...) Ich denke, beides hat sein Pro und Kontra. So, wenn ich meine Clique sehe, wenn wir so zusammen ausgehen, wir bezahlen immer gemeinsam die Runden, wir hauen da 'ne Menge Geld raus, und dann sind wir sturzbesoffen. Wenn wir zu fünft sind, heißt das automatisch, ich muss fünf Bier trinken, wenn ich eine Runde ausgebe. Das ist die Dynamik. (...) Da wird viel

Geld ausgegeben und deshalb hat alles sein Pro und Kontra. Und bei den Deutschen, das muss man zugeben, richtige Rechnung, macht gute Freunde. Der andere erwartet nichts, und bei uns muss man immer abwägen, ist es zu viel, zu wenig, sollte ich noch eine Runde ausgeben, vielleicht auch nicht. Wir sind auch dadurch belastet. Ich kann nicht ausgehen, wenn ich nicht für alle einen ausgeben kann. Und die Deutschen können sich treffen, auch wenn sie nur ein Bier bezahlen können.

Obwohl Damir den „kroatischen Stil“ im Berufsleben nicht mochte, war es im Privatleben umgekehrt. Auf die Frage, warum er sich auf die Reisen nach Kroatien freue, antwortete er ähnlich wie Jozo:

Ich freue mich auf die Leute, die Leute und die Lebensart. Ich meine, wie sie leben. Ich sehe das Berufsleben etwas anders als das Privatleben. Ich meine, das Privatleben ist in Kroatien angenehmer. Ich weiß es nicht, wenn wir uns zu fünft treffen, zum Kaffeetrinken. Heute gebe ich einen aus, morgen du, übermorgen sie. Und hier in Deutschland trinkt jeder seinen Kaffee, dann kommt der Kellner, jeder holt sein Portemonnaie aus der Tasche und jeder bezahlt seinen Kaffee.

Der eben beschriebene Unterschied wurde häufiger von männlichen Interviewten genannt. Junge Frauen beschrieben ähnliche Praktiken, wenn sie mit jungen Männern ausgingen. Petra stammt aus einer dalmatinisch-herzegowinischen Familie und fand es unakzeptabel, wenn nicht der Mann beim gemeinsamen Ausgehen bezahlte:

Es ist einfach alles anders, die Gewohnheiten … und wenn ich mit einem Deutschen ausgehe und er das Getränk nicht bezahlen will, was habe ich denn mit ihm zu tun? Ich meine, nicht dass mir Geld etwas ausmachen würde, aber trotzdem, ich spüre da … Ich bin doch irgendwie schon ein bisschen traditionell, das ist doch ein Zeichen der Aufmerksamkeit.

Ana (s. Kapitel 8.1.4) ist 1986 im Alter von einem Jahr nach Deutschland gekommen. Sie sprach von einem weiteren „kroatisch-deutschen“ Unterschied unter jungen Leuten. Sie verglich den individualisierten deutschen Unterhaltungsstil, wobei sich junge Leute in einem engeren Kreis vergnügen, mit dem kroatischen Unterhaltungsstil, für den es beispielsweise in München wichtig ist, dass sich die kroatische Gemeinschaft in bestimmten Lokalen, sogenannten „kroatischen Lokalen“, trifft, wobei es vor allem darum geht, den äußeren Schein zu wahren und soziale Kontrolle auszuüben. Häufig sind außerdem Treffen von jungen Leuten vom übermäßigen Alkoholkonsum gekennzeichnet.

Meine Schwester konnte das gut: „auf Kroatisch ausgehen“ und „auf Deutsch ausgehen“ (JČ: Was bedeutet das, „auf Kroatisch ausgehen“ oder „auf Deutsch ausgehen“?) „Deutsch“, ich weiß es nicht, das ist, wenn man in einen Klub geht und die Nacht durch-

> tanzt. Und kroatisch ist, wenn man in ein Lokal kommt, man schaut wer ist da, man lässt sich sehen, man trinkt etwas und man versucht, sich in Szene zu setzen, das ist für mich „kroatisch". Oder auch in einem Lokal mit kroatischer Volksmusik die Sau rauslassen, sich besaufen, das ist auch typisch „kroatisch", würde ich sagen. Und „deutsch" ist es eher anonym, wenn man in einen Klub kommt mit seinen Freunden, da interessiert man sich nicht für die anderen herum, da tobt man sich aus und dann geht's nach Hause.

Bei der Schilderung eines Lokals in München, in dem sich Anfang des 21. Jahrhunderts junge Kroaten versammelten, beschrieb sie noch plastischer und kritischer die Auswirkungen der Kontrolle durch Gleichaltrige:

> Das ist ein typisch kroatisches Lokal, wenn man reinkommt, da wird es zuerst still. Alle schauen auf dich, wer bist du, was bist du. Dann findest du einen Platz irgendwo da hinten und dann wartest du auf die anderen. Dann kommt der Nächste und wieder wird geguckt wer das ist und was der ist. Am Nachmittag ist es schon ok, unsere Musik und alles, aber abends, nein. Das ist so unangenehm, wenn man weiß, dass diese Leute im Café, ihre prüfenden Blicke, dass die nur darauf aus sind, über andere herzuziehen oder jemanden anzuhimmeln, ich weiß es nicht. Es ist nicht einfach, das ist irgendwie ... für mich ist das eine arrogante Atmosphäre, ich mag nicht dorthin gehen.

Im familiären und im Unterhaltungsbereich wurde von jungen Kroaten die „kroatische" Direktheit, Leichtigkeit, Unorganisiertheit und Entspanntheit der „deutschen" Zurückhaltung, Organisiertheit und Gefühlskälte gegenübergestellt. Ana formulierte diese Unterschiede folgendermaßen:

> Aber ich weiß, wie das ist, wenn wir etwas feiern, Pfingsten zum Beispiel unten in Kroatien. Dann kommt die ganze Familie, alle trinken, es gibt Lamm vom Spieß und alles. Und das Familienfest in Deutschland, da geht man ins Restaurant, jeder bezahlt für sich, die Kinder können kaum erwarten, dass sie aufstehen dürfen, und ich weiß nicht, es ist alles irgendwie anders als bei uns, das hat keine Seele. Bei uns wird auf dem Hof gefeiert, und alle sind zusammen, jeder kommt und geht, wie er will. Und bei den Deutschen, da geht man ins Restaurant, womöglich zu einer ganz bestimmten Zeit, und dann bleibt man zwei Stunden, und dann geht jeder nach Hause. (...) Wenn bei uns Firmung gefeiert wird, dann feiert man den ganzen Tag, es gibt Kuchen, und Pršut, und Lamm, und vieles mehr, jeder kann kommen. Und bei den Deutschen, da muss man eine Woche im Voraus anrufen und fragen „Kann ich an dem und dem Tag zum Kaffee kommen"? Und dann kommt man an diesem Tag zur bestimmten Zeit und man geht zwei Stunden später. Und bei uns: „Ich war grade mal hier in der Nähe und wollte zum Kaffee kommen! Was gibt's denn Neues, hast du Zeit?"

Oft wurde der Unterschied zwischen Bräuchen, Werten, Denkweisen und Praktiken in der Familie und in der breiteren Gesellschaft thematisiert. Es wurde deutlich, dass die transnationalen Generationen diese Unterschiede schon als

Kinder wahrnahmen. In den Interviews wurde häufig der Topos über den lauten, forschen Ausländer zur Sprache gebracht. Die unter Kroaten als „normal" geltenden lauten und ungeschliffenen Wortwechsel können von Deutschen als aggressiv interpretiert werden. Ana vermied es deshalb, aber auch wegen des allgemein anderen Lebensstils, ihre „deutschen Freunde" zu sich nach Hause einzuladen. Als sie dann zehn Jahre später darüber sprach, kam sie zu dem Schluss, dass dieser angebliche Kulturunterschied zwischen Deutschen und Kroaten eine Frage der Verhältnisse zwischen den Generationen in einer bestimmten Lebensphase sei:

> Ich habe sehr viel Zeit gebraucht, bis ich, was weiß ich, bis ich mich nicht geschämt habe, einige Deutsche, meine deutschen Freunde zu mir nach Hause einzuladen, weil das ist doch ein bisschen anders, ich weiß nicht. Dieser, die Lebensweise … am Ende habe ich begriffen, dass sich die Deutschen auch für ihre Eltern schämen, die sind auch nicht viel anders als unsere Eltern. Aber ich weiß nicht, wie soll ich das sagen: es ist einfach anders – da brüllt man durch die ganze Wohnung, da kennt man nicht leise, ruhig: „Kannst du mal kommen!", sondern „Komm her, was hast du da angestellt?" Da wird so viel geflucht bei unseren Leuten. Ja, das ist bei den Deutschen nicht so. Deutsche Männer sind viel ruhiger als unsere Dalmatiner. Wenn etwas nicht stimmt, da wird sofort geflucht und alle anderen sind schuld daran oder was weiß ich. Bei den Deutschen geht alles, mmmm, ruhiger, na gut, wenn es beim ersten Mal nicht geklappt hat, klappt es beim nächsten. Ich weiß nicht. Aber am Ende habe ich begriffen, wie ich schon gesagt habe, alle haben so ihre Probleme mit den Eltern. Und dass wir uns alle [sowohl die Kroaten als auch die Deutschen], jeder auf seine Art, aber schlussendlich schämen wir uns alle ein bisschen für unsere Eltern.

Navid Kermani (2015), deutsch-iranischer Schriftsteller und Publizist, beschrieb eindrucksvoll, wie deutlich die Kinder im interkulturellen Kontext die Unterscheidungsmerkmale wahrnehmen, die sie von ihren einheimischen Altersgenossen unterscheiden. In der iranischen Gesellschaftsklasse, der seine Familie entstammte, war es üblich, die Eltern mit „Sie" anzureden. Aus diesem Grund vermied er es, in Anwesenheit seiner deutschen Freunde mit den Eltern Deutsch zu sprechen. Denn seine Freunde würden nicht verstehen, warum er sie siezte, und ihm wäre es furchtbar peinlich. Genauso peinlich war auch Ana der ungehobelte Kommunikationston in ihrer Familie.

Während des Aufwachsens wurden die Spannungen und Probleme bezüglich der wahrgenommenen und tatsächlichen Unterschiede zwischen den Kulturnormen und -praktiken in der kroatischen Familie und der deutschen Umgebung der Kinder immer deutlicher. Die Schwierigkeiten wurden besonders ausgeprägt, als die Kinder reifer wurden und ihr Verhältnis zu den Eltern änderten, ausgehen wollten, Beziehungen eingingen und das Elternhaus verlassen wollten.

In diesen Situationen prallten die „kroatischen“ Familiennormen, Geschlechtsmoral und Verhaltensnormen mit dem Wunsch der jungen Frauen und Männer zusammen, sich nicht von ihren Gleichaltrigen zu unterscheiden. Die Konflikte wurden gelöst, indem entweder das Wertesystem der Eltern oder der Gleichaltrigen angenommen wurde, oder es wurde verhandelt und es kam zu Verschiebungen in Praktiken, d. h., es wurden Hybridlösungen gefunden.

Einige mussten sich dem Willen der Eltern beugen, andere dagegen sagten, dass die Eltern bereit waren, sich den lokalen Praktiken anzupassen. Bei allen Interviewten wurde der Schulerfolg ausdrücklich gefördert (s. Kapitel 3). Bei einigen wurde lediglich der Wertewandel im Bereich der Geschlechter- und Familienmoral behindert. Die Reaktion der Kinder war entweder Ablehnung oder Erfüllung elterlicher Forderungen.

Der 25-jährige Hrvoje und die 34-jährige Valentina, deren Familien aus Bosnien und Herzegowina stammen, sagten, dass ihre Eltern „offen“ waren und anders als ihre übrigen Landsleute in Deutschland. Sie wollen von ihren Eltern nicht beschränkt gewesen sein. Valentina erzählte in diesem Sinne, wie sie ihre Eltern in ihrem Wunsch unterstützten, ihr gewünschtes Bildungsziel zu erreichen. So konnte sie erfolgreich ihre Ausbildung an einem Privatinstitut für Fremdsprachen abschließen.

Magdas und Alicas Eltern förderten auch ihren Wunsch, ein Hochschulstudium abzuschließen, trotz erstaunter Kommentare ihrer Onkel väterlicherseits, die Magdas Vater fragten, warum er die Tochter zum Studium schickt, da sie „sowieso heiratet und Kinder kriegt“. Magda und Alica befanden sich unter den ersten Nachkommen kroatischer Auswanderer, die sich Ende der 1980er in Regensburg für ein Studium einschrieben.

Auch Hrvojes Eltern förderten bei ihren Kindern den Schulerfolg. Seine Schwestern wurden auch in keinerlei Weise behindert oder eingeschränkt. Gleichzeitig wurde ihnen aber der „kroatische Geist“ eingepflanzt. Wie andere Kinder war er sich des Opfers seiner Eltern bewusst und verspürte die Pflicht, seine Dankbarkeit durch gute Schulleistungen auszudrücken (vgl. mit Ivan im Kapitel 6):

> Selbstverständlich haben uns die Eltern moralische Normen vermittelt, was weiß ich. Na alles, was die Eltern so als Pflicht empfinden, dass sie den Kindern mit auf den Weg geben müssen. Sie haben aber, keiner von den beiden, keine einzige Sekunde an uns gezweifelt. Oder dass sie uns unter Druck gesetzt haben, nein. Wir hatten immer freie Wahl. Macht, was ihr für richtig haltet, aber Vorsicht, sagten sie. (…) (JČ: War die Bildung wichtig?) Ja, meine Eltern sagten immer: „Wir hätten auf dem Land bleiben können, aber wir sind euretwegen gekommen.“ Sie sind hierher gekommen, um für die

> Kinder ein leichteres Leben zu sichern, damit sie nicht ackern und pflügen müssen. Das wäre jetzt das Schlimmste, was ich machen könnte, das nicht auszunutzen.

Während die Eltern die Bildung schätzten und förderten, ist der Respekt den Eltern gegenüber ein stark ausgeprägter Wert unter den Kindern. Das ist ein Beweis für einen erfolgreichen Transfer von elterlichen Werten auf die Kinder. Die Kinder gaben ihnen ihren Dank zurück, indem sie gehorsam waren, die Wünsche der Eltern respektierten und fleißig in der Schule lernten.

Ivankas Eltern unterstützten ihre Kinder ebenfalls, indem sie eine positive Erwartungshaltung zur Bildung vermittelten. Zur Zeit unserer Begegnung studierte sie Sozialpädagogik. Mit ihrer Mutter und den Geschwistern zog sie Anfang der 1990er-Jahre aus Tomislavgrad zu dem Vater nach München. Obwohl sie in der Schule sehr erfolgreich war (s. Kapitel 3), schaffte sie es nicht, den traditionellen Habitus ihrer Eltern und ihre heimatlichen Normen zu überwinden. Sie konnte „diesen Reigen" von festen elterlichen Einstellungen nicht durchbrechen. Der Grund könnte darin liegen, dass sie erst relativ spät nach Deutschland gekommen ist, und – was vielleicht auch ausschlaggebend ist – wegen der starken sozialen Kontrolle der kroatischen Migranten, die alle aus derselben Stadt nach München ausgewandert waren. Die soziale Kontrolle wurde sogar transnational, also auch in der Heimatstadt ausgeübt. Ihre Geschichte erklärt eindeutig den Generationenkonflikt, zu dem es nicht gekommen ist, weil der „deutsche" und der „kroatische" Lebensstil gegeneinander angetreten sind, sondern weil hier traditionelle und moderne Auffassungen von Moral und Verhaltensweisen im Familienleben aufeinanderprallten. Gleichzeitig wird aus diesem Beispiel klar, dass der Verstoß gegen die Familiennormen breiter gedeutet werden muss, und zwar als Verstoß gegen die Moralnormen einer ganzen transnationalen Gemeinschaft mit gemeinsamer Herkunft, die, obwohl sie bilokal lebt, sowohl in der Heimat als auch in Deutschland auch weiterhin das Benehmen ihrer Mitglieder und ihrer Nachkommen überwacht:

> Wir gehen mit unseren [jungen Männern] aus. Es ist ja auch schwer, mit Deutschen auszugehen, weil die, die wollen zum Beispiel gleich nach zwei Monaten, dass wir zusammenziehen. Wie könnte ich so was meinen Eltern sagen! Ich alleine könnte das nie, denn ich bin so erzogen. Vielleicht wäre es anders, wenn ich hier geboren wäre, wie meine Freundin, sie findet unser Verhalten etwas komisch. Unsere Eltern haben nichts von Deutschen übernommen, so haben sie auch ihre Kinder erzogen. Der Vater ist jung hierher gekommen, aber er war immer mit unseren Leuten zusammen, immer unsere Clique, er hat wenig von den Deutschen übernommen. Man lebt in Deutschland, aber man lebt wie ein Kroate! Man lebt gleich wie unten! All diese Normen, und alles andere. Das war auch nicht immer einfach. Das ist nicht leicht. Man möchte vielleicht auch von

> Zuhause ausziehen, aber die Eltern sagen: „Das geht nicht. Das ist bei uns Schande! Dann erzählen die Leute, dass du mit den Eltern nicht klarkommst". Unsere Eltern wollen, dass wir bleiben, und die Deutschen wollen, dass ihre Kind ausziehen. Da befindet man sich zwischen den Erwartungen der Eltern, und man lebt in dieser Gesellschaft. Man wiederholt das Modell der Eltern und man findet keinen Anschluss hier, das ist ein großes Problem! Ich weiß das. Das kann zum Streit mit den Eltern führen. Das ist entweder–oder. Aber ich habe mich damit abgefunden, dass das so ist.
>
> Ich kann nicht sagen, dass ich damit ein Problem hatte, dass ich nicht so bin wie sie [deutsche Gleichaltrige]. Wenn ich damit ein Problem gehabt hätte, dann hätte ich ihren Lebensstil angenommen. Aber da alles gut gelaufen ist, da ich mit meinen Eltern gut auskomme, ist es so geblieben. Es ist mir sehr wichtig gewesen, dass ich meinen Eltern keine Schande mache, denn das wäre für sie katastrophal, für ihren Bekanntenkreis und die Verwandtschaft, deswegen. Deshalb kann man nicht so intensiv mit Deutschen Kontakte haben … Es gibt auch bei ihnen welche, die so erzogen sind wie wir; aber es gibt auch welche, denen es egal ist, jedes Wochenende eine neue Freundin. Wir kommen aus einem kleinen Ort, jeder kennt jeden, das ist ein großes Problem. Obwohl man nicht in einem kleinen Ort lebt, lebt man psychisch dort. Was man unten macht, das weiß man hier, was man hier macht, das weiß man unten! Das ist schrecklich, aber es ist so, das müssen Sie mir glauben, schrecklich. Alles wird herumerzählt. Was ich hier in Deutschland mag? Keiner kennt den anderen, jeder lebt sein Leben, so wie es einem passt. Und unten [in der Herzegowina], da kümmert es einen mehr, was die anderen machen, was mit ihnen los ist, als dass man sich um sich selbst kümmert! Bei uns ist das extrem, eine extrem schlechte Angewohnheit der Menschen, und deshalb möchte ich nicht zurückkehren.

Ivanka nennt hier detailliert und analytisch eine ganze Reihe an potenziellen Schwierigkeiten für junge Frauen kroatischer Abstammung, die aus dem Zwiespalt zwischen den Wertvorstellungen und Moralnormen der Herkunftsgesellschaft und der Gesellschaft, in der sie lebten, entspringen. Der zentrale Konflikt im Zusammenhang mit dem gemeinsamen Leben mit den Eltern in einer bestimmten Lebensphase sah Ivanka im Bereich der geschlechtsspezifischen Moral. Die unterschiedlichen Wertvorstellungen und Moralnormen waren für sie in dem Maße unvereinbar, dass sie sich gezwungen sah, eine Seite zu wählen. Sie ist kritisch gegenüber der transnationalen sozialen Kontrolle, die von der Gemeinschaft der Landsleute ausgeübt wurde. Diese Kontrolle war in ihrem Wohnort besonders ausgeprägt, da viele Migranten aus demselben Heimatort in der gleichen Stadt in Deutschland lebten; häufig wohnten auch alle im gleichen Stadtteil oder sogar im gleichen Wohnhaus. Durch die doppelte soziale Kontrolle konnte Ivanka aus dem von ihren Eltern vorgegebenen Kreis nicht ausbrechen. So konnte sie mit den Gleichaltrigen aus der breiteren Gesellschaft keinen Kontakt knüpfen, fühlte sich dazu aber auch nicht bereit. Deshalb verkehrte sie auch als Studentin hauptsächlich innerhalb der kroatischen Gemeinde in München. Die große Anzahl von Kroaten in dieser Stadt, von denen auch größere Gruppen von Personen aus demselben Ort oder demselben Landesteil stammten (z. B. aus Tomislavgrad, Split und Umland, aus Zentralbosnien), bot jungen Leuten eine Art Schutzstätte, wie früher auch ihren Eltern. Gleichzeitig konnte dies wegen der starken sozialen, sich auch transnational erstreckenden Kontrolle der Migranten auch negative Folgen für ihr Leben haben.

Obwohl das unter meinen Gesprächspartnern nicht unbedingt die Regel war, gibt es Anzeichen dafür, dass junge Frauen, deren Eltern aus traditionellen konservativen Landesteilen kamen (Herzegowina, Bosnien, Dalmatien), bei der Aushandlung alternativer Werte und Verhaltensmuster mehr Schwierigkeiten hatten als männliche Kinder. Gerade im Bereich der Familien- und Geschlechtsmoral lassen sich wesentliche Unterschiede zwischen regionalen kroatischen Kulturen beobachten. Strenge elterliche Kontrolle, konservative patriarchale Weltanschauung, gekoppelt mit der sozialen Kontrolle der Migrantengemeinschaft und der transnationalen Kontrolle im Herkunftsort, wirkten sich so aus, dass junge Frauen weniger erfolgreich Werte und Normen der Aufnahmegesellschaft annahmen und sich enger an die kroatische Migrantengemeinschaft banden.

Die oben erwähnten Magda und Alica befanden sich ebenfalls in der Zwickmühle zwischen den Normen und Werten des Elternhauses und den Normen und Werten der Gesellschaft, in der sie aufwuchsen. Das Ergebnis gestaltete sich für sie aber anders. Sie beide „mussten kämpfen“, aber sie haben es geschafft, die Einstellung ihrer Eltern zu ändern. Sie waren eigentlich eine Art Kulturbotschafterinnen. Ihren Eltern vermittelten sie die Normen der Gesellschaft, in der sie lebten, obwohl es in den Familien in ihrer Jugendzeit ähnliche Konflikte gab wie bei Ivanka. Magdas Eltern sagten ihr oft, sie sei anders als ihre Umgebung. Gleichzeitig bekam sie auch von außen ähnliche Botschaften, die die Worte ihrer Mutter eigentlich nur bestätigten (s. u.). Unter diesen Umständen, während sie ständig Anweisungen von anderen bekamen, ist wichtig zu bemerken, dass die zwei jungen Frauen trotzdem ihren eigenen Weg fanden, unabhängig von ihren Eltern und der Herkunftsgemeinschaft. Sie emanzipierten sich von ihren konservativen Familienwerten (vgl. Jurčević 2016).

Ivanka thematisierte bereits die Unterschiede zwischen der „deutschen“ und „kroatischen“ Kultur, in dem Alter, in dem junge Leute das Elternhaus verlassen. Als „deutsch“ wurde relativ frühes Verlassen des Elternhauses angesehen, kurz nach dem 18. Geburtstag oder mit dem Beginn des Studiums. Viele Jugendliche in Deutschland übernehmen in diesem Alter Gelegenheitsjobs oder werden finanziell unabhängig, wenn sie eine Lehre machen. Transnationale Generationen und ihre Eltern führten diesbezüglich konfliktbeladene Gespräche. Die Eltern widersetzten sich grundsätzlich dem Wunsch der Kinder, das Elternhaus zu verlassen. Ana berichtete:

> Die Eltern sagen, geht nicht weg. Lasst uns sparen. So ist das: Alle aus Tomislavgrad, alle Kinder bis auf zwei leben noch immer bei ihren Eltern, und dabei gehen sie schon arbeiten! Für unsere Eltern ist es nicht normal, dass wir gehen. Und das funktioniert für uns, das ist für sie und für uns normal.

Einige Kinder verließen trotzdem das Elternhaus. Für Petras Mutter war es ein Schock, als Petra am Beginn der Ausbildung auszog. Sie war mit der neuen Situation zufrieden, genoss die neue Freiheit und Selbstständigkeit, besuchte aber oft und regelmäßig ihre Eltern, die in der Nachbarstadt wohnten. Andere schlossen einen Kompromiss: Auch wenn sie die Ausbildung abgeschlossen und einen Arbeitsplatz hatten, blieben sie bei den Eltern, obwohl sie finanziell unabhängig waren (s. u.). Einige Eltern akzeptierten den Wunsch der Kinder, wie die Kinder aus der Mehrheitsgesellschaft das Elternhaus zu verlassen, und unterstützten sie sogar finanziell.

Die hier angeführten „kroatischen“ und „deutschen“ Kulturunterschiede werden so nicht ausschließlich von Nachkommen kroatischer Migranten wahrgenommen. Forscher haben bei anderen Migrantengruppen und in anderen Ländern gleiche Wahrnehmungsmuster beobachtet. So beschreiben portugiesische Einwanderer in Deutschland die „deutsche“ Kultur mit beinahe identischen Worten: Die Deutschen sind kalt; Familienzusammenhalt wird der „deutschen“ oder „schweizerischen“ Kultur aberkannt und wird nur der „portugiesischen“ und „italienischen“ Kultur zugeschrieben (Klimt 1989: 68; Wessendorf 2013; vgl. in *Fremde Heimat* 2002: 66). Auch Rückkehrer egal welcher Nationalität treffen in ihrem Heimatland auf Umstände und Situationen, die sie nicht befürworten. Das bezieht sich besonders auf das Geschäftsleben (Gmelch 1980; King 2000; Wessendorf 2013). Sie alle, zusammen mit dem in der Öffentlichkeit vorherrschende Diskurs, schreiben der Nation eine homogene, einheitliche Kultur zu, wobei sie ihre „Migrantenkultur“ der „Nationalkultur“ des Aufnahmelandes gegenüberstellen. Im nächsten Abschnitt soll auf die Abwandlungen dieses „Kontrastprogramms“ (Bausinger 2002) eingegangen werden.

7.3 Trennung und Zusammenfügung der Kulturen, Vervielfältigung der Kulturgrenzen und -identitäten

Im vorliegenden Abschnitt soll das praktische und diskursive Verhältnis der Migrantenkinder zu ihrem doppelten Kulturhintergrund erörtert werden. Die Erkennung und Unterscheidung zweier Kultursysteme, in denen sie sich bewegen, setzt auch eine gewisse Einstellung diesen Systemen gegenüber voraus: Einige versuchen sie in der Praxis zu trennen, andere dagegen zu kombinieren. Aber alle sehen in dieser Verdoppelung gewisse Vorteile. Einige tun sich allerding schwer, diese zwei Systeme zu versöhnen, um sich in beiden erfolgreich zu bewegen. An dieser Stelle macht sich der Einfluss des öffentlichen Diskurses deutlich bemerkbar, dass Kulturen als in sich abgeschlossene, klar umrissene Ganzheiten verstanden werden und Angehörige einer Kultur Angehörige der anderen Kultur nicht verstehen können.

Die Vertrautheit mit den zwei Kultursystemen hielten die jungen Leute für einen klaren Vorteil. Die deutsche Kultur wurde ihnen in der deutschen Schule und im Alltag vermittelt, die kroatische durch die Familienerziehung und während der Besuche in Kroatien bzw. Bosnien und Herzegowina. Oder – wie das der junge Mann am Anfang dieses Kapitels formulierte – durch die Erziehung in der kroatischen Gesellschaft in Deutschland. Katica Jurčević (2016) konnte in den Gesprächen mit Nachkommen kroatischer Migranten in Deutschland die Bikulturalität als das vorherrschende Thema in ihren Äußerungen identifizieren. Jurčević berichtet darüber, dass Nachkommen kroatischer Migranten ihren Alltag in und zwischen zwei Kulturen als „persönlichen und intellektuellen" Gewinn betrachten. Diese These konnte ich durch meine Untersuchungen nur bestätigen. Junge Kroaten in Deutschland bewerteten die unterschiedlichen Wahlmöglichkeiten, die ihnen im transnationalen sozialen Raum zur Verfügung standen, als positiv. Wenn man zwei Kulturen kennt, „dadurch wird man reicher, man erweitert seinen Horizont, man weiß mehr, man weiß, wie die Leute leben, man weiß, dass es auch andere Lebensstile gibt. Ich weiß, wie die Deutschen leben, ich weiß, wie die Kroaten leben. Ich kann vielleicht, wenn ich dazu fähig bin, dazwischen etwas für mich selbst erschaffen", erzählte Petra.

Jurčević meint, die doppelte Kulturkenntnis würde es den Jugendlichen ermöglichen, zwischen dem einen und dem anderen Modell zu wählen. So schreibt sie ihnen den „intelligenten Opportunismus" zu, mit dem sie zwischen den Normen der Gesellschaft, in der sie leben, und den Erwartungen der Familie geschickt hin und her wechseln (ebd.).

Diese Interpretation wird durch Äußerungen und Praktiken meiner Gesprächspartner bestätigt. Darüber hinaus kann der binäre Kontrast zwischen der „deutschen“ und „kroatischen“ Kultur bei den transnationalen Generationen der Kroaten in Deutschland überwunden werden. Mit ihren Diskursen und Praktiken brechen die transnationalen Generationen aus dem binären System aus und bestätigen den Prozess der Transkulturation.

Transnationale Generationen sind sich verschiedener Vorteile ihrer kulturellen Binarität durchaus bewusst. Branko war der Meinung, dass er deshalb toleranter gegenüber anderen Kulturen ist und dass gerade deshalb Migrantenkinder keine Angst „vor Fremden“ haben:

> Für mich ist es vielleicht einfacher, eine andere Mentalität zu verstehen, weil ich sehr gut die zwei Mentalitäten kenne, einerseits die kroatische, andererseits die deutsche. Das macht jemanden toleranter gegenüber anderen Kulturen. Ich bemerke das bei meinen Freunden, die Ausländer sind, sie haben diese Fremdenangst nicht zu sehr. Ihnen ist es leichter, sich an einen Ausländer zu wenden.

Grozdana findet, dass die kulturelle Binarität Bereicherung ist, und benutzt für die Beschreibung die Metapher einer Mutter mit vielen Kindern:

> Ich bin eine deutsche Kroatin, ich bin halbe-halbe. (JČ: Ist das für Sie ein Problem?) Nein, es ist etwas schwieriger, man schleppt viel mit sich. Wie die Mutter mit fünf Kindern, nicht nur mit einem. Es ist eine Bereicherung. Der Nachteil ist, dass man sich für ein Land entscheiden muss. Es ist eine Bereicherung in Lebensweisen, zwei Kulturen, zwei Sprachen. Man kann sehen, was besser ist, ich wähle, was mir besser passt, aber man muss viel Energie hineinstecken. Aber der Blickwinkel ist größer. Es ist sehr schwer, wenn es alle gleich machen, dann kommt man und sagt: „Es gibt einen anderen Weg, wie man das machen kann“, dann starren einen alle an.

Damirs Familie machte die Erfahrung einer zehnjährigen Rückkehr nach Kroatien, bevor die Familie nach Deutschland remigrierte. Seine Binariät empfand er als etwas Selbstverständliches und konnte einfach zwischen den beiden Codes unterscheiden: „Und ich weiß, welche Kultur ist hier und welche da unten“. Ana formulierte das prägnant: „Jetzt habe ich mich daran gewöhnt, klar zu trennen: Das ist kroatisch, das ist deutsch“. Das Switchen von einer in die andere Kultur verläuft reibungslos, wie bei einem Kind, das zweisprachig aufgewachsen ist, problemlos, je nachdem, in welcher Situation man sich befindet und mit wem man zusammen ist, erzählte Damir in der am Anfang des Kapitels zitierten Äußerung. Er übersetzt nicht aus einer Kultur in die andere, nicht weil er sie als Teil derselben kontinuierlichen Landschaft wahrnimmt, sondern weil er sich in beiden Kulturen souverän bewegen kann. Weder für ihn noch für die anderen sind die zwei Kultursysteme widersprüchlich. Das Leben spielt sich aber im Rahmen entweder des einen oder des anderen Kultursystems ab. Da Personen Teilhaber an spezifischen Denkweisen und Verhaltensnormen sind, kann es dazu kommen, dass sie das jeweils andere nicht verstehen. Deshalb sehen sich Angehörige der transnationalen Generationen dazu gezwungen, die zwei Kultursysteme auseinanderzuhalten und je nach Situation das Kultursystem zu aktivieren, das allen Beteiligten bekannt ist. Nur so können Konfliktsituationen in Gegenwart von Personen, die mit dem jeweils anderen Kultursystem nicht vertraut sind, vermieden werden.

In einer Äußerung, die deutlich den öffentlichen Diskurs und das klassische anthropologische Konzept der Kulturen als klar abgetrennte unterschiedliche, für nationale Gemeinschaften charakteristische Ganzheiten widerspiegelt, erklärte Damir die Leichtigkeit, mit der er sich zwischen den beiden Kulturen und zwischen den zwei Sprachen bewegt. Dabei bringt er auch den Gedanken über die Beliebigkeit und Relativität der Kulturinhalte zur Sprache :

> Wenn man aufwächst, ist weder das eine noch das andere ein Problem. Ich werde nie Kroatisch sprechen, dass ich zuerst auf Deutsch nachdenken muss – aha, das will ich auf Kroatisch sagen. Jetzt habe ich, ich habe auf Kroatisch eine Geschichte aufgebaut und nun stellt sich die Frage, wie soll ich das ins Deutsche übersetzen. Und das ist mit der Sprache gleich wie im Leben – man lebt einfach zwei Kulturen. (…). Das eine ist, wenn man erwachsen ist, man muss mindestens versuchen, wenn man gewisse Diskussionen vermeiden will, ob auf der deutschen oder kroatischen Seite, man muss mehr oder weniger wissen, jetzt bin ich hier und jetzt muss ich mich dieser Seite anpassen. Oder ich bin da unten in Zagorje, dann muss ich mich ihnen anpassen. Das ist das einzige, wenn ich in eine Diskussion gerate, dann denke ich mir, es ist besser, wenn ich nichts sage, die sehen das anders, da kann man nur einen Streit anzetteln, wenn man etwas sagt. Das sind so meine Gedanken auf dieser Seite, auf der deutschen, die die Kroaten nicht verstehen. Und ich kenne die beiden Seiten und weiß nicht, wer recht hat! (…) Ich versuche immer, den Konflikten aus dem Weg zu gehen. Und ich weiß ungefähr, welche Kultur da unten [in Kroatien] ist, und welche hier [in Deutschland].

Ante hatte auch eine ähnliche Vorstellung von Unterscheidung und Trennung zweier Kulturen in einem bestimmten, für die eine oder andere Kultur durch Staatsgrenzen in Deutschland oder Kroatien vorgegebenen, spezifischen Kontext. Ante wurde in München geboren und ist dort aufgewachsen (s. Kapitel 8.1.1). Seine Freunde in Dalmatien gaben ihm den Spitznamen „Kaiser“ nach dem berühmten Münchner Fußballspieler Franz Beckenbauer. Ante fand, dass er sich in Dalmatien der „dortigen Lebensweise anpassen“ musste. Wenn er dort zum Beispiel mit Freunden, die genauso wie er in Deutschland aufgewachsen sind, Deutsch sprechen würde, dann würde man ihn als „Touristen“ wahrnehmen und ihn automatisch aus der lokalen Gemeinschaft ausschließen:

> Ich passe mich da unten an, etwa, wenn wir an die Riva gehen, setzen uns … was weiß ich … nehmen eine Flasche Wein, Gitarre und haben schöne Zeit. Das ist mehr wie die Einheimischen als wie Touristen. So zum Beispiel, ein Freund nennt meine Freunde Touristen. Denn sie kommen nach unten [nach Dalmatien] und benehmen sich … zum Beispiel, die unterhalten sich auf Deutsch miteinander, wenn sie unten sind, und so. Und das schließt die Einheimischen aus. Dann sagen sie „Da seid ihr, ihr Touristen!“ Das ist diese Lebensweise und dann gehören sie nicht dazu, sondern sind wie Touristen.

Diese Äußerung spiegelt den öffentlichen Diskurs über die Integration der Migranten wider: Teilhabe an einer Gesellschaft ist notwendigerweise mit bestimmten Verhaltensweisen sowie Sprache verbunden. Dass es sich dabei um ein klassisches Schema handelt, zeigt auch das Sprichwort, dass man sich in Rom wie ein Römer verhalten soll. An zwei Orten in zwei Staaten und in zwei nationalen Umgebungen werden transnationale Generationen demselben Anspruch ausgesetzt: Sie sollen sich der lokalen Sprache und Kultur anpassen. Es ist ironisch, dass sie in den beiden Umgebungen dazu neigen, die Sprache und Kulturmuster zu benutzen, mit denen sie sich von der Umgebung abheben, in der sie sich gerade aufhalten: In Deutschland sprechen sie gerne Kroatisch, und wenn sie in ihrem Herkunftsland sind, sprechen sie gerne Deutsch. Als sie aber in ihrem Herkunftsland die Erfahrung machten, dass man sie „Touristen“ nannte, half das zu verstehen, warum jemand, der in Deutschland nicht Deutsch spricht, als „Ausländer“ wahrgenommen wird.

Wie erwähnt, standen junge Kroaten vor einem Dilemma, wenn es darum ging, ob sie am Beginn des Studiums das Elternhaus verlassen sollten. Das ist ein Unterschied zwischen der deutschen und kroatischen Kultur, der für beide Seiten schwer zu verstehen ist. Die Kroaten können schwer verstehen, dass man während des Studiums arbeiten geht und das Elternhaus verlässt. Damir sagte zu diesem Thema:

> Man kann einem Deutschen nicht sagen, dass man während des Studiums nicht arbeiten geht, damit man möglichst schnell das Studium abschließt. (…) Und das sind so zwei Sachen, wo man den Unterschied merkt, früher oder später. Aha, das ist es, die deutsche Kultur ist, dass man das Elternhaus verlässt, dass man jobben geht und sich mehr oder weniger selbst finanziert. Und in Zagreb, da bleibt man bei den Eltern, man nutzt die Eltern aus, man schließt das Studium ab, oder man versucht, es möglichst schnell abzuschließen. Dann bemerkt man, aha, der denkt so, der andere so, dann ist es besser, wenn man in Kroatien ist, die kroatische Lebensweise zu akzeptieren beziehungsweise das kroatische Studentenleben, und wenn man hier ist, dann lebt man eher das deutsche

> Studentenleben. Und es lohnt sich nicht einmal, zu versuchen, das der einen oder der anderen Seite zu erklären, geht einfach nicht.

Während die zwei Systeme für Personen, die mit nur einem System vertraut sind, unverständlich sind, finden junge Kroaten in Deutschland, weil sie in beiden Kulturen inkulturiert sind, hybride Lösungen und schaffen neue Kulturformen, wie in diesem, so auch in anderen Bereichen: „Ich bin irgendwo dazwischen“, sagte Damir. Während des Studiums blieb er bei den Eltern, finanzierte sich aber hauptsächlich selbst. Verhandlungen über Werte und Kämpfe für Praktiken, die der Lebensumwelt angepasster sind, führten zu Kompromisslösungen, die für Eltern und Kinder zufriedenstellend waren. Die meisten meiner Gesprächspartner, egal ob sie eine Berufsausbildung machten, studierten und nebenher auch jobbten oder ihre Ausbildung schon abgeschlossen hatten und arbeiteten, wohnten bei ihren Eltern. In einigen Fällen war das reine Gewohnheit, in anderen wollten sie dem Wunsch der Eltern nachkommen, oder sie genossen es, von der Mutter umsorgt zu werden. In einigen Fällen hatten die Eltern große Wohnungen und ließen den Kindern viel Freiheit. In keinem der Fälle führte das gemeinsame Wohnen zu Konflikten, auch nicht, wenn der Wohnraum relativ eng war. Valentina war die Einzige, die, zur Zeit unserer Gespräche 2005 in ihren Dreißigern und schon seit langer Zeit unabhängig von ihren Eltern, ihre Bedenken äußerte und solche Lösungen kritisierte. Sie fand, dass die Kinder dadurch den Eltern erlaubten, auch im Erwachsenenalter über sie Kontrolle auszuüben. Sie war außerdem eine von zwei Personen, die ohne Eltern in eine andere Stadt umzogen, was eher selten ist bei kroatischen transnationalen Generationen.

Die hybride Lösung von Damir hinsichtlich des Dilemmas, ob er das Elternhaus während des Studiums verlassen sollte bzw. nebenher jobben sollte, sowie Grozdanas Äußerung, dass sie „halbe-halbe“ sei, deuten darauf hin, dass es im praktischen Leben zur Verschmelzung zweier Kultursysteme kommt. Dies bestätigten auch andere Interviewte, ohne genaue Bereiche der Transkulturation zu spezifizieren. Tonka, Branko, Petra, Ana und Darko sagten, dass sie aus den beiden Kultursystemen das „Beste“ nahmen und kombinierten, d. h., sie nahmen das, was sie für richtig und akzeptabel hielten. Petra sagte dazu:

> Ich denke, dass ich von den beiden Kulturen viel mitgenommen habe, ich habe für mich das ausgewählt, wofür ich dachte, das ist das beste für mich. Ich kann nicht sagen, dass ich das bewusst gemacht habe, aber wenn ich richtig nachdenke, merke ich, da hat es beides gegeben.

Auch wenn das Beispiel der transkulturellen (hybriden) Praxis hinsichtlich des gemeinsamen Wohnens mit den Eltern banal wirken mag, war es für die transnationalen Generationen in einer Lebensphase extrem wichtig. Sie bewegten sich zwischen mehreren Polen: den Erwartungen ihrer Gleichaltrigen, dem eigenen Wunsch nach lokaler Inklusion und den Erwartungen der Eltern, aber auch der Herkunftsgemeinschaft, die auch transnational Kontrolle ausübte. Dieses Beispiel zeigt außerdem in jeder Hinsicht, wie Transkulturation entsteht und wie neue Kulturformen geschaffen werden können. Aus der hybriden Kultur bildet sich eine neue Identitätskategorie heraus: „halbe-halbe", „etwas dazwischen", „Mischung" sind Etikettierungen, die meine Gesprächspartner benutzten, um über ihre kulturelle Binarität zu sprechen und sich jenseits der einseitigen und ausschließlichen nationalen Kategorien wie „Deutscher" oder „Kroate" zu identifizieren. Über dieses letzte Thema wird ausführlicher noch im nächsten Kapitel die Rede sein.

Hrvoje sah sich selbst auch als eine Art „Mischung": Einerseits erkannte er seine „konservative" Seite, die ihm durch seine herzegowinische Herkunft eingepflanzt wurde, andererseits meinte er, nicht eingeschränkt und in einer schematischen Denkweise gefangen zu sein, weil er auch den „deutschen Geist" verinnerlicht habe. Die folgende Äußerung lässt seine Offenheit gegenüber der Andersartigkeit erkennen. Ähnlich wie die anderen Interviewten objektivierte Hrvoje die zwei Kultursysteme und verband sie unmissverständlich mit nationalen Merkmalen. Entscheidungen traf er aber nach eigenem Ermessen, weil sie ihm sinnvoll erschienen, und nicht, weil sie kulturbedingt vorgegeben waren:

> Ich bin Kroate, aber in mir steckt auch der deutsche Geist, wie soll ich das sagen ... der deutsche Geist. Wer weiß, wie das wäre, wenn ich in Kroatien aufgewachsen wäre, welche Einstellungen ich hätte, wer weiß, wie das wäre, wenn ich nur Deutscher wäre. Aber die Mischung macht mich aus. Wie soll ich das sagen, ich habe meine konservative Meinung, aber ich bin ziemlich offen für Neues, wenn das in meinen Augen gut und sinnvoll ist, dann ist das ok, aber wenn ich etwas sinnlos finde, ich lehne es ab.

Hrvoje sagt, die „Mischung" mache ihn aus. Junge Leute werden sich ihrer „Mischung" bewusst, wenn sie in Kroatien oder Bosnien und Herzegowina sind. Somit beweisen sie, dass die Begegnung und die Interaktion mit dem *Anderen* den Kern der Erkenntnis und der Hervorhebung der Kulturunterschiede sowie der Formulierung der eigenen Identitätsäußerung bildet: Durch die Interaktion mit Gleichaltrigen im Heimatland oder nach einer gewissen Zeit, die sie im Heimatland verbrachten, erkannten sie, dass sie „deutscher sind, als sie das gedacht hätten". Diese Erfahrung teilten fast alle Interviewten und sie half ihnen zu verstehen, warum sie sich nicht entscheiden konnten, sich im Heimatland ihrer Eltern anzusiedeln. Die damals 20-jährige Magda schrieb 1992 in Deutschland an ihrer Diplomarbeit in Pädagogik und Psychologie. Zum Thema wählte sie die Auswirkungen des Krieges in Kroatien auf die Kinder. Sie verbrachte ein halbes Jahr in Kroatien und überlegte damals, ob sie nicht bleiben sollte. Obwohl sie sich vorstellen konnte, in Kroatien zu leben, sah sie ein, dass sie Schwierigkeiten haben würde, nicht nur finanzieller Art, sondern auch wegen der Unterschiede zwischen Kroatien und Deutschland hinsichtlich der institutionellen Unterstützung, Effizienz und Rationalität bei der Lösung wichtiger Fragen im Leben. Noch ein paar weitere Jahre dachte sie über die Möglichkeit nach, nach Kroatien zu ziehen („Ich habe immer daran gedacht zurückzukehren“, sagte sie). Mit 28 entschied sie sich endgültig, in Deutschland zu bleiben.

Das Ende der Beziehung mit einem jungen Mann in Dalmatien war für Petra auch ein Grund, darüber nachzudenken, ob sie tatsächlich in Kroatien leben könnte. Für sie wurde klar, dass sie sich in Deutschland sicherer fühlt und dass es für sie reicht, wenn sie nur ein paar Wochen jährlich in Kroatien verbringt. Die Entscheidung begründete sie mit einem Vergleich der Umstände und der Mentalität der Menschen in zwei Ländern:

> Meine Mutter sagte mit, das ist nicht dein Leben, du könntest hier nicht leben. (…) Und gleichzeitig ist da das Meer und das Klima und unsere Leute … Aber dann reicht es, wenn ich zwei, drei Wochen unten bleibe, dass ich diese Eindrücke in mich aufnehme, und dann kehre ich hierher [nach München] zurück, zufriedener, glücklicher, denn ich weiß, mein Leben ist hier, und unten, da gehe ich nur zu Besuch. (…) Hier ist alles durchorganisiert, man spürt, dass alles seinen Platz hat, und das ist unten im Süden nur großes Chaos … das denke ich auch … Hier sind meine Freunde, hier bin ich aufgewachsen, das ist meine Sprache, Deutsch, ich genieße es, die deutsche Literatur zu lesen, ich bin damit verbunden, die kroatische Literatur kenne ich nicht. Ich fühle mich unsicher in Kroatien, ich verstehe die Nachrichten nicht ganz, ich sehe sie, ich verstehe nur oberflächlich, und hier, in Deutschland, hier kann mich keiner täuschen, das weiß ich. Ich kann mich besser bewegen, ich bin sicherer.

Die selbstwahrgenommene kulturelle Hybridität wird bei jungen Leuten am besten sichtbar, wenn sie über Liebesbeziehungen und wünschenswerte Ehepartner sprechen. Ante war fest verankert in der kroatischen Gemeinschaft in München und wollte nach Kroatien ziehen (s. Kapitel 8.1.1). Er gab zu, „ich habe einiges angenommen, was hier [in Deutschland] besser ist als unten [in Kroatien]“. Dazu gehörte die Gleichberechtigung der Geschlechter, die es in der patriarchalen Umgebung in Dalmatien nicht gab. In seiner Äußerung sprach er vom „modernen Dalmatiner“, der die Gleichberechtigung von Mann und Frau mit kavaliersmäßigem Benehmen kombiniert:

> Ich meine, ich bin Dalmatiner, aber ein moderner Dalmatiner, das kann man so sagen. Ich meine, die alten Zeiten sind vorbei, dass der Mann am Tisch und die Frau hinter ihm sitzt und schweigt. (sic!) Aber der Brauch ist geblieben, dass der Mann die Getränke bezahlt, das bleibt, denn das ist der Unterschied zwischen Gleichberechtigung und Gentleman. Und das ist zum Beispiel, heute sind Mann und Frau gleichberechtigt, aber für die Frau sind doch einige Vorteile geblieben, ein bisschen.[84]

Ihre kulturell und identitätsbezogene hybride Position beschrieben junge Frauen deutlich in ihrer Schilderung des zukünftigen Ehemannes: Es wäre wünschenswert, erzählten sie, wenn das ein Kroate aus Deutschland wäre, also jemand wie sie selbst, jemand, der Erfahrung mit beiden Systemen hatte und wusste, wie man diese zwei Systeme konfliktfrei verbindet. Petra kam zu dieser Schlussfolgerung, weil sie gewisse Unterschiede zu ihrem kroatischen Freund feststellen musste. Sie mochte seine Emotionalität und die Möglichkeit, mit seinen Eltern Kroatisch zu sprechen. Gleichzeitig aber stellte sie fest, dass „es Konflikte gibt, er hat andere Pläne. Wir sind doch unterschiedlich, ich meine, wenn der Mann auch hier [in Deutschland] aufgewachsen ist und kroatische Eltern hat, das wäre ideal für mich."

Valentina lehnte entschieden die Möglichkeit ab, einen Herzegowiner zu heiraten („Gott behüte!", schrie sie auf). Diese Reaktion wie auch ihre anderen Entscheidungen bezeugen ihre hybride Einstellung (s. u.)[85]. Drago fand seine kroatisch-deutsche Mischung hervorragend: Einerseits entwickelte er unternehmerische Fähigkeiten, Verantwortung und Pünktlichkeit als Teil der Arbeitsethik, andererseits will er die „kroatische Leichtigkeit" beibehalten haben.

Transnationale Generationen können als transkulturelle Subjekte oder „kulturelle Hybride" bezeichnet werden. Für sich selbst benutzen sie am häufigsten das Wort „Mischung". Für sie bedeutet das, dass sie die zwei Kultursysteme kennen und sich innerhalb dieser Systeme bewegen. Gleichzeitig schaffen sie es, jenseits der Grenzen dieser Systeme ihre eigenen mehr oder weniger „gemischten" Praktiken zu entwickeln. Alfred Schuetz nannte Menschen, die in

---

84 Vgl. die Äußerung von Petra, die sagte, dass ihre Erwartung, dass der Mann für die Getränke bezahlt, Teil ihrer traditionellen Erziehung sei.

85 Junge Frauen lehnten nicht die Möglichkeit ab, einen Deutschen ohne Migrationshintergrund oder Angehörigen einer anderen Migrantengruppe zu heiraten. Unter meinen Gesprächspartnern gab es junge Männer und Frauen, die eine Beziehung mit Deutschen hatten, eine Frau heiratete einen Nigerianer. In Berlin lernte ich ein junges Paar kennen, bei denen die Frau kroatisch-türkischer Abstammung war, der Mann Kroate aus der Herzegowina.

zwei Kulturen leben, „kulturelle Hybride“. Der Begriff ist bei Schuetz negativ behaftet, denn er geht davon aus, dass diese Leute in beiden Kulturen fremd bleiben (Schuetz nach Ackermann 2012: 7). Aber diese Position, die Position zwischen zwei Welten, die sich reinen Kategorien entzieht, kann – wie bei Victor Turner – auch positiv konnotiert werden. In dieser Position steckt der Keim der Kreativität, oder wie Turner sagt, eine gewisse Freiheit, mit Faktoren der Existenz zu spielen (Turner nach Ackermann 2012: 11). Junge Kroaten in Deutschland sind Zeugen ihrer eigenen potenziellen Kreativität. Auch wenn sie im vorherrschenden Kulturdiskurs über den Fremden, den *Anderen,* gefangen sind, der wegen seiner kulturellen Differenz nicht der „Leitkultur“ angehört, verstehen sie ihre kulturelle Binarität nicht als etwas Problematisches und Unvereinbares, sondern finden immer neue Wege, um neue hybride Praktiken zu schaffen und sich transkulturell zu realisieren. Die Transkulturation führt auch zur Schaffung neuer, transnationaler Identitäten. Indem sie sich selbst „zwischen“, aber auch „jenseits“ und „trans“ zweier Kulturen verorten, zeichnen die transnationalen Generationen die Grenzen der Kulturen neu ein, vervielfältigen diese Grenzen und schaffen neue Identitätskategorien: „deutscher Kroate“ oder „Kroate in Deutschland“ wird zu einer neuen Identitätskategorie. Sie unterscheidet sich eindeutig von der Kategorie „Kroate in Kroatien“ (s. Kapitel 8). Im nächsten Abschnitt wird auf die Identitätskrise eingegangen, die im Leben junger Leute auftritt, wenn diese intensiv mit ihrer kulturellen Binarität konfrontiert werden.

7.4 Von der Krise bis zur Akzeptanz

In diesem Abschnitt werden die Fragen der kulturellen Binarität und der Zugehörigkeit transnationaler Generationen durch das Prisma eines Lebenslaufs dargestellt. Die Äußerungen junger Leute führen zur Schlussfolgerung, dass die Einstellung einer Person gegenüber der eigenen kulturellen Binarität wandelbar und von der jeweiligen Lebensphase abhängig ist. Die Hinterfragung der kulturellen Binarität findet insbesondere während der Adoleszenz statt, da diese Phase in der westlichen Kultur von Generationenkonflikten und vom Herausfinden der eigenen Identität gekennzeichnet ist. Diese Phase ist bei Migrantenkindern umso komplexer, weil sich junge Leute in diesem Alter zunehmend der Unterschiede zwischen den Familiennormen und den Werten und Praktiken in ihrem breiteren Lebensumfeld bewusst werden. Dabei kann es, wie bereits beschrieben, zu Spannungen und Auseinandersetzungen zwischen Eltern und Kindern kommen. Die Bewusstmachung der Unterschiede, teilweise auch der sich zuwiderlaufenden Kulturcodes, kann sich für junge Leute zu Schlüsselfragen entwickeln, die ungeachtet des Migrationshintergrunds für die Identitätsfindung relevant sind: Wer bin ich? Wohin gehöre ich? Die Fragen werden gestellt, weil junge Leute von ihrer Umgebung widersprüchliche Informationen und Anweisungen bekommen. Innerhalb dieses Wirrwarrs müssen junge Leute mithilfe von Praktiken und Diskursidentitäten ihre eigene komplexe Welt aufbauen (vg. Levitt 2009: 1238). Wir haben bereits gesehen, dass die kulturelle Binarität an und für sich für junge Leute kein Problem darstellt. Sie wird zu einem Problem, wenn sich junge Leute innerhalb nationaler Gesellschaften bewegen, die das Individuum vor die Wahl stellen, sich für das eine oder das andere Kultursystem zu entscheiden. Je nach der getroffenen Wahl wird die Person aus dem jeweiligen Kultursystem ausgeschlossen oder in das System eingeschlossen.

Magda schilderte einige Topoi über die Konflikte zwischen Normen und Werten in ihrer herzegowinischen Familie und denen der Umgebungsgesellschaft, die sie von ihren Gleichaltrigen in der Kindheit in den 1980ern unterschieden. Ihre Äußerung zeugt vom Ausschluss aus der Gesellschaft sowie von der Identitätszuschreibung durch ihre Umgebung:

> Als ich 15, 16, 17 war, habe ich mich gefragt, was bist du nun? Damals, da war ich schon in der Pubertät, ich durfte zu Hause nicht sagen, dass ich eine Teenagerin bin, denn das gibt es bei uns nicht, oder nach Hause kommen, wer weiß um wie viel Uhr, das ist bei uns viel strenger … Viel, viel strenger … Meine Mutter hat gesagt, das gibt es bei uns nicht, du bist anders … Und noch ein paar ähnliche Sachen, ich weiß, damals war ich zehn, da war eine Nachbarin, ihre Tochter hat Geburtstag gefeiert, die haben mich auch eingeladen. Und dann hat mich die Nachbarin angerufen und hat gesagt: „Magda, nimm es mir nicht übel“, aber dass ich keinen, dass ich keinen richtigen Umgang mit ihrer Tochter habe. So ist mir das in Erinnerung geblieben, und dann habe ich gedacht, aua!

Magda machte in ganz jungen Jahren auch die Erfahrung, dass sie „da unten [in der Herzegowina] nicht gänzlich dazugehört“. So wurde sie eigentlich aus beiden Gemeinschaften ausgeschlossen. Ihre Mutter wiederholte zudem, dass ihre Familie „anders“ sei, was ihre Fragen nach der Zugehörigkeit nur vertiefte.

Die 20-jährige Petra erkannte ihre eigene Binarität und hatte das Gefühl, weder zur einen noch zur anderen Nationalgemeinschaft zu gehören. Ihre Zugehörigkeitskrise in dieser Lebensphase erklärte sie mit folgenden Worten:

> Das sind vielleicht auch Identitätskonflikte, man weiß einfach nicht, wohin man gehört, man denkt, ich bin … na gut, vielleicht bin ich Deutsche, und dann eben nicht, ich bin mehr Kroatin. Es ist schwer, die richtige Linie zu finden, zu sagen, das bin ich … Ich sitze zwischen zwei Stühlen, ich weiß nicht wohin. Und dann, wenn ich sehe, wie sich

> die Deutschen gegenüber Ausländern verhalten, nicht dass die Deutschen ein schlechtes Volk sind. Aber wenn ich sehe, wie sich die Kroaten gegenüber anderen Ausländern verhalten, da sind wir noch hundertmal schlimmer. (…) es ist immer schwer, Ausländer zu sein. (…)
>
> Ich hatte ja diese Phase, ich hatte es nicht leicht, vielleicht eine Kleinigkeit, die diese Phase angestoßen hat, dass es überhaupt zu dieser Phase gekommen ist. Wenn ich in Kroatien bin, alles ist ok und dann ein falsches Wort, und dann denke ich, ich gehöre nicht hierher. Auch hier [in Deutschland], ich bin irgendwie empfindlich, ich bin empfindlich geworden, weil ich nicht weiß, wohin ich gehöre. Und dann habe ich mir gedacht, ich muss irgendwie meine Position finden. (…)
>
> Ich fühle mich etwa, ich weiß nicht wohin ich gehören könnte, denn, die Deutschen, die wissen ja, das ist ihr Land, sie sind hier zu Hause, so wie die Kroaten unten wissen, da sind sie zu Hause. Während ich weder das eine noch das andere bin. Ich weiß nicht, wie ich das sagen soll. Jetzt, wenn ich gut gelaunt bin, dann bin ich beides, und wenn ich irgendwie depressiv bin, dann weiß ich nicht, wohin ich hingehöre.

Die Position „zwischen zwei Stühlen", die Petra und andere Interviewte erwähnten, ist eine häufige Metapher, die transnationale Subjekte benutzen, um ihre kulturelle Binarität und die Position des Fremden in beiden Ländern zu beschreiben. Das ist auch die Metapher, die der Soziologe Hartmut Esser benutzte, um die Situation des Migranten, des Ausländers, zu beschreiben, der in keinem gesellschaftlichen Kontext vollständig integriert ist: „Er befindet sich zwischen allen Stühlen und fühlt sich nirgendwo zu Hause" (Esser 2000: 277). Amerikanische Migrationssoziologen aus den 1920ern beschrieben den Migranten auch als Person, die sich am Rande zweier Kulturen und zweier Gesellschaften befindet, die in zwei Welten lebt und in beiden mehr oder weniger fremd ist (Park 1928: 893).

Dieser Gedanke taucht, wie bereits in Kapitel 2 und 5 erwähnt, in der deutschsprachigen Soziologie etwa fünfzig Jahre später im Konzept von Hettlage-Varjas und Hettlage (1984) als Zwischenwelt wieder auf. Die Zwischenwelt bezeichnet die Situation, in der eine Person weder hier noch dort ist, oder besser gesagt, sie ist eigentlich nirgendwo im wahren Sinne des Wortes. Die Anthropologen unter den Migrationsforschern benutzten das Konzept der Liminalität von Victor Turner, um die Position des Migranten zwischen zwei Welten, zwischen dem Herkunftsland und dem Aufnahmeland, zu beschreiben (Şimşek-Çağlar 1994; Antonijević 2013). Die liminale Position schließt den Migranten sowohl aus der Herkunftsgesellschaft als auch aus der Gesellschaft, in der er lebt, aus, denn er entzieht sich klaren, streng abgegrenzten nationalen und kulturellen Kategorien, um seine Zugehörigkeit zu beiden Gesellschaften zu bestätigen.

Der Migrant ist „Švabo[86] in Kroatien, Kroate in Deutschland“, sagte einer meiner Gesprächspartner, „Ausländer hier, Ausländer dort“ nannte Dragana Antonijević (2013) ihr Buch über serbische Gastarbeiter, in dem sie die liminale Position als bleibende grundsätzliche Bestimmung der Migranten betonte. Wie ihre Eltern machten die transnationalen Generationen die Erfahrung der Liminalität und der Nicht-Zugehörigkeit. Diese Erfahrung sei aber nur vorübergehend, sie trete nur in der Adoleszenz deutlich auf und verschwinde später.

Valentina und Jozo benutzten ein noch stärkeres Wort, um ihre Machtlosigkeit vor dem Zugehörigkeitsdilemma zu beschreiben: Schizophrenie. Auch dieses Wort ist keine originelle Bezeichnung, die nur von jungen Kroaten in Deutschland benutzt würde. Das Wort wurde oft im öffentlichen Diskurs benutzt (White 1997). Über ihre schizophrene Situation sprachen Valentina und Jozo vollkommen unterschiedlich: Valentina bekräftigte, sich weder in Deutschland noch in der Herzegowina ausgeschlossen zu fühlen, während Jozo die Erfahrung machte, dass er in beiden sozialen Räumen ausgeschlossen und nicht akzeptiert wurde (s. u. und Kapitel 8.1.2).

Valentina erzählte, dass es für sie „merkwürdig“ sei, vielleicht sogar „schizophren“ sein könnte, dass sie mit großem Vergnügen in Deutschland lebt und keinen Wunsch hat, Deutschland zu verlassen und nach Kroatien oder in die Herzegowina zu ziehen. Andererseits sei für sie ganz normal, dass sie ein „kroatisches Kind“ ist und dass sie auch „nichts anderes sein kann“. Nachdem sie sich aber eine Zeit lang mit diesem Problem befasst hatte und die Eltern dafür beneidete, dass sie genau wussten, wo sie hingehörten, hörte sie auf, sich mit diesem für sie paradoxen Thema zu beschäftigen. Das Thema spiegelt eindeutig den öffentlichen Diskurs über ausschließliche Kulturen und Zugehörigkeiten wider:

> Vielleicht habe ich mich auch eine Zeit lang angestrengt, gerade dieses Konzept, was, wie, wo? Und dann bin ich, ich meine, es geht nicht anders, ich bin zum Schluss gekommen, man muss alles so akzeptieren, wie es ist. Ich meine, mein Herz sagt mir das eine, aber die Tatsache ist, dass ich in Deutschland lebe und dass ich keinen Wunsch habe, dieses Land zu verlassen, und ich werde womöglich, mein Gott, hier, ich weiß nicht, bis ans Ende meines Lebens bleiben. Ich weiß es nicht, höchstwahrscheinlich schon. Und ich tu' mir keinen Zwang an, dieses Dilemma zu lösen, denn da gibt es keine Lösung. Ich kann nicht, ich kann nicht sagen … na, gut, ich kann schon sagen,

86 Umgangssprachliche Bezeichnung für alle Deutschen im Kroatischen. Historisch entstammt die Bezeichnung dem deutschen Wort „Schwabe“. Einwohner Schwabens siedelten sich im 18. Jh. in einigen Landesteilen Nordkroatiens an.

> dass ich mich nicht als Deutsche fühle, denn das ist eine Tatsache, ich bin ein Kind kroatischer Eltern. So ist das. Als solches kann ich ja nichts anderes sein als ein kroatisches Kind. Das ist für mich ganz normal, aber ich sage, ich lebe hier [in Deutschland] sehr gerne. Hier gibt es viel Positives. Ich meine, ich habe mich nie in einer Situation befunden, wo ich mich als Ausländerin gefühlt hätte, dass mich die Leute von oben herab betrachten würden, und genauso ist es auch unten [in der Herzegowina], ich fühle mich nicht ausgeschlossen oder unberücksichtigt. Nein, überhaupt nicht, aber dann frage ich mich wieder, ob ich mir dieses Leben unten für mich wünschen würde?

Das ist eine rhetorische Frage, denn Valentina ist es vollkommen klar, dass sie im Heimatort ihres Vaters in der Herzegowina nicht leben könnte. Ihre Unabhängigkeit, die Tatsache, dass sie nicht verheiratet ist, alles, was für sie ein „gutes Leben" ausmacht – Joggen, Radfahren, mit Freunden ausgehen, Kulturveranstaltungen besuchen, eben alles, was typisch für das Leben eines jungen Stadtmenschen ist, würde die lokale Gemeinschaft nicht gutheißen. Am schwierigsten fällt es ihr, dass man in der Herzegowina ihren Lebensstil als ledige Frau nicht akzeptieren kann, „das bringt mich um". Sie findet es ganz normal, auch in ihren Dreißigern unverheiratet zu sein, und unterscheidet sich in dieser Hinsicht in keinerlei Weise von ihren Freundinnen oder Gleichaltrigen in Deutschland. In der Herzegowina sei das „schlimmer als wenn man Krebs hat", denn „das Weib, wenn es nicht verheiratet ist, hat seine Rolle nicht erfüllt", sagte sie 2005. Eine ähnliche Meinung äußerte die etwas jüngere Diana, die im Heimatort ihrer Eltern in Bosanska Posavina als „alte Jungfer" galt. Für beide Frauen war diese Einstellung unakzeptabel und wäre ein großes Hindernis für ein Leben in Kroatien oder Bosnien und Herzegowina.

Im Unterschied zu Valentina findet Jozo seine Kulturrepertoires unvereinbar:

> Das sind zwei Systeme, zwei Welten. Das sind zwei Schizophrenien, ich nenne das Schizophrenie. Ich würde sagen, das ist ungefähr wie, zum Beispiel, das sind zwei Personen, ein Jozo, der hat diese deutsche Natur, ein Jozo, der hat diese kroatische Seite, und beides zu verbinden ... Ich habe furchtbare Probleme, das zusammenzubringen.

Junge Leute denken über ihre interkulturelle Situation und ihre Zugehörigkeit nach, über das Paradox, dass sie in einem Land leben, das sie nicht verlassen wollen, während sie spüren, dass sie in ein anderes gehören. Die Reflexion führt zum inneren Konflikt während des Heranwachsens. Der Konflikt löst sich aber später auf, wenn sie ihre Binarität und ihre Lebenssituation akzeptiert haben. Bei einigen kann die Identitätskrise aber auch länger dauern (s. Kapitel 8).

7.5 Kulturelle Heterogenität innerhalb der nationalen Kulturen

Junge Kroaten schrieben die Kulturunterschiede zwischen der kroatischen und der deutschen Kultur in der Regel den nationalen Kulturen zu. Einige von ihnen sahen aber ein, dass die Kulturunterschiede, die auf den ersten Blick als „kroatisch" gegenüber „deutsch" identifiziert wurden, im Grunde aus den kroatischen Regionalkulturen hergeleitet werden können bzw. dem Umstand zu verdanken sind, dass die Migranten hauptsächlich bäuerlicher Herkunft aus ausgesprochen traditionalistischen Landesteilen waren. „Regional" überlappte sich in ihren Äußerungen mit „traditionalistisch" und „traditionalistisch" mit „bäuerlich". Somit stellten einige Angehörige der transnationalen Generationen die Existenz der einheitlichen Nationalkulturen bzw. die Existenz einer „gesamtdeutschen" und einer „gesamtkroatischen" Kultur infrage. Indem sie die Einheitlichkeit der Nationalkulturen dekonstruierten, kamen sie zum Schluss, dass es zwischen Kroaten und Deutschen eigentlich keine größeren Kulturunterschiede auf der Ebene der Nationalkulturen gibt. Ihr Konzept des Kulturkontinuums über nationale Grenzen hinweg vermischte sich mit der Vorstellung von Modernisierung der Kulturformen als eine Art Kulturwandel. Einige Interviewte stellten ausdrücklich die Existenz und die Einheitlichkeit der Nationalkulturen infrage. Außerdem zogen sie die Diskontinuität und den statischen Charakter von Kulturen in Zweifel. Somit überwanden sie das Paradigma kultureller Differenz im nationalen Rahmen. Im Gegensatz dazu benutzten meine Gesprächspartner das anthropologische Kulturkonzept, um engeren geschichtlichen und territorialen Einheiten wie Bosnien, Dalmatien, der Herzegowina oder Slawonien eine gewisse homogene und statische Kultur zuzuschreiben. Anders gesagt, auf der regionalen Ebene suchten sie auch weiterhin nach Kulturunterschieden und wogen Kultursysteme gegeneinander ab.

Tonka schrieb die festen lateralen und vertikalen Verbindungen in der Familie ihres Vaters seiner bosnischen Herkunft zu. Sie konnte den Grad und die Reichweite der Verbindungen zwischen den einzelnen Familienmitgliedern sehr gut unterscheiden und stellte eine Hierarchie fest: bosnische Kroaten seien „sehr familienverbunden", denn sie seien „ein bisschen, wie soll ich sagen, zurückgeblieben, traditionalistisch, sodass die Familie noch sehr wichtig ist"; Kroaten aus Kroatien seien in dieser Hinsicht „etwas gefühlskälter als die Bosnier"; die Deutschen befanden sich ganz unten auf der Skala bei der Bewertung der Wichtigkeit der Familienbande.

Bei Tonka kann man beobachten, dass sie das Konzept der Einheitlichkeit und Uniformität der Nationalkultur hinterfragte. Sie stellte sogar die Existenz einer Nationalkultur sowie die Idee des Kulturkontinuums infrage, indem sie von „kalten“, „weniger kalten“ und „warmherzigen Familienverhältnissen“ sprach. Wenn sie über diese Kategorien sprach, stellte sie bei Kroaten regionale Unterschiede fest. In ihrer Äußerung werden die Deutschen namentlich hervorgehoben. Den Deutschen spricht sie auch Familienverbundenheit zu, aber sie sei nicht authentisch, sondern nur formalisierte Höflichkeit. Auf ihrer persönlichen Skala entschied sie sich für den „bosnischen“ Lebensstil, wenn es um Familienverhältnisse geht:

> … obwohl ich die Deutschen nicht diskreditieren möchte. Ich denke, es gibt auch unter ihnen familienverbundene Menschen, aber trotzdem ist es bei uns anders. Ich denke, die Deutschen würden auch ihren Familienmitgliedern helfen, aber bei ihnen erwartet man immer, dass man „danke“ sagt, nicht so bei uns, bei uns ist es selbstverständlich, dass die Familie einem hilft, und es wird nicht erwartet, dass man sich dafür bedankt. Das ist nur eine Geste, Höflichkeit, Formalität, es ist in Ordnung, dass man sich bedankt, aber das erwartet keiner. (…) Deshalb versuche ich mich jetzt genauso zu verhalten wie meine Familie, weil ich das schön finde.

Branimir, den ich 2008 interviewte, brachte die Gründe für unterschiedliche Lebensstile bei den Nachkommen kroatischer Auswanderer in Berlin mit der regionalen Herkunft ihrer Eltern sowie den Unterschieden im Bildungsgrad in Verbindung. Er fand, dass die Leute aus Slawonien sowohl in der Migrantengeneration als auch in der transnationalen Generation viel moderner seien, Frauen emanzipierter und gleichberechtigt mit ihren Männern, anders als unter den Dalmatinern oder den Herzegowinern und ihren Kindern. Branimirs Eltern stammten aus einer Stadt in Slawonien. Er selbst ist in einer Kleinstadt in Bayern mit mehrheitlich deutscher Bevölkerung aufgewachsen. Ihm sind die regionalen Unterschiede aufgefallen, weil er sich zu den zahlreichen Kroaten in Berlin, die aus dörflichen Gegenden Dalmatiens oder der Herzegowina stammten, nicht zugehörig fühlte:

> Mir kommt das immer komisch vor, wenn ich hier in Deutschland mit Kroaten zusammen bin, für mich ist das auch eine Mentalität, die ich nicht kenne. Ich war ja von Kindesbeinen an immer bei Oma und Opa in Osijek, ich meine, ich kenne ein ganz anderes Kroatien oder Jugoslawien als das, was mir hier viele suggerieren wollen. Dieses Patriarchale, das ist mir vollkommen fremd. (...) Für mich war immer alles offen, Mann und Frau waren für mich immer gleich, gleichberechtigt.

Valentina erzählte, dass ihr die Familienverhältnisse in deutschen Familien in vielerlei Hinsicht besser gefallen als in einigen kroatischen Familien. In den deutschen Familien wusste sie die Distanz zwischen den Familienmitgliedern zu schätzen sowie den Respekt der Eltern gegenüber den Entscheidungen der Kinder. Demgegenüber konnte sie in den kroatischen Familien enge Vertrautheit beobachten, aber auch soziale Kontrolle, die von den Eltern und der kroatischen Gemeinschaft ausgeübt wurde. Ihrer Meinung nach treten diese Verhaltensformen vorwiegend bei kroatischen Migranten auf, die aus ländlichen Gegenden und konservativ geprägten Landesteilen stammen. Deshalb sind sie in ihren Augen kein Merkmal der „kroatischen Kultur", sondern nur für bestimmte bäuerliche Landesteile charakteristisch. Einer dieser Landesteile war auch die Herzegowina, aus der ihre Eltern stammen. Deshalb dachte sie, wie bereits erwähnt, dass sie sich mit ihrem Lebensstil dort nicht eingliedern könnte. Valentina konnte sich nur vorstellen, dass sie in Zagreb ein „normales Leben und einen normalen Bekanntenkreis haben könnte, ausgehen könnte und ihren Interessen nachgehen könnte". Sie konnte sich überhaupt nicht vorstellen, im Heimatort ihrer Eltern zu leben. Ähnliche Einstellungen hatten auch andere junge Frauen aus der transnationalen Generation, die in deutschen Städten aufgewachsen oder den größten Teil des Lebens gelebt haben: Martina, Magda, Valentina und Petra konnten sich ein Leben in Kroatien vorstellen, aber nur in Großstädten wie etwa Zagreb oder Split, wo die Leute „wahrscheinlich genauso leben" wie sie in München, Regensburg oder Berlin. Für diese vier Interviewten war der städtische Lebensstil der ausschlaggebende Kulturunterschied. Genau wie Tonka fanden sie kulturbedingte Ähnlichkeiten zwischen einzelnen Personen unabhängig von der Nationalität, und zwar auf der Mikroebene, ganz konkret auf dem Kontinuum zwischen Stadt und Land.

Dina schloss sich mit ihrer Meinung der eben beschriebenen Denkweise an. Dinas Eltern stammen aus Zagreb, sie selbst wurde in Deutschland geboren und machte dort ihren Realschulabschluss. 2002 arbeitete sie als Flugbegleiterin bei einer großen deutschen Fluggesellschaft. Sie sah keinen Unterschied zwischen ihrer Lebensweise in Deutschland und der Lebensweise ihrer Freunde in Zagreb. Dabei soll angemerkt werden, dass Dina in einer Kleinstadt in der Umgebung von München lebte, die eigentlich keine Merkmale einer Großstadt hatte. Ihre Lebensweise fand sie aber wesentlich anders als die Lebensweise anderer junger Kroaten in Deutschland. Sie fand, dass diese größtenteils den Lebensstil ihrer Eltern übernommen hatten. Dabei dachte sie an junge Leute, die in Deutschland vorwiegend im kroatischen sozialen Raum lebten, und zwar auf eine „traditionalistische" oder „bäuerliche" Art und Weise, wie Petra diesen Lebensstil beschrieb. Dabei dachte Dina an die Münchner Lokale, in denen sich junge Kroaten versammelten, an den Umstand, dass sie sich alle untereinander kannten und untereinander verkehrten und dass sie alle die Volksmusik vom Balkan mochten.

Ähnlich wie diese jungen Frauen distanzierten sich auch weitere meiner Gesprächspartner von anderen jungen Leuten kroatischer Abstammung. Für sich selbst sagten sie, dass sie mit ihrem Lebensstil eigentlich zu einer Minderheit gehörten, während die meisten ihrer Gleichaltrigen anders lebten, vorwiegend innerhalb des kroatischen ethnischen Kreises und auf die „kroatische Art und Weise“, was bedeutete, dass sie konservative, traditionalistische und patriarchale Werte ihrer Eltern verinnerlichten und sich auf eine „bäuerliche“ und nicht „städtische“ Art und Weise amüsierten (s. Äußerungen im ersten Teil dieses Kapitels). Ihre Gleichaltrigen beschrieben sie typisch und stereotyp nach dem gleichen Muster, wie in der Regel Arbeitsmigranten türkischer Abstammung in Deutschland stereotyp beschrieben werden: als eine geschlossene ethnische Gemeinde oder als Parallelgesellschaft. Laut einigen meiner Gesprächspartner seien auch junge Kroaten in geschlossene „ethnische Ballons“ – so nannte Val Colic-Peisker (2002) das Leben innerhalb der kroatischen ethnischen Gemeinschaft in Australien – eingeschlossen, in denen sie einen „bäuerlichen Lebensstil“ pflegten.

7.6 Kontraste: national, bäuerlich – städtisch; traditionell – modern

In diesem Kapitel wurde das Verhältnis der transnationalen kroatischen Generationen in Deutschland gegenüber der multikulturellen Umgebung, in der sie leben, analysiert. Ihre Äußerungen wurden durch das kulturelle Kontrastprogramm (Bausinger 2002) geformt. Dabei nehmen sie als den einzig relevanten Kontrast zu ihrer kroatischen Herkunft die Deutschen wahr. Deshalb bezieht sich der größte Teil ihrer Äußerungen auf die Unterschiede zwischen der „deutschen“ und der „kroatischen“ Kultur und auf ihre Bemühungen, diese zwei Seiten auseinanderzuhalten und/oder sie zu versöhnen und ihre persönliche transkulturelle hybride Welt zu schaffen. Es wird deutlich, dass es sich dabei um einen Prozess mit unterschiedlichen Phasen handelt, in denen die Schwierigkeit der Zusammenfügung unterschiedlicher Werte, Normen, Ideen und Praktiken, die sie durch das Leben im transnationalen sozialen Raum kennengelernt haben, deutlich zum Vorschein tritt. Die Schwierigkeiten sind in der Adoleszenzphase besonders stark ausgeprägt. Nach allgemeiner Auffassung wird in dieser Phase die persönliche Identität geschaffen. Für junge Leute kroatischer Abstammung in Deutschland wird dieser Prozess durch den Umstand erschwert, dass sie einerseits dem Einfluss ihrer Eltern, ihren Erwartungen und Anweisungen ausgesetzt sind, andererseits müssen sie mit der Meinung ihrer Umgebung, d. h. ihrer Altersgenossen sowie ihrer Eltern klarkommen. Wenn die Wert- und Moralvorstellungen auf zwei Seiten auseinanderklaffen, kann das zu Konflikten führen. Die Konflikte können auf zweierlei Weisen gelöst werden: Entweder wird das eine oder das andere Modell – das der Eltern oder das der Gleichaltrigen – angenommen, oder es werden hybride Lösungen ausgehandelt. Bei der Annahme des elterlichen Modells spielt die lokale und die transnationale soziale Kontrolle die entscheidende Rolle. Die lokale Kontrolle ist in Orten in Deutschland, in denen sich mehrere Personen aus dem Heimat angesiedelt haben, stark ausgeprägt. Die transnationale Kontrolle wird durch Kroaten in Deutschland und im Heimatort grenzübergreifend ausgeübt. Die Folge davon ist, dass einige junge Kroaten stärkere soziale Netze innerhalb der kroatischen Gemeinschaft und weniger starke soziale Netze außerhalb davon aufbauen.

Die Wertekonflikte werden von jungen Leuten auch als Konflikte zwischen traditionalistischen und modernen, bäuerlichen und städtischen Auffassungen wahrgenommen. Generationenkonflikte treten ebenfalls auf. Junge Kroaten in Deutschland sprechen oft vom ausgeprägten traditionalistischen und patriarchalen Charakter bosnischer, herzegowinischer und dalmatinischer Landesteile. Diese konservative Einstellung ist allerdings nicht gegen die Schulbildung von Töchtern gerichtet. Wegen der Ossifizierung von Werten (s. Levitt 2009) im Augenblick, in dem der Heimatort verlassen wird, kann es zwischen der Migrantengeneration und ihren Nachkommen, den transnationalen Generationen, zu eindeutigen Wertekonflikten kommen. Traditionalismus und Modernismus, bäuerliche und städtische Lebensstile, Vergangenheit und Gegenwart prallen aufeinander. Eine meiner Gesprächspartnerinnen erkannte den Ossifizierungsprozess bei ihren Eltern. Außerdem stellte sie fest, dass ihre Eltern nicht einsehen konnten, dass sich die Wertvorstellungen auch im Heimatland verändert hatten:

> Ich denke, dass es hier [in Deutschland] noch rückständiger war als unten [in Kroatien oder Bosnien und Herzegowina]. Denn, ich denke, einige Werte wurden hier länger aufrechterhalten, die Eltern haben nicht gemerkt, dass sie sich unten verändert haben. Sie haben nur immer erzählt, dass unten alles besser ist, alles ist anders. Aber es war nicht so, denn sie haben die Veränderungen unten nicht miterlebt. Sie sind in einer Zeit weggegangen und haben gedacht, dass unten alles besser ist. Als wir jung waren, haben wir dafür gekämpft, dass wir ihnen beweisen, dass es nicht so ist.

In den Verhandlungen und im „Kampf“ mit den Eltern gelang es einigen Kindern, ihre Entscheidungen durchzusetzen, oder sie fanden Kompromisslösungen, hybride Lösungen, und so schafften sie es, ihre Position zwischen zwei Welten zu finden. Diese Erkenntnis legt die Notwendigkeit nahe, die Behauptung von dauerhafter Liminalität von Personen mit Migrationshintergrund mit Vorsicht zu betrachten. Wenn die diachronische Perspektive mit einbezogen wird, zeigt sich, dass die Liminalität nur eine Lebensphase ist und nicht der lebenslange Zustand einer Person mit Migrationshintergrund. Es hat sich außerdem gezeigt, dass dies auch für Migranten selbst zutrifft (s. Kapitel 5).

Das Kontrastprogramm bei jungen Leuten funktioniert auch auf anderen Ebenen. So überlappen und vervielfältigen sich Identitätsgrenzen und -unterscheidungen – nicht nur zwischen den Kroaten und den Deutschen, sondern auch unter den Kroaten in Deutschland sowie zwischen diesen und den Kroaten in Kroatien oder Bosnien und Herzegowina. Die letztere Unterscheidung lässt eine neue soziale Identität der Kroaten in Deutschland im Gegensatz zu den Kroaten in Kroatien oder Bosnien und Herzegowina entstehen.

Junge Leute weisen auf die Heterogenität der kroatischen Bevölkerung in Deutschland hin, auf die Unterschiede innerhalb der Nation. Diese Unterschiede spiegeln nur die Heterogenität der kroatischen Bevölkerung im Herkunftsland wider. Die Unterschiede unter den Kroaten in Deutschland lassen sich an der Intersektion und in der Synergie der elterlichen bäuerlichen oder städtischen Herkunft ablesen. Eine wichtige Rolle spielt dabei auch das Ausmaß der Ossifizierung der traditionalistischen Werte bei den Eltern. Die Differenzierung kroatischer regionaler Kulturcodes hat nicht nur die Funktion, Unterschiede und Abweichungen innerhalb der kroatischen nationalen Gemeinschaft auszumachen. Sie soll auch jungen Leuten helfen, sich selbst zu definieren und sich von anderen Angehörigen der kroatischen Gemeinschaft abzugrenzen. Außerdem dient sie dazu, sich selbst in die moderne, städtische Umgebung zu verorten, im Gegensatz zur traditionalistischen „bäuerlichen“ Umgebung, in der laut meinen Gesprächspartnern sehr viele junge Kroaten in Deutschland leben. Mit solchen Behauptungen untermauern die Interviewten ihre vollständige Integration in den lokalen (nicht kroatischen) sozialen Raum. Die Äußerungen junger Leute zeugen von guter Kenntnis verschiedener Aspekte der lokalen Gesellschaft, in die sie auch sehr gut integriert sind (sie fühlen sich in Deutschland „hervorragend“, „super“, „komplett integriert“). Ihre Schulerfolge bestätigen ihre hervorragende strukturelle Integration. Deshalb sollen ihre Äußerungen als Widerstand gegen den öffentlichen Diskurs in Deutschland über problematische, nicht integrierte, ghettoisierte Migranten und ihre Nachkommen verstanden werden.

8. Transnationale Generationen und Identifikationsprozesse

Das kann ich offen sagen, mein Herz schlägt für Kroatien, und darauf, ich weiß nicht warum, kann ich nicht verzichten. Das müssen Sie verstehen, ich schau auch darauf, was kann ich für Kroatien tun, was kann ich für mein, für mein Kroatien, was kann ich tun.

Jozo, 24, 2002

Ich lebe hier, es gefällt mir hier (...). Die Gesellschaft multikulti ermöglicht verschiedenen Nationen zusammenzuleben, Toleranz. Alle sind akzeptiert, Türken, Juden, Schwarze. Ich fühle mich akzeptiert. Es gibt manchmal dumme Leute, die sagen „Und du Ausländer", aber die meisten akzeptieren uns. Ich fühle mich akzeptiert und toleriert (...) ich fühle mich nicht diskriminiert.

Valentina, 34, 2005

Im vorigen Kapitel wurde gezeigt, dass die Nachkommen kroatischer Migranten in Deutschland ihr Leben in zwei Kulturen und mit zwei Lebensstilen nach einer kurzen kritischen Phase, die in der Adoleszenz auftreten kann, mehr oder weniger konfliktfrei führen. Welche Folgen hat ihre „endemische Binarität" auf die Identifikationsprozesse dieser jungen Leute? Wie drücken sie diskursiv ihre doppelte Zugehörigkeit aus? Kann das Bild eines „geschützten, eingehüllten einzelnen Körpers (Sitz der einzigartigen persönlichen Identität)", der mit einer „homogenen territorialen Gemeinschaft (Sitz der nationalen Identität)" verbunden ist (Tölölyan 1991: 7), angemessen ihre Binarität beschreiben? Im vorliegenden Kapitel soll gezeigt werden, dass dieses Bild auf die transnationalen Generationen nicht zutrifft und dass sie gerade deshalb damit Schwierigkeiten haben, wenn sie ihre Zugehörigkeit und Identität zum Ausdruck bringen wollen. Sie leben offensichtlich komplexe Leben. Sie leben in Deutschland und zeitweilig in den Herkunftsorten ihrer Eltern in Kroatien oder Bosnien und Herzegowina. Sie bewegen sich im transnationalen sozialen Raum, der aus der Familiengeschichte und ihrer persönlichen Migrantengeschichte hervorgeht. Gleichzeitig nehmen sie auch an Inklusionsprozessen im Aufnahmeland teil.

Und dabei finden sie keine Sprache, um ihre Binarität auszudrücken. Während einige in nationalen Kategorien gefangen bleiben, die ihnen die Logik des Nationalstaates aufdrängt und von ihnen verlangt, sich entweder als Deutsche oder als Kroaten zu identifizieren, schaffen es einige, die Ausschließlichkeit der nationalen Klassifikationen zu umgehen und sich als transnationale oder postnationale Subjekte zu identifizieren, als Subjekte ohne nationale Identifikation. Am Anfang der Forschung 2002 war die kroatische Identifikation dominant. Einige meiner Gesprächspartner hatten damit Schwierigkeiten, weil sie das Gefühl hatten, dass das Land und die Nation, mit denen sie sich identifizierten, sie nicht akzeptierten. Schon damals beanspruchte eine Interviewte mit Nachdruck ihre postnationale Identität. Äußerungen über die transnationale Identität waren seltener, wurden im Laufe der 2000er-Jahre immer häufiger und festigten sich am Anfang der 2010er-Jahre.

In diesem Kapitel werden zuerst transnationale Praktiken der Nachkommen kroatischer Migranten in Deutschland dargestellt. Diese Praktiken haben dazu geführt, dass das Heimatland ihrer Eltern einen wichtigen Platz bei der Schaffung ihres Zugehörigkeitsgefühls einnehmen konnte.

8.1 „Kroatien im Herzen“ junger Leute

Dank der transnationalen Praktiken ihrer Eltern konnten junge Kroaten mehrmals im Jahr Zeit in Kroatien oder Bosnien und Herzegowina verbringen. Meistens besuchten sie den Heimatort des Vaters, seltener den der Mutter. Eine dritte Möglichkeit war ein Ort an der dalmatinischen Küste, wo die Familie ein Ferienhaus baute, das auch an Touristen vermietet werden sollte. Ante besuchte die Heimat der Eltern am meisten: Etwa fünfzehn Mal im Jahr fuhr er mit seinem Vater dorthin. Ante behielt diese Reisen in schönster Erinnerung. In Kapitel 5 haben wir gesehen, dass Grozdana auf häufige Familienreisen mit ambivalenten Gefühlen zurückblickt.

Die Schulferien verbrachten alle Kinder in Kroatien oder Bosnien und Herzegowina. So konnten sie relativ lange Zeitabschnitte mit ihren Verwandten verbringen und mit den Gleichaltrigen Freundschaften schließen. Einige lebten sogar ein paar Jahre in Kroatien, als ihre Familien erfolglos eine Rückkehr versuchten (s. Kapitel 4 und 6). Es ist kein Wunder, dass Trpimir bis zu seinem 18. Geburtstag nicht viele andere Orte außerhalb von Bosnien und Herzegowina besuchte, weil er in den sechswöchigen Schulferien regelmäßig in den Heimatort des Vaters fuhr. Als Kind verbrachte er die Schulferien gerne dort, aber als er größer wurde, gefiel ihm das Leben in der deutschen Großstadt besser als das dörfliche Leben in Bosnien. Auch andere junge Leute – ähnlich wie ihre Mütter, (s. Kapitel 5) – beschwerten sich darüber, dass sie außer des Heimatortes des Vaters keine anderen Orte besuchten oder nie in anderen Ländern die Ferien verbrachten. Die einzige Abwechslung waren vereinzelte Reisen an die Adria. Die Migrantenkinder aus den dalmatinischen Familien waren dagegen zufrieden, weil die Sommer an der Adriaküste mit nichts zu überbieten sind.

Die Erfahrungen, die die Kinder bei diesen Aufenthalten machten, egal wie lang oder kurz sie waren, ob sie bei festlichen Anlässen oder im Alltag gemacht wurden und ungeachtet ihrer Intensität, wirkten sich auf mehreren Ebenen auf die Psyche der jungen Leute aus: Einerseits waren diese Erfahrungen wegen ihres formativen Alters emotional intensiv und lösten tiefe Identifikationsgefühle mit dem konkreten Lebensort und mit der Heimat im weiteren Sinne aus. Andererseits waren sich meine Gesprächspartner schon damals bewusst, mit welchen Schwierigkeiten die Aufnahme in lokale soziale Netze und die Entwicklung des Zugehörigkeitsgefühls gekoppelt waren. Zunächst wollen wir uns dem ersten Aspekt zuwenden.

Die Aufenthalte in den 1980ern in Kroatien oder Bosnien und Herzegowina blieben allen Interviewten in schöner Erinnerung. Die Zeit bringen sie mit den Begriffen Freiheit und einfaches Leben in Verbindung. Sie konnten mit anderen Kindern ungehindert spielen, es war „toll“, „sehr schön“, „unkompliziert“, vor allen Dingen aber anders als das Leben in Deutschland. Dina, die in einem kleinen Ort in der Umgebung von München aufgewachsen ist, erzählte:

> Die Kindheit, die ich in Zagreb während der Ferien hatte, war viel schöner als die Kindheit hier. Das waren für mich irgendwie zwei Leben, Zagreb war ein ganz anderes Leben als das Leben in Deutschland, denn in Zagreb hat es einen Park gegeben und alle sind dorthin gekommen. Das ist nicht so wie in Deutschland, ich kann mich erinnern, in der Grundschule, wenn man mit jemandem spielen wollte, da musste man zuerst nach Hause gehen, zuerst musste man sich verabreden, dann ist man nach Hause gegangen, dann musste man anrufen, „Hast du Zeit? Kommst du zu mir oder soll ich zu dir kommen? Kann dich deine Mama bringen oder soll mich meine Mama zu dir fahren?“ Das war immer kompliziert. Und in Kroatien war das nicht so. Ich habe mich dort frei gefühlt (...) es war einfach alles so unkompliziert. Hier war alles furchtbar kompliziert. Dort haben wir auf der Straße gespielt, im Matsch mit allem Möglichen, das hat es hier nicht gegeben, hier musste man fein spielen, was weiß ich.

Tonka verbrachte ihre Kindheit zwischen dem sechsten und zwölften Lebensjahr in Samobor, einer Kleinstadt in der Nähe von Zagreb. Sie beschrieb diese Zeit mit ähnlichen Worten. Sie erinnerte sich sehr gut an die Kindheit, als die Familie Anfang der 1980er dort lebte und sie und ihre Schwester auf den Straßen spielten, die sie ihr „Territorium“ nannten. Das Haus ist heute noch im Besitz der Familie und Tonka konnte bisher verhindern, dass es verkauft wird. Die Zeit in Kroatien beschrieb sie mit zwei Worten: Freiheit und Unabhängigkeit. Nach der Remigration nach Deutschland kam sie nicht mehr so oft nach Kroatien, aber Samobor ist für sie für immer das „Zuhause“ geblieben:

> Und dieser Ort der Kindheit bleibt in Erinnerung, damit verbindet man die Identität: das ist eine Oase in Kroatien. Nicht Kroatien ist mein Zuhause, Samobor ist mein Zuhause, das ist mein Haus. (...) Ich möchte dieses Haus behalten, das ist meine Kindheit, Erinnerung, da ist etwas Positives an diesem Haus, da waren wir frei.

Dass die Zeit in Kroatien mit so vielen positiven Gefühlen verbunden ist, hängt bei Tonka, aber auch bei Grozdana, damit zusammen, dass die Mütter zu dieser Zeit nicht arbeiten gingen, sondern sich voll den Kindern und dem Haushalt widmen konnten. Im Gegensatz dazu waren die Mütter in Deutschland angestellt, während die Kinder sich selbst überlassen waren oder sich sogar vernachlässigt fühlten. Zwanzig Jahre nach der Rückkehr nach Deutschland, nachdem die Familie fünf Jahre lang in Dalmatien gelebt hatte, erzählte Grozdana: „Das ist so komisch, wenn ich in Kaštela bin, dort wo wir früher gelebt haben, da öffnet sich einfach das Herz“. Dinas Gefühle für Zagreb blieben auch weiterhin intensiv:

> Ich bin um alles in der Welt gerne nach Zagreb gefahren, für mich ist Zagreb … Ich, hätte mich jemand damals gefragt, ob ich in Zagreb zur Schule gehen wollte, nicht nur wäre ich sofort zurückgekehrt, ich hätte am liebsten dort gelebt. Das war immer so. Auch heute liebe ich Zagreb, obwohl ich älter bin, ich habe mich an das Leben hier [Umgebung von München] gewöhnt, hier ist es auch nicht viel anders als in Zagreb, was das alltägliche Leben betrifft, aber als Kind, das war damals doch ganz anders. Ich fand es immer viel schöner dort.

Als ich Ruža zum ersten Mal in Zagreb traf, studierte sie Slawistik in Berlin. Als sie zehn war, holte sie die Mutter nach Berlin, aber sie wäre damals lieber in Osijek geblieben. Bei jeder Rückkehr nach Berlin vergoss sie „bittere Tränen“, und die ersten paar Tage nach der Rückkehr „war es in Berlin überhaupt nicht schön. Hier [in Kroatien] war es immer schöner.“ Die Verbindung mit Kroatien, beziehungsweise damals mit Jugoslawien, entwickelte sich spontan und war von etwas Unerklärlichem geprägt:

> Ich weiß es nicht, Kroatien – für mich war das damals Jugoslawien, was wusste ich über Kroatien? Für mich war das damals Jugoslawien. Für mich war das immer so, ich meine, ich hatte dieses starke ... Ich fühle mich irgendwie ungezwungen gebunden. Ich fand es immer so schön hier. Und ich war immer so traurig, als ich gehen musste. Na-

> türlich, ich weiß, der Sommer, das Meer, alles wunderbar, ich hatte keine Verpflichtungen, nur essen und spielen, selbstverständlich. Aber da war etwas, wissen Sie, so? Ich kann das gar nicht nennen, was eigentlich. Ich sage heute, wenn mich meine Mama damals hier gelassen hätte [in Kroatien], ich weiß, ich wäre hier nicht unglücklich gewesen, definitiv nicht.

Branimir erinnerte sich auch intensiv an die Sommer, die er in Kroatien verbrachte. Sie sind ein wichtiger Teil seiner Welt und Grundlage für sein Zugehörigkeitsgefühl. In seiner Kindheit waren die in Kroatien verbrachten Sommer für seine Gefühlswelt und Identität viel wichtiger als sein Alltag in der bayerischen Kleinstadt, zu der er überhaupt keine Bindungsgefühle entwickelt haben will:

> Mich hat das stark geprägt, wie soll ich das sagen? Geprägt. Ich weiß, wir haben uns hier oft mit Kroaten unterhalten, und ich habe immer versucht zu erklären, dass ich mich erinnere, dass meine Erinnerung an die Kindheit Osijek ist und das Meer. Was in Deutschland war, war uninteressant. Außer, selbstverständlich, mit sechzehn, die Mädchen, das ist etwas anderes. Aber bis zum vierzehnten Lebensjahr war das hauptsächlich Kroatien.

Er war dermaßen an die Stadt gebunden, dass die Waffelkekse der Backwarenfabrik Sloboda aus Osijek bis zum heutigen Tag den unvergesslichen Geschmack der Kindheit verkörpern. Später, als er nach Berlin umgezogen war, erinnerte ihn die Berliner Architektur an die Secessionsgebäude in Osijek, sodass ihm diese Stadt vertraut wurde. Osijek ist ihm nicht nur als architektonisch interessante Stadt in Erinnerung geblieben, sondern als der Ort, an dem er, vor allem dank seiner Großmutter, „sehr viel Toleranz und Liebe zu spüren bekam".

Alica war als Kind sehr oft in Vukovar. Als kleines Baby verbrachte sie dort zwei Monate, aber auch später besuchte sie regelmäßig die Heimatstadt ihrer Eltern, sodass Vukovar, wie sie selbst sagte, für sie Teil ihrer Identität ist. Mit dem Kriegsausbruch Anfang der 1990er sind die gemeinsamen Familienbesuche in Vukovar vorerst weggefallen, sodass ihre jüngeren Geschwister nicht die gleiche Identitätsreferenz haben.[87]

Valentina und Diana verbrachten in der frühen Kindheit nur eine kurze Zeit bei ihren Großeltern in der Herzegowina, Bosnien oder Kroatien. Später verbrachten sie dort Sommer-, Oster- und Pfingstferien. Die Entfernung von etwa 1500 Kilometern zwischen der Kleinstadt in der Nähe von Dortmund und Tomislavgrad in der Herzegowina, zwischen dem Ort in der Nähe von Düsseldorf

---

87 In Kapitel 2 wurde bereits erwähnt, dass sich die Kriegsgeschehen negativ auf die Kroatischkenntnisse der Ende der 1980er und Anfang der 1990er geborenen Kinder auswirken konnten, weil die Besuche in der Heimat nicht möglich waren.

und einem Dorf in Bosanska Posavina bzw. Babina Greda in Kroatien war einfach zu groß.[88] Trotz der Distanz wurden diese Heimatorte ausschlaggebend für den Aufbau ihres Zugehörigkeitsgefühls. Von Zeit zu Zeit spürten Valentina und Diana ein starkes Bedürfnis, mindestens für eine kurze Zeit den Heimatort zu besuchen. Valentina erzählte dazu:

> Denn ich bin noch immer ziemlich, ziemlich stark bin ich an den Heimatort meiner Eltern gebunden, an Freunde da unten, die Verwandtschaft, ich meine … Regelmäßig, ich erledige das manchmal einmal im Jahr, manchmal zweimal. Ich meine, das ist so komisch, das überfällt mich einfach so in der Nacht und dann weiß ich, jetzt muss ich fahren. Ich setze mich am Abend in den Bus, ich meine natürlich wenn ich Urlaub kriege, ich kaufe die Fahrkarte für achtzig Euro, setz mich abends in den Bus und morgen um zehn bin ich in Tomislavgrad. Ich bleibe auch nicht lange, vielleicht maximal eine Woche, aber das reicht mir, ich bin dann zufrieden, ich tanke die Seele voll und dann kehre ich zurück und fühle mich super. Ich kann mir nicht vorstellen, dass mir das jemand verbieten könnte oder dass ich das nicht machen könnte … Ich meine, das hört sich komisch an, aber das Erste, wenn ich unten [in der Herzegowina] ankomme, da besuche ich zuerst das Grab meiner Oma, sie war eigentlich die Erste, die mich großgezogen hat, und dann selbstverständlich das Grab meiner Großeltern mütterlicherseits, und das alles, das bindet mich so sehr, sehr stark. Ich kann mir nicht vorstellen, dass ich das eines Tages nicht mehr machen könnte. Ich kann das gar nicht beschreiben. Später dann, eine Zeit lang, hab ich dieses Bedürfnis nicht mehr, weil das … Es ist nicht so, dass das in meinem Leben nicht existiert, ich bin mir bewusst, dass das existiert, aber … Und das ist auch komisch: Wenn ich in den Himmel schaue, dann sag ich mir, ich muss den anderen Himmel sehen, und dann, sag ich Ihnen, dann nehme ich Urlaub und fahre für ein paar Tage, aber meistens sind das auch schöne Anlässe, etwa wenn meine Kusinen heiraten oder andere Verwandte, oder Ähnliches.

Diana kamen die Tränen, als sie davon erzählte, wie eng sie mit Kroatien[89] verbunden ist und wie gerne sie nach „unten“ fährt: „Wir haben hier gelebt, aber unser Haus war immer unten. Wenn ich heute nach unten fahre, dann sage ich immer: ‚Ich fahre nach Hause‘.“ Die häufigen Besuche in der Kindheit schufen unauslöschliche Gefühle für die Verwandtschaft und die Verbindung zu dem Herkunftsort der Eltern. Dianas viel jüngere Geschwister hatten nicht so viele Gelegenheiten, die Verwandten in der Heimat zu besuchen, sodass sie, genauso

88 Um diese Entfernung einigermaßen zu reduzieren, zog Dianas Familie schließlich in das südlicher gelegene München.

89 Diana hat Verwandte nördlich und südlich der Sawe, d. h. in Bosanska Posavina (Bosnien) und in Babina Greda (Kroatien).

wie Alicas jüngere Geschwister, keine so starke emotionale Verbindung zu dem Heimatort der Eltern hatten.[90]

Nach einem Besuch in Bosanska Posavina 1994 und 1995 wollte Diana zurückkehren. Über die Rückkehr sprachen auch andere Interviewte. Jozo „wollte immer zurück". Die Idee von der Rückkehr taucht bei den damals volljährigen Interviewten während des Krieges in den 1990ern auf. Die Idee hatte wohl etwas mit dem Wunsch der jungen Leute zu tun, dass sie sich persönlich im Krieg oder nach dem Krieg in der Heimat engagieren wollten. Viele wollten auf eine persönlich angemessene Art und Weise einen Beitrag leisten, um dem Land zu helfen, zu dem sie eine tiefe emotionale Bindung pflegten. Einige schrieben ihre Seminar- oder Diplomarbeiten über Kroatien, über den Krieg, über Kriegstraumata bei Soldaten oder Kindern. Viele spendeten für humanitäre Zwecke im Heimatort der Eltern und Ähnliches. Dianas nicht realisierter Wunsch nach der Rückkehr in den 1990ern hing unmittelbar mit ihrer Liebe zum Heimatland der Eltern zusammen und den Gefühlen, die die Nachkriegsgeschehen in Bosnien in ihr hervorriefen. Der kritische Moment für das Land sollte der entscheidende Punkt im Leben der damals 20-Jährigen werden. Zehn Jahre später erzählte sie über diese Zeiten:

> Da war ein Punkt, in dem ich nach unten zurückkehren wollte. Denn die Leute hatten es sehr schwer, und das war ein Gefühl, das alles zu sehen. Und das war die Zeit für die Rückkehr, jetzt muss ich zurückkehren und das Leben unten ist toll. Na gut, jetzt ist Krieg, aber der Krieg wird eines Tages vorbei sein und da muss man den Leuten irgendwie helfen und … Ich, man könnte sagen, ich habe damals in Träumen gelebt. (JČ: Warum haben Sie diese Träume nicht verwirklicht?) Na gut, während des Krieges war meine Familie selbstverständlich dagegen, das kommt nicht infrage, sagten sie, zuerst muss man die Ausbildung machen hier. Und dann kann man immer zurückkehren. Im Grunde ist das ein großer Schritt und man muss gut darüber nachdenken, ob man zurückkehren will oder nicht. (JČ: Denken Sie heute darüber nach?) Ja, oft, aber nie komme ich zu einem vernünftigen Schluss.

Transnationale Generationen wuchsen in Deutschland auf und gingen dort zur Schule, nahmen aber gleichzeitig an transnationalen Praktiken ihrer Eltern teil. Sie fuhren regelmäßig mit den Eltern ins Heimatland und blieben länger oder kürzer dort. Einige lebten sogar abwechselnd im einen oder im anderen Land. In einigen Fällen verbrachten ganze Familien oder Teile der Familie mehrere Jahre in Kroatien, bevor sie wieder nach Deutschland remigrierten. Durch viele

90 Diana spürte im Gegensatz dazu keine engere Verbindung zu München, der Stadt, in der sie zwanzig Jahre lang lebte, was eher eine Ausnahme unter der transnationalen Generation ist; s. u.

Besuche und Aufenthalte im Heimatland der Eltern wurden feste emotionale Verbindungen geschaffen und die Identifikation mit dem nationalen und lokalen Herkunftsraum wurde in Gang gesetzt. Auf dieser Grundlage konnten sich komplexe Identitätsreferenzen bei den jungen Leuten entwickeln sowie die transnationalen Praktiken im Erwachsenenalter. Es kann der Schluss gezogen werden, dass bei jungen Kroaten in Deutschland die transnationalen Praktiken nicht gänzlich verschwinden (s. Kapitel 2) und dass sie vom Lebensalter und der jeweiligen Phase im Familienleben abhängen. Sie waren auch stets vom politischen Geschehen gesteuert. In diesem Zusammenhang sollten häufige Besuch im Heimatland, mehrjährige Aufenthalte in den 1980ern und seltenere Besuche während der Kriegsjahre auseinandergehalten werden.

Einige junge Leute dachten darüber nach, nach Kroatien zurückzukehren und sich dort fest anzusiedeln, während andere trotz der starken emotionalen Verbindung mit dem Heimatland an so etwas niemals gedacht haben. Für einige waren Besuche, wenn auch von kurzer Dauer, eine Notwendigkeit und dienten dazu, im Heimatort, mit dem sie starke Gefühle, Familienbande und Jugenderinnerungen verbanden, neue Energie zu laden. Einige bestimmten genau den Augenblick, wie früher auch ihre Eltern, wann sie zurückkehren wollten, was sie dann aber nicht taten. Andere schlossen die Rückkehr – in ihrem Fall eigentlich die Migration nach Kroatien oder Bosnien und Herzegowina – nicht aus (Valentina, Ana, Drago, Darko, Ante). Einige gaben eine endgültige Rückkehr auf, nachdem sie eine Zeit lang auf Probe in Kroatien gewesen waren. Einige Untersuchungen haben gezeigt, dass es auch Fälle gibt, dass sich junge Leute für ein Leben in Kroatien entschieden haben (Hornstein Tomić 2014). Jozo versuchte es, kehrte aber nach anderthalb Jahren nach Deutschland zurück und hatte nicht mehr vor, in Kroatien zu leben (s. u.). Jüngere Interviewte, die in den späten 1980ern oder 1990ern geboren wurden, bekamen die Möglichkeit, dank der europäischen Universitäts-Austauschprogramme eine gewisse Zeit in Kroatien zu verbringen, nicht nur während der Schulferien oder im Urlaub. Eine junge Frau blieb so auch in Kroatien. Zwei Brüder kamen noch im Teenageralter nach Kroatien, weil sie professionelle Fußballspieler werden wollten.

Zwei Lebensversicherungsmakler entwickelten als junge Leute Pläne, sich geschäftlich in Kroatien anzusiedeln. Etwa zehn Jahre später hatte sich aber keiner von den beiden für ein Leben in Kroatien entschieden. Einer von ihnen begann immerhin, in Kroatien zu investieren. Bei unserer ersten Begegnung arbeitete Darko, damals 20 Jahre alt, bei einer Versicherungsgesellschaft. Fünfzehn Jahre später machte er große Schritte auf der Karriereleiter. Er schloss sein MBA-Studium ab und arbeitete als Steuerberater. Er war noch immer ledig. Jahrelang verschob er seinen Jugendplan, nach Kroatien zu ziehen, weil er zum Schluss kam, dass man in Kroatien „nicht arbeiten kann“. Er änderte seine Meinung und begann 2015, in Kroatien in hochklassige Ferienhäuser zu investieren. Die Entscheidung wurde nach langem Überlegen und genauer Untersuchung der Marktsituation in anderen Mittelmeerländern getroffen. Er erkannte die Möglichkeiten, die nach seinen Worten die „wunderschöne, aber unterbewertete“ kroatische Küste bietet. Mit einem lokalen Partner besitzt er heute zwei hochklassige Ferienhäuser in Dalmatien und arbeitet an der Entwicklung von hochwertigem Tourismus. Die Investition verlangte nicht nur hohe finanzielle Einlagen, sondern auch häufige physische Anwesenheit sowie den Einsatz der Eltern, die im Rentenalter den größten Teil des Jahres in Kroatien verbringen. Darko ist der Meinung, dass das Geschäft ohne Kroatischkenntnisse und ohne lokale Unterstützung nicht möglich wäre. Er ist aber enttäuscht, weil die kroatischen Behörden so langsam sind („Im Sommer arbeitet keiner!“), Banken schlecht funktionieren und übertrieben hohe Zinsen verlangen, von Korruption, fehlender Förderung für Kleinunternehmer, fehlenden Visionen im Bereich des hochwertigen Tourismus, der allgemein schlechten Wirtschaftssituation und im letzten Jahr fehlende Arbeitskraft. Er denkt trotzdem über neue unternehmerische Projekte nach, denn er sieht in den Investitionen in Kroatien eine gewisse Sicherheit für den Fall, dass sich die Lebens- und Arbeitsbedingungen in Deutschland verändern. Er kann sich nicht vorstellen, endgültig nach Kroatien umzuziehen, aber ihm gefällt das Modell „halbe-halbe“, bei dem er in gewissen Abständen zwei bis drei Wochen in Kroatien verbringt. Auf diese Weise behält und festigt er seine doppelte Lebensreferenz, seine Bilokalität und Bifokalität, die schon von seinen Eltern während der fast vierzig Jahre ihres Lebens in Deutschland aufgestellt und gepflegt wurden und die sie als Rentner beibehalten haben. Ihr Aufenthalt in Kroatien hat auch einen praktischen Nutzen, sie helfen ihrem Sohn bei der Durchführung seiner Investitionspläne, denn sie können das Projekt vor Ort beaufsichtigen. Darko entschied sich aber für eine andere Art von Investition als damals seine Eltern. Er investierte nicht im Heimatort in ein Familienhaus, sondern in Tourismusobjekte. Drago entschied sich auch für ein ähnliches Geschäft. Stipe dagegen entwickelte parallel verschiedene Geschäftsprojekte: Mit seinem Vater startete er in Istrien und mit seiner Partnerin in Mexiko zwei verschiedene Tourismusprojekte. Es ist davon auszugehen, dass transnationale Generationen, die Nachkommen kroatischer Migranten in Deutschland, gerade durch Investitionsgeschäfte in Kroatien präsent bleiben.

Im Anschluss werden ausführlich subjektive Vorstellungen von Zugehörigkeitsgefühl von vier jungen Personen dargestellt. Den objektiven Fakten und subjektiven Einschätzungen zufolge waren alle vier Personen sehr gut in die Strukturen des Aufnahmelandes inkorporiert und konnten gleichzeitig feste transnationale Verbindungen mit dem Heimatland ihrer Eltern aufbauen. Die vier Geschichten sind ganz unterschiedliche Identitätsnarrationen und Äußerungen. Sie können als idealtypische Narrationen über die nationale Zugehörigkeit verstanden werden beziehungsweise als Entscheidung, sich über die üblichen nationalen Kategorien zu erheben und neue soziale Identitäten, nämlich transnationale und postnationale bzw. kosmopolitische Identitäten, zu schaffen. Die Zugehörigkeitsgefühle und Identitätsnarrationen der einzelnen Interviewten sind nicht homogen, obwohl sie alle ungefähr im gleichen Alter waren, sie besuchten die Schule zu mehr oder weniger gleicher Zeit, sie schlossen alle eine Ausbildung oder ein Studium ab und bezogen sich auf ähnliche Diskurse über die Migranten, die in der breiteren Gesellschaft am Anfang des 21. Jahrhunderts vorherrschten. In diesen Geschichten ist aber der subjektive Moment ausschlaggebend: In einem für alle Interviewten gemeinsamen geschichtlichen Moment, aber mit unterschiedlichen Familiengeschichten, Migrationsereignissen und individuellen Lebensläufen im Hintergrund verband jeder von ihnen alle diese Bestandteile in eine zusammenhängende Geschichte über Zugehörigkeit und Identifikation. Diese Geschichten illustrieren den theoretischen Ansatz der Identitätsforschung, der besagt, dass Identitäten situationsbedingt relationell, subjektiv und veränderlich sind, während der Prozess des Identitätsaufbaus nicht linear und in bestimmten Lebensphasen sogar konfliktbehaftet ist (Levitt 2002; Schneider 2009; Schneider und Crul 2010). Zum Schluss werden die Narrationen der Interviewten über das Zugehörigkeitsgefühl zu den Lebensorten in Deutschland kommentiert. Wie in Studien über andere Migrantengruppen hat sich herausgestellt, dass die Nachkommen kroatischer Migranten überwiegend ein Zugehörigkeitsgefühl zu den Städten entwickeln, in denen sie leben, nicht aber zum Aufnahmeland als solchem (Crul et al. 2012, 2013; Crul und Schneider 2010; Crul und Mollenkopf 2012). In Kapitel 5 war die Rede von dem gleichen Trend in der Migrantengeneration.

8.1.1 Ante: „Kroate unter Kroaten in Deutschland"

Ante war 27 Jahre alt und ledig, als 2005 die Gespräche mit ihm aufgezeichnet wurden. Er wurde in München geboren, besuchte dort das Gymnasium und schrieb sich für ein Studium ein. Seine Eltern stammten aus Imotski bzw. Drniš (beide in Kroatien). Sie hatten beide eine Berufsausbildung.[91] Da er nach

91 Antes Mutter kam 1963 mit 16 in einem Bus voller junger Frauen nach Deutschland,

eigenen Angaben faul war, brach er das Studium ab und machte eine Ausbildung zum Versicherungskaufmann. Die Familie fuhr während seiner Kindheit regelmäßig nach Dalmatien, weil eine Rückkehr geplant war. Mit diesem Ziel bauten sie in Kaštela ein Haus. Ante begleitete seinen Vater oft auf Reisen, denn dieser richtete eine Buslinie zwischen München und Imotski ein:

> Ich bin als Kind oft nach unten [nach Dalmatien] gefahren. Als ich klein war, hatte mein Vater ein Busunternehmen, sodass ich fünfzehn, sechzehn Mal im Jahr nach unten gefahren bin. Und so gewöhnt man sich, unten Ostern und andere wichtige Feiertage, und dann mit der Familie, und so, und wenn man dann hier lebt, dann sieht man den Unterschied. Unten kennt man die ganze Straße oder den ganzen Ort, und hier kennt man manchmal nicht einmal den ersten Nachbarn.

Während der Schulzeit verbrachte er regelmäßig die Sommerferien und alle katholischen Feiertage zusammen mit der Familie in Kaštela. Zu dem Ort hat er eine starke emotionale Verbindung, viel stärker als zu München, der Stadt, in der er sein ganzes Leben lang lebte:

> Für mich ist Kaštela, sagen wir mal so, mein Zuhause, genauso kenne ich auch Imotski, aber das ist der Heimatort meines Vaters, Kaštela ist meine Heimat. (JČ: Das würden Sie so nennen?) Ja, schon, wie soll ich sagen, das Zuhause, Heimat ist Kroatien, aber Kaštela – da war ich immer als Kind, und ich kenne bestimmt jede zweite Person, die durch den Ort geht und so. (JČ: Spüren Sie auch eine Verbindung zu München?) Das würde ich jetzt nicht sagen. Ich meine schon, zu der Stadt schon, München ist meine Lieblingsstadt in Deutschland, aber nicht mehr.

Im Alltag war Ante auch in München starken kroatischen Einflüssen ausgesetzt: Er besuchte den Kroatischunterricht; den ersten Religionsunterricht hatte er im deutschen katholischen Kindergarten, später aber besuchte er die kroatische katholische Mission; er spielte Fußball im kroatischen Fußballklub und nahm an Feierlichkeiten teil, die von kroatischen Vereinen organisiert wurden. Er bewegte sich aber nicht ausschließlich in kroatischen Kreisen. Im Gegenteil, er hatte sogar eine deutsche Freundin und in der Schule deutsche Freunde. Ähnlich wie auch andere Interviewte (s. Kapitel 7) sprach er über die kalte und abweisende deutsche Mentalität und unbeständige Freundschaften. Daher fühlte er sich im kroatischen sozialen Netz wohler: Er verkehrte hauptsächlich in Lokalen, in denen sich Kroaten trafen, besuchte den Sonntagsgottesdienst in der „kro-

---

die einen Vertrag mit einem deutschen Unternehmen hatten. Sie machte in Deutschland eine Ausbildung zur Fotolaborantin. Der Vater war Elektriker und kam einige Jahre später nach Deutschland.

atischen Kirche“, besuchte kroatische Sport- und Kulturveranstaltungen; politische Vereine und Klubs waren die Orte, an denen er überwiegend seine sozialen Beziehungen pflegte. Zur Zeit unserer Gespräche meinte er, genauso „wie viele unserer Leute“ in München „unter unseren Leuten verwurzelt“ zu sein, wie ein „Kroate unter Kroaten in Deutschland“. Wenn er sich in diesen Kreisen bewegte, dann fühlte er sich wohl, entspannt und zufrieden. Das waren Momente, in denen er „Freude hat und das Leben genießt“, da fühlte er sich wie „unten“, in Dalmatien: „Man fühlt sich wie unten, alles meine Leute, da fehlt nur noch etwa das Meer unten an der Straße [gemeint ist die Straße am Meeresufer in Kaštela] und es ist fast wie unten.“

In Dalmatien fühlte er sich „besser“ und vollkommen akzeptiert und in München „normal“. Mit Sehnsucht erwartete er aber jedes Wochenende und das Treffen mit „unseren Leuten“.

> Unten [in Dalmatien] fühle ich mich besser. Hier fühle ich mich, sagen wir mal, vielleicht normal, denn ich habe …, hier lebt man, man arbeitet, aber hier gibt es, ich sage das mal so, es gibt keine Freude am Leben oder Genießen, außer vielleicht am Wochenende, wenn ich Freunde treffe, unsere Leute. Aber sagen wir mal, wenn ich irgendwo wohnen würde, wo es nicht 30–35 000 Kroaten gibt, sondern, was weiß ich, in einem Dorf in der Nähe von Hamburg, ich wüsste nicht, was ich mit mir anfangen sollte, mit Deutschen oder was weiß ich.

Ante ist aber der Meinung, dass die Sozialisierung unter Kroaten ihn oder seine Freunde nicht ghettoisieren oder ihre Integration in Deutschland negativ beeinflussen würde.

Die kroatischen sozialen Netze fördern es, dass die jungen Leute ihre kroatische Zugehörigkeit hervorheben, insbesondere wenn wichtige Erfolge bei Sportveranstaltungen gefeiert werden. Dann zieht Ante das Fußballtrikot der kroatischen Fußballnationalmannschaft auch zur Arbeit im Büro an. Mit seinen Freunden feiert er jeden Sieg auf den Straßen von München. Ante hatte über seine nationale Zugehörigkeit keine Zweifel:

> Ich hatte nie das Gefühl, dass ich Deutscher bin. Das hängt womöglich mit der Erziehung zusammen, denn man wird wie ein Kroate erzogen, man geht in die kroatische Kirche. Vielleicht ist es anders, wenn man in eine deutsche Kirche geht, das gibt es auch, dann geht man dort zur Erstkommunion, dann zur Firmung. Ich bin an unsere Leute gebunden, so bin ich auch unten gebunden. Wenn man denkt und träumt, träumt man kroatisch, und nicht deutsch, das ist ausschlaggebend.

In Deutschland fühlt er sich wie ein „Gast“. Trotzdem merkt er an, „im Benehmen gibt es ein paar Sachen, die ich hier angenommen habe, die hier vielleicht besser sind …“ Ante sagt über sich selbst, dass er ein „moderner Dalmatiner“ sei, wenn das Verhältnis zu Frauen angesprochen wird (s. Kapitel 7). Er lehnt die Möglichkeit ab, die kroatische Staatsbürgerschaft abzulegen und die deutsche anzunehmen. Darin sieht er auch keinen Vorteil.[92]

Ante nimmt an, dass ihn die ständige kroatisch geprägte Umgebung in München eigentlich „nach unten [nach Dalmatien] zieht, unter unsere Leute“. Wie seine Freunde, die auch kontinuierlich unter „unseren Leuten“ verkehren, kann er kaum erwarten, im Urlaub nach Kroatien zu fahren („Man lebt hier und man wartet immer darauf, die drei, vier Wochen unten zu verbringen!“). Ante dachte auch darüber nach, sich dauerhaft in Dalmatien anzusiedeln. Wenn seine Geschäftspläne gelingen sollten, wollte Ante nach Kaštela ziehen. Dabei hatte er keine Bedenken, dass er sich dort eventuell nicht zurechtfinden könnte:

> Denn unten ist man zu Hause, das ist mein Land, meine Leute, alles ist anders. Ich meine, es ist doch schöner zu Hause als hier [in Deutschland], wo ich mein ganzes Leben gelebt habe, aber unten ist die Heimat, ich meine … (JČ: Sie haben hier ihr ganzes Leben gelebt, und trotzdem wollen Sie dorthin ziehen?) Ja, das stimmt, aber etwas bindet einen immer, immer nach unten. Und hier, hier könnte ich weggehen, ich denke, ich hätte keine Lust zurückzukommen, etwa alle fünf Jahre vielleicht jemanden besuchen.
>
> Viele wollen mir einreden [ich würde mich in Dalmatien nicht zurechtfinden], aber ich habe keine Angst. Ich meine, unten ist man zu Hause, auch wenn es mir schlechter geht, ich würde mich dort besser fühlen. (JČ: Was sagen Ihnen die anderen?) Einige sagen etwa, da unten kann man nicht leben, dies und das …

Ante ist ein typisches Beispiel für die ethnische Integration in den transnationalen Generationen. Dieser Integrationstypus wurde in der älteren deutschen soziologischen Theorie als häufiger, aber aus der Perspektive der deutschen Gesellschaft nicht wünschenswerter Inkorporierungstypus im Aufnahmeland betrachtet (s. Kapitel 2). Im vorigen Kapitel zeigte Ivanka mit ihrer heftigen Reaktion „Man lebt in Deutschland, aber man lebt wie ein Kroate“ dieselbe Einstellung. Antes ethnischer Integrationsmodus bzw. seine Integration in die Migrantengemeinschaft hatte nach seinen Worten keine negativen Auswirkungen auf sein Leben in Deutschland. Weder er noch seine Freunde würden in einer ghettoisierten Parallelwelt leben, sondern seien auch lokal integriert (durch Bildungsstrukturen, Arbeit, soziale Netze, Beziehungen), wie das übrigens Elwert in seiner Theorie auch vorsieht (s. Kapitel 2). Dabei entwickelt sich aber ein

92 Einige Interviewte aus den transnationalen Generationen entschieden sich aus geschäftlichen Gründen, die deutsche Staatsbürgerschaft anzunehmen; s. u. und Kapitel 3.

emotional beschränktes Verhältnis zu dem Lebensort. Ante war also objektiv wie subjektiv in zwei Nationalstaaten inkorporiert und äußerte seine doppelte emotionale Verbindung – einerseits zu dem kroatischen Ort, den er regelmäßig besuchte, andererseits in einem wesentlich geringerem Maße zu dem Lebensort in Deutschland. Er identifizierte sich aber ausschließlich als Kroate und, ausgenommen sein Berufsleben, verbrachte er die meiste Zeit unter Kroaten.

Kroatische Treffpunkte und Aktivitäten in München gaben ihm ein Heimatgefühl „weit weg von der Heimat“. *Hier* konnte er das Gefühl entwickeln, dass er sich eigentlich *dort* befinde (Hage 1997; Halilovich 2012). Dieses Gefühl wird am besten mit dem Satz repräsentiert, dass in München eigentlich „nur noch das Meer fehlt“. Indem er innerhalb des sozialen Raumes der kroatischen Bevölkerung in München Wurzeln schlug – die genug groß ist, um dies zu ermöglichen – schuf er das unter Migrantenpopulationen typische Heimatgefühl: Menschen in der Diaspora verwurzeln sich demnach nicht in einem Ort, sondern in anderen Menschen (Van Gelder 2008).

Obwohl Ante in München geboren wurde und sein ganzes Leben dort verbrachte, sprach er wie ein Angehöriger der Migrantengeneration, z. B. Pero, der zur Zeit unserer Begegnung seit beinahe vierzig Jahren in dieser Stadt lebte, aber noch immer dachte, dass in der Heimat ein Glas Wasser besser schmecke als ein „Fass Bier“ in Deutschland. Ante idealisierte auch das Leben in der Heimat. Er dachte, dass er, wenn er eines Tages umgezogen sei, sich in Dalmatien besser fühlen würde, auch wenn es ihm finanziell schlechter gehen sollte. Er lebte genauso wie die Migrantengeneration und wartete immer nur darauf, ein paar Wochen in der Heimat zu verbringen. Oder, wie das Antun formulierte, er ist physisch in München, während „mein Herz, meine Gedanken und meine Gefühle“ in der Heimat sind (s. Kapitel 5.1.3). Genau wie die Migrantengeneration fühlte sich Ante in Deutschland wie ein „Gast“. Das Bild des „Gastes“ ist mit dem alten Begriff für Arbeitsmigranten in den 1960ern und 1970ern verbunden, als sie „Gastarbeiter“ genannt wurden. Er pflegte ein idealisiertes Bild von der Heimat, das einen paradiesischen Ort darstellt, in dem ungezwungene und konfliktfreie Kommunikation sowie enge zwischenmenschliche Beziehungen stattfinden. An diesem paradiesischen Ort muss man sich, ungeachtet der Umstände, einfach wohlfühlen. Deshalb plante er auch eine „Rückkehr“, eigentlich aber die Migration nach Kroatien.[93] Über diese „Rückkehr“ dachte er gründlich nach, denn er wollte sein Versicherungsgeschäft nach Split verlegen.

93 Streng genommen handelt es sich hier um eine Migration, keine Rückkehr, weil die Person in Deutschland geboren wurde.

8.1.2 Jozo: Doppelt ausgeschlossen und unmögliche Festlegung

Jozo ist in vielerlei Hinsicht mit Ante vergleichbar.[94] Bei unserer ersten Begegnung 2002 war er 24. Er studierte Sozialarbeit und Theologie, später schloss er auch sein Soziologiestudium ab. Seit 2009 arbeitet er in einem Marketingunternehmen. Er ist mit einer Kroatin verheiratet, die wie er in München geboren und aufgewachsen ist. Sein soziales Netz bestand immer aus Personen unterschiedlicher Herkunft, aber am besten fühlte er sich unter jungen Kroaten, denn sie hätten die gleiche „Mentalität". Er ist genauso wie Ante in der kroatischen Gemeinschaft verwurzelt, in der „kroatischen Subkultur" in München, wie er selbst sagte. Es gab aber einen entscheidenden Unterschied zwischen Jozo und Ante: Während sich Ante in Kroatien vollkommen akzeptiert fühlte, fühlte sich Jozo ausgeschlossen. Obwohl er mit Menschen und Orten in Kroatien enge und feste Beziehungen aufbauen konnte, machte Jozo sehr früh die Erfahrung, ausgeschlossen zu sein im Land, das er nicht nur als Heimat seiner Eltern, sondern auch als seine eigene Heimat erlebte: „Mein Herz schlägt für Kroatien", sagt er im Eingangszitat zu diesem Kapitel. Wie ist es zu diesem Gefühl des Ausgeschlossenseins gekommen? Noch in der frühen Kindheit nannte ihn ein Verwandter bei einem Besuch in Dalmatien „Deutscher". Jozo verstand das überhaupt nicht als Spaß oder als einfache Feststellung darüber, dass er aus Deutschland kommt, sondern als Mechanismus, mit dem er aus der lokalen kroatischen Gemeinschaft ausgegrenzt und ausgeschlossen wurde:

> Da war diese Angst, dass mich Kroatien zurückweisen könnte. In Deutschland bin ich kein Deutscher. Und dann, wenn mich jemand unten in Kroatien Deutscher nennt, wie sie mich als Kind ständig gehänselt haben, ich bin verrückt geworden, ich habe geheult. Das war für mich eine Beleidigung!

Etwa fünfzehn Jahre später erklärte er, dass das für ihn ein eindeutiges Zeichen war, dass er anders sei, dass er nicht akzeptiert werde als „Kroate unter Kroaten". Es hat den Anschein, dass dieses Ereignis eine tiefe Spur auf Jozos junger Seele hinterließ und dass es im Grunde Ursprung aller Spannungen und paradoxer Situationen, gar emotionaler Schwierigkeiten war, die er gerade durchmachte, als ich ihn kennenlernte. Jozo sprach genauso wie Tonka (s. u.) über die Nichtakzeptanz, auf die er in Kroatien gestoßen war. Sein Eindruck war, dass

---

94 Jozos Eltern stammen aus Dalmatien. Sein Vater arbeitete als Kellner. Eine Zeit lang leitete er ein Restaurant, in dem auch Jozos Mutter arbeitete. Später arbeitete sie als Hilfskraft in einem Krankenhaus.

Kroaten, die außerhalb des Heimatlandes lebten, unter den einheimischen Kroaten ausgeschlossen und unerwünscht waren und wegen ihres Migrantenstatus immer wieder aufgefordert wurden, ihre Zugehörigkeit zur kroatischen Gemeinschaft zu bestätigen. Diese Bestätigung wurde durch Geldanweisungen und Hilfeleistungen an Verwandtschaft und Freunde erkauft. Nach Jozos Meinung „bezahlten" Migranten mit ihrer Großzügigkeit und Geld die Mitgliedschaft in der Ursprungsgemeinschaft:[95]

> Wir Kroaten hier [in Deutschland] werden so lange [in Kroatien] akzeptiert, toleriert und geliebt, solange wir Geld geben. Dann sind wir Kroaten. Wenn wir kein Geld geben, dann sind wir keine Kroaten, dann sind wir Deutsche. Sodass hier eigentlich, das ist mein größtes Problem mit dem Kroatentum, das ist der wunde Punkt. Lassen Sie mich erklären. (...) Was ist das, Kroatentum? Bin ich ein Kroate, bin ich ein Deutscher? Wenn ich nach Kroatien komme, bin ich ein Fremder, ich weiß das, ich fühle es. (...) Nicht nur ich, ich unterhalte mich darüber mit meiner Clique, wir sind erwünscht, solange wir Geld geben. Aber sobald jemand aufhört [Geld zu geben], der ist nicht mehr erwünscht, der hat da nichts mehr zu suchen. Der ist ein Tourist, Fremder. (...)
>
> Ich würde sagen, dass es da tatsächlich etwas gibt, dass das ein Versuch ist, zu kaufen, etwas aus Angst, dass man verlieren könnte, was einem [am wichtigsten ist?]. Die [in Kroatien] können das nicht verstehen, dass Kroatien uns so viel bedeutet. Das können die einfach nicht verstehen, und diese Angst, nicht mehr verbunden zu sein, dass dieses letzte Band nicht reißt, die [Migranten] würden alles tun. Und die unten [in Kroatien], die haben ein Gespür dafür, die wissen das auszunutzen.

Jozo machte dazu einen Vergleich mit einer Person, die eine Einladung zu einem Fest ergattern möchte, zu dem sie nicht eingeladen wurde. Die Einladung wird dann ausgesprochen, aber nicht, weil die Person erwünscht ist, sondern weil die Gesellschaft von ihr einen Nutzen hat:

> Das kann man am besten beschreiben, wenn man sich eine schöne, große Clique vorstellt. Und man möchte mit ihnen feiern, weil das unser Fest ist, dann kommt man hin und alle schauen einen an: „Was hast du da zu feiern? Das ist nicht dein Fest!" Und man denkt sich dabei, doch, das ist auch mein Fest. Ich denke, das ist dieses Gefühl,

95 Diese Interpretation findet eine Entsprechung in der hervorragenden Analyse von Popović (2008), der die Bedeutung von Geschenken von „Gastarbeitern" an Nicht-Migranten in der Heimat analysiert: Das Geschenk ist gleichzeitig auch die Entschädigung dafür, dass die Gemeinschaft verlassen wurde. Durch Geschenke wird ein vertrautes Gespräch mit Verwandten und Freunden an Festen geführt, an denen die „Gastarbeiter" nicht teilnehmen. Sie sind auch ein Symbol für die Integration von Migranten in die rationale westliche Konsumgesellschaft.

> wenn man versucht, in einem Reigen zu tanzen, und man darf nicht. Nur wenn die anderen einen mitnehmen, aber dann nehmen die einen mit, weil man die Musiker bezahlt ... Dieses Gefühl, das bringt mich um.

Seine intensiven Gefühle für Kroatien und das Zugehörigkeitsgefühl zu Kroatien, die von den Kroaten in der Heimat angeblich nicht akzeptiert würden, außer wenn sie daraus einen Vorteil erwarten, beschrieb Jozo als „etwas Verrücktes, Durchgeknalltes … im Grunde müsste man dafür in Behandlung gehen“. Wenn er darüber nachdachte, was ihm Kroatien bedeutete, suchte er die Antworten in psychologischen Theorien:

> Im Grunde bin ich stolz auf Kroatien, ich bin stolz darauf, dass ich ein Kroate bin, so gegenüber den Deutschen, und ich liebe Kroatien innigst, ich weiß nicht, warum. Ich weiß nicht, woher kommt diese Verbindung? Ich kann sie bei meinen Eltern verstehen, aber ich kann sie bei mir nicht verstehen. Ich habe versucht, und habe darüber nachgedacht, habe mir darüber den Kopf zerbrochen. Und das Schlimmste ist, ich kann das nicht loswerden. Ich habe es versucht, aber ich kann nicht. Das ist wie ein Bumerang, je weiter ich es von mir werfe, umso heftiger schlägt es zurück. (…) Das ist ein Gefühl, das ich nicht beschreiben kann. Das ist nicht nur mein Problem, sondern ganz viele in der zweiten Generation, die haben das. Das ist ein verrücktes Gefühl, nicht mehr rational. Bei den Eltern ist es rational, bei uns nicht mehr. (…) Man könnte sagen, dass das unverarbeitete Traumata unserer Eltern sind, die Kroatien verlassen haben. Wir leben jetzt diesen Schmerz, diese Liebe zu dem Zuhause, wir haben das projiziert und haben uns mir Kroatien identifiziert.

Jozo ist im Grunde auf die Folter gespannt zwischen dem Zugehörigkeitsgefühl zu Kroatien und zum kroatischen Volk und dem Gefühl, dass er von den Kroaten in der Heimat nicht akzeptiert würde. Er dachte, dass er nach Kroatien ziehen sollte, denn nur dort „kann ein Kroate Kroate sein“:

> Das habe ich auch gesagt, dass man sich entscheiden muss, man muss eine Entscheidung treffen und sagen „So, hört jetzt mal zu, ich möchte jetzt Kroate sein und ich möchte daran arbeiten“ und nach unten [nach Kroatien] ziehen oder was Ähnliches. Oder, dieses [Kroatentum] versuchen abzuschütteln.

Jozo war aber nicht vollkommen sicher, ob er sich in Kroatien zurechtfinden würde und ob es ihm gelingen würde, ein „richtiger Kroate“ zu sein. Obwohl er sich in einem Gespräch abschätzig über Deutschland äußerte, konnte er sich nicht dem Gedanken entziehen, dass er wohl vielleicht „mehr deutsch“ sei, als er dachte, ein Deutscher, aber mit einer anderen Mentalität. Deshalb fürchtete er, ein Leben in Kroatien könnte für ihn die „höchste Enttäuschung“ werden. Gleichzeitig zögerte er mit einem Umzug nach Kroatien, denn er bemerkte:

„Dort gibt es keinen Platz für mich!" Er war der Meinung, dass die einheimischen Kroaten die Rückkehrer nicht mögen könnten, denn sie würden sie als Konkurrenz erleben, weil sie gut gebildet seien und neue Ideen mitbringen würden.[96] Es wurde bereits erwähnt, dass Jozo sich dann doch entschied, nach Kroatien zu ziehen. Dort verbrachte er achtzehn Monate und stellte das Haus fertig, das seine Eltern seinerzeit begonnen hatten. Dabei erkannte er das Geschäftspotenzial, das in der Instandhaltung von leeren und nicht bewohnten Migrantenhäusern in Dalmatien steckte. Gleichzeitig waren diese achtzehn Monate auch mit der großen Enttäuschung verbunden, Enttäuschung, die er befürchtet hatte, aber die ihm auch die Einsicht in die „deutsche Seite" seiner Persönlichkeit ermöglichte. Er musste feststellen, wie sehr er im Bereich der Arbeitskultur ein „Deutscher" war, während er in allen anderen Bereichen ein „Kroate geblieben" sei (vgl. Erzählungen anderer Interviewter in Kapitel 7). Das Hauptthema unseres Gesprächs 2011 waren seine schlechten Erfahrungen in Kroatien und die Kritik an der kroatischen Geschäftskultur. Damals, fast zwei Jahre nach seiner Rückkehr nach Kroatien, befand er, sein „Experiment mit Kroatien" sei abgeschlossen und er denke nicht mehr daran, sich für immer in Kroatien anzusiedeln.

Aber auch zu diesem Zeitpunkt zeigte er keinen Enthusiasmus für Deutschland. Entschieden lehnte er jegliche Anbindung an Deutschland ab, dafür konnte er die Verbindung zu München, seiner Geburtsstadt, bestätigen. Er äußerte sich positiv über die Infrastruktur und wollte auch weiterhin mit seiner Familie dort leben. Er entschied sich eigentlich für ein Leben „auf zwei Stühlen". Diesmal aber, zehn Jahre nach unserem ersten Gespräch, bereitete ihm diese Position keine emotionalen Schwierigkeiten wie früher.

Das Leitmotiv in Jozos Geschichte ist der Wunsch nach der Eingliederung in die einheimische kroatische Gemeinde, an die dieser gebürtige Münchner so stark gebunden war. Dass dieser Wunsch unerfüllt blieb, hatte verschiedene Ursachen: sein Leben im transnationalen sozialen Raum, das ethnische Konzept von Staatsangehörigkeit und Nationalität in Kroatien ebenso wie in Deutschland sowie der Eindruck, nicht als Mitglied der kroatischen Gemeinschaft in der Heimat anerkannt sein, weil er in einem anderen Land lebte. Er hatte das Gefühl, dass ihn seine Heimat nicht akzeptierte: Ihm wurde vorgeworfen, nicht nur dass er ein „Deutscher" sei, sondern auch der Umstand, dass er in diesem Land nie

---

96 Nach Popović (2008) demonstriere der „Schrei" der Nicht-Migranten gegen die Migranten „den Kampf um die Ressourcen und die begrenzte Menge von Nahrung und Wasser" (sic!).

gelebt hatte und sein Schicksal bzw. das Schicksal seiner Bevölkerung nicht teilen konnte. Für die Nicht-Migranten in der Heimat war er ein Migrant, eine exterritorialisierte Person, die aus diesem Grund kein Recht hatte, ein vollwertiges Mitglied der einheimischen Gesellschaft zu sein. Er selbst sah ein, dass sich im Kern der Ablehnung der Migranten seitens der einheimischen Bevölkerung ein sozialer Mechanismus befand: Migranten und ihre Nachkommen kehren mit anderen Erfahrungen zurück, sind gut ausgebildet, sie sind potenzielle Träger von Veränderungen und Neuheiten, was für die einheimische Bevölkerung eine Herausforderung und Konkurrenz darstellen könnte. Der soziale Mechanismus der Abkapselung der Nicht-Migranten von den Migranten, auch wenn sie die gleiche Kultur und nationale Identität teilen, haben eindrucksvoll Norbert Elias und John L. Scotson (1994) beschrieben: Durch die Nichtakzeptanz der Rückkehrer verteidigt die einheimische Bevölkerung den schon früher festgelegten sozialen Status, Hierarchie und Machtverhältnisse.

Jozo befand sich deshalb in einer konfliktreichen und paradoxen Situation: Er identifizierte sich eindeutig als Kroate, spürte eine feste Verbindung zu Land und Leuten, die ihm aber seine Mitgliedschaft in der Gemeinschaft aberkannten, was ihn zu dem Schluss führte, dass ihm auch die Mitgliedschaft in der nationalen Gesellschaft aberkannt wurde. Die Situation wurde zusätzlich erschwert durch den Umstand, dass Jozo, im Unterschied beispielsweise zu Ante, kein romantisches Bild von Kroatien pflegte, sondern Land und Leute kritisch beurteilte. Der einzige kroatische soziale Raum, in dem er sich vollkommen akzeptiert fühlte, war die ethnische Gemeinschaft in Deutschland. Das ist im Grunde auch der Raum, in dem einige Interviewte ihre transnationale Identität verorten und sich als „deutsche Kroaten" oder „Kroaten in Deutschland" definierten (s. Kapitel 8.1.4). Jozo vermutete schon diese Identität, war aber Anfang der 2000er noch in seiner binären Opposition „entweder Kroate oder Deutscher" gefangen.

Der binäre Kontext, in dem er sich bewegte, war für Jozo ausdrücklich problematisch, weil er das Dilemma enthielt „Bin ich ein Kroate, bin ich ein Deutscher?" In einem dritten Kontext verschwindet dieses Dilemma, weil der relevante Andere, zu dem er sich positionieren muss, eine dritte Nationalität ist. Für Jozo waren das die Iren, als er als Austauschstudent in Irland studierte. Von den Iren wurde er als Deutscher identifiziert. In Irland befand er sich in der Situation, dass er die „Deutschen verteidigen" musste, als er sich berufen fühlte, gegen Vorurteile und Stereotype über die Deutschen angehen zu müssen. Erst in Irland konnte er seine „Schizophrenie" (s. Kapitel 7.4) überwinden und seine doppelte Zugehörigkeit zu einer Einheit verbinden. So stellte er sich dort als „Kroate aus Deutschland" vor. Diese Erfahrung brachte ihm auch die Einsicht, dass er weder in Deutschland noch in Kroatien „verankert“ war und dass er höchstwahrscheinlich an jedem Ort der Welt leben und sich schnell einfinden könnte. In diesem Punkt ähneln sich die Geschichten von Jozo und Tonka aus dem nächsten Abschnitt. In einem Punkt unterscheidet sich Tonka aber vollkommen von Jozo, denn sie hat eine postnationale Identität für sich gewählt.

8.1.3 Tonka: Doppelt ausgeschlossen mit postnationaler Identität

Tonka wurde 1975 in Frankfurt geboren.[97] Bei unserem ersten Gespräch 2002 in München war sie 27, ledig und gerade am Ende des Studiums. Tonka wählte ihre Kontakte nicht nach dem nationalen oder irgendeinem anderen Schlüssel, etwa nach der Sprache oder nach der Religionszugehörigkeit. Sie hatte vor, in München zu bleiben, war aber für jede andere Möglichkeit offen. Nachdem sie in Wirtschaftswissenschaften promoviert hatte, arbeitete sie in Wien und in München. Seit 2018 arbeitet sie in Liechtenstein. Sie hatte eine Mietwohnung in Österreich und am Wochenende fuhr sie regelmäßig nach München.

Die Familie lebte zuerst in Frankfurt, dann ging die Mutter mit den Kindern nach Kroatien, während der Vater nach München zog. Wie bereits erwähnt, lebte Tonka in der ersten Hälfte der 1980er, von ihrem sechsten bis zum zwölften Lebensjahr, in Samobor. Danach zog die Mutter mit den Kindern zum Vater nach München.

Diese Ereignisse hinterließen einen tiefen Eindruck auf Tonka und gestalteten ihre Einstellung zum lokalen und nationalen Zugehörigkeitsgefühl. Wegen der Rückkehr nach Kroatien musste sie zweimal die Sprache neu lernen: Bei der Einschulung in Kroatien musste sie Kroatisch lernen, und als sie mit zwölf zurück nach Deutschland kam, musste sie Deutsch neu erlernen. Die diskriminierende Einstellung deutscher Lehrer zu ihr persönlich und generell den Ausländern gegenüber (s. Kapitel 6.7) sowie soziale und Klassenunterschiede, denen sie auf dem deutschen Gymnasium in der zweiten Hälfte der 1980er begegnete, brannten sich tief in ihre Erinnerung ein. Diese Erlebnisse hinterließen in ihr das Gefühl der Erniedrigung. Auch fünfzehn Jahre später, als die Gespräche geführt wurden, bestimmten sie ihre Ansicht, dass ein Ausländer in Deutschland nicht akzeptiert werden kann:

---

97 Ihr Vater war Kroate aus Bosnien, Krankenpfleger von Beruf, ihre Mutter stammte aus Zentralkroatien. Die Eltern lernten sich in Deutschland kennen. Ihre Mutter kam als ausgebildete Einzelhandelskauffrau nach Deutschland und machte dort eine Ausbildung zur Krankenschwester.

> Du bist eine schlechte Schülerin, weil du die Sprache nicht kannst, du bist Ausländer, aus einer anderen Welt, du kannst dich nicht unterhalten. Und dann, auf dem Gymnasium, da sind ein bisschen bessere Familien, (...) da werden [niedrigere] soziale Schichten diskriminiert, auch Ausländer werden dort diskriminiert, weil es auf dem Gymnasium keine Ausländer gibt. Ich habe immer alleine gesessen in der Bank, mit mir wollte keiner was zu tun haben, als hätte ich Cholera gehabt, die haben in mir keinen Menschen gesehen. Und deshalb ist kein Staat meine Heimat! Ich habe dieses extrem Negative gespürt, dass ich nicht dazugehöre, dass ich nicht akzeptiert bin, ich habe mich nicht wie ein Teil der Gesellschaft gefühlt, weil mich die Gesellschaft nicht als Teil ihrer selbst gesehen hat.

In Kroatien erlebte sie das Gefühl des Ausgeschlossenseins während der Besuche in ihren späteren Jahren: „Wenn ich dort zu Besuch komme, akzeptieren mich die Leute nicht wie jemanden, der unten lebt (...). Ich bin Ausländerin für sie". Außerdem findet sie sich in Kroatien nicht zurecht: „Das ist ein anderes System, eine andere Lebensweise, alles vollkommen anders als hier". Deshalb gab sie die Idee auf, in Kroatien zu leben, worüber sie eine Zeit lang nachdachte. Ihre Beobachtungen über die Nichtakzeptanz in Kroatien stimmten mit den Erlebnissen von Jozo, aber auch von anderen Interviewten überein: Sie würden von den Nicht-Migranten in Kroatien als Fremde behandelt. Tonka formulierte das aber noch krasser: Die einheimische Bevölkerung sehe die Migranten nicht nur als Fremde, sondern sogar als „Verräter" (vgl. Popović 2008):

> Wir sind eine Generation, meine Schwester und ich, die keine Heimat hat, so fühle ich mich. Meine Mutter hat Heimatgefühle, mein Vater, ihre Eltern hatten Heimatgefühle, ich aber nicht. Für mich ist Kroatien keine Heimat, aber auch Deutschland nicht, das gibt es für mich nicht, diesen Begriff. Wenn ich unten zu Besuch komme, akzeptieren mich die Leute nicht wie jemanden, der unten lebt. Die fragen mich, „Was bist du?" Ich sage dann: „Studentin!" Dann wird sofort der Ton gewechselt, denn wenn sie aufspüren, aaa, die leben in Deutschland, die denken, dass wir anders sind. Ich bin für sie eine Fremde, ich bin nicht im Land geblieben, habe da nicht am Aufbau mitgeholfen, ich bin Verräterin, die die Heimat verlassen hat, nicht mitgeholfen hat, sondern gegangen ist, wo es einfacher ist.

In Deutschland fühlte sie sich im Gegenzug nicht so fremd wie in Kroatien, wurde aber von Deutschen auch im Erwachsenenalter als Ausländerin wahrgenommen:

> Ich bin für sie [Deutsche] Ausländerin, aber ich fühle mich nicht so. Was das System angeht, für mich ist hier [in Deutschland] mehr Zuhause, nicht als Heimat, aber mehr Zuhause als in Kroatien. Ich habe einundzwanzig Jahre lang in Deutschland gelebt, das ist mir hier alles vertraut, unten [in Kroatien] nicht, dort finde ich mich nicht zurecht.

Obwohl sie sich in Deutschland nicht akzeptiert fühlt, weil sie Ausländerin ist, und zwar eine leicht zu erkennende Ausländerin (Tonka ist dunkelhaarig), fühlt sie sich nicht als Ausländerin und spricht oft aus der Position „Wir Westdeutsche“.[98] Aber sobald das Gespräch über Ausländer in Deutschland geführt wird, positioniert sie sich eindeutig auf die Seite „der Ausländer, der Anderen“:

> Wenn es nicht darum [um Ausländer] geht, dann ist für mich klar, eindeutige Position – ich bin Deutsche, dann sehe ich das aus der Perspektive wir Deutsche, dies und das, selbstverständlich Westdeutsche ... Aber sobald sie anfangen, über Ausländer zu reden, dann nehme ich eine andere Rolle ein, weil ich formal, dem Gesetz nach, Ausländerin bin.[99]
>
> Ich werde nie akzeptiert werden, nicht einmal mit einem deutschen Pass. Ich habe schwarzes Haar, ich bin keine Arierin, und wer hat schwarzes Haar, nicht die Engländer, nicht die Franzosen, ich denke, so ist es.

Weil sie sich in den beiden Nationalstaaten ausgeschlossen fühlte, lehnte Tonka die Identifikation mit beiden ab. Die Unmöglichkeit der nationalen Identifikation erklärte sie mit der Nichtakzeptanz in beiden Ländern: In Deutschland kam dieses Gefühl während der Schulzeit nach der Rückkehr aus Kroatien auf. Dieses Gefühl wurde auch in der Zeit ihres Heranwachsens durch den öffentlichen ausländerfeindlichen Diskurs in den 1980ern und 1990ern genährt. Die eine oder andere Bemerkung über ihr Äußeres von ihren Kollegen haben ein Übriges getan.[100] In Kroatien wurde dieses Gefühl genährt, weil sie das System nicht kannte und sich darin schlecht zurechtfand. Außerdem störte sie sich daran, dass die

98 Tonka hob hervor, dass sie eine Westdeutsche sei, weil sie das liberale demokratische System des Landes akzeptierte. Sie bezeugt auch, dass sie die innerdeutsche gesellschaftliche Unterscheidung zwischen den Ostdeutschen und den Westdeutschen verinnerlicht habe (vgl. für Portugiesen: Klimt 2000).

99 Zu dieser Zeit, 2002, hatte Tonka noch immer die kroatische Staatsbürgerschaft.

100 Ein Kommilitone bemerkte einmal, dass man ihr gleich ansehen könne, dass sie aus Kroatien kommt. Tonka sagte nichts dazu, weil sie einen Abwehrmechanismus entwickelte, denn sie meinte, genau wie andere junge Interviewte in dieser Untersuchung, dass eine andere Herkunft ein Vorteil sei (s. Kapitel 7). „Da habe ich mir gedacht, ‚Du, wenn du einmal so gut Kroatisch kannst, dass du auf Kroatisch studieren kannst, wie ich in deiner Muttersprache studieren kann, dann können wir nochmal sprechen, früher habe ich kein Wort mit dir zu verlieren‘. Das habe ich mir gedacht, ich habe mir gedacht, du weißt nicht einmal, welchen geistigen Vorteil ich also habe, denn ich kann deine Muttersprache so sprechen, dass du mich nicht korrigieren musst, und du kannst in meiner Muttersprache kein einziges Wort sagen. So macht man sich mit der Zeit einen Panzer, denn sonst geht das einem unheimlich auf die Nerven“.

Einheimischen sie als Fremde wahrnahmen. Deshalb lehnte Tonka es ab, sich national zu bestimmen. Sie nannte sich „Bewohnerin des Planeten Erde“, „weiblich“:

> Ich bin allen Nationen gegenüber kritisch, weil ich kein Vaterland habe, Emotionen, Gefühle und Liebe für das Vaterland habe ich nicht. Hier [in Deutschland] bin ich Ausländerin, auch unten [in Kroatien]. (...) Ich habe überall auf der Welt die gleiche Stellung, die gleiche Position, ich bin die Fremde. Auf dem Papier, ich habe einen kroatischen Pass, aber Liebe und Gefühle, das kenne ich nicht, ich bin fremd auf der ganzen Welt. Durch Vaterland, Denken in nationalen Grenzen, sind Leute beschränkt in ihrem Bewusstsein, sie sehen ihre Nation und denken, sie sind Teil dieser Nation. Ich nicht. Ich bin ein Primat, Geschlecht weiblich, das heißt Bewohnerin des Planeten Erde, der Welt, aber nicht einer nationalen Grenze. Das ist für mich, nichts. Wenn ich eine Stelle in einem anderen Land bekomme, ich würde hingehen, dort bleiben, oder ich würde weiter gehen und noch weiter. Ich habe ein bisschen Wurzeln geschlagen. Ich bin nicht fest verwurzelt, weder in Samobor noch in Frankfurt noch in München.

Mit diesen Worten erklärte Tonka ihren damals bevorstehenden Staatsangehörigkeitswechsel. Für sie war das ein rationaler, instrumenteller Akt, der ihr ermöglichen würde, in Deutschland oder einem anderen EU-Land eine Arbeit zu finden, denn die deutsche Staatsangehörigkeit bedeutete automatisch auch die Unionsbürgerschaft. Diese Entscheidung war der Schlussakt von Tonkas emotionsloser Auffassung von Nation. Die nationale Identifikation war für sie sowieso eine Fiktion. Ihre Auffassung spiegelte auch die Meinung ihrer Mutter wider (die Mutter war mit Tonkas Entscheidung zum Staatsangehörigkeitswechsel übrigens nicht einverstanden). Die Mutter sprach in einem anderen Gespräch mit ähnlichen Worten von der Beliebigkeit der Staatsangehörigkeit und die Manipulation von Nationalgefühlen durch unverantwortliche und habgierige Politiker. Den Erwerb der deutschen Staatsangehörigkeit kommentierte Tonka mit folgenden Worten:

> Leute denken, dass der Erwerb der deutschen Staatsangehörigkeit Verrat an deiner Heimat ist, aber was soll ich verraten, wenn ich keine Heimat habe? Dass ich seit meiner Geburt ein Papier habe, dafür kann ich nichts, ich habe es nicht gekauft oder angeschafft, es wurde mir in die Wiege gelegt, das habe nicht ich entschieden. Ich möchte Angehörige keines Staates sein. Wenn das möglich wäre, wäre ich keine Staatsbürgerin, Angehörige keiner Nation. Ich verstehe die Formalität, es gibt Grenzen, die Welt ist nicht so weit, dass die Leute sich ohne Grenzen sehen könnten. Das ist institutionalisiert, jeder Staat hat Grenzen und sie tragen Konflikte aus für die Territorien. Jeder will das seine und das zwingt einen, ich kann mich nicht entziehen! Ich kann mich nicht entziehen, die zwingen mich dazu. Ich muss den Ausweis zeigen! Ich bin etwas wert, weil ich dieses Papier habe, sonst existiere ich nicht für sie. Man ist materiell da, aber

ohne Papier ist man nichts! Was soll ich mit diesem Papier? Weil diese Institutionsregeln so sind, bin ich gezwungen, ich muss Papiere haben!

Tonka fühlte sich von beiden Nationalstaaten, die sie in ihrem Leben in ein einziges soziales Feld stellte, ausgeschlossen, und deshalb entschied sie sich für eine Identität jenseits der nationalen. So überwand sie etwa das Dilemma, mit dem Jozo zu kämpfen hatte. Ihre postnationale Identitätswahl ist ein Resultat der Definition über die Angehörigkeit zur deutschen Nation, die bis 2000 auf der Grundlage der ethnischen Herkunft bestimmt wurde[101]. Dabei spielten auch die negativen Erfahrungen in der Schule eine wichtige Rolle. Obwohl das kroatische Konzept der Angehörigkeit zur Nation ebenfalls auf dem ethnischen Prinzip basiert, bot es für Tonka keine Lösung, weil sie nicht in Kroatien lebte und sich dort nicht souverän fühlte. Außerdem hatte sie das Gefühl, dass sie von einheimischen Kroaten als Fremde wahrgenommen wurde. Da sie den physischen Raum und das „Schicksal" der Nation nicht geteilt hatte, ist sie der Meinung, dass ihre gleichberechtigte Teilhabe an der Gesellschaft infrage gestellt wurde. Die Wahl der postnationalen Identität war für sie die Lösung, die sie aufgrund ihrer transnationalen Erfahrung für einzig möglich hielt, in einer Welt, in der die Angehörigkeit auch weiterhin als Angehörigkeit in *einem* Nationalstaat bestimmt wird. Mit ihrer Wahl überwand Tonka die Beschränkungen, die von Grenzen, Staaten, Nationen und Kulturen aufgestellt wurden. Sie war sich dabei aber vollkommen bewusst, dass sie sich auf dem „Papier" für nur eine Staatsangehörigkeit entscheiden musste.

Tonkas Äußerung über ihre postnationale Identität ist sehr ähnlich dem Aufschrei eines jungen deutschen Türken, der, genervt von ständigen Fragen über seine kulturelle Zugehörigkeit, verlauten ließ: „Ich bin der, der ich bin. Diese

101 Die Inkorporierung in die Nation konnte in Deutschland nur auf der Grundlage der ethnischen Herkunft stattfinden (Kastoryano 2002) oder einer Mischung aus ethnischer Herkunft und kultureller Assimilation (Green 2001). Seit 2000 hat sich ein Ruck in Richtung des territorialen Prinzips bei der Erlangung der deutschen Staatsangehörigkeit vollzogen. Schon seit 1993 konnten die in Deutschland geborenen und aufgewachsenen Kinder der Ausländer, unter der Bedingung dass sie sich seit mindestens acht Jahren in Deutschland aufgehalten haben und sechs Jahre dort zur Schule gegangen sind, die Möglichkeit bekommen, sich zwischen dem 16. und 23. Lebensjahr für die deutsche Staatsbürgerschaft zu entscheiden. Das im Jahre 2000 verabschiedete Gesetz führte das Recht auf die deutsche Staatsbürgerschaft unter bestimmten Auflagen nach dem Geburtsprinzip ein, die Vorschriften für die Naturalisierung wurden gelockert und bei der Erlangung einer doppelten Staatsbürgerschaft wurden höhere Toleranzgrenzen eingeführt.

Scheiße mit den zwei Kulturen steht mir bis hier ...“ (Faist 2000: 233). Ähnlich reagierte eine 19-Jährige, geboren und aufgewachsen in Kanada in einer Immigrantenfamilie: „Muss ich mich auf eine bestimmte Weise identifizieren? Ich sage, ich bin eine Person!“ (Fog Owig 2003:72).

8.1.4 Ana: Transnationale Identifikation – eine „deutsche Kroatin“

Im Jahr 2005 war Ana 20. Sie wurde in Zadar geboren, im Alter von einem Jahr zog sie mit Mutter und Geschwistern zu ihrem Vater, der seit 1971 in Deutschland war.[102] Sie machte gerade ihre Ausbildung zur Chemielaborantin, hatte aber schon damals den Ehrgeiz, sich weiterzubilden, denn sie „wollte nicht nur einfache Chemielaborantin bleiben, sondern auch etwas mehr erreichen“. Als sie wegen der Ausbildung in eine Nachbarstadt ziehen musste, war das für die Mutter ein „Schock“.

Der Altersunterschied zwischen den Geschwistern war ziemlich groß: Die älteren Brüder kamen im Teenageralter nach Deutschland. Sie wurden ziemlich ähnlich sozial inkorporiert wie Ante. Sie lebten in den späten 1980ern in einem Münchener Stadtviertel mit vielen kroatischen Gleichaltrigen. Die zehn Jahre jüngere Ana erlebte es anders. Als sie das Teenageralter erreichte, gab es in ihrem Wohnviertel nicht mehr so viele kroatische Migrantenkinder, sodass sie öfter mit deutschen Kindern im Kontakt war. Den Religionsunterricht und den Gottesdienst besuchte sie zum Teil in der deutschen und zum Teil in der kroatischen katholischen Gemeinde. Aus diesem wichtigen Unterschied im Sozialisierungsprozess und beim Erwachsenwerden ergaben sich ganz andere Entscheidungen beim Aufbau des Sozialnetzes, die Ana traf. Sie bevorzugte die „Gesellschaft deutscher Gleichaltriger“ und äußerte sich in gewissem Maße kritisch über die Versammlungsorte junger Kroaten sowie über den „kroatischen“ Stil bei der Freizeitgestaltung (s. Kapitel 7.2). Trotzdem mochte sie die Veranstaltungen, bei denen sich „unsere Leute“ versammelten:

> Und wenn gefeiert wird, ist es irgendwie schöner, ich weiß es nicht, ob das daran liegt, dass ich Kroatin bin, dass ich eine heimatliche – wie soll ich sagen – Verbindung spüre, etwas, aber das ist einfach wie Urlaub, dieser eine Tag, da ist man im Urlaub und dann kehrt man zurück in seine normale Welt und macht seine Arbeit.

102 Der Vater war Fabrikarbeiter, die Mutter arbeitete als Pflegehelferin in einem Altenheim.

Ana sagt, sie spreche so gut Deutsch, dass „sich alle wundern, wenn sie erfahren, dass ich eine Kroatin bin, keiner würde das sagen“. Kroatisch ist aber ihre erste Sprache und in dieser eng verbundenen Familie wird auch weiterhin Kroatisch als Kommunikationssprache verwendet.

Mit ihren Eltern besuchte sie mehrmals im Jahr das Städtchen Biograd in Dalmatien, wo die Eltern, gebürtig aus zwei kleineren umliegenden Ortschaften, ein Haus gebaut hatten. Mit Biograd verband sie nur schöne Eindrücke und Erinnerungen und spürte eine tiefe Verbindung zu den Leuten und dem Meer:

> Da ist es super. Ich habe meine Clique, ich habe eine Freundin, die ich seit der Geburt kenne, sie und ich, immer zusammen, die Verwandtschaft selbstverständlich. Es ist ganz anders dort, ich weiß nicht, wenn ich mich langweile, es gibt so viele Leute, die ich besuchen kann, und ich muss mich nicht in die S-Bahn setzen oder ins Auto, sondern ich gehe einfach nur spazieren. Ich gehe spazieren, da ist das Meer, was mir am aller-, allerwichtigsten ist, das Meer beruhigt (…) ich kann mir nicht vorstellen, einmal nicht ans Meer zu gehen. Da würde mir etwas fehlen. Josipa [die Freundin] kenne ich, wie gesagt, mein ganzes Leben, dann ihre Freunde, sie hat ihre Clique und ich füge mich sofort ein, sie wissen, ich bin Ana, ich komme für drei Wochen und dann bin ich wieder fort.

In München fühlte sie sich „zu Hause“. Sie hatte ihre Freunde, Familie, Arbeit. In den beiden Orten lebte sie gerne, in den beiden Orten könnte sie leben und verließ sie nur mit einem traurigen Gefühl:

> Ich fühle mich an Biograd stark gebunden. (JČ: Und an München?) Ja, ja. Ich denke, das würde mir schon sehr schwer fallen, wenn ich in eine andere Stadt ziehen müsste. Denn alles was ich ... ich weiß nicht, hier habe ich Freunde, Familie, Arbeit, ich habe mich hier eingerichtet, so für mich. Wenn ich in eine andere Stadt ziehen müsste, das wäre für mich, als ob ich in ein anderes Land ziehen würde, alles verlassen und alles von Anfang an ... auch wenn ich nach Kroatien ziehen würde, ich weiß nicht, ich würde nicht nach Osijek ziehen, wo ich niemanden kenne, ich würde in eine Stadt ziehen, wo ich Verwandte habe oder Freunde, wo ich etwas kenne, wo ich nicht von Null anfangen muss, sondern wo ich schon etwas habe.

Ana fühlte sich „an zwei Orten zu Hause“: in Biograd und in München. Sie passte sich an beiden Orten an, jede Stadt hat ihre Vorteile, „aber ich weiß nicht, unser Lebensstil ist schon etwas lustiger. Ich weiß nicht, es ist schöner, die Leute trinken offen, machen Späße“. In ihren jüngeren Jahren hatte sie schon ihre Schwierigkeiten. Sie selbst sprach von der „Pubertät“, als sie sich Fragen stellte und ihren „Platz“ unter den Migrantenkindern, aber auch anderen Gleichaltrigen suchte. Aber auch bei ihr, wie auch bei den im vorigen Kapitel erwähnten jungen Leuten, verschwand die Identitätskrise nach dieser unruhigen Phase:

> Früher war das wirklich so, wenn man versucht, sich selbst zu finden und sich selbst in Ordnung zu bringen und das alles, das ist doch etwas verwirrend, dass man nicht 100 Prozent sicher weiß, wer man ist und wo man hingehört. Aber jetzt nicht mehr, jetzt habe ich mich definitiv gewöhnt, ich habe meinen Platz gefunden. (...) Ich denke, das war für jeden ein Problem, wenn man in der Pubertät ist, egal ob reiner Deutscher oder reiner Kroate oder auch was anderes, egal wo man aufwächst, man sucht immer dieses Etwas, den tieferen Lebenssinn – warum sind wir da, wer sind wir, was sind wir? Ich denke, das ist tatsächlich so, dass jeder so denkt und dass noch viele Generationen nach mir so denken werden, bis sie sich so akzeptieren, wie sie sind. Man sieht ein, dass es nur Zeitverschwendung ist, viel darüber nachzudenken, denn man findet sowieso keine Antwort!

Als wir diese Gespräche führten, hatte Ana die Phase der Abwägung der Kulturunterschiede schon überwunden. Sie lernte, sich der konkreten Situation anzupassen und den „kroatischen" vom „deutschen" Lebensstil zu trennen (s. Kapitel 7.2). Sie lernte außerdem, mit Situationen umzugehen, in denen ihre Identität infrage gestellt wurde:

> Ich habe mich daran gewöhnt, früher war das sehr schwer für mich, vor allem eine Zeit lang, als ich in die Pubertät kam, diesen Unterschied zwischen dem kroatischen und deutschen Lebensstil, aber ich weiß nicht, jetzt habe ich mich wirklich daran gewöhnt, klar zu trennen, das ist kroatisch, das ist deutsch. Und alles akzeptieren, die Lebensweise, und auch, dass ich nicht weiß, was ich bin: Ich bin Kroatin, aber ich lebe in Deutschland. Und ich passe mich den Deutschen an, wenn ich mit den Deutschen bin, und wenn ich in Kroatien bin, dann immer dieses, ich weiß nicht, ich weiß, das ist nur Spaß, wenn ich höre „Ah, die Deutsche, die Deutsche dies, die Deutsche das". Ich bin nicht so akzeptiert, wie eine von ihnen, sondern ich bin immer die Deutsche. Und hier in Deutschland, ich weiß nicht, die Deutschen halten mich für eine Deutsche, die denken nicht einmal, dass ich was anderes sein könnte. Das war schwer, zu erfahren, wer man ist, was man ist. Und jetzt, jetzt habe ich mich gewöhnt, das auseinanderzuhalten. Ich weiß, wenn ich in Kroatien bin, dann bin ich in Kroatien, wenn ich hier in Deutschland bin, dann bin ich Deutsche. Wenn ich mit Deutschen bin und wenn ich mit meiner Familie bin, selbstverständlich, das ist etwas ganz anderes.

Ana erzählte, dass der Status einer „Kroatin, die in Deutschland lebt", oder wie eine andere Gesprächspartnerin sagte, „deutsche Kroatin", ein besonderer Status ist, der sie von ihren Altersgenossen unterscheidet und sie interessanter macht. Ana verortete sich selbst „irgendwo in der Mitte":

> Ich habe mich schön in der Mitte von alledem eingerichtet, ich habe meine Mitte gefunden, ich versuche nicht, eine Deutsche zu sein, ich versuche nicht, eine Kroatin zu sein, sondern ich bin einfach etwas dazwischen und ich lebe damit, ich denke sogar, ich habe es besser als jemand, der diese Möglichkeit nicht hat. (...) Ich weiß nicht wie,

> ich weiß es nicht, es ist schon schwer, sich selbst zu definieren, aber ich habe mich daran gewöhnt, ich versuche nicht mehr, anderen zu erklären, was und wer ich bin, sondern einfach, ich bin Kroatin, die in Deutschland lebt. Ja, und so ist das, ich lebe damit.

Der Vorteil oder die Besonderheit des doppelten Status lässt sich auch aus Anas Kommentar über die Staatsbürgerschaft erkennen. Ana hatte die kroatische Staatsbürgerschaft und war der Meinung, dass sie die deutsche nicht brauchte. Sie brauchte sie nicht für die Arbeit, noch fühlte sie sich diskriminiert. Im Gegenteil, sie fand, dass sie als Kroatin in Deutschland eine besondere Stellung hatte und deshalb auch für ihre Gleichaltrigen interessant war. Diese Besonderheit wollte sie pflegen:

> Ich finde das irgendwie schön, wenn ich weiß, dass ich etwas Besonderes bin, obwohl man das nicht sieht, obwohl die anderen es nicht sehen, aber für mich, ich weiß es, ich bin doch – ich rage doch heraus unter meinen Freunden, damit dass ich Kroatin bin, und dass ich die Möglichkeit habe, regelmäßig ans Meer zu fahren, ohne viel Geld auszugeben.

Nicht nur Ana, auch Petra, Natalija, Damir, Denis, Darko, Drago und andere haben ihre „transnationale Anomalie“ (Şimşek-Çağlar 1994) in einer Welt mit Nationalstaaten und ausschließlichen Zugehörigkeiten akzeptiert: Ihr Zugehörigkeitsgefühl wird im transnationalen sozialen Raum gestaltet, einem Raum, der nicht durch geografische und staatliche Grenzen abgesteckt ist. Das ist nicht nur der Raum, in dem eine Person lebt. Dieser Raum erstreckt sich über die Grenzen hinweg und umfasst Orte und Menschen in mehreren Staaten. Diese Leute sind eine Anomalie, denn sie sehen selbst ein, dass sie Kroaten sind, aber nicht auf dem kroatischen oder bosnisch-herzegowinischen Boden leben. Obwohl sie den größten Teil ihres Lebens in Deutschland verbrachten, pflegten sie enge Kontakte mit der Heimat ihrer Eltern, besuchten regelmäßig die Heimatorte der Eltern oder lebten sogar eine Zeit lang in diesen Orten. Verwandte und befreundete Nicht-Migranten aus diesen Orten sind fester Bestandteil ihres Lebens. All diese Faktoren haben dazu geführt, dass sie einen transnationalen Diskurs über die Zugehörigkeit entwickelt haben. Der Diskurs verbindet ihre zwei Welten in eine Einheit und macht sie zu „deutschen Kroaten“.

In der älteren einschlägigen Literatur, die aus der Perspektive des Aufnahmelandes geschrieben war und grundsätzlich die Integration der Immigranten thematisierte, wurde die Meinung vertreten, dass die Migranten und ihre Nachkommen so lange in der „Zwischenwelt“ bleiben, bis sie sich für eine Zugehörigkeit entschieden haben. Diese Zwischenwelt würde dann verschwinden, wenn die

Assimilation im Aufnahmeland vollzogen ist (Hettlage-Varjas und Hettlage 1984). Wie bereits erwähnt, wird in der neueren einschlägigen Literatur die Liminalität als dauerhafte Position des Migranten verstanden und als sein spezifischer Lebensstil (Şimşek-Çağlar 1994). Jedoch impliziert die Einschätzung über die Liminalität, egal ob sie zeitlich beschränkt oder dauerhaft ist, dass die Migranten nirgendwohin gehören, weder hier noch dort, dass sie Mitglieder in keiner der Gesellschaften sind. Diese Einschätzung ist direkte Folge des methodologischen Nationalismus, der imperativisch eine einzige und einmalige Zugehörigkeit voraussetzt. Junge Kroaten in Deutschland haben aber ein Zugehörigkeitsgefühl, das sie an zwei Staaten bindet. Um ihre doppelte Zugehörigkeit auszudrücken, schufen sie eine neue soziale Identität, die „deutsche Kroatin" oder die „Kroatin in Deutschland". Darüber äußerten sich auch andere Interviewte, alle übrigens genervt durch öffentliche Debatten über Zugehörigkeit und Identifikation der Migrantennachkommen aus verschiedenen Ländern in Deutschland und die Forderungen, sich mit dem Aufnahmeland zu identifizieren: „Ich bin Kroatin mit einem deutschen Pass, deutsche Kroatin. (...) Wenn ich diese Diskussionen höre [über die Zugehörigkeit], denke ich mir, was sollen diese Diskussionen?", sagte Magda.

8.2 Lokale Identifikationen in Deutschland

Die Erzählungen der transnationalen Generationen bestätigen ihre emotionale Verbindung zu mehreren Orten: zum Herkunftsort der Eltern oder dem Ort, an dem sie die Ferien verbringen, und zu dem Lebensort in Deutschland. Abgesehen von nur drei Interviewten sprachen alle unmissverständlich über die Verbindung zu dem deutschen Geburts- oder Lebensort. Einige identifizierten sich sogar als „Kroate aus Berlin" oder „Kroate aus München".

Branko nannte einen kleinen Ort am Stadtrand von München sein Zuhause. Damir, der aus dienstlichen Gründen relativ häufig außerhalb von München war, beschrieb seine Beziehung zu der Stadt mit folgenden Worten:

> München als Stadt, mein Herz hängt an München, nicht wahr, ich bin doch hier aufgewachsen, und ich weiß nicht ... Wie, wie der Zagreber, der Zagreb verlassen hat. Es gibt also, man hat ein Gefühl für diese Stadt und die Stadt fehlt einem. Und jetzt noch mehr, jetzt noch mehr, wenn ich nicht mehr so oft da bin, erst jetzt habe ich gemerkt, wie viel mir die Stadt fehlt. Und früher habe ich auch gemerkt, ich war sechs Wochen, als Student, da war ich sechs Wochen in Kroatien, da hat mir München wirklich gefehlt.

Petra hat auch festgestellt, dass sie Heimweh nach München hat, wenn sie in ihrem zweiten Zuhause ist:

> Ich fühle mich an zwei Orten zu Hause. Ich kann nicht sagen, dass ich nur in Kroatien zu Hause bin, nein. Ich mag nach unten gehen, ich bin traurig wenn ich nach Hause gehe, aber ich mag auch hierher kommen, und ich bin traurig, manchmal bin ich sogar traurig, wenn ich in Urlaub fahre, denn ich denke mir „Ai, jetzt verpasse ich etwas hier!" Aber trotzdem fahre ich nach unten, weil es Zeit ist, nach unten zu fahren. Und dann bin ich froh, wenn ich unten bin ... Egal wo ich bin, bin ich traurig, wenn ich gehen muss.

Ana fühlte sich aber nur in München „zu Hause":

> München, würde ich dann mal sagen, München ist der Ort, wo ich mich zu Hause fühle. Denn überall, wenn ich anderswo bin, weiß ich, dass ich anderswo bin, aber wenn ich hier bin, dann fühle ich, dass es meins ist, hier bin ich zu Hause.
>
> München. Ich liebe diese Stadt. Wenn ich irgendwohin weiter fahre und wenn ich zurückkomme, sobald ich in München bin, ich spüre es, das ist meine Stadt. Es reicht nur, wenn ich einen Spaziergang mache, das Zentrum, und es gibt so viele alte Gebäude, und viele Museen, halt viel Kultur. Und die Stadt ist groß genug, aber auch nicht zu groß. Ich würde jetzt nicht wünschen, dass es fünf oder zehn Millionen Einwohner hat, aber es hat eben genug und es ist nicht weit von Kroatien entfernt.

Tonka ist auch stark an alle Orte gebunden, an denen sie im Laufe des Lebens lebte: Ihr Geburtsort und der Ort, an dem sie ihre Kindheit verbrachte, befinden sich ganz oben auf der Liste ihrer Lieblingsorte:

> Ich meine unbewusst, emotional ist diese Verbindung schon bis zu meinem sechsten Lebensjahr entstanden, obwohl es mir nicht bewusst war. Dieses Frankfurt, da bin ich geboren, das Herz hängt daran. Auch heute, das ist für mich gleich wie Samobor, sogar etwas mehr, weil ich dort geboren bin. Wenn ich nach Frankfurt komme, mache ich einen Spaziergang, ich erinnere mich daran, wie das war als Kind, dieses Gefühl ... (...) Dubrovnik ist für mich die schönste Stadt in Kroatien, aber Samobor ist Liebe. (...) Nicht ganz Kroatien, für mich ist Samobor das Zuhause, das ist mein Zuhause.

Tonka lehnte es ab, sich national zu definieren. Sie verortete ihre Zugehörigkeit in den Orten, an denen sie lebte. Frankfurt ist ihre Geburtsstadt, Samobor repräsentierte die Kindheitsidylle und das kroatische Zuhause, das sie allerdings selten besuchte. Die Kleinstadt in der Umgebung von München, in der sie bei unserem ersten Gespräch schon seit zehn Jahren wohnte, wurde auch als der Ort erwähnt, an dem sie die Wurzeln geschlagen hatte, bloß nicht „fest". Fünfzehn Jahre später wurde gerade dieser Ort zum wichtigsten Zugehörigkeitsort für Tonka. Sie arbeitete zu dieser Zeit in Liechtenstein, wohnte aber unter der Woche in Österreich. Jedes Wochenende fuhr sie in die Kleinstadt bei München, in der ihre Freunde und Verwandte wohnten und in der sie sich „am besten fühlt".

In einer meiner früheren Arbeit kam ich zum Schluss, dass Tonka und andere junge Leute mit ihrer Anbindung an konkrete Lebensorte „provinzielle transnationale Bürger“ genannt werden können (nach Faist 2000 „parochial transnationals“; Čapo Žmegač 2008), Personen, die ständig Staatsgrenzen übertreten, die aber lokale Anbindung und lokale Zugehörigkeitsgefühle in konkreten Lebensorten entwickeln. Die Orte, an denen sie am längsten lebten – für die meisten ist das praktisch nur eine deutsche Stadt – sind Orte, mit denen sie sich identifizieren, nach denen sie Heimweh haben, wenn sie irgendwo anders sind, Orte mit ihnen vertrauter Materialität und Raum, deren Gepflogenheiten und Menschen sie kennen und verstehen. Junge Leute verorten ihr Zuhause also in der „gelebten Erfahrung der Lokalität“ (Brah 1996: 192).

Die gleiche Tendenz der Verortung der Identität in die Lebensorte wurde bereits bei anderen Migrantennachkommen in europäischen Großstädten beobachtet (Crul et al. 2012, 2013). Während die Eltern junger Kroaten, wie das in Kapitel 5 beschrieben wurde, erst nach mehreren Jahrzehnten, die sie in Deutschland verbracht hatten, die dortigen Lebensorte auch als ihr Zuhause erlebten, tat es die nächste Generation früher, denn diese Orte waren für sie gleichzeitig auch die Orte, an denen sie geboren wurden, in denen sie zur Schule gingen und sich zum ersten Mal verliebten. Das hinderte sie allerdings nicht daran, wie im ersten Absatz dieses Kapitels angedeutet, Zugehörigkeitsgefühle auch für die Orte in Kroatien zu entwickeln, in denen sie eventuell nur zu Besuch waren oder für kürzere Zeit gelebt hatten.

8.3 Heterogene Äußerungen über die Zugehörigkeit

Die hier vorgestellten jungen Menschen sind sowohl nach objektiven Kriterien (Sprachkenntnisse, Bildung, Beruf) als auch nach ihrer persönlichen Einschätzung gut in die deutsche Gesellschaft integriert. Auf der Grundlage einer guten strukturellen und subjektiven Integration erzählte jede Person ihre spezifische Geschichte über die Identität. Dabei wurden heterogene Zugehörigkeitsmöglichkeiten im transnationalen sozialen Raum an den Tag gelegt. Ihre Zugehörigkeiten sind lokal und im nationalen Sinne national, transnational und postnational. Keine von den hier vorgestellten Personen identifizierte sich als Deutsche oder Deutscher, ungeachtet ihrer Staatsbürgerschaft. Zwei Personen identifizierten sich ausdrücklich als Kroaten, aber obwohl sie sich ihres hybriden Kulturrepertoires bewusst waren, übertrugen sie es nicht auf ihre transnationale Identität, wie Ana. Und Tonka lehnte die nationale Zugehörigkeit sogar entschieden ab und definierte sich selbst als Frau und Bewohnerin des Planeten Erde.

Am Anfang des Forschungsprojektes stellte ich fest, dass sich Äußerungen der in Deutschland geborenen und aufgewachsenen Nachkommen kroatischer Migranten überwiegend in Richtung ausschließlicher nationaler Identifikationen bewegten und dass sie ihre transnationale Identität nicht vollständig konzeptualisierten und artikulierten (Čapo Žmegač 2005b: 89). Ich bin zum Schluss gekommen, dass die Unmöglichkeit der Artikulation der transnationalen Identität ein Widerschein der (post-)modernen Welt ist, die trotz zahlreicher transnationaler Verbindungen und politische, nationale und kulturelle Grenzen überbrückender Netze noch immer *in Nationalstaaten zersplittert* ist. Diese Nationalstaaten sind noch immer die endgültigen Schiedsrichter in Fragen der Bestimmung der einheitlichen und wohlumgrenzten nationalen Identitäten. Behördliche Identitäten einzelner Personen können nur nach dem Entweder-Oder-Prinzip bestimmt werden. Eine solche Klassifizierung befolgt die binäre Logik, die besagt, dass eine Person nur entweder ein Mitglied der Kategorie Nation oder kein Mitglied sein kann: Eine Person ist entweder Kroate oder Deutscher und kann nicht beides sein. So weit der behördliche Diskurs, der auch im Alltag tief verwurzelt ist. Endemisch bifokal, mit doppelter Zugehörigkeit und transnationalen Identitäten, sehen sich die Kinder kroatischer Wirtschaftsmigranten gezwungen, die bestehenden binären Klassifizierungen der nationalen Identität zu benutzen. Deshalb sind sie nicht in der Lage, die gelebte Realität auszudrücken, die parallelen Verbindungen und Identifikationen in zwei Nationalstaaten (ebd.).

Am Anfang des neuen Jahrhunderts änderten sich die deutsche Gesellschaft sowie der Diskurs über Migranten schnell und gewaltig: Ablehnung der Immigrationstatsache, ausländerfeindliche Rhetorik und Ausländerdiskriminierung, Förderung der Migrantenrückkehr in ihre Heimatländer machten nun Platz für die Annahme der Immigrationstatsache, für den neuen rechtlichen Rahmen für Ausländer sowie Erlangung der deutschen Staatsbürgerschaft. Die multikulturelle Rhetorik ist in den öffentlichen Diskurs eingedrungen, sodass auch Äußerungen über die transnationale Identität häufiger und selbstverständlicher wurden, und zwar unter den Migrantennachkommen unterschiedlicher Nationalitäten. Bei jüngeren Kohorten der Nachkommen kroatischer Migranten ist ihre Multikulturalität und Transnationalität selbstverständlich. Die vollzogenen Veränderungen übten außerdem Einfluss auf die Selbstpositionierung und den Diskurs älterer Kohorten. „In Deutschland ist es kein Problem mehr, wenn man eine andere Herkunft hat", sagte der 40-jährige Drago 2017. In den letzten Jahren, stellt er sich nicht mehr als Kroate vor, sondern als „Inländer kroatischer Herkunft". Er wurde in Metzingen bei Stuttgart geboren und fühlte sich nie als Ausländer in Deutschland. Er will sich wie jeder andere Einwohner des Landes gefühlt haben, obwohl er Kroate ist. Da er durch den öffentlichen Diskurs immer in die Kategorie der Ausländer gepresst wurde, empfand er den Zwang, sich als Kroate und nicht als Inländer vorzustellen. Als sich der öffentliche Diskurs vom Terminus Ausländer loslöste, die Immigrationstatsache und nicht formalisierte multikulturelle Praktiken anerkannt wurden und Migranten und ihre Nachkommen, die jahrzehntelang in Deutschland lebten, mit dem Begriff „Personen mit Migrationshintergrund" bezeichnet wurden, konnten die Identitätsäußerungen der kroatischen transnationalen Generationen erst artikuliert werden.

Drago hatte auch seine Meinung zu dem neuen Syntagma, das den Migrationshintergrund einer Person betont. Diese Hervorhebung fand er überhaupt nicht anstößig, im Unterschied zu der früher allgemein benutzten Bezeichnung „Ausländer". Mit dem neuen Syntagma werden die Deutschen nicht mehr von den Nicht-Deutschen unterschieden, sondern es werden deutsche Bürger und Einwohner Deutschlands danach unterschieden, ob sie persönlich oder ihre Vorfahren die Erfahrung der Migration gemacht hatten (s. Kapitel 1.5). Drago sagt von sich, auch vor den gerade beschriebenen Veränderungen im öffentlichen Diskurs und dem allgemeinen Klima in Deutschland nie eine Identitätskrise gehabt zu haben. Seine sehr gute soziale und berufliche Inkorporierung auf der lokalen Ebene sowie die Identifikation mit dem Lebensort kombinierte er seit jeher mit seiner Präsenz in sozialen Netzwerken von Migranten (Verwandte und Freunde) in Deutschland und transnationalen Praktiken, durch die er und seine Eltern zwei entfernte Orte in Deutschland und Kroatien zu einem transnationalen sozialen Raum verbanden. Andere Interviewte hatten stärker ausgeprägte Identitätsdilemmata, die aber generell in der Adoleszenzphase verschwanden. Jozo war der einzige, der auch später damit haderte. Aber auch für ihn waren das nur „Philosophische Themen über die Identität. Das belastet mich sicherlich nicht, wenn ich Kartoffeln einkaufe oder Bier, hahaha", schrieb er in einer E-Mail 2004.

Der Beitritt Kroatiens in die Europäische Union im Jahr 2013 brachte vielleicht die entscheidende Entspannung in die Äußerungen junger Kroaten in Deutschland. Das ist nicht aufgetreten, weil die EU als postnationale Gesellschaft organisiert ist, in der die europäische Identität einzelne Nationalidentitäten ersetzen würde, sondern weil kroatische Bürger mit dem EU-Beitritt automatisch auch Bürger diese Entität wurden. So werden sie in Deutschland nicht mehr als Bürger „dritter Länder" behandelt. Außerdem haben die multikulturelle Rhetorik, obwohl in den letzten zehn Jahren etwas abgeschwächt, sowie die Veränderungen gegenüber Migranten in der staatlichen Politik zur besseren Akzeptanz von Migranten, komplexen Identitäten und transnationalen Prozessen in Deutschland geführt. In diesem Zusammenhang gelten kroatische Migranten aus den 1960ern und 1970ern und ihre Nachkommen als hervorragend integrierte Bürger. Unter den jüngsten Nachkommen kroatischer Migranten, die Mitte oder Ende der 1990er geboren sind, ist die Frage nach der transnationalen Zugehörigkeit oder die Position „auf zwei Stühlen" nicht mehr das zentrale Thema. Ein 2016 geführtes Gespräch mit zwei Studenten kroatischer Abstammung in Tübingen bestätigte eindeutig diese Entwicklung: Sie fühlen sich beide „normal" in Deutschland, obwohl sie kroatischer Herkunft sind.

9. Auf dem Weg zu einem neuen Konzept der kroatischen Arbeitsmigration nach Deutschland

SCHWABEN SIE DEUTSCH?!
Franca, kannst du dich noch erinnern,
die haben uns ewig gepiesackt,
Dass wir bettelarm sind
im Magen nur Sauerkraut hobeln.
Verstehen, Kramperln haben sich in Seide gewälzt,
und wir?! Oft hatten wir kein Mehl!

Ja, und nun ist es anders, meine liebe Franca!
Denen zeigen wir jetzt, wie uns in der Welt
die Federhaube gewachsen ist.
Du bist jetzt eine Dame, trag die Nase hoch.
Die sollen jetzt wissen, du hast noch nicht
mit ihnen zusammen Schweine gehütet.

Du kannst dich aufdonnern,
Ohrringe groß wie Gewichte anhängen!
Die sollen vor Neid platzen,
der Blitz soll sie erschlagen!
Du wirst sehen, auf dem Maifest, wie die uns beneiden,
du wirst sehen, liebe Franca,
wie die Mark das Rückgrat brechen kann!
(...)
Ja, Mensch, richtig!
Sofort werden wir Deutsch sprechen.
Überall wie verrückt Geld verprassen,
Und wenn wir zurückkehren, in unsere Baracke –
da wirst du in Schwarzarbeit Holz hacken
und Mörtel mischen!

Miroslav Dolenec Dravski

Dragutin Trumbetaš (1937–2018) war ein hervorragender Zeichner und Chronist des Gastarbeiterlebens, aber auch allgemein des Arbeiterlebens in der kapitalistischen Welt. Seine Zeichnungen sind in den 1970ern und 1980ern entstanden (Maroević 2001). Trumbetaš dokumentierte detailliert mit dem Fotoapparat, Zeichnungen und Zeitungsausschnitten sein eigenes und das Leben seiner Landsleute in Deutschland seit dem Augenblick, als er Anfang der 1960er einwanderte. Seine Zeichnungen zeigen Arbeitsmigranten so, wie wir sie uns heute vorstellen: Meistens sind es junge Männer aus bescheidenen Verhältnissen, alleinstehend, selten in Begleitung von Frau und Kindern; sie arbeiten auf der Baustelle und wohnen in einer Baracke, einer Gemeinschaftsunterkunft oder in bescheidenen Mietzimmern mit elementarer Ausstattung, meistens im obersten Stock oder auf dem Dachboden, wo sie die Nasszelle mit anderen Arbeitskameraden teilen. Die gewöhnlich in solchen Mietshäusern erscheinende Gestalt ist die Vermieterin, eine Deutsche mittleren Alters, die in einem nur lässig übergeworfenen Morgenrock lüsterne oder einfach sich nur nach Zärtlichkeit sehnende Gastarbeiter provoziert. Sie essen Bratwürste und Essen aus Konservendosen, trinken Bier; sie sprechen kaum Deutsch; die Freizeit verbringen sie unter ihren Landsleuten irgendwo ich der Nähe vom Bahnhof; am Wochenende gehen sie , wenn sie nicht nach Hause fahren, ins Bordell oder in die Kneipe. Auf den Zeichnungen von Trumbetaš sieht man erniedrigte und stigmatisierte Menschen, isoliert von der Gesellschaft, in der sie leben und in der ihnen das Vertrauen entzogen wird, in der sie diskriminiert oder beleidigt werden. Wegen des sie „zerreißenden Heimwehs“ und des „Wartezustands“, in dem sie auf die Rückkehr warten, nennt Nenad Popović (2008) ihr Leben ein „Nicht-Leben“. Oder, wie das eine meiner Gesprächspartnerinnen aus der transnationalen Generation formulierte, ihre Eltern führten in den 1970ern nur ein Leben „nebenbei“, in dem sie nur arbeiteten, sparten, Sachen nach Kroatien schleppten, in einer engen Wohnung in Deutschland wohnten.

Mit seinem naturalistischen künstlerischen Ausdruck und seinem sozialen Engagement schuf Trumbetaš in der bildenden Kunst ein unmissverständliches Zeitzeugnis, indem er seine Erfahrungen und seine Vorstellung vom Gastarbeitertum in Kunst verwandelte. Seine Zeichnungen wurden zum Archetyp (Popović 2008), ich würde sogar sagen, zum Stereotyp der Vorstellung vom kroatischen Arbeitsmigranten, dem „Gastarbeiter“ schlechthin, bis zum heutigen Tage. Diese Interpretation ist vor allem das Ergebnis der persönlichen Erfahrung des Künstlers Trumbetaš, der eine ausgesprochen sensible Person war und einen spezifischen Lebensweg hatte. Sein subjektives Bild und sein Erleben korrespondieren mit der Vorstellung von Arbeitsmigranten, die in der jugoslawischen

Popkultur entstanden ist. Um zu betonen, dass das „richtige Leben“ irgendwo anders stattfindet – und zwar im sozialistischen Jugoslawien – wurden seinerzeit „Gastarbeiter“ als unglückliche, sozial entfremdete, in einem fremden kapitalistischen Land ausgebeutete und diskriminierte Leute dargestellt, die im Auswanderungsland nur am Rande leben und von der Rückkehr träumen. Dieses Bild war mehrfach widersprüchlich, weil gleichzeitig wegen des „‚Konsumglanzes‘, den sie zur Schau stellten“ Neid durchschimmerte, wenn sie in den Urlaub kamen, aber auch Mitgefühl, weil sie in der „Fremde“ für ausländische Kapitalisten arbeiten mussten, und Misstrauen, das ihnen deshalb entgegenschlug (Mesić 1991: 17).

Predrag Marković (2009: 11f) meint, in der jugoslawischen Popkultur – in Medien, Film und Literatur – habe es zwei Vorstellungen von „Gastarbeitern“ gegeben: eine „tragische, paternalistische und bemitleidende“ und eine „komische“. Die erste Vorstellung impliziert, dass Arbeitsmigranten „tragische Opfer der politischen und gesellschaftlichen Entwicklung sind, zu einem Wanderleben zwischen zwei Welten verdammt, wobei sie keiner angehören“; die regimenahe Deutung impliziert, dass Arbeitsmigranten „verdächtig“ sind (sie befinden sich in der Zwickmühle zwischen der nicht besonders freundlichen Akzeptanz im Aufnahmeland und den Aktivitäten der „feindlichen Emigration“, der politischen Emigranten im Aufnahmeland); in der „regimefeindlichen“ Interpretation würden sie mit dem „paternalistischen“ Vorzeichen dargestellt. Das komische Stereotyp entblößt den „Gastarbeiter“ als „Neureichen“ und lacht ihn aus oder stellt ihn satirisch dar.[103] Ein entsprechendes Beispiel dazu liefert das am Kapitelanfang zitierte Gedicht von Miroslav Dolenec Dravski, dessen sprachliche Mischung aus Kroatisch und Deutsch in der Übersetzung leider verloren geht (Obad 1996). In ihrer detaillierten Analyse bestätigt Brigitte Le Normand (2017: 46) Kulturtropen des „bedrohenden, komischen und armseligen“ Migranten in der Popkultur. In ihrer Analyse jugoslawischer,

---

103 Obwohl Nenad Popović (2008) in seinem Essay einige Stereotype reproduziert (die Position des doppelten Fremden u. Ä.), kehrt er das vorhandene Stigma des Dummkopfes um. Popović meint, die „Armen“ seien diejenigen, die die Heimat nicht verlassen haben, denn sie seien „zweitrangige“ Mitglieder einer Nation, die von den Tüchtigen schon seit Jahrzehnten verlassen werde. Popović merkt an, der populäre resignierte Spruch besage, „wer etwas wert ist, der verlässt das Land“. Schließlich findet Popović, beide Seiten, die in der Heimat gebliebenen und die „zeitweilig“ ausgewanderten Kroaten seien Verlierer und „Invaliden“, mit dem Unterschied, dass die „Gastarbeiter“ es „etwas besser“ haben, weil sie dank der Auswanderung weniger Würde verloren hätten als diejenigen, die geblieben sind.

zwischen den 1960ern und 1980er entstandener Dokumentarfilme kommt Le Normand zum Schluss, dass in den Filmen „Migranten nicht gerade schmeichelhaft als Korruptionsquelle, Opfer, Verrückte und Narren porträtiert werden“. In regimekritischen Filmen wurden sie noch unvorteilhafter dargestellt, weil sich diese Filme auf die unermessliche Armut der Landesteile konzentrierten, aus denen die Migranten stammten. Sowohl regimekritische als auch regimenahe Filmemacher stellten Migranten als Opfer oder als pathologische Charaktere dar. Weder die einen noch die anderen porträtierten sie als erfolgreiche Leute (ebd.).

Negative Bilder über das Gastarbeitertum und Stereotype über ihr Leben in Deutschland haben sich so stark in die Vorstellungen der Menschen von diesen Phänomen eingeprägt, dass sie selten hinterfragt werden. Im Gegenteil, statt hinterfragt zu werden, werden sie sogar in der ethnologischen Fachliteratur vervielfältigt, wie etwa das Stereotyp, dass „Gastarbeiter“ für immer in der Position „zwischen zwei Welten“ bleiben oder unter ständigem Heimweh leiden (Marković 2009). In ihrer ethnografisch angelegten Studie behauptet Dragana Antonijević (2013), serbische „Gastarbeiter“ seien in einer ewigen liminalen Position stecken geblieben. Die aber in der vorliegenden Studie vorgestellten Fälle deuten auf die Möglichkeit hin, dass die Arbeitsmigration von Kroaten aus Kroatien und Bosnien und Herzegowina in den 1960ern und 1970ern sowie ihre Folgen ganz anders interpretiert werden können.

Die verfügbaren statistischen Daten zeigen, dass die kroatische Migrantenpopulation, außer in der frühesten Phase, nicht überwiegend aus alleinstehenden Männern bestand. Aus diesen Daten kann geschlossen werden, dass Frauen auch in der frühen Migrationsphase selbstständige Migrationsakteure waren oder dass sie mit ihren Ehemännern gemeinsam auswanderten. Außerdem kann den Daten entnommen werden, dass sie besser gebildet waren als der jugoslawische Durchschnitt Anfang der 1970er-Jahre, aber auch als die übrigen Migranten aus anderen Ländern. Mit den bilateralen Verträgen zwischen der Bundesrepublik Deutschland und Jugoslawien wurde die arbeitsrechtliche und soziale Sicherheit der Migranten in Deutschland gewährleistet. Diese Sicherheit erstreckte sich auch transnational, die Migranten waren also auch im Falle der Arbeitslosigkeit sowie der Rückkehr in die Heimat abgesichert. Meine Beobachtungen der Wohnungen der Migranten erlauben mir die Schlussfolgerung, dass die interviewten Arbeitsmigranten schon seit Jahrzehnten in bequem eingerichteten Wohnungen wohnen, hauptsächlich zur Miete, vereinzelt auch in Eigentum, dass sie ein personalisiertes Zuhause haben und ein wohlhabendes Leben führen. Sie üben unterschiedliche Berufe aus – arbeiten nicht ausschließlich als Bauarbeiter –, nehmen Weiterbildungs- und Qualifikationsmöglichkeiten wahr, während ihre Kinder herausragende, im Vergleich zu anderen Migrantengruppen sogar die besten schulischen Leistungen erbringen.

Durch die Geschichten der etwa siebzig Migranten aus Kroatien und Bosnien und Herzegowina und ihrer Nachkommen werden im vorliegenden Buch spezifische Aspekte des „Gastarbeiterphänomens“ aus der Perspektive der Akteure selbst präsentiert. Die Geschichten umfassen ungefähr vierzig Jahre des Gastarbeiterlebens samt der Folgen, die die ursprüngliche Idee von befristeter Arbeitsmigration auf das Leben der Migranten- und der Nachkommengeneration hatte. Die hier angewandte Methode der Ethnografie der individuellen Lebensläufe, d. h., individualisierte, halbstrukturierte Gespräche mit den Akteuren über ihr Leben gekoppelt an die longitudinale Forschungsperspektive, also die langjährige Begleitung der Akteure, brachten Erzählmaterial über ihr Leben in der Migration an den Tag sowie Verständnis für die Bedeutungen, die sie ihrem Leben in der Migration zuschreiben. Die gewählten Methoden stellen die interviewten Migranten und ihre Nachkommen als aktive Subjekte vor, die ihre Migrationsentscheidungen bewusst treffen, ändern und den strukturellen Gegebenheiten in den beiden Ländern anpassen, die sie durch ihre Praktiken verbinden. Diese zwei methodologischen Aspekte gewähren Einblick in die komplexen Lebensbedingungen der Arbeitsmigranten und ihrer Nachkommen. Gleichzeitig ermöglichen sie es, die Arbeitsmigration und ihre Folgen als heterogenes Ereignis darzustellen. Schlussendlich deuten diese methodologischen Aspekte auf die Notwendigkeit hin, essenzialisierte Vorstellungen über das Leben der kroatischen Arbeitsmigranten in Deutschland sowie der populären Bilder über sie in der Heimat zu hinterfragen. Diese zum Teil in der Anfangsphase der Migration erstarrten Bilder wurden maßgeblich durch ideologische Umstände bei ihrer Entstehung bestimmt.

Ein weiterer Faktor, der die Abänderung der eingefahrenen Vorstellungen möglich machte, liegt in der hier angewandten Interpretationsperspektive. Die Verschiebung vom dominant national bestimmten methodologischen Gesichtspunkt, bei dem sich die Hauptfrage auf die Integration bzw. Assimilation der Migranten im Aufnahmeland und ihre Zugehörigkeit zum Herkunftsland beschränkte, in Richtung einer transnationalen Perspektive eröffnete nicht nur neue Interpretationsmöglichkeiten, sondern bestätigte den partiellen Charakter und die Abhängigkeit jeder Interpretation in den Sozialwissenschaften vom gewählten Betrachtungsstandpunkt des untersuchten Phänomens. Die transnationale Perspektive ermöglicht es, den Blick vom Geschehen im Aufnahmeland – den deutschen Blick – oder im Herkunftsland – den kroatischen Blick – auf das

Geschehen sowohl im Aufnahme- als im Herkunftsland zu weiten und beides in ein gemeinsames Forschungs- und Deutungsfeld einfließen zu lassen, das zum Verständnis des Phänomens einen entscheidenden Beitrag leisten könnte.

In Kapitel 1 wurden detailliert die wichtigsten Faktoren des Migrationsgeschehens aus der Perspektive der beiden Länder beschrieben. Die Einbeziehung der Ereignisse im Herkunftsland ist besonders wichtig, weil die Folgen des Zerfalls von Jugoslawien und die Entstehung der selbstständigen Staaten Kroatien und Bosnien und Herzegowina wichtige Auswirkungen auf kroatische Migranten und ihre Nachkommen in Deutschland hatten. Im Buch werden in diesem Zusammenhang an mehreren Stellen auch die Forschungsmöglichkeiten des Migrationsgeschehens thematisiert. So wurden Kroaten als solche erst nach dem Zerfall Jugoslawiens in deutschen Ausländerstatistiken systematisch erfasst. Außerdem haben sich als Folgeerscheinung auch die Häufigkeit und der Inhalt der transnationalen Praktiken verändert, was dazu führte, dass transnationale Generationen im unterschiedlichen Maße mit dem Heimatland ihrer Eltern vertraut wurden. Die epistemiologische Verschiebung, die den Einfluss der beiden Länder auf das Leben der Migranten in Deutschland bzw. Deutschland und Jugoslawien (Kroatien/Bosnien und Herzegowina) in den Blickpunkt nahm, brachte die These hervor, dass die kroatische Wirtschaftsmigration in diesem Land ein paradigmatisches transnationales Phänomen ist.

Themen wie die Verschiebung der Rückkehr, häufige Transmigration und bilokale Organisation des Familienlebens bekommen so spezifische Bedeutung auch auf der Grundlage der neu definierten Thesen über die Ursprünge der Migration nach Westdeutschland und ihrer Steuerung aus Jugoslawien. Der entscheidende Faktor bei der Steuerung der Arbeitsmigration in den 1960ern war die von beiden Ländern geschaffene Definition der damaligen Migration. Sowohl das Herkunfts- als auch das Aufnahmeland unterstützten die Idee, dass die Migration zeitweilig sein sollte und dass die Rückkehr, eine besonders von der jugoslawischen Seite hochgehaltene Forderung, als unumgänglicher Bestandteil der Migration angesehen wurde. Die Migranten verinnerlichten die Idee der Zeitweiligkeit mit der Rückkehr als ein nicht wegzudenkender Bestandteil. Beide Staaten unterstützten diese beiden Aspekte über Jahrzehnte hinweg. Der deutsche immigrations- und immigrantenfeindliche Diskurs beeinflusste auf verschiedene Arten die langjährigen Vorbereitungen auf die Rückkehr. Die Folgen davon waren häufige Transmigration, transnationale Investitionen und transnationale Familien.

In Kapitel 4 wurden die Rückkehrabsicht und ihre Folgen erörtert. Behandelt wurden verschiedene Aspekte der Migrantenentscheidungen, die mit der Rückkehr verbunden sind. Es wurde ein Versuch unternommen, die Gründe für ihre ständige Verschiebung zu ermitteln. Es hat sich herausgestellt, dass der Rückkehrplan nicht als stabiles, fixes und unmissverständliches Vorhaben zu betrachten ist, sondern als dynamischer Prozess, der ständig veränderlichen Migrationspolitiken, wirtschaftlichen und gesellschaftlichen Umständen in beiden Ländern und dem individuellen Lebenslauf sowie den Ereignissen in der Familie angepasst wurde. In der Regel wurde der als zeitweilig geplante Aufenthalt in Deutschland zu einem Dauerzustand, ab einem gewissen Moment konzentrierten sich die Migranten auf das Leben in Deutschland und die Rückkehr wurde auf die Rente verschoben. Wenn der Blick auch weiterhin in Richtung Heimat gerichtet war, geschah das nur, weil dort vielleicht – in der Zwischenzeit auch erwachsene – Kinder lebten, die leider, wie das oft mit Bedauern festgestellt wurde, im Kindesalter nicht nach Deutschland geholt worden waren. Auch in der Rente kann die Rückkehr in Form von Transmigration oder abwechselnden Aufenthalten in Deutschland und Kroatien bzw. Bosnien und Herzegowina realisiert werden. Die einmal eingependelte Transmigration oder ständiges Hin-und-Her-Reisen zwischen dem Herkunfts- und dem Aufnahmeland sind so dauerhaftes Merkmal des Migrantenlebens geworden. Einige Migranten haben auf jegliche Rückkehr verzichtet. Offene Möglichkeiten bei der Wahl zwischen dem Leben in Deutschland oder dem Heimatland sahen die Migranten als Vorteil in der von Unsicherheiten geprägten modernen Welt und nicht als „Verdammnis", wie das im herkömmlichen Diskurs gerne behauptet wird (s. Popović 2008). Und schließlich haben die hier erzählten Geschichten über Migration und Rückkehr gezeigt, dass weder das eine noch das andere einmalige und irreversible Ereignisse im Migrationsprozess sind: Beide können rückgängig gemacht werden, d. h., die Migration kann zur Rückkehr werden, die Rückkehr aber auch zur Remigration. Im theoretischen Sinne weisen diese Interpretationen auf die Notwendigkeit hin, vom klassischen Konzept der Rückkehr als endgültigem Verlassen des Aufnahmelandes abzurücken. Die Migration ist ein Prozess, bei dem Weggang und Ankunft ein Kontinuum in beiden Richtungen bilden.

In Kapitel 5 wurde die These über die doppelte Referenz der Migranten dargelegt bzw. die These von der parallel verlaufenden doppelten Inkorporierung der Migranten, sowohl im Lebensort in Deutschland als auch im Herkunftsort oder im Ort in der Heimat, an dem ein Haus gebaut wurde. Die Forschung hat also bestätigt, dass es unter den kroatischen Arbeitsmigranten schon in den 1980ern zu einer „stillen Integration" gekommen ist. Gleichzeitig wurde aber auch gezeigt, dass die Migranten im Heimatort oder im Ort, in dem sie ein Haus gebaut haben, nicht entwurzelt sind. Aus der doppelten Lebensreferenz entwickelten die Migranten das Gefühl, dass sie zwei Zuhause in zwei Ländern hatten. Diese Einsicht widerspricht der Auffassung, dass das Gefühl, das mit dem Zuhause verbunden ist, einmalig und unzertrennlich mit dem Geburtsort oder dem Kindheitsort verbunden ist. Außerdem wird dadurch gezeigt, dass sich dieses Gefühl im Laufe des Lebens ändern kann. Deshalb wird die herkömmliche Auffassung abgelehnt, dass die Migranten eine dauerhafte Position des doppelten Ausländers einnehmen und das vorherrschende Gefühl im Leben der Migranten das doppelte Ausgeschlossensein sei, dass sie also gleichzeitig vom Heimatort /Heimatland und vom Aufnahmeort/Aufnahmeland ausgeschlossen seien. Wenn dieses Gefühl auch vorhanden ist, dann ist es vorübergehend und hängt von dem individuellen Lebenslauf und der konkreten Migrationsphase ab. Kroatische Migranten sind gut in ihre Lebensorte in Deutschland integriert und haben ein Gefühl der emotionalen Identifikation mit dem konkreten Lebensort entwickelt. Diese Identifikation benutzen einige, um die Verschiebung oder gar den Verzicht auf die Rückkehr zu erklären. Im Gegensatz zu den Thesen einiger deutscher Soziologen und Historiker, die den kroatischen Migranten fehlende emotionale Identifikation mit dem Aufnahmeland attestierten, wird in der Studie bestätigt, dass die emotionale Identifikation mit dem Lebensort durchaus vorhanden ist. In diesem Kapitel wurden auch die Investitionen der Migranten in der Heimat analysiert, insbesondere in den Hausbau, der ein langfristiges Investitionsprojekt ist. Erörtert wurde auch die unterschiedliche Einstellung von Frauen und Männern gegenüber diesem wichtigen Vorhaben. Es wurde festgestellt, dass Hausbau oder -renovierung auch ein Projekt ist, das in Abhängigkeit von gesellschaftlichen, politischen und wirtschaftlichen Umständen sowie Entscheidungen, die in der Familie oder individuell getroffen wurden, aufgegeben werden kann. Die Geschichten deuten unmissverständlich darauf hin, dass die Migrantenentscheidungen und -handlungen nicht in ihrer Ursprungsform am Anfang der Migration festgefroren sind, sondern flexibel sind und sich den neu entstandenen Umständen anpassen, obwohl sie jahrelang von der Rückkehridee genährt wurden.

Der exemplarische transnationale Raum, der zwischen Deutschland und dem Herkunftsland geschaffen wurde, ermöglichte in den Fällen, wenn die Familie nicht zusammen in Deutschland lebte, die Entstehung einer spezifischen, bilokalen Familienstruktur: einige Familienmitglieder wohnten in Deutschland, einige im Herkunftsland. Die transnational bilozierte Familie war für eine Zeit lang der entscheidende Faktor bei der Aufrechterhaltung der Rückkehrabsicht: Die Rückkehrabsicht und die bilozierte Familie sind unzertrennlich miteinander verbunden und bedingen sich gegenseitig. Die bilozierte Familie war außerdem der treibende Faktor für Mobilität sowie für viele Aktivitäten und Investitionen im Herkunftsland. In Kapitel 6 wurde die intensive Familiendynamik sowie die Neugestaltung der Familienstrukturen im Laufe der drei Jahrzehnte dokumentiert. Dabei ist die Wichtigkeit der diachronen, longitudinalen Erforschung der Migrantenfamilien deutlich zum Vorschein getreten. In der frühen Migrationsphase kamen Männer (ledig oder verheiratet) und Frauen (ledig oder verheiratet) allein oder mit dem Ehepartner nach Deutschland, während die Kinder, wenn sie welche hatten, in der Heimat in der Obhut der Familie blieben. Einige Paare haben es geschafft, später die Kinder zu sich zu holen, anderen ist das nicht gelungen. In der späteren Phase konnte auch vorkommen, dass die in Deutschland geborenen Kinder bei den Eltern blieben, während die älteren weiterhin in der Heimat lebten. Die Trennung von den Kindern war die wichtigste Quelle für Unzufriedenheit im Leben der Migrantinnen. Die Migranten aus einigen Landesteilen Kroatiens oder Bosnien und Herzegowinas stellten die emotionalen Schwierigkeiten wegen des transnationalen Elternseins weniger in den Vordergrund als die anderen.

In diesem Kapitel wurde auch die Situation analysiert, die durch die Zusammenführung der bilozierten Familie in Deutschland entstand. Durch den Krieg in Bosnien und Herzegowina war die Familienzusammenführung im Leben der Familienmitglieder nach relativ langem getrennten Leben ein ambivalentes Ereignis. Thematisiert wurden auch der Blick der Kinder auf das transnationale Familienleben sowie die Schwierigkeiten, mit denen die Kinder konfrontiert wurden, nachdem sie zu den Eltern in Deutschland gezogen waren. Eine eindeutige Schlussfolgerung über die Folgen des bilokalen Lebens der einzelnen Familienmitglieder auf ihr Erlebnis des getrennten Lebens stellte sich als unmöglich heraus, weil Familien aus einigen Landesteilen traditionell das getrennte Leben kannten und transnationale Familienstruktur akzeptabel fanden, andere aber nicht.

In Kapitel 7 und 8 wurden die Geschichten der transnationalen Generationen bzw. der Nachkommen der Migrantengeneration analysiert. Sie wurden entweder in Deutschland geboren oder besuchten größtenteils deutsche Schulen. In den Geschichten werden ihr Leben, das doppelte Kulturrepertoire sowie das Zugehörigkeitsgefühl im transnationalen sozialen Raum thematisiert. Obwohl die deutsche und die kroatische Kultur in ihren Interviews versachlicht und als getrennte, unterschiedliche homogene Ganzheiten dargestellt werden, wie das im öffentlichen Diskurs in Deutschland geläufig ist, aber auch bis vor kurzem im wissenschaftlichen Diskurs über die Kulturen, stellen die Äußerungen der Nachkommengeneration das Vorhandensein der unterschiedlichen Nationalkulturen infrage. Es wird vielmehr auf innernationale Kulturunterschiede hingewiesen, auf die Kontroverse zwischen der traditionellen bäuerlichen und modernen städtischen Weltsicht. In diesen Geschichten wird das jenseits der Nationalgrenzen geschaffene Kulturkontinuum betont. Die Praktiken der Nachkommengeneration zeugen vom Kulturwandel und Transkulturation im Alltag, die besonders in den Äußerungen über die Identität sichtbar werden. Es kommen unterschiedliche Entscheidungen der Angehörigen der Nachkommengeneration hinsichtlich des sozialen Netzes, in dem sie sich in Deutschland bewegen, zum Vorschein. Der Bewegungsraum kann überwiegend kroatisch und/oder nicht-kroatisch sein. Einige junge Leute äußerten sich kritisch über die soziale Kontrolle, die von größeren kroatischen Migrantengemeinschaften in deutschen Städten ausgeübt werde, sowie über die Kontrolle, die dank der guten Vernetzung der Migranten und der Nicht-Migranten auch transnational durchgeführt werde, nämlich am Herkunkftsort der Eltern. In den Geschichten wird auch die vorübergehende Identitätskrise, die in der Adoleszenz durchgemacht wird, thematisiert. In dieser Phase müssen sich junge Leute intensiv mit unterschiedlichen Kulturwelten auseinandersetzen. Entgegen der geläufigen Meinung kann aber geschlossen werden, dass auch junge Leute nicht in der dauerhaften liminalen Position zwischen zwei Kulturen und zwei Gesellschaften stecken bleiben.

Angehörige der Nachkommengeneration entdeckten die Vorteile der Kenntnis zweier Kulturen. Im Prozess der Neueinzeichnung und Vervielfältigung der Kulturgrenzen schufen sie eine neue transnationale soziale Identität: Es entstand die Kategorie „deutscher Kroate/deutsche Kroatin", die sich von der Kategorie „Kroate/Kroatin in Kroatien" unterscheidet. Diese neue Identität bestätigt die vollständige Inkorporierung in lokale (deutsche) institutionelle und soziale Sphären sowie die Identifikation mit dem Lebensort. Fast alle Interviewten betonten, dass sie sich mit dem Lebensort identifizierten, ohne das Herkunftsland ihrer Eltern und die Identifikation mit dem Herkunftsland zu leugnen. Wegen der persönlich erlebten Diskriminierung und Ausschluss bestanden einige Interviewte darauf, als postnationale Subjekte bezeichnet zu werden, während andere wiederum ihre nationale, ausschließlich kroatische Identifikation betonten. In allen Geschichten war das subjektive Moment ausschlaggebend: Unterschiedliche persönliche Erfahrungen und Familienereignisse im gleichen historischen und gesellschaftlichen Zusammenhang führten dazu, dass die Interviewten auf dieser individuellen Grundlage ihre eigenen Identitätsgeschichten aufbauen konnten.

In Kapitel 8 wurde außerdem gezeigt, dass die Heimatliebe kein pures, in der Kindheit aufgebautes Gedanken- und Emotionskonstrukt ist, sondern eine Erfahrung, die transnationale Generationen auch im Erwachsenenalter pflegen wollen. Deshalb entschieden sich einige, die Verbindungen mit der alten Heimat zu festigen: Sie schrieben ihre Abschlussarbeiten über den Krieg in den 1990ern, schufen spezifische Geschäftsnischen, investierten im Tourismus u. Ä. Einige von diesen Aktivitäten wurden nach dem Beitritt Kroatiens zur EU einfacher. Transnationale Praktiken wurden also auch unter den Migrantennachkommen weitergeführt. Die neuen Formen dieser Praktiken lassen vermuten, dass junge Leute in der Heimat der Eltern auf eine Art präsent bleiben, die der modernen transnationalisierten und globalisierten Welt angemessen ist. Dabei sind sie physisch nur zeitweilig, mit ihren wirtschaftlichen Handlungen umso dauerhafter präsent. Die Grundlage dafür wurde in der Migrantengeneration geschaffen, als trotz migrantenfeindlicher Rhetorik und Politik, aber dank der vollen sozialen Sicherheit in Deutschland, die Bedingungen für eine vertikale soziale Mobilität der Migrantennachkommen entstanden.

Die Migrantennachkommen sind ein Bindeglied für alle Landsleute, Verwandte und Freunde, die sich in den letzten Jahren entschieden haben, als (neue) Arbeitsmigranten nach Westeuropa auszuwandern. Die Migrantennachkommen helfen ihnen mit ihren in Deutschland aufgebauten sozialen Netzen und dem Ansehen, das sie dort genießen, damit sie sich schneller zurechtfinden und von der Gesellschaft angenommen werden. Ein mögliches neues Forschungsvorhaben wäre der Vergleich zwischen Vorstellungen, Erwartungen und Lebensweisen der heutigen kroatischen Migranten in Deutschland, aber auch generell in Westeuropa, mit denen der früheren, in diesem Buch detailliert dargestellten Migrantenepoche. Wie präsent ist die Rückkehrabsicht unter den heutigen Migranten? Wurde das Gefühl von „dort/hier“, das einige Arbeitsmigranten und ihre Nachkommen bezeugt haben, durch moderne Technologien abgeschafft? Genießen die heutigen Migranten eine vollständige soziale und rechtliche Sicherheit in den Aufnahmeländern? Worin liegen die Unterschiede der sozialen und rechtlichen Sicherheit früher und heute? Inwiefern hat sich die Situation heute für die Migranten geändert, die in andere EU-Länder auswandern oder in Länder, die kein Mitglied der EU sind? Wie sieht das Schicksal der Migranten aus, die eventuell in ein Land wie Großbritannien auswandern, das aus der EU ausgetreten ist? Ist die transnationale Familie heutzutage ein noch immer aktuelles Familienmodell oder entscheiden sich vor allem ganze Familien für die Auswanderung? Kann davon ausgegangen werden, dass ganz andere wirtschaftliche und politische Umstände im Vergleich zu den 1960ern oder 1970ern sich heute fördernd auf transnationale Geschäftsprojekte auswirken, in denen sich die Nachkommen der kroatischen Migranten schon üben? Wird sich auch unter den neuen Migranten die Frage nach der Zugehörigkeit stellen, und wenn ja, in welcher Form? Das sind nur einige relevante Fragen an die aktuelle starke Migrationsbewegung aus Kroatien. Die vorliegende Studie bietet dafür einen komparativen Einblick in Form einer Analyse des sich über mehrere Jahrzehnte hinweg erstreckenden Migrantenlebens früherer kroatischer Arbeitsmigranten und ihrer Nachkommen in Deutschland.

Literaturverzeichnis

11. Bericht der Beauftragten der Bundesregierung für Migration, Flüchtlinge und Integration. Teilhabe, Chancengleichheit und Rechtsentwicklung der Einwanderungsgesellschaft Deutschland. 2016. Bonn: Deutscher Bundestag.

Abu-Lughod, Lila. 1991. „Writing against Culture“. In: *Recapturing Anthropology. Working in the Present.* R. G. Fox (Hrsg.). Santa Fe: School of American Research Press, 137–162.

Ackermann, Andreas. 2012. „Cultural hybridity. Between Metaphor and Empiricism“. In: *Conceptualizing Cultural Hybridization. A Transdisciplinary Approach.* Ph. W. Stockhammer (Hrsg.). Berlin: Springer, 5–25.

Al-Ali, Nadje. 2002. „Trans- or A-national. Bosnian Refugees in the UK and the Netherlands“. In: *New Approaches to Migration: Transnational Communities and the Transformation of Home.* N. Al-Ali und K. Koser (Hrsg.). London, New York: Routledge, 96–117.

Alba, Richard/Nancy Foner. 2015. *Strangers No More. Immigration and the Challenges of Integration in North America and Western Europe.* Princeton: Princeton University Press.

Allport, Gordon W. 1954. *The Nature of Prejudice.* Cambridge, MA: Perseus Books.

Amt für multikulturelle Angelegenheiten Frankfurt am Main (Hrsg.). 2001. *„Mit Koffern voller Träume ...“ Altere Migrantinnen und Migranten erzählen.* Frankfurt: Brandes & Apse.

Anderson, Benedict. 1990. *Nacija: zamišljena zajednica. Razmatranja o porijeklu i širenju nacionalizma.* Zagreb: Školska knjiga.

Anić, Josip/Andrina Pavlinić-Wolf. 1986. „Socijalni i individualni problemi djece migranata“. *Migracijske teme* 1, 43–60.

Antonijević, Dragana. 2013. *Stranac ovde, stranac tamo. Antropološko istraživanje kulturnog identiteta gastarbajtera.* Beograd: Univerzitet u Beogradu.

Augé, Marc. 1989. „L'autre proche“. In: *L'autre et le semblable. Regards sur l'ethnologie des sociétés contemporaines.* M. Segalen (Hrsg.). Paris: CNRS, 19–33.

Bade, Klaus J. 1992a. „Ausländer: ‚Gastarbeiter‘ – Dauergäste – Einwanderer“. In: *Deutsche im Ausland – Fremde in Deutschland. Migration in Geschichte und Gegenwart.* K. J. Bade (Hrsg.). München: Beck, 393–401.

Bade, Klaus J. 1992b. „Politik in der Einwanderungssituation. Migration – Integration – Minderheiten". In: *Deutsche im Ausland – Fremde in Deutschland. Migration in Geschichte und Gegenwart*. K. J. Bade (Hrsg.). München: Beck, 442–455.

Bade, Klaus J./Jochen Oltmer. 2006. „Migration und Integration in Deutschland seit der frühen Neuzeit". In: *Zuwanderungsland Deutschland. Migrationen 1500–2005*. R. Beier-de Haan (Hrsg.). Berlin: Minerva, 20–49.

Bade, Klaus J./Jochen Oltmer. 2008. „Deutschland". In: *Enzyklopädie Migration in Europa vom 17. Jahrhundert bis zur Gegenwart*. K. J. Bade et al. (Hrsg.). München: Wilhelm Fink, 141–170.

Bakondy, Vida et al. 2010. *Viel Glück! Migration heute: Wien, Belgrad, Zagreb, Istanbul*. Beč: Initiative Minderheiten.

Baković, Nikola. 2014. „Tending the ‚oasis of socialism'. Transnational Political Mobilization of Yugoslav Economic Emigrants in the FR Germany in the Late 1960s and 1970s". *Nationalities Papers* 42/4, 674–690.

Basch, Linda et al. 1994. *Nations Unbound. Transnational Projects, Postcolonial Predicaments and Deterritorialized Nations*. Basel: Gordon and Breach Publishers.

Bauböck, Rainer. 2012. „Public Culture in Societies of Immigration". In: *Identity and Integration. Migrants in Western Europe*. R. Sackmann et al. (Hrsg.). Aldershot: Ashgate, 37–57.

Baučić, Ivo. 1970. *Porijeklo i struktura radnika iz Jugoslavije u SR Njemačkoj*. Zagreb: Radovi Instituta za geografiju Sveučilišta u Zagrebu Band 9.

Baučić, Ivo. 1973. *Radnici u inozemstvu prema popisu stanovništva Jugoslavije 1971*. Zagreb: Radovi Instituta za geografiju Sveučilišta u Zagrebu Band 12.

Baučić, Ivo/Bernd Groß. 1987. *Rückkehr und Reintegration jugoslawischer Arbeitnehmer aus der Bundesrepublik Deutschland*. Saarbrücken-Bonn: Institut für Entwicklungsforschung, Wirtschafts- und Sozialplanung GmbH.

Baučić, Ivo/Živko Maravić. 1971. *Vraćanje i zapošljavanje vanjskih migranata iz SR Hrvatske*. Zagreb: Institut za geografiju Sveučilišta u Zagrebu.

Bauman, Zygmunt. 2000. *Liquid Modernity*. Oxford: Polity Press.

Baumann, Gerd. 1996. *Contesting Culture. Discourses of Identity in Multiethnic London*. Cambridge: Cambridge University Press.

Bausinger, Hermann. 2002. *Typisch deutsch. Wie deutsch sind die Deutschen?* München: Beck.

Beer, Mathias. 2014. „Plädoyer für eine integrative Zuwanderungsgeschichte". In: *Baden-Württemberg – eine Zuwanderungsgeschichte*. M. Beer (Hrsg.). Stuttgart: Landeszentrale für politische Bildung Baden-Württemberg, 9–24.

Beier-de Haan, Rosmarie (Hrsg.). 2006. *Zuwanderungsland Deutschland. Migrationen 1500–2005*. Berlin: Minerva.

Bertaux, Daniel/Martin Kohli. 1984. „The Life Story Approach. A Continental View". *American Review of Sociology* 10, 215–237.

Betea, Raluca/Wild, Beate (Hrsg.). 2016. *Brave New World – Romanian Migrants' Dream Houses*. Bucharest: Romanian Cultural Institute.

Bommes, Michael. 2005. „Transnationalism or Assimilation?". *Journal of Social Science Education* 4/1, 14–30.

Bougarel, Xavier. 1992. „Allemagne. Assimilation ou préservation des spécificités". In: *Immigrés en Europe. Politiques locales d'intégration*. D. Lapeyronnie (Hrsg.). Paris: La documentation française, 19–54.

Bourdieu, Pierre et al. 2002. „Eine sichere Geldanlage für die Familie. Das Einfamilienhaus: Produktspezifik und Logik des Produktionsfeldes". In: *Der Einzige und sein Eigenheim*. P. Bourdieu et al. Hamburg: VSA-Verlag, 49–106.

Božić, Saša. 2004. „Nacionalizam – nacija, ‚transnacionalizam' – ‚transnacija'. Mogućnosti terminološkog usklađivanja. *Revija za sociologiju* 35/3-4, 159–186.

Božić, Saša. 2012. „Is there a Croatian Diaspora in Europe? From ‚Gastarbeiters' to Transmigrants and Ethnics". *Croatian Studies Review* 8/1, 113–129.

Brah, Avtar. 1996. *Cartographies of Diaspora. Contesting Identities*. London: Routledge.

Bratić, Dragana/Mirjana Malešević. 1982. „Kuća kao statusni simbol". *Etnološke sveske* 4, 144–152.

Brčić, Karmen. 1990. „Zaposlenost, uvjeti rada, položaj na poslu i doškolovanje jugoslavenskih radnica u SR Njemačkoj". *Migracijske teme* 6/4, 21–31.

Breidenbach, Joana/Ina Zukrigl. 1998. *Tanz der Kulturen. Kulturelle Identität in einer globalisierten Welt*. München: Kunstmann.

Brettell, Caroline B. 2000. „Theorizing Migration in Anthropology". In: *Migration Theory. Talking across Disciplines*. C. B. Brettell/J. F. Hollifield (Hrsg.). New York, London, 97–135.

Brettell, Caroline B. 2003. „‚Emigrar para Voltar'. A Portuguese Ideology of Return Migration". In: *Anthropology and Migration. Essays on Transnationalism, Ethnicity, and Identity*. Walnut Creek et al.: Altamira Press, 57–74.

„Brođani" u Berlinu. Kronika aktivnosti jedne hrvatske humanitarne udruge. 2011. Slavonski Brod: Zavičajni klub Brođani-Berlin, e.V.

Brubaker, Rogers. 2002. „Ethnicity without Groups". *Archives Européennes de Sociologies* 43/2, 163–189.

Brumlik, Micha/Claus Leggewie. 1992. „Konturen der Einwanderungsgesellschaft. Nationale Identität, Multikulturalismus und ‚Civil Society'". In: *Deutsche im Ausland – Fremde in Deutschland. Migration in Geschichte und Gegenwart*. K. J. Bade (Hrsg.). München: Beck, 430–442.

Brunnbauer, Ulf. 2009. „Labour Emigration from the Yugoslav Region from the Late 19th Century until the End of Socialism. Continuities and Changes". In: *Transnational Societies, Transterritorial Politics. Migrations in the (Post-) Yugoslav Region,* 19th–21st Century. U. Brunnbauer (Hrsg.). München: Oldenbourg, 17–49.

Bryceson, Deborah/Ulla Vuorela. 2002. „Transnational Families in the Twenty-first Century". In: *The Transnational Family. New European Frontiers and Global Networks*. D. Bryceson/U. Vuorela (Hrsg.). Oxford, New York: Berg, 3–30.

Čačić, Jadranka. 1990. „Socijalizacijska uloga porodice u razvoju druge generacije Jugoslavena u Francuskoj". *Migracijske teme* 6/4, 55–64.

Čapo, Jasna. 2011. „Dvadeset godina poslije. Stvaranje doma u kontekstu prisilno preseljenih osoba". In: *Mjesto, nemjesto. Interdisciplinarna promišljanja prostora i kulture*. J. Čapo/V. Gulin Zrnić (Hrsg.). Zagreb, Ljubljana: Institut za etnologiju i folkloristiku, Inštitut za antropološke in prostorske študije SAZU, 335–352.

Čapo, Jasna. 2012a. „Zweidaheimlichkeit. Kroatische ‚Gastarbeiter'-Migration – eine zwischenräumliche Erfahrung". In: *IM PRISMA. Gast-arbeit. Gehen – bleiben – zurückkehren. Positionen zur Arbeitsmigration im Raum Ex-Jugoslawien*. J. Nuber/A. Welebil (Hrsg.). Wien: Editionartscience, 129–157.

Čapo, Jasna. 2012b. „‚Not a Soul Can Plan to Return for Sure'. Double Homing Desire of Croatian Migrants in Germany". In: *Migration and Identity. Historical, Cultural and Linguistic Dimensions of Mobility in the Balkans*. Petko Hristov (Hrsg.). Sofia: Institute of Ethnology and Folklore Studies, 38–47.

Čapo, Jasna. 2013. „Frames of Nationality, Experiences of Belonging. The Post-Migration Generation in Germany and Croatia". In: *Pratiques sociales et configurations locales dans les Balkans*. N. Bardoshi et al. (Hrsg.). Tirana: Uet Press, 189–207.

Čapo, Jasna. 2015. „Population Movements as Instances of ‚Co-ethnic' Encounters. A Critique". In: *At Home but Foreigners. Population Transfers in 20th Century Istria*. K. Hrobat Virloget et al. (Hrsg.). Koper: Univerzitetna založba Annales, 205–219.

Čapo, Jasna. 2019. „Kroatische Mädchen aus Bosnien-Herzegowina in deutschen Klöstern in den 1960er und 1970er Jahren". Migrationserfahrungen und weitere Lebenswege". *Bayerisches Jahrbuch für Volkskunde* 2019, 63–74.

Čapo, Jasna/Valentina Gulin Zrnić. 2011. „Oprostornjavanje antropološkog diskursa. Od metodološkog problema do epistemološkog zaokreta. In: *Mjesto, nemjesto. Interdisciplinarna promišljanja prostora i kulture*. J. Čapo/V. Gulin Zrnić (Hrsg.). Zagreb, Ljubljana: Institut za etnologiju i folkloristiku, Inštitut za antropološke in prostorske študije SAZU, 9–65.

Čapo, Jasna/Hariz Halilovich. 2013. „La localisation du transnationalisme. Pratiques transfrontalières bosniaques et croates". *Ethnologie française* XLIII (2), 291–301.

Čapo, Jasna et al. 2014. *Didov san. Transgranična iskustva hrvatskih iseljenika*. Zagreb: Institut za etnologiju i folkloristiku, Institut društvenih znanosti Ivo Pilar.

Čapo Žmegač, Jasna. 2000. From Local to National Community: Peasant Social Structure. In: *Croatian Folk Culture at the Crossroads of Worlds and Eras*. Z. Vitez/A. Muraj (Hrsg.). Zagreb: Klovićevi dvori, 494–541.

Čapo Žmegač, Jasna. 2003. „Dva lokaliteta, dvije države, dva doma. Transmigracija hrvatskih ekonomskih migranata u Münchenu". *Narodna umjetnost* 40/2, 117–131.

Čapo Žmegač, Jasna. 2004. „Transnationalität, Lokalität, Geschlecht: kroatische Transmigranten in München". In: *Zuwanderung und Integration. Kulturwissenschaftliche Zugänge und soziale Praxis*. Ch. Köck et al. (Hrgs). Münster et al.: Waxmann, 125-140.

Čapo Žmegač, Jasna. 2005a. „Trajna privremenost u Njemačkoj i povratak hrvatskih ekonomskih migranata". In: *Stanovništvo Hrvatske – dosadašnji razvoj i perspektive*. D. Živić et al. (Hrsg.). Zagreb: Institut društvenih znanosti Ivo Pilar, 255–273.

Čapo Žmegač, Jasna. 2005b. „Živjeti ondje, identificirati se ondje i ovdje. Identitet djece hrvatskih ekonomskih migranata u Njemačkoj". *Hrvatska revija* V/2, 84–91.

Čapo Žmegač, Jasna. 2005c. „Ethnically Privileged Migrants in their New Homeland". *Journal of Refugee Studies* 18/2, 199–215.

Čapo Žmegač, Jasna. 2006. „Dynamik der Beziehungen der Migranten zum Herkunftsland. Biographische Perspektive". *Schweizerisches Archiv für Volkskunde* 102/1, 1–20.

Čapo Žmegač, Jasna. 2007. *Strangers Either Way. The Lives of Croatian Refugees in Their New Home*. New York-Oxford: Berghahn Books.

Čapo Žmegač, Jasna. 2008. „Parochial Transnationals. Being of Croatian Descent in Germany“. In: *Dynamics of National Identity and Transnational Identities in the Process of European Integration*. E. Marushiakova (Hrsg.). Newcastle: Cambridge Scholars Publishing, 323–338.

Čapo Žmegač, Jasna. 2009. „Family Dispersal Across National Borders. A Strategy for Betterment“. In: *Transnational Societies, Transterritorial Politics. Migrations in the (Post-)Yugoslav Region, 19th–21st Century*. U. Brunnbauer (Hrsg.). München: Oldenbourg, 267–282.

Čapo Žmegač, Jasna. 2010a. „Return Migration. The Changing Faces and Challenging Facets of a Field of Study“. *Ethnologia Balkanica: Journal for Southeast European Anthropology* 14, 227–246.

Čapo Žmegač, Jasna. 2010b. „Introduction: Co-ethnic Migrations Compared“. In: *Co-ethnic Migrations Compared. Central and Eastern European Contexts*. J. Čapo Žmegač et al. (Hrsg.). München: Sagner Verlag, 9–36.

Carling, Jørgen et al. 2012. „Central Themes in the Study of Transnational Parenthood“. *Journal of Ethnic and Migration Studies* 38/2, 191–217.

Castles, Stephen. 1986. „The Guest-Worker in Western Europe. An Obituary“. *International Migration Review* 20/4, 761–778.

Castles, Stephen. 2006. „Guestworkers in Europe. A Resurrection?“ *International Migration Review* 40/4, 741–766.

Cetinić, Biserka (Hrsg.). 2000. *Okrugli stol Treba li domovini hrvatsko izvandomovinstvo?* Zagreb: Klub hrvatskih povratnika iz iseljeništva.

Chin, Rita. 2007. *The Guest Worker Question in Postwar Germany*. Cambridge: Cambridge University Press.

Čizmić, Ivan et al. 2005. *Iseljena Hrvatska*. Zagreb: Golden marketing-Tehnička knjiga.

Clifford, James. 1994. „Diasporas“. *Cultural Anthropology* 9/3, 302–338.

Cohen, Robin. 2008. *Global Diasporas. An Introduction*. London: Routledge.

Colic-Peisker, Val. 2002. „Croatians in Western Australia. Migration, Language and Class“. *Journal of Sociology* 38/2, 149–166.

Crul, Maurice/Jens Schneider. 2010. „Comparative Integration Context Theory. Participation and Belonging in New Diverse European Cities“. *Ethnic and Racial Studies* 33/7, 1249–1268.

Crul, Maurice/John Mollenkopf (Hrsg.). 2012. *The Changing Face of World Cities. Young Adult Children of Immigrants in Europe and the United States*. New York: Russell Sage Foundation.

Crul, Maurice et al. 2012. *The European Second Generation Compared. Does the Integration Context Matter?* Amsterdam: Amsterdam University Press.

Crul, Maurice et al. 2013. *Super-diversity. A New Perspective on Integration*. Amsterdam: VU University Press.

Dahinden, Janine. 2010. „The Dynamics of Migrants' Transnational Formations. Between Mobility and Locality". In: *Diaspora and Transnationalism. Concepts, Theories and Methods*. R. Bauböck/T. Faist (Hrsg.). Amsterdam: Amsterdam University Press, 51–71.

Dahinden, Janine. 2017. „Transnationalism Reloaded. The Historical Trajectory of a Concept". *Ethnic and Racial Studies* 40/9, 1474–1485.

Daniel, Ondřej. 2007. „*Gastarbajteri:* Rethinking Yugoslav Economic Migrations towards the European North-West through Transnationalism and Popular Culture". In: *Imagining Frontiers, Contesting Identities*. S. G. Ellis/L. Klusáková (Hrsg.). Pisa: Pisa University Press, 277–301.

Diehl, Claudia/Rainer Schnell. 2006. „‚Reactive Ethnicity' or ‚Assimilation'? Statements, Arguments, and First Empirical Evidence for Labor Migrants in Germany". *International Migration Research* 40/4, 786–816.

Dimova, Rozita. 2006. *From Protection to Ordeal. Duldung Status and Bosnians in Berlin*. Halle: Max Planck Institute for Social Anthropology Working Paper 87.

Dumančić, Tihomir. 1988. „Socijalne posljedice bilociranosti migrantske obitelji – socijalno ugrožene bilocirane migrantske obitelji". *Migracijske teme* 4/3, 265–273.

Driessen, Henk. 1998. „Introduction: Trends, Genres and Cases in Self-reflection". *Focaal* 32, 7–13.

Dunkel, Franziska/Gabriella Stramaglia-Faggion. 2000. *„Für 50 Mark einen Italiener". Zur Geschichte der Gastarbeiter in München*. München: Kulturreferat der Landeshauptstadt München.

Eliade, Mircea. 2002. *Sveto i profano*. Zagreb: AGM.

Elias, Norbert/John L. Scotson. 1994. *The Established and the Outsiders. A Sociological Inquiry into Community Problems*. London: Sage.

Elwert, Georg. 1982. „Probleme der Ausländerintegration. Gesellschaftliche Integration durch Binnenintegration?". *Kölner Zeitschrift für Soziologie und Sozialpsychologie* 34, 696–716.

Esser, Hartmut. 2000. *Soziologie. Spezielle Grundlagen. Band 2: Die Konstruktion der Gesellschaft*. Frankfurt a.M.: Campus.

Faist, Thomas. 2000. *The Volume and Dynamics of International Migration and Transnational Social Spaces*. Oxford: Clarendon Press.

Faist, Thomas. 2009. „Diversity – a New Mode of Incorporation". *Ethnic and Racial Studies* 32/1, 171–190.

Faist, Thomas. 2010. „Diaspora and Transnationalism. What Kind of Dance Partners?“ In: *Diaspora and Transnationalism. Concepts, Theories and Methods*. R. Bauböck/T. Faist (Hrsg.). Amsterdam: Amsterdam University Press, 9–34.

Faist, Thomas et al. 2013. *Transnational Migration*. Cambridge: Polity Press.

Fassmann, Heinz et al. 1999. „Tržišta rada za imigrante: usporedba integracije na tržištima rada imigranata iz Turske i bivše Jugoslavije u Njemačkoj i Austriji“. *Migracijske teme* 15/3, 347–375.

Fog Olwig, Karen. 2003. „Global Places and Place-Identities – Lessons from Caribbean Research“. In: *Globalisation: Studies in Anthropology*. T. H. Eriksen (Hrsg.). London: Pluto Press, 58–77.

Forsey, Martin Gerard. 2010. „Ethnography as Participant Listening“. *Ethnography* 11/4, 558–572.

Fouron, Georges E./Nina Glick Schiller. 2002. „The Generation of Identity. Redefining the Second Generation within a Transnational Social Field“. In: *The Changing Face of Home. The Transnational Lives of the Second Generation*. P. Levitt/M. C. Waters (Hrsg.). New York: Russell Sage Foundation, 168–208.

Fremde Heimat. Zur Geschichte der Ausländerinnen und Ausländer in München. 2002. München: Buchendorfer Verlag.

Frers, Lars/Lars Meier. 2007. „Encountering Urban Places. Visual and Material Performances in the City“. In: *Encountering Urban Places. Visual and Material Performances in the City*. L. Frers/L. Meier (Hrsg.). Aldershot: Ashgate, 1–7.

Garcés-Mascareñas, Blanca/Rinus Penninx. 2016. „Introduction. Integration as a Three-Way Process Approach?“ In: *Integration Processes and Policies in Europe. Contexts, Levels and Actors*. B. Garcés-Mascareñas/R. Penninx (Hrsg.). Heidelberg: Springer Open, 1–9.

Gardner, Katy. 2012. „Transnational Migration and the Study of Children. An Introduction“. *Journal of Ethnic and Migration Studies* 38/6, 889–912.

Giordano, Christian. 1984. „Zwischen Mirabella und Sindelfingen. Zur Verflechtung von Uniformierungs- und Differenzierungsprozessen bei Migrationsphänomenen“. *Schweizerische Zeitschrift für Soziologie* 10/2, 437–464.

Glick Schiller, Nina et al. 1992. „Transnationalism. A New Analytical Framework for Understanding Migration“. In: *Towards a Transnational Perspective on Migration. Race, Class, Ethnicity, and Nationalism Reconsidered*. N. Glick Schiller et al. (Hrsg.). New York: The New York Academy of Sciences, 1–24.

Glick Schiller, Nina et al. 1995. „From Immigrant to Transmigrant. Theorizing Transnational Migration“. *Anthropological Quarterly* 68/1, 48–63.

Glick Schiller, Nina/Georges E. Fouron. 1999. „Terrains of Blood and Nation. Haitian Transnational Social Fields“. *Ethnic and Racial Studies* 22/2, 340–366.

Glick Schiller, Nina et al. 2004. „Pathways of Migrant Incorporation in Germany“. *Transit* 1/1, 1–18.

Glick Schiller, Nina et al. 2006. „Beyond the Ethnic Lens. Locality, Globality, and Born-again Incorporation“. *American Ethnologist* 33/4: 612–633.

Gmelch, George. 1980. „Return Migration“. *Annual Review of Anthropology* 9, 135–159.

Goeke, Pascal. 2006a. „Transnational assimiliert? Transmigranten der zweiten Generation zwischen Kroatien und Deutschland“. In: *Grenzen der Gesellschaft?* S. De Carlo et al. (Hrsg.). Osnabrück: Rasch, 337–360.

Goeke, Pascal. 2006b. „Transnational Migratory Biographies between Croatia and Germany“. In: *South Eastern European Countries on their Way to Europe. Geographical Aspects.* R. Henkel (Hrsg.). Leipzig: Institut für Länderkunde, 75–84.

Goeke, Pascal. 2007. *Transnationale Migrationen. Post-jugoslawische Biografien in der Weltgesellschaft*. Bielefeld. Transcript.

Golub, Ivan. 1996. „Rodno mjesto kao teološko mjesto“. *Bogoslovska smotra* 65/2, 267–270.

Goodlett, David E. 2007. *Yugoslav Worker Emigration 1963–1973. Government Policy and Press Coverage*. Lewinston: The Edwin Mellen Press.

Green, Simon. 2001. „Citizenship Policy in Germany. The Case of Ethnicity over Residence“. In: *Towards a European Nationality: Citizenship, Immigration and Nationality Law in the EU*. R. Hansen/P. Weil (Hrsg.). Basingstoke: Palgrave, 24–51.

Grillo, Ralph D. 2003. „Cultural Essentialism and Cultural Anxiety“. *Anthropological Theory* 3/2, 157–173.

Grillo, Ralph/Valentina Mazzucato. 2008. „Africa <> Europe: A Double Engagement“. *Journal of Ethnic and Migration Studies* 34/2, 175–198.

Gupta, Akhil/James Ferguson. 1992. „Beyond ‚Culture‘. Space, Identity, and the Politics of Difference“. *Cultural Anthropology* 7/1, 6–23.

Gürses, Hakan et al 2004. *Gastarbajteri. 40 Jahre Arbeitsmigration*. Beč: Mandelbaum.

Hage, Ghassan. 1997. „At Home in the Entrails of the West. Multiculturalism, ‚Ethnic Food‘ and Migrant Home-building“. In: *Community and Marginality in Sydney's West*. H. Grace et al. (Hrsg.). Annandale: Pluto Press, 99–153.

Halilovich, Hariz. 2012 „Trans-local Communities in the Age of Transnationalism. Bosnians in Diaspora". *International Migration* 50/1, 162–178.

Hammond, Laura. 2004. „Tigrayan Returnees' Notions of Home. Five Variations on a Theme". In: *Homecomings. Unsettling Paths of Return*. F. Markowitz/A. H. Stefansson (Hrsg.). Lanham: Lexington Books, 36–53.

Handlin, Oscar. 2002 [1951]. *The Uprooted. The Epic Story of the Great Migrations that Made the American People*. Philadelphia: University of Pennsylvania Press.

Hannerz , Ulf. 1992. *Cultural Complexity. Studies in the Social Organization of Meaning*. New York: Columbia University Press.

Hannerz, Ulf. 1996. *Transnational Connections. Culture, People, Places*. London, New York: Routledge.

Hareven, Tamara K. 1978. „Cycles, Courses and Cohorts. Reflections on Theoretical and Methodological Approaches to the Historical Study of Family Development". *Journal of Social History* 12/1, 97–109.

Hareven, Tamara K. 1994. „Recent Research on the History of the Family". In: *Time, Family and Community. Perspectives on Family and Community History*. M. Drake (Hrsg.). Oxford: Blackwell Publishers, 13–43.

Heršak, Emil. 1993. „Panoptikum migracija. Hrvati, hrvatski prostor, Evropa". *Migracijske teme* 9/3–4, 227–302.

Hettlage-Varjas, Andrea/Robert Hettlage. 1984. „Kulturelle Zwischenwelten. Fremdarbeiter - eine Ethnie?". *Schweizerische Zeitschrift für Soziologie* 10/2, 357–404.

Hondagneu-Sotelo, Pierrette/Ernestine Avila. 1997. „‚I'm Here, but I'm There'. The Meanings of Latina Transnational Motherhood". *Gender and Society* 11/5, 548–571.

Hornstein Tomić, Caroline. 2014. „‚Ovdje sam vječno *Švabica*'. O izgradnji identiteta u kontekstu migracijskih procesa." In: *Didov san. Transgranična iskustva hrvatskih iseljenika*. Jasna Čapo et al. (Hrsg.). Zagreb: Institut za etnologiju i folkloristiku, Institut društvenih znanosti Ivo Pilar, 109–131.

Hristov, Petko. 2012. „Balkan *Gurbet*. History, Traditional Patterns and Cultural Dimensions". In: *Labour Migrations in the Balkans*. B. Sikimić et al. (Hrsg.). München: Verlag Otto Sagner, 11–25.

Ivanović, Vladimir. 2009. „Zaključivanje sporazuma o angažovanju jugoslovenske radne snage sa SR Nemačkom". *Hereticus*, 25–39.

Ivanović, Vladimir. 2012. *Geburtstag pišeš normalno. Jugoslovenski gastarbajteri u SR Nemačkoj i Austriji 1965–1973*. Beograd: Institut za savremenu istoriju.

Jeličić, Anto, Hrsg. 2010. *Hrvatsko obiteljsko kolo (HOK). Dvadeset godina života i rada u Münchenu (1990–2010)*. München, Sarajevo: Hrvatsko obiteljsko kolo, Svjetlo riječi.

Joppke, Christian. 1999 *Immigration and the Nation-State: The United States, Germany, and Great Britain*. Oxford: Oxford University Press.

Jurčević, Katica. 2016. *Kroaten in Deutschland. Eine Fallstudie unter besonderer Berücksichtigung von Phänomenen und Problemen der Akkulturation und Integration*. Zagreb: Institut društvenih znanosti Ivo Pilar.

Jurić, Tado. 2018. *Iseljavanje Hrvata u Njemačku. Gubimo li Hrvatsku?* Zagreb: Školska knjiga.

Kasinitz, Philip et al. 2002. „Transnationalism and the Children of Immigrants in Contemporary New York". In: *The Changing Face of Home. The Transnational Lives of the Second Generation*. P. Levitt/M. C. Waters (Hrsg.). New York: Russell Sage Foundation, 96–122.

Kastoryano, Riva. 2002. „Türken mit Deutschem Pass. Sociological and Political Perspectives on Dual Nationality in Germany". In: *Dual Nationality, Social Rights and Federal Citizenship in the US and Europe. The Reinvention of Citizenship*. R. Hansen (Hrsg.). New York: Berghahn Books, 158–175.

Katolička Crkva i Hrvati izvan domovine. 1980. Zagreb: Kršćanska sadašnjost.

Katunarić, Vjeran. 1978. *Vanjske migracije i promjene u porodici*. Zagreb: Centar za istraživanje migracija.

Kermani, Navid. 2015. *Wer ist Wir? Deutschland und seine Muslime*. München: Beck.

King, Russell. 2000. „Generalizations from the History of Return Migration". In: *Return Migration. Journey of Hope or Despair?* Bimal Ghosh (Hrsg.). Genf: IOM, 7–55.

Klimt, Andrea. 1989. „Returning ‚Home'. Portuguese Migrant Notions of Temporariness, Permanence, and Commitment". *New German Critique* 46, 47–70.

Klimt, Andrea. 2000. „European Spaces. Portuguese Migrants' Notions of Home and Belonging". *Diaspora* 9/2, 259–285.

Kolinsky, Eva. 1996. „Non-German Minorities in Contemporary German Society". In: *Turkish Culture in German Society Today*. D. Horrocks/E. Kolinsky (Hrsg.). New York: Berghahn Books, 71–111.

Kupiszewski, Marek. 2009. „Labour Migration in Southeast Europe. A Review of Literature and a Look at Transversal Issues". *Südosteuropa. Zeitschrift für Politik und Gesellschaft* 57/4, 425–451.

Lapeyronnie, Didier. 1992. „Les politiques locales d'intégration des immigrés en Europe“. In: *Immigrés en Europe. Politiques locales d'intégration*. D. Lapeyronnie (Hrsg.). Paris: La documentation française, 5–17.

Leggewie, Claus. 1992. „‚Stolz, ein Deutscher zu sein ...‘ Die neue Angst vor den Fremden“. In: *Deutsche im Ausland – Fremde in Deutschland. Migration in Geschichte und Gegenwart*. K. J. Bade (Hrsg.). München: Beck, 423–430.

Le Normand, Brigitte. 2017. „The gastarbajteri as a Transnational Yugoslav Working Class“. In: *Social Inequalities and Discontent in Yugoslav Socialism*. Rory Archer et al. (Hrsg.). London: Routledge, 38–57.

Levitt, Peggy. 2001. *The Transnational Villagers*. Berkeley: University of California Press.

Levitt, Peggy. 2002. „The Ties That Change. Relations to the Ancestral Home over the Life Cycle“. In: *The Changing Face of Home. The Transnational Lives of the Second Generation*. P. Levitt/M. C. Waters (Hrsg.). New York: Russell Sage Foundation, 123–145.

Levitt, Peggy. 2005. „Building Bridges. What Migration Scholarship and Cultural Sociology Have to Say to Each Other“. *Poetics* 33, 49–62.

Levitt, Peggy. 2009. „Roots and Routes. Understanding the Lives of the Second Generation Transnationally“. *Journal of Ethnic and Migration Studies* 35/7, 1225–1242.

Levitt, Peggy/Nina Glick Schiller. 2004. „Conceptualizing Simultaneity. A Transnational Social Field Perspective on Society“. *International Migration Review* 38/3, 1002–1039.

Levitt, Peggy/Mary C. Waters. 2002. „Introduction“. In: *The Changing Face of Home. The Transnational Lives of the Second Generation*. P. Levitt/M. C. Waters (Hrsg.). New York: Russell Sage Foundation, 1–30.

Levitt, Peggy et al. 2016. „Transnational Social Protection. Setting the Agenda“. *Oxford Development Studies*, 1–18.

Lončar, Sanja. 2013. „Etnografije hrvatskih radnih migrantica u u Münchenu važnost razvijanja društvenih mreža, novih osobnih znanja i vještina“. In: *Hrvatska svakodnevica: Etnografije vremena i prostora*. J. Čapo/V. Gulin Zrnić (Hrsg.). Zagreb: Institut za etnologiju i folkloristiku, 243–262.

Mahalingam, Ramaswami et al. 2009. „Transnational Intersectionality. A Critical Framework for Theorizing Motherhood“. In: *Handbook of Feminist Family Studies*. S. A. Lloyd et al. (Hrsg.). London: Sage, 69–80.

Malkki, Liisa H. 1992. „National Geographic. The Rooting of Peoples and the Territorialization of National Identity among Scholars and Refugees“. *Cultural Anthropology* 7/1, 24–44.

Malkki, Liisa H. 1995. „Refugees and Exile. From ‚Refugee Studies' to the National Order of Things". *Annual Review in Anthropology* 24, 495–523.

Mandel, Ruth. 1989. „Turkish Headscarves and the ‚Foreigner Problem'. Constructing Difference Through Emblems of Identity". *New German Critique* 46, 27–46.

Mandel, Ruth/Czarina Wilpert. 1994. „Migration zwischen der Türkei und Deutschland. Ethnizität und kulturelle Zwischenwelten". *Annali di Sociologia/Soziologisches Jahrbuch* 10/I–II, 467–485.

Maroević, Tonko (Hrsg.). 2001. *Trumbetaš. Monografija*. Velika Gorica: Pučko otvoreno učilište Velika Gorica.

Marković, Predrag. 2009. „Izgubljeni u transmigraciji? Srpski gastarbajteri između svetova". *Hereticus* VII/4, 7–24.

Martini, Claudia. 2001. *Italienische Migranten in Deutschland. Transnationale Diskurse*. Berlin: Dietrich Reimer Verlag.

Mattes, Monika. 2005. *„Gastarbeiterinnen" in der Bundesrepublik. Anwerbepolitik, Migration und Geschlecht in den 50er bis 70er Jahren*. Frankfurt a.M.: Campus Verlag.

Mesić, Milan. 1991. „Društveni razvitak i vanjske migracije u poslijeratnoj Jugoslaviji". In: *Vanjske migracije i društveni razvitak*. Milan Mesić et al. (Hrsg.). Zagreb: Institut za migracije i narodnosti Sveučilišta u Zagrebu, 9–34.

Mežnarić, Silva. 1985. „Jugoslavenska sociologija (vanjskih) migracija – pokušaj sistematizacije". *Migracijske teme* 1/1, 77–86.

Molnar, Christopher A. 2014a. „Imagining Yugoslavs. Migration and the Cold War in Postwar West Germany". *Central European History* 47, 138–169.

Molnar, Christopher A. 2014b. „On the Move and Putting Down Roots. Transnationalism and Integration among Yugoslav Guest Workers in West Germany". In: *Migrations in the German Lands, 1500–2000*. Jason Coy et al. (Hrsg.). New York: Berghahn Books, 191–208.

Morokvašić, Mirjana. 1987. *Jugoslawische Frauen. Die Emigration – und danach*. Basel: Strömfeld, Roter Stern.

Nejašmić, Ivica. 1981. *Povratak jugoslavenskih vanjskih migranata i njihovo uključivanje u gospodarski i društveni život zemlje*. Zagreb: Centar za istraživanje migracija.

Nejašmić, Ivo. 1994. „Hrvatski građani na radu u inozemstvu. Razmatranje popisnih podataka 1971, 1981. i 1991.". *Migracijske i etničke teme* 10/2, 139–156.

Nejašmić, Ivo. 1996. „Hrvatski građani na radu u inozemstvu i članovi obitelji koji s njima borave prema popisu 1991. Prikaz prema novom teritorijalnom ustroju jedinica lokalne samouprave". *Migracijske i etničke teme* 12/3, 205–218.

Nieswand, Boris. 2008. „Wege aus dem Dilemma zwischen Transnationalismus- und Integrationsansatz. Simultane Inklusion von migranteninitiierten charismatischen Gemeiden in Berlin". In: *Religion in the Context of African Migration*. A. Adogame/C. Weißköppel (Hrsg.). Bayreuth: Breitinger, 234–266.

Nieswand, Boris. 2016. „Die Dezentrierung der Migrationsforschung". In: *Migration – Religion – Identität. Aspekte transkultureller Prozesse*. K. Kazzazi et al. (Hrsg.). Wiesbaden: Springer, 283–297.

Nieswand, Boris/Heike Drotbohm. 2014. „Einleitung. Die reflexive Wende in der Migrationsforschung". In: *Kultur, Gesellschaft, Migration. Die reflexive Wende in der Migrationsforschung*. B. Nieswand/H. Drotbohm (Hrsg.). Wiesbaden: Springer, 1–37.

Novinšćak, Karolina. 2009. „The Recruiting and Sending of Yugoslav ‚Gastarbeiters' to Germany. Between Socialist Demands and Economic Needs". In: *Transnational Societies, Transterritorial Politics. Migrations in the (Post-)Yugoslav Region, 19th–21st Century*. U. Brunnbauer (Hrsg.). München: Oldenbourg, 121–143.

Novinšćak, Karolina. 2011. „Gekommen, um zu gehen? Transnationale Lebensverläufe und Grenzen ihrer statistischen Erfassung am Beispiel deutsch-kroatischer (Re-)Migration". In: *Gesellschaften in Bewegung. Emigration aus und Immigration nach Südosteuropa in Vergangenheit und Gegenwart*. U. Brunnbauer et al. (Hrsg.). München: Verlag Otto Sagner, 93–123.

Novinšćak, Karolina. 2012. „Auf den Spuren von Brandts Ostpolitik und Titos Sonderweg. Deutsch-jugoslawische Migrationsbeziehungen in den 1960er und 1970er Jahren". In: *Das „Gastarbeiter"-System. Arbeitsmigration und ihre Folgen in der Bundesrepublik Deutschland und Westeuropa*. J. Oltmer et al. (Hrsg.). München: Oldenbourg, 133–148.

Novinšćak Kölker, Karolina. 2018. „Ein halbes Jahrhundert ‚Minhen'. Münchens Platz in der Geschichte der Migration aus dem ehemaligen Jugoslawien und seinen Nachfolgerepubliken vor dem Hintergrund des deutsch-jugoslawischen Anwerbeabkommens von 1968". In: *Migration bewegt die Stadt. Perspektiven wechseln*. U. Eymold/A. Heusler (Hrsg.). München: Allitera, 42–54.

Obad, Željko (Hrsg.). 1996. *Životni vrtuljak Miroslava Dolenca Dravskog*. Virje: Općinsko poglavarstvo Virje.

Ochs, Elinor/Lisa Capps. 1996. „Narrating the Self". *Annual Review of Anthropology* 25, 19–43.

Oklobdžija, Mirjana. 1990. „Promjene u obitelji i specifični problemi migrantica". *Migracijske teme* 6/4, 39–46.

Oltmer, Jochen et al. (Hrsg.). 2012. *Das „Gastarbeiter"-System. Arbeitsmigration und ihre Folgen in der Bundesrepublik Deutschland und Westeuropa*. München: Oldenbourg.

Ong, Aihwa. 1999. *Flexible Citizenship. The Cultural Logics of Transnationality*. Durham-London: Duke University Press.

Park, Robert E. 1928. „Human Migration and the Marginal Man". *The American Journal of Sociology* 32/6, 881–893.

Peračković, Krešimir. 2006. „Sociološki pristup u istraživanju procesa povratnih migracija". *Društvena istraživanja* 15/3, 475–498.

Petrušić-Hluchy, Irena. 2012. „Deutschland – das gelobte Land der 70er. Wie gehen die Betroffenen mit dem Problem der Zugehörigkeit um?". In: *IM PRISMA. Gast-arbeit. Gehen-bleiben-zurückkehren. Positionen zur Arbeitsmigration im Raum ex-Jugoslawien*. J. Nuber/A. Welebil (Hrsg.). Beč: Editionartscience, 115–123.

Pichler, Robert. 2009. „Migration, Architecture and the Imagination of Home(land). An Albanian-Macedonian Case Study". In: *Transnational Societies, Transterritorial Politics. Migrations in the (Post-)Yugoslav Region, 19th–21st Century*. U. Brunnbauer (Hrsg.). München: Oldenbourg, 213–235.

Piškorec, Velimir. 2007. „Narativni identitet u jezičnobiografskim intervjuima". In: *Jezik i identiteti*. J. Granić (Hrsg.). Zagreb, Split: Hrvatsko društvo za primijenjenu lingvistiku, 457–467.

Plepelić, Zvonko. 1981. *Niti ovdje – niti tamo*. Zagreb: Znanje.

Popović, Nenad. 2008. *Svijet u sjeni*. Zagreb: Pelago.

Portes, Alejandro. 1999. „Conclusion. Towards a New World. The Origins and Effects of Transnational Activities". *Ethnic and Racial Studies* 22/2, 463–477.

Portes, Alejandro/Min Zhou. 1993. „The New Second Generation. Segmented Assimilation and its Variants". *Annals of the American Academy of Political and Social Science* 530, 74–96.

Portes, Alejandro et al. 1999. „The Study of Transnationalism. Pitfalls and Promise of an Emergent Research Field". *Ethnic and Racial Studies* 22/2, 217–237.

Portes, Alejandro et al. 2005. „Segmented Assimilation on the Ground. The New

Second Generation in Early Adulthood“. *Ethnic and Racial Studies* 28/6, 1000–1040.

Povrzanović Frykman, Maja. 2002. „Homeland Lost and Gained. Croatian Diaspora and Refugees in Sweden“. In: *New Approaches to Migration. Transnational Communities and the Transformation of Home*. N. Al-Ali/K. Koser (Hrsg.). London, New York: Routledge, 118–137.

Povrzanović Frykman, Maja. 2010. „Materijalne prakse bivanja i pripadanja u transnacionalnim društvenim prostorima“. *Studia ethnologica Croatica* 22/1: 39–60.

Pries, Ludger. 2001. „The Approach of Transnational Social Spaces. Responding to New Configurations of the Social and the Spatial“. In: *New Transnational Social Spaces. International Migration and Transnational Companies in the Early Twenty-first Century*. L. Pries (Hrsg.). London: Routledge, 3–33.

Ragazzi, Francesco. 2009. „The Croatian ‚Diaspora Politics‘ of the 1990s. Nationalism Unbound?“ In: *Transnational Societies, Transterritorial Politics. Migrations in the (Post-)Yugoslav Region, 19th–21st Century*. U. Brunnbauer (Hrsg.). München: Oldenbourg, 145–168.

Rapport, Nigel/Andrew Dawson. 1998. „The Topic and the Book“. In: *Migrants of Identity. Perceptions of Home in a World of Movement*. N. Rapport/A. Dawson (Hrsg.). Oxford, New York: Berg, 3–17.

Rolshoven, Johanna. 2006. „Woanders daheim. Kulturwissenschaftliche Ansätze zur multilokalen Lebensweise in der Spätmoderne“. Antrittsvorlesung an der Universität Zürich, 28.1.2006 (www.ipk.uzh.ch/studium/download/rolshoven_mobility.pdf).

Rouse, Roger. 1992. „Making Sense of Settlement. Class Transformations, Cultural Struggle, and Transnationalism among Mexican Migrants in the United States“. In: *Towards a Transnational Perspective on Migration. Race, Class, Ethnicity, and Nationalism Reconsidered*. N. Glick Schiller et al. (Hrsg.). New York: New York Academy of Sciences, 25–52.

Rumbaut, Rubén G. 2002. „Severed or Sustained Attachments? Language, Identity, and Imagined Communities in the Post-immigrant Generation. In: *The Changing Face of Home. The Transnational Lives of the Second Generation*. P. Levitt/M. C. Waters (Hrsg.). New York: Russell Sage Foundation, 43–52.

Šakić, Vlado et al. 2003. *Immigrants and Homeland*. Zagreb: Institut društvenih znanosti Ivo Pilar.

Schiffauer, Werner. 1991. *Die Migranten aus Subay. Türken in Deutschland: eine Ethnographie*. Stuttgart: Klett-Cotta.

Schiffauer, Werner. 2008. *Parallelgesellschaften. Wie viel Wertekonsens braucht unsere Gesellschaft? Für eine kluge Politik der Differenz*. Bielefeld: Transcript.

Schneider, Jens. 2009. „From ‚Kanak Attack' to the ‚GerKish Generation'. Second-Generation Turkish Narratives in German Culture and Politics". *International Journal on Multicultural Societies* 11/2, 212–229.

Schneider, Jens/Maurice Crul. 2010. „New Insights into Assimilation and Integration Theory. Introduction to the Special Issue". *Ethnic and Racial Studies* 33/7, 1143–1148.

Shonick, Kaja. 2009. „Politics, Culture, and Economics. Reassessing the West German Guest Worker Agreement with Yugoslavia". *Journal of Contemporary History* 44/4, 719–736.

Schönwälder, Karen. 1996. „Migration, Refugees and Ethnic Plurality as Issues of Public and Political Debates in (West) Germany". In: *Citizenship, Nationality and Migration in Europe*. D. Cesarani/M. Fulbrook (Hrsg.). London: Routledge, 159–178.

Schönwälder, Karen. 2006a. „Assigning the State its Rightful Place? Migration, Integration and the State in Germany". In: *Paths of Integration. Migrants in Western Europe (1880–2004)*. L. Lucassen et al. (Hrsg.). Amsterdam: Amsterdam University Press, 78–97.

Schönwälder, Karen. 2006b. „Migration und Ausländerpolitik in der Bundesrepublik Deutschland. Öffentliche Debatten und politische Entscheidungen". In: *Zuwanderungsland Deutschland. Migrationen 1500–2005*. R. Beier-de Haan (Hrsg.). Berlin: Minerva, 106–119.

Schönwälder, Karen. 2009. „Integration Policy and Pluralism in a Self-Conscious Country of Immigration". In: *Multiculturalism Backlash. European Discourses, Policies and Practices*. S. Vertovec/S. Wessendorf (Hrsg.). London: Routledge, 152–169.

Schuetz, Alfred. 1944. „The Stranger. An Essay in Social Psychology". *The American Journal of Sociology* 49/6, 499–507.

Simmel, Georg. 1984. „Digressions sur l'Etranger". In: *L'Ecole de Chicago*. Y. Grafmeyer/I. Joseph (Hrsg.). Pariz: Aubier, 53–59.

Şimşek-Çağlar, Ayse. 1994. *German Turks in Berlin. Migration and Their Quest for Mobility*. PhD Thesis, Department of Anthropology, McGill University Montreal.

Sklevicky, Lydia. 1988. „Žene migranti kao zanemarena ‚manjina'". *Migracijske teme* 4/3, 303–309.

Sökefeld, Martin. 2007. „Zum Paradigma kultureller Differenz". In: *Europa und seine Fremden. Die Gestaltung kultureller Vielfalt als Herausforderung.* R. Johler et al. (Hrsg.). Bielefeld: Transcript Verlag, 41–57.

Stepick, Alex/Carol Dutton Stepick. 2010. „The Complexities and Confusions of Segmented Assimilation". *Ethnic and Racial Studies* 33/7, 1149–1167.

Stolcke, Verena. 1995 „New Boundaries, New Rhetorics of Exclusion in Europe". *Current Anthropology* 36/1, 1–24.

Supek, Olga/Jasna Čapo. 1994. „Effects of Emigration on a Rural Society. Demography, Family Structure and Gender Relations in Croatia". In: *Roots of the Transplanted*, Bd. 1. D. Hoerder/I. Blank (Hrsg.). New York: Columbia University Press, 311–339.

Surak, Kristin. 2013. „Guestworkers. A Taxonomy". *New Left Review* 84/Nov-Dec, 84–102.

Švob, Melita/Karmen Brčić. 1985. „Povratak migrantica". *Migracijske teme* 2/1, 15–21.

Thaden, Matthias. 2014. „Berichte von der ‚bauštela duha'. Die kroatische katholische Mission in Berlin zwischen Seelsorge und Identitätsstiftung". *Südosteuropäische Hefte* 3/1, 44–66.

Thaden, Matthias. 2016. „‚Brotherhood and Unity' Dissolved. Yugoslav Radio Broadcasting in (West) Berlin and the Changing Politics of Representation, 1988–95". *Südosteuropa* 64/2, 142–166.

Thränhardt, Dietrich. 1989. „Patterns of Organization among Different Ethnic Minorities". *New German Critique* 46, 10–26.

Thränhardt, Dietrich/Jenni Winterhagen. 2012. „Der Einfluss der katholischen Migrantengemeinden auf die Integration südeuropäischer Einwanderergruppen in Deutschland." In: *Das „Gastarbeiter"-System. Arbeitsmigration und ihre Folgen in der Bundesrepublik Deutschland und Westeuropa*, J. Oltmer et al. (Hrsg.). München: Oldenbourg, 199–215.

Tokić, Mate Nikola. 2009. „Landscapes of Conflict. Unity and Disunity in Post-Second World War Croatian Emigré Separatism". *European Review of History. Revue européenne d'histoire* 16/5, 739–753.

Tokić, Mate Nikola. 2012. „The End of ‚Historical-Ideological Bedazzlement'. Cold War Politics and Emigré Croatian Separatist Violence, 1950–1980". *Social Science History* 36/3, 421–445.

Tölölyan, Khachig. 1991. „The Nation-State and Its Others. In Lieu of a Preface". *Diaspora* 1, 3–7.

Tomašević, Luka. 1998 *Hrvatska katolička misija u Münchenu. 50. obljetnica života i djelovanja (1848.–1998.)*. Split-München: Zbornik „Kačić".

Treibel, Annette. 1999. *Migration in modernen Gesellschaft. Soziale Folgen von Einwanderung, Gastarbeit und Flucht*. Weinham: Juventa.

Treibel, Annette. 2015. *Integriert Euch! Plädoyer für ein selbstbewusstes Einwanderungsland*. Frankfurt a.M.: Campus Verlag.

Tü amo! Italienisches im deutschen Alltag. Eine Tübinger Lokalstudie. 2009. Tübingen: TVV.

Van Gelder, Leslie. 2008. *Weaving a Way Home. A Personal Journey Exploring Place and Story*. Ann Arbor: The University of Michigan Press.

Vermeulen, Hans. 2010. „Segmented Assimilation and Cross-National Comparative Research on the Integration of Immigrants and their Children". *Ethnic and Racial Studies* 33/7, 1214–1230.

Vertovec, Steven. 1999 „Conceiving and Researching Transnationalism". *Ethnic and Racial Studies* 22/2, 447–462.

Vidak, Nick. 1998. „The Policy of Immigration in Croatia". *Politička misao* 35/5, 57–75.

Vojnović, Narcisa. 1999. *Istraživanje preferencija hrvatskih migranata na radu u Njemačkoj pri izboru banaka i bankarskih usluga*. Magisterarbeit, Ökonomische Fakultät der Universität Zagreb.

Welsch, Wolfgang. 1999. „Transculturality. The Puzzling Form of Cultures Today". In: *Spaces of Culture. City, Nation, World*. M. Featherstone/S. Lash (Hrsg.). London: Sage, 194–213.

Wessendorf, Susanne. 2013. *Second-Generation Transnationalism and Roots Migration. Cross-Border Lives*. Farnham: Ashgate.

White, Jenny B. 1997. „Turks in the New Germany". *American Anthropologist* 99/4, 754–769.

Wicker, Hans-Rudolf. 1997. „From Complex Culture to Cultural Complexity". In: *Debating Cultural Hybridity. Multi-Cultural Identities and the Politics of Anti-Racism*. P. Werbner/T. Modood (Hrsg.). London: Zed Books, 29–44.

Wimmer, Andreas/Nina Glick Schiller (Hrsg.) 2003. „Methodological Nationalism, the Social Sciences and the Study of Migration. An Essay in Historical Epistemology". *International Migration Review* 37/3: 576–610.

Winterhagen, Jenni. 2013. Transnationaler Katholizismus. Die kroatischen Migrantengemeiden in Deutschland zwischen nationalem Engagement und funktionaler Integration. Münster: LIT Verlag.

Winterhagen, Jenni/Dietrich Thränhardt. 2013. „Three Catholic Transnationalisms. Italian, Croat, and Spanish Immigrants Compared". *Arbeitspapier*

des Forschungzentrums für Bürgerschaftliches Engagement. Berlin: Humboldt-Universität zu Berlin (http://www.for-be.de/publikationen.html).
Wolbert, Barbara. 1995. *Der getötete Paß. Rückkehr in die Türkei. Eine ethnologische Migrationsstudie*. Berlin: Akademie Verlag.
Zimmerman, William. 1987. *Open Borders, Nonalignment, and the Political Evolution of Yugoslavia*. Princeton: Princeton University Press.

Studies on Language and Culture in Central and Eastern Europe (SLCCEE)

Herausgegeben von Christian Voß

Band 1 DINKEL, Jürgen: Maximilian Braun als Südslavist. Eine akademische Biographie (1926-1961). 2009.

Band 2 VOSS, Christian; NAGÓRKO, Alicja (Hrsg.): Die Europäizität der Slawia oder die Slawizität Europas. Ein Beitrag der kultur- und sprachrelativistischen Linguistik. 2009.

Band 3 CHRISTIANS, Dagmar; STERN, Dieter; TOMELLERI, Vittorio S. (Hrsg.): Bibel, Liturgie und Frömmigkeit in der Slavia Byzantina. Festgabe für Hans Rothe zum 80. Geburtstag. 2009.

Band 4 IONANNIDOU, Alexandra; VOSS, Christian (eds.): Spotlights on Russian and Balkan Slavic Cultural History. 2009.

Band 5 TOLIMIR-HÖLZL, Nataša: Bosnien und Herzegowina. Sprachliche Divergenz auf dem Prüfstand. 2009.

Band 6 VOSS, Christian (Hrsg.): EU-Bulgaristik. Perspektiven und Potenziale. Festgabe für Norbert Randow zum 80. Geburtstag. 2009.

Band 7 VOSS, Christian; GOLUBOVIĆ, Biljana (Hrsg.): Srpska lingvistika / Serbische Linguistik. Eine Bestandsaufnahme. 2010.

Band 8 VOSS, Christian (ed.): Ottoman and Habsburg Legacies in the Balkans. Language and Religion to the North and to the South of the Danube River. 2010.

Band 9 VOSS, Christian; TELBIZOVA-SACK, Jordanka: Islam und Muslime in (Südost) Europa im Kontext von Transformation und EU-Erweiterung. 2010.

Band 10 KELLER, Susanne: Diminutiva im balkansprachlichen Übersetzungsvergleich. Eine Untersuchung am Beispiel des Romans „Buddenbrooks" von Thomas Mann. 2010.

Band 11 РУМЯНЦЕВ, Олег Є.: Питання національної ідентичності русинів і українців Югославії (1918-1991). 2010.

Band 12 RAJILIĆ, Simone; KERSTEN-PEJANIĆ, Roswitha: Theoretische und empirische Genderlinguistik in Bosnien, Kroatien und Serbien. 2010.

Band 13 ЛИПЧЕВА-ПРАНДЖЕВА, Любка: Битие в превода. Българска литература на немски език (XIX-XX в.). 2010.

Band 14 ČAPO ŽMEGAČ, Jasna; VOSS, Christian; ROTH, Klaus (eds.): Co-Ethnic Migrations Compared. Central and Eastern European Contexts. 2010.

Band 15 GIESEMANN, Gerhard; ROTHE, Hans (Hrsg.): Schulbildung und ihre Weiterbildung. Gedenkband zum 100. Geburtstag von Alfred Rammelmeyer. 2010.

Band 16 TOMELLERI, Vittorio S.; TOPADZE, Manana; LUKIANOWICZ, Anna (Hrsg.): Languages and Cultures in the Caucasus. Papers from the International Conference "Current Advances in Caucasian Studies" Macerata, January 21-23, 2010. 2011.

Band 17 MENZEL, Birgit; HAGEMEISTER, Michael; GLATZER ROSENTHAL, Bernice (Hg): The New Age of Russia. Occult and Esoteric Dimensions. 2012.

Band 18 SIKIMIĆ, Biljana; HRISTOV, Petko; GOLUBOVIĆ, Biljana (Hrsg.): Labour Migrations in the Balkans. 2012.

Band 19 STERN, Dieter: Tajmyr-Pidgin-Russisch. Kolonialer Sprachkontakt in Nordsibirien. 2012.

Band 20 KERSTEN-PEJANIĆ, Roswitha; RAJILIĆ, Simone; VOSS, Christian (Hrsg.): Doing Gender – Doing the Balkans. Dynamics and Persistence of Gender Relations in Yugoslavia and the Yugoslav successor states. 2012.

Band 21 BOBRIK, Marina (Hrsg.): Slavjanskij Apostol. Istorija teksta i jazyk. 2013.

Band 22 BESTERS-DILGER, Juliane (Hg.): Kommentierter Apostolos. Textedition und Kommentar zur Edition. (= Die großen Lesemenäen des Metropoliten Makarij Uspenskij Spisok.) Unter Mitarbeit von V. Halapats, N. Kindermann, E. Maier, A. Rabus. 2014.

Band 23 ILIĆ, Marija: Discourse and Ethnic Identity. The Case of the Serbs from Hungary. 2014.

Band 24 HLAVAC, Jim; FRIEDMANN, Victor (Hrsg.): On Macedonian Matters: from the Partition and Annexation of Macedonia in 1913 to the Present. A Collection of Essays on Language, Culture and History. 2015.

Band 25 HLAVAC, Jim: Three generations, two countries of origin, one speech community: Australian-Macedonians and their language(s). 2016.

Band 27 TYRAN, Katharina Klara: Identitäre Verortungen entlang der Grenze. Verhandlungen von Sprache und Zugehörigkeit bei den Burgenländischen Kroaten. 2015.

Band 28 LORMES, Miriam: „Among good musicians there has never been an ethnical divide“. Interkulturalität und politisches Engagement in Musikerdiskursen im postjugoslawischen Makedonien. 2013.

Band 29 GLANC, Tomáš und VOSS, Christian (Hrsg): Konzepte des Slawischen. 2016.

Band 30 GEHRKE, Stefan: Jedwabne und die Folgen. Eine semantische Analyse der Debatte über Juden in der polnischen Presse 2001–2008. 2018.

Band 31 STERN, Dieter; NOMACHI, Motoki; BELIĆ, Bojan (eds.): Linguistic regionalism in eastern europe and beyond. Minority, Regional and Literary Microlanguages. In memoriam Jiří Marvan. 2018.

Band 32 RAJILIĆ, Simone: Weiblichkeit im Serbischen. Weibliche Genderspezifizierungen zwischen Gewalt und Widerstand. 2019.

Band 33 SCHELLER-BOLTZ, Dennis: Grammatik und Ideologie. Feminisierungsstrategien im Russischen und Polnischen aus Sicht der Wissenschaft und Gesellschaft. 2020.

Band 34 FRIEDMAN, Victor; JANEV, Goran; VLAHOV, George (eds.): Macedonia & Its Questions. Origins, Margins, Ruptures & Continuity. 2020.

Band 35 MUJADŽEVIĆ, Dino (ed.): Digital Historical Research on Southeast Europe and the Ottoman Space. 2021.

Band 36 DANOVA, Tsvetomira: John of Damascus' Marian Homilies in Mediaeval South Slavic Literatures. 2020.

Band 37 JOURAVEL, Anna; MATHYS, Audrey (eds.): Wort- und Formenvielfalt. Festschrift für Christoph Koch zum 80. Geburtstag. Unter Mitarbeit von Daniel Petit. 2021.

Band 38 ČAPO, Jasna: Zwei Zuhause. Kroatische Arbeitsmigration nach Deutschland als transnationales Phänomen. 2022.

www.peterlang.com